CLAUS-JÜRGEN BRUHN

Tariffähigkeit von Gewerkschaften und Autonomie

Schriften zum Sozial- und Arbeitsrecht

Band 123

Tariffähigkeit von Gewerkschaften und Autonomie

Eine Kritik der Mächtigkeitslehre des Bundesarbeitsgerichtes

Von

Dr. Claus-Jürgen Bruhn

Duncker & Humblot · Berlin

Die Deutsche Bibliothek – CIP-Einheitsaufnahme

Bruhn, Claus-Jürgen:
Tariffähigkeit von Gewerkschaften und Autonomie : eine Kritik der Mächtigkeitslehre des Bundesarbeitsgerichtes / von Claus-Jürgen Bruhn. – Berlin : Duncker und Humblot, 1993
(Schriften zum Sozial- und Arbeitsrecht ; Bd. 123)
Zugl.: Erlangen, Nürnberg, Univ., Diss., 1992
ISBN 3-428-07645-1
NE: GT

n 2

Fotoprint: Werner Hildebrand, Berlin 65
Printed in Germany

ISSN 0582-0227
ISBN 3-428-07645-1

Meinen Eltern

Vorwort

An dieser Stelle danke ich herzlich meinem hochverehrten Lehrer und Betreuer der vorliegenden Dissertation, Herrn Universitätsprofessor Dr. Karl Albrecht Schachtschneider für die Betreuung während der Anfertigung der Arbeit und die Freundschaft, die ich in dieser Zeit wie auch bereits während des Studiums erfahren habe.

Aufrichtiger Dank gebührt Herrn Professor Dr. Helm für die Mühe, die er als Zweitgutachter dieser Arbeit auf sich genommen hat.

Herrn Rechtsanwalt Dr. Karsten Tech vom Arbeitgeberverband Oldenburg e.V. danke ich für die wissenschaftlichen kritischen Hinweise und langen Diskussionen, die in einem erheblichen Maße zum vorliegenden Ergebnis beigetragen haben.

Dem Hauptgeschäftsführer des Arbeitgeberverbandes Oldenburg, Herrn Rechtsanwalt Jürgen von Teichman, danke ich für die wertvollen Anregungen zum Bereich des kollektiven wie auch des individualen Arbeitsrechts.

Die Drucklegung der Arbeit wurde durch den Arbeitgeberverband Oldenburg e.V. und den Landesverband der holz- und kunststoffverarbeitenden Industrie Niedersachsen-Bremen e.V. großzügig unterstützt.

Hamburg im Juni 1992

Claus-Jürgen Bruhn

Inhaltsverzeichnis

Abkürzungsverzeichnis

A.	Auflage
a.A.	anderer Ansicht
Abs.	Absatz
AcP	Archiv für die civilistische Praxis (Zeitschrift)
AFG	Arbeitsförderungsgesetz v. 25.6.1969, BGBl. Teil I, S.582
AGBG	Gesetz betreffend die Allgemeinen Geschäftsbedingungen i.d.F. v. 9.12.1976, BGB l. Teil I, S.3317
ALEB	Arbeitnehmerverband land- und ernährungswirtschaftlicher Berufe
AöR	Archiv des öffentlichen Rechts
AP	Arbeitsrechtliche Praxis (Nachschlagewerk des Bundesarbeitsgerichts)
AR-Blattei	Arbeitsrecht-Blattei
ArbG	Arbeitsgericht
ArbGeb	Der Arbeitgeber (Zeitschrift)
ArbGG	Arbeitsgerichtsgesetz v. 3.9.1953, BGBl. Teil I, S.1267
ArbuR	Arbeit und Recht (Zeitschrift)
Art.	Artikel
BAG	Bundesarbeitsgericht
BAGE	Bundesarbeitsgerichtsentscheidungen
BB	Betriebsberater (Zeitschrift)
Bd.	Band
BetrVG	Betriebsverfassungsgesetz v. 15.1.1972, BGBl. Teil I, S.13
BGB	Bürgerliches Gesetzbuch v. 18.8.1896, RGBl. Teil I, S.195
BGBl.	Bundesgesetzblatt
BGH	Bundesgerichtshof
BGHZ	Entscheidungen des Bundesgerichtshofes in Zivilsachen
Bl.	Blatt
BVerfG	Bundesverfassungsgericht
BVerfGE	Bundesverfassungsgerichtsentscheidungen
BVerwG	Bundesverwaltungsgericht
BVerwGE	Bundesverwaltungsgerichtsentscheidungen
bzw.	beziehungsweise
CGB	Christlicher Gewerkschaftsbund
CGBCE	Christliche Gewerkschaft Bergbau-Chemie-Energie
CGHB	Christliche Gewerkschaft Holz und Bau
DAG	Deutsche Angestellten-Gewerkschaft
DAV	Deutscher Arbeitnehmerverband
DB	Der Betrieb (Zeitschrift)
DGB	Deutscher Gewerkschaftsbund
DHV	Deutscher Handels- und Industrieangestelltenverband

Diss.	Dissertation
DtZ	Deutsch-deutsche Rechtszeitung
etc.	et cetera
e.V.	eingetragener Verein
EzA	Entscheidungssammlung zum Arbeitsrecht
f.	und folgende Seite
ff.	und folgende Seiten
Fn.	Fußnote
gem.	gemäß
GewO	Gewerbeordnung i.d.F. v. 26.7.1900, RGBl. Teil I, S.871
GG	Grundgesetz für die Bundesrepublik Deutschland vom 23.5.1949, BGBl. Teil I, S.1
GWB	Gesetz gegen Wettbewerbsbeschränkungen i.d.F. v. 20.2.1990, BGBl. Teil I, S.235
H.	Heft
HBV	Gewerkschaft Handel-Banken-Versicherungen
h.L.	herrschende Lehre
h.M.	herrschende Meinung
Hrg.	Herausgeber
i.d.F.	in der Fassung
i.d.R.	in der Regel
IGBE	Industriegewerkschaft Bergbau-Energie
IGM	Industriegewerkschaft Metall
i.S.	im Sinne
i.V.m.	in Verbindung mit
JA	Juristische Arbeitsblätter (Zeitschrift)
Jg.	Jahrgang
JR	Juristische Rundschau (Zeitschrift)
JurA	Juristische Ausbildung (Zeitschrift)
JuS	Juristische Schulung (Zeitschrift)
JZ	Juristenzeitung (Zeitschrift)
KSchG	Kündigungsschutzgesetz v. 25.8.1969, BGBl. Teil I, S.1317
LAG	Landesarbeitsgericht
MitbestG	Gesetz über die Mitbestimmung der Arbeitnehmer v. 4.5.1976, BGBl. Teil I, S.1153
m.w.N.	mit weiteren Nachweisen
NJW	Neue Juristische Wochenschrift (Zeitschrift)
Nr.	Nummer
o.	oben
ÖTV	Gewerkschaft Öffentliche Dienste-Transport -Verkehr
PartG	Gesetz über die politischen Parteien v. 24.7.1967, BGBl. I 773
R	Rückseite
RdA	Recht der Arbeit (Zeitschrift)
Rdnr.	Randnummer
resp.	respektive
RGBl.	Reichsgesetzblatt
s.	siehe

S.	Seite
sog.	sogenannt
SozGG	Sozialgerichtsgesetz
StabG	Gesetz zur Förderung der Stabilität und des Wachstums der Wirtschaft v. 8.6.1967, BGBl. Teil I, S.582
TVG	Tarifvertragsgesetz i.d.F. v. 25.8.1969
TVVO	Verordnung über Tarifverträge, Arbeiter- und Angestelltenausschüsse und Schlichtung von Arbeitsstreitigkeiten vom 23.12.1918, in RGBl. Teil I, S.1456, neu gefaßt am 1.3.1928, in RGBl. Teil I, S.47
u.	und; unten
Univ.	Universität
usw.	und so weiter
UWG	Gesetz gegen den unlauteren Wettbewerb
v.	vom
VdW	Vereinigung der Wirtschaft
vgl.	vergleiche
VOE	Verband der oberen Angestellten der Eisen- und Stahlindustrie
VVDStRL	Veröffentlichungen der Vereinigung der Deutschen Staatsrechtslehrer
VwVfG	Verwaltungsverfahrensgesetz v. 25.5.1976, BGBl. Teil I, S.1253
WRV	Verfassung des Deutschen Reiches v. 11.8.1919, RGBl. Teil I, S.1383 (Weimarer Reichsverfassung)
z.B.	zum Beispiel
ZfA	Zeitschrift für Arbeit
ZPO	Zivilprozeßordnung i.d.F. v. 12.9.1950, in BGBl. 1950 Teil I, S.533

Die Zitierweise für amtliche Sammlungen von Bundesgerichtsentscheidungen ist die folgende: Band, Seite, also etwa BVerfGE 18, 18.

A. Einleitung und Gang der Untersuchung

In Schrifttum und Rechtsprechung wurde die Autonomie auf dem Lebensgebiet der Arbeits- und Wirtschaftsbedingungen, die Tarifautonomie, in aller Ausführlichkeit behandelt. Sich erneut mit dem Thema auseinanderzusetzen, erscheint daher nicht notwendig. Doch für das weite Gebiet des kollektiven Arbeitsrechts existieren nur wenige Rechtsregeln, insbesondere für das Recht des Arbeitskampfes. Im Gegensatz dazu ist das das einzelne Arbeitsverhältnis betreffende individuelle Arbeitsrecht in sehr viel stärkerem Ausmaß rechtlich ausgestaltet worden. Daraus folgt, daß das kollektive Arbeitsrecht sehr stark durch richterlich gesetztes Recht bestimmt ist.

Da keine positivrechtliche Definition für eine Arbeitnehmerkoalition, eine Gewerkschaft, im deutschen Recht existiert, wurden im Laufe der letzten Jahrzehnte durch Rechtsprechung und Lehre, beide z.T. durch Personalunion miteinander verflochten, Merkmale arbeitsrechtlicher Koalitionen geschaffen, die eine Gewerkschaft zu erfüllen habe, damit sie an der Autonomie im kollektiven Arbeitsrecht teilhaben dürfe.

Weil aber diese Tarifautonomie als die Betätigung und damit als die Selbstverwirklichung der in dieser Koalition zusammengefaßten Menschen ihre positivrechtliche Anerkennung in Art.9 Abs.3 GG, der Koalitionsfreiheit, findet, muß die Beschränkung der Teilnahme an der Tarifautonomie, der Tariffähigkeit, auf ganz bestimmte Koalitionen als Grundrechtsbeschränkung am System der Grundrechte und verfassungsrechtlichen Prinzipien gemessen werden. Für die Sichtweise der Grundrechte und deren Interpretation finden sich verschiedene grundsätzliche Ansichten. Im Stufenbau des Rechts müssen die staatlicherseits getroffenen Regelungen, seien es nun Gesetze, Rechtsverordnungen, Verwaltungsakte oder Verwaltungsanweisungen oder auch Urteile, mit dem Grundgesetz übereinstimmen, dürfen also nicht im Gegensatz oder im Widerspruch zu ihm stehen. Der Versuch einer Beurteilung der Beschränkung der Tariffähigkeit ist also von vornherein zum Scheitern verurteilt, wenn man sich nicht auch die unterschiedlichen Grundrechtssichtweisen und deren Auswirkungen vor Augen führt. Für das Verständnis auch der verschiedenen Perspektiven der Tariffähigkeit ist dies unabdingbar.

Um zu einer sinnvollen Beurteilung dieser Perspektiven gelangen zu können, ist es ebenfalls unverzichtbar, die Grundrechtssichtweise darzustellen, die dem Autonomiebegriff und damit der Menschenwürde des Grundgesetzes entspricht. In ihrem Licht muß dann das der Tarifautonomie zugrundeliegende Grundrecht, die Koalitionsfreiheit, betrachtet werden, die ihren Inhalt auch aus dem Autonomiebegriff empfängt.

Die Tariffähigkeit stellt ganz allgemein die rechtliche Befugnis zum Abschluß von Tarifverträgen und damit zur Teilnahme an der Tarifautonomie als der Autonomie auf dem Lebensgebiet der Arbeits- und Wirtschaftsbedingungen dar. Als das Mittel zum kollektiven Ausgleich der teilweise völlig entgegengesetzten Interessen von Arbeitgebern und Arbeitnehmern im Arbeitsleben schlechthin hat sich historisch der kollektive Arbeitsvertrag herausgebildet, der als Tarifvertrag von Arbeitgeber- und -nehmerverbänden, z.T. auch von einzelnen Arbeitgebern und Arbeitnehmerverbänden als den am Vertrag beteiligten Parteien geschlossen wird. Eine Betrachtung der Tariffähigkeit muß notwendigerweise unvollständig bleiben, wenn sie sich nicht auch auf die unterschiedlichen Lehren, die sich mit den Besonderheiten des Tarifvertrags und dessen Zustandekommen beschäftigen, erstreckt. In ihnen läßt sich die jeweilige dogmatische Begründung der Befugnis der Koalitionen zum Abschluß von Tarifverträgen erkennen.

Unter Beachtung des Autonomiebegriffes des Grundgesetzes und dessen Auswirkungen auf die Grundlagen der unterschiedlichen einzelnen Tarifvertragslehren gelangt man zu einer Betrachtung der Tarifautonomie insgesamt, mit Hilfe derer nun die von der h.M. an eine Gewerkschaft gestellten konstitutiven Anforderungen, die diese erfüllen muß, um nach ebenso h.M. tariffähig zu sein, kritisch betrachtet werden können.

Besondere Aktualität erlangt eine kritische Würdigung der Tarifautonomie allgemein und der Tariffähigkeit im besonderen vor dem Hintergrund der Wiedervereinigung der Bundesrepublik Deutschland mit der ehemaligen Deutschen Demokratischen Republik, die am 3. Oktober 1990 durch den Beitritt der DDR gemäß Art.23 GG zur Bundesrepublik Deutschland vollzogen wurde. Ihr gingen die Abschlüsse von zwei Verträgen, zum einen des Staatsvertrags zur Errichtung einer Währungs-, Wirtschafts- und Sozialunion sowie zum anderen des sog. Einigungsvertrags, voraus. Mit der Ratifizierung des Staatsvertrags durch den Bundestag wurde erstmals durch die Legislative festgelegt, was bislang nur durch Rechtsprechung und Lehre so geformt und ständig wiederholt wurde: Art.17 des Staatsvertrags enthält die Grundsätze der Arbeitsrechtsordnung, die in der Bundesrepublik gelten und von der damaligen DDR zu übernehmen waren. Er lautet:

> "In der DDR gelten Koalitionsfreiheit, Tarifautonomie, Arbeitskampfrecht, Betriebsverfassung, Unternehmensmitbestimmung und Kündigungsschutz entsprechend dem Recht der Bundesrepublik; näheres ergibt sich aus dem Gemeinsamen Protokoll über die Leitsätze und den Anlagen II und III."

Im Gemeinsamen Protokoll über die Leitsätze A III Nr. 2 finden sich die von den Koalitionen für die Anerkennung als tariffähige Verbände zu erfüllenden Voraussetzungen; demgemäß hätten die Gewerkschaften und Arbeitgeberverbände frei gebildet, gegnerfrei, überbetrieblich und unabhängig zu sein und müßten das Tarifrecht anerkennen, zudem wird von ihnen verlangt, durch Ausüben von Druck auf den Tarifpartner zu einem Tarifabschluß zu kommen. Diese Mächtigkeitslehre wird bereits seit langem vom Bundesarbeitsgericht vertreten[1].

Auch wenn der Staatsvertrag nicht als Gesetz, sondern als bindende Auslegungsregel verstanden werden soll[2], so muß man sich dennoch die Frage nach der Verfassungsgemäßheit dieser Anforderungen stellen. Es scheint mit Blick auf die bisherige Entwicklung der Lehre und der Rechtsprechung zur Tariffähigkeit die normative Kraft des Faktischen zu bewirken, daß die herrschende Meinung nun im Staatsvertrag so schnell und unkritisch berücksichtigt wurde. Fraglich ist schließlich, ob diese herrschende Meinung sich mit dem Begriff der Autonomie und damit der Koalitionsfreiheit in Einklang bringen läßt.

"Vom Anspruchsdenken her wird ein höchst allgemeines Prinzip nur den Inhalt behaupten, der für möglichst viele Interpreten konsensfähig ist, der geeignet ist, herrschende Meinung zu sein. Das aber ist der am weitesten reduzierte Inhalt, jedenfalls solange, als nicht die Praxis vornehmlich des Gesetzgebers, aber auch der Rechtsprechung und Verwaltung der Norm einen weiteren Wirkungsbereich entfaltet. Eine solche Wirkung beruht jedoch nicht mehr auf der Norm selbst - die Norm wird nicht mehr angewandt -, sondern auf der Praxis, die die Norm lediglich zur Legitimation nutzt; die Praxis wirkt normativ. Rechtsdogmatisch entsteht Verfassungsgewohnheitsrecht, rechtssoziologisch verfassungsnormfreie praktische Verfassungsnormativität."[3]

Grundlegend für die heutige Sichtweise der Koalitionsfreiheit und der sich daraus ergebenden Tarifautonomie ist das institutionelle Verständnis von beidem, der Koalitionsfreiheit wie der Tarifautonomie. Die Gefahr, der verfassungsrechtliche institutionelle Garantien für Private unterliegen, wurde bereits in der Zeit der Weimarer Republik klar erkannt. Sie besteht in der Möglichkeit, daß

"... die institutionellen Garantien sich verselbständigen und einem eigenen Entwicklungsgesetz folgen, durch welches jene Institutionen gegenüber dem Staat immer selbständiger, immer besser 'gesichert' werden ... Analog wäre es theoretisch denkbar, daß eine verfassungsrechtliche 'Anerkennung' von Arbeitgeber- und Arbeitnehmerorganisationen ... zu einer institutionellen Garantie weiter ausgebaut würde und schließlich ein Monopol der bestehenden Verbände auch verfassungsrechtlich fundierte. Das alles brauchte keineswegs planmäßig berechnet zu sein, sondern entspricht der Dialektik einer häufig eintretenden Entwicklung. Der Weg von der allgemeinen Freiheit zum Privilegium ist oft sehr kurz; er führt über die speziellen Garantien und Sicherungen der Freiheit."[4]

---

1 BAGE 29, 72; BAGE 53, 347, s. auch sub B. I. 4.-12.

2 Vgl. *Kissel, Otto Rudolf*: Arbeitsrecht und Staatsvertrag, in: NZA, 1990, S.549 f.; *Stern, Klaus*: Der verfassungsändernde Charakter des Einigungsvertrags, in: DtZ, , 1990, S.289, ist der Ansicht, daß der Staatsvertrag die DDR zur Verfassungsänderung verpflichtet habe, nicht jedoch die Bundesrepublik; er sei ein Vertrag sui generis und eben nicht nur und ausschließlich ein völkerrechtlicher.

3 s. *Schachtschneider, Karl Albrecht*: Das Sozialprinzip - zu seiner Stellung im Verfassungssystem des Grundgesetzes, 1974, S.37.

4 s. *Schmitt, Carl*: Freiheitslehre und institutionelle Garantien, in: ders., Verfassungsrechtliche Aufsätze, 3. A., 1983, S.171.

Die Tatsache, daß genau diese bereits vor mehr als fünfzig Jahren beschriebene Entwicklung heute beobachtbar eingetreten ist, rechtfertigt eine genauere Untersuchung der eingetretenen Entwicklung.

Zu fragen ist daher zunächst, welche unterschiedlichen Ansichten in der Lehre und in der Rechtsprechung, und hier insbesondere vom Bundesarbeitsgericht und vom Bundesverfassungsgericht vertreten werden. Auch das von Bundesarbeitsgericht und Bundesverfassungsgericht ihren Urteilen zur Tariffähigkeit und zur Tarifautonomie zugrundegelegte Verständnis der Grundrechte allgemein und der Koalitionsfreiheit im besonderen wird knapp dargestellt, kritisch untersucht und gegebenenfalls korrigiert. Ergebnis der Untersuchung soll sein, diejenigen Gewerkschaftsmerkmale, die sich durch die korrekte Grundrechtsinterpretation rechtfertigen lassen, aufzustellen.

B. Zusammenfassung der Kriterien für die Tariffähigkeit in Rechtsprechung und Lehre

Um dem Anliegen der Untersuchung, nämlich der kritischen Betrachtung der Tariffähigkeit von Arbeitnehmervereinigungen, gerecht werden zu können, bietet es sich an, zuvor die Möglichkeit einer Übersicht über die Darstellung der Tariffähigkeit und der damit verbundenen Interpretation der Koalitionsfreiheit aus Art.9 Abs.3 GG sowohl für die Rechtsprechung als auch für bedeutende Vertreter der Lehre zu geben.

I. Darstellung der Tariffähigkeit in der höchstrichterlichen Rechtsprechung

Im folgenden werden kurz die wichtigsten Urteile des Bundesverfassungsgerichts und des Bundesarbeitsgerichts zur Tariffähigkeit von Arbeitnehmervereinigungen und die von ihnen erarbeiteten Kriterien dargestellt. Dabei läßt sich deutlich erkennen, daß das Bundesverfassungsgericht seine "Kernbereichslehre" im Laufe der Jahre funktional weiter ausgebaut hat, ebenso, daß das Bundesarbeitsgericht trotz der in der Literatur mit Nachdruck vertretenen Kritik an seiner Mächtigkeitstheorie weiterhin festhält und deshalb jüngst sogar einer Arbeitnehmervereinigung mit mehr als 20.000 Mitgliedern die Tariffähigkeit abgesprochen hat[1].

1. Urteil des Bundesverfassungsgerichts vom 18.11.1954, 1 BvR 629/ 52[2]

a) Beschwerdeführer sind die Vereinigung der Wirtschaft e.V., Arbeitgebervertretung Bamberg (im folgenden VdW), und die Firma Heinrich L., Bamberg. In einem vorausgegangenen Rechtsstreit war der Beklagte und Berufungskläger vor dem Landesarbeitsgericht Bayern durch einen Angestellten der VdW vertreten worden. Das Landesarbeitsgericht hat die Berufung gegen das Urteil des Arbeitsgerichts Bamberg als unzulässig verworfen[3], weil der Vertreter der VdW zur Vertretung vor dem Landesarbeitsgericht nicht zugelassen sei. Dies sei nur Angestellten tariffähiger Vereinigungen vorbehalten, der VdW sei nicht tariffähig, da ihm Unternehmen der verschiedensten Fachrichtungen als Mitglieder angehörten.

---

1 BAG Beschluß vom 16.1.1990, in NZA, 1990, S.623.

2 BVerfGE 4, 96.

3 LAG Bayern - Beschluß v. 9.8.1952 (N 183/ 52/ I-).

Die Beschwerdeführer beantragen, den Beschluß des Landesarbeitsgerichts aufzuheben und die Tariffähigkeit des VdW festzustellen, hilfsweise, daß aus der Binnenorganisation des VdW keine Bedenken gegen dessen Tariffähigkeit hergeleitet werden könnten.

b) Das Grundrecht auf Koalitionsfreiheit in Art.9 Abs.3 GG beschränke sich nicht auf fachberuflich organisierte Verbände. Jedoch habe das Landesarbeitsgericht die Beschränkung der Tariffähigkeit aus einer Gesamtschau der rechtlichen Bestimmungen außerhalb des Grundgesetzes gefolgert. Ob diese Auslegung der anderen Normen außerhalb des Grundgesetzes zutreffend sei, habe das Bundesverfassungsgericht nicht im Rahmen der Verfassungsbeschwerde zu untersuchen. Nur die Rechtsauslegung unterverfassungsrechtlicher Normen seitens des Landesarbeitsgerichts habe verfassungsgemäß zu sein. Die Auslegung des Landesarbeitsgerichts verstoße jedoch nicht gegen Art.9 Abs.3 GG.

Durch das Grundrecht auf Koalitionsfreiheit sei ein Kernbereich dahingehend geschützt, daß ein Tarifvertragssystem i.S. des modernen Arbeitsrechts überhaupt bereitzustellen sei und daß Partner dieser Tarifverträge notwendig frei gebildete Koalitionen seien.

Aus der Gesamtheit der Vereinigungen i.S. des Art.9 Abs.3 GG wären in der Weimarer Republik nur diejenigen als tariffähig anerkannt worden, deren satzungsmäßige Aufgabe die Wahrnehmung der Interessen ihrer Mitglieder gerade als Arbeitgeber bzw. Arbeitnehmer gewesen wäre, die sich frei gebildet hätten, gegnerfrei, unabhängig und daher auf überbetrieblicher Grundlage organisiert gewesen wären und die schließlich das geltende Tarif- und Schlichtungsrecht als für sich verbindlich anerkannt hätten. Dies seien gleichzeitig die Voraussetzungen für das Vorhandensein echter arbeitsrechtlicher Vereinigungen überhaupt.

Der einfache Gesetzgeber könne aber nicht die Tariffähigkeit von weiteren, insbesondere berufsorganisatorischen Voraussetzungen abhängig machen. Dennoch sei nicht jede Koalition tariffähig. Dies ergebe sich aus der Ordnungsfunktion des Tarifvertragssystems, die auch im Rahmen der Koalitionsfreiheit wirksam werde. Ergäben sich durch die gewählte Organisationsform einer Koalition jedoch erhebliche Störungen der Ordnungsfunktion, so dürfte der Gesetzgeber hier nach seinem Ermessen tätig werden. Das Landesarbeitsgericht sei zutreffend von einem "Tarifwirrwarr" ausgegangen, der zur Zeit der Weimarer Republik drohte, und habe weiterhin auf erhebliche Mißstände und Schwierigkeiten hingewiesen, die sich aus der Tariffähigkeit gemischtfachlicher Organisationen ergäben.

Die Auslegung der einfachen Gesetze seitens des Landesarbeitsgerichts sei also eventuell arbeitsrechtlich bestreitbar, verfassungsrechtlich jedoch nicht zu beanstanden, so daß beide Verfassungsbeschwerden zurückzuweisen seien.

2. Beschluß des Bundesverfassungsgerichts vom 6.5.1964, 1 BvR 79/62[4]

a) Der Beschwerdeführer schließt katholische Hausgehilfinnen und Hausangestellte zusammen. Er hat 40.000 Mitglieder; seine Satzung sieht keine Streikbereitschaft vor. Allerdings ist sein Ziel der Abschluß von Tarifverträgen.

b) Die Gewerkschaft Nahrung-Genuß-Gaststätten, Mitglied des Deutschen Gewerkschaftsbundes, hat den Antrag auf Aberkennung der Tariffähigkeit des Beschwerdeführers gestellt; drei gerichtliche Instanzen haben dem Antrag stattgegeben.

Das Landesarbeitsgericht hat als Begründung angeführt, der Beschwerdeführer sei vom sozialen Gegenspieler abhängig, von der Kirche beeinflußt und nicht zum Arbeitskampf bereit.

Das Bundesarbeitsgericht, das die Rechtsbeschwerde gegen das Urteil des Landesarbeitsgerichts zu entscheiden hatte, erkannte die Tariffähigkeit ab und stützte sich dabei allein auf die Kampfunwilligkeit. Die Bereitschaft gehöre zur Tariffähigkeit nach § 2 TVG; auf Arbeitnehmerseite seien nur Gewerkschaften tariffähig. Das Gesetz liefere keine Legaldefinition für den Begriff der Gewerkschaft. Die Voraussetzungen für die Eigenschaft einer Gewerkschaft seien durch die historische Entwicklung, die Rechtsprechung und die Wissenschaft weitgehend geklärt. Dabei sei nicht jede Organisation von Arbeitnehmern eine Gewerkschaft und daher auch nicht jede Organisation tariffähig. Jeder Arbeitnehmerverband habe das Recht, sich zum Arbeitskampf zu bekennen. Es bestehe ein Sinnzusammenhang zwischen dem Koalitionszweck, der Ablehnung der Zwangsschlichtung seitens des Gesetzgebers und dem Bekenntnis zum Arbeitskampf als ultima ratio. Neuere Gesetze verwendeten anstelle des Begriffs der "wirtschaftlichen Vereinigung von Arbeitnehmern" den Begriff "Gewerkschaft". Historisch gesehen habe es keine Gewerkschaft gegeben und gäbe es auch jetzt keine Gewerkschaft, die sich nicht zum Arbeitskampf bekennen würde. In neueren Gesetzen, so im ArbGG und im SozGG, würde klar differenziert zwischen Gewerkschaften auf der einen Seite und selbständigen Vereinigungen von Arbeitnehmern mit sozial- oder berufspolitischer Zielsetzung auf der anderen. Das Fehlen der Bereitschaft zum Arbeitskampf sei dann entbehrlich, wenn dies nicht freiwillig geschehen sei, sondern auf Grund eines Gesetzes bestimmt worden wäre (so bei Beamten) oder im Wesen des Berufes liege (z.B. Ärzte). Dieser Fall liege jedoch bei den Hausgehilfinnen und Hausangestellten nicht vor. Eine Bereitschaft zum Arbeitskampf wäre möglich.

c) Die angegriffene Rechtsansicht, der Beschwerdeführer sei keine Gewerkschaft auf Grund der Auslegung einfachen Gesetzes durch das Bundesarbeitsgericht, werde durch das Bundesverfassungsgericht dahingehend geprüft, ob

4 BVerfGE 18, 18.

diese Auslegung mit dem Grundgesetz vereinbar sei, wenn nicht, ob § 2 Abs.1 TVG gegen die Verfassung verstoße.

Die Auslegung des Bundesarbeitsgerichts sei mit Art.9 Abs.3 GG nicht vereinbar. Ob Art.9 Abs.3 GG das Grundrecht auf Arbeitskampf beinhaltet, werde nicht geprüft.

Die Koalitionsfreiheit sei nur dann sinnvoll, wenn die Rechtsordnung das Ziel der Koalitionsfreiheit gewährleiste, nämlich die Wahrung und Förderung der Arbeits- und Wirtschaftsbedingungen. Diese Bedingung sei dann erfüllt, wenn die Rechtsordnung der Koalition das Recht gebe, den Zweck durch spezifisch koalitionsmäßige Betätigung zu verwirklichen. In der Marktwirtschaft mit freien Arbeitsverträgen habe sich der Tarifvertrag als das rechtliche Mittel herausgebildet. Ein Tarifvertrag setze Rechtsnormen mit unmittelbarer und zwingender Geltung.

Zu fragen sei, ob die Kampfbereitschaft so wesentlich sei, daß ohne sie die Aufgabe, im Verein mit dem sozialen Gegenspieler das Arbeitsleben zu ordnen und zu befrieden, nicht erfüllt werden könne. Für Koalitionen von Arbeitnehmern in Haushalten sei dies jedenfalls zu verneinen. Es sei im übrigen nicht jede Koalition tariffähig.

Die Tarifautonomie habe ihren Ursprung in der Koalitionsfreiheit. Ihr Zweck sei es, im von staatlicher Rechtssetzung freien Raum das Arbeitsleben sinnvoll durch Tarifverträge zu ordnen, insbesondere die Höhe der Arbeitsvergütung für die verschiedenen Berufe festzulegen und so die Gemeinschaft sozial zu befrieden.

Erst Koalitionen, die diese Aufgabe erfüllen könnten, lasse der Staat an der Tarifautonomie teilnehmen. Daher sei er berechtigt, Mindestanforderungen an die Tariffähigkeit zu stellen. Es seien dies die satzungsmäßige Aufgabe der Wahrnehmung der Interessen der Mitglieder in ihrer Eigenschaft als Arbeitnehmer bzw. Arbeitgeber, die freie Bildung der Koalitionen, die Gegnerfreiheit, die Unabhängigkeit, die Organisation auf überbetrieblicher Grundlage und die verbindliche Anerkennung des geltenden Tarifrechts.

Das Bundesarbeitsgericht sei der Auffassung, es bestehe ein notwendiger Sinnzusammenhang zwischen dem Koalitionszweck, der Ablehnung der Zwangsschlichtung und dem Bekenntnis zum Arbeitskampf als ultima ratio. Die Tarifautonomie erfülle nicht ihren Zweck, wenn bei Ablehnung des Arbeitskampfes der Staat keine Hilfe in Form einer Zwangsschlichtung gewährt. Daher sei der Arbeitskampf ein notwendiges Übel.

Dazu führt das Bundesverfassungsgericht aus, daß allein die Möglichkeit des Arbeitskampfes entscheidend dafür sein könne, daß überhaupt ein Tarifvertrag zustande komme, und welchen Inhalt er habe. Auch wenn die überwiegende Anzahl der Tarifverträge friedlich zustande komme, stehe dahinter doch immer die Drohung mit dem Arbeitskampf. Dem Arbeitskampf sei daher also eine erhebliche Bedeutung beizumessen.

Für die Berufe des Haushaltes sei das sinnvolle Funktionieren der Tarifautonomie nicht abhängig von der Bereitschaft zum Arbeitskampf. Die Kampfwilligkeit als Voraussetzung der Tariffähigkeit beruhe auf der Annahme der Unfähigkeit zur Einsicht und des Mangels an gutem Willen zum Aushandeln eines befriedenden Vertrags seitens der Tarifpartner, die sich letztlich doch dem Druck des Arbeitskampfes bzw. seiner Drohung beugten.

Dieses mangelnde Vertrauen sei in Haushaltsberufen unbegründet. Ein Haushalt habe andere Ziele als ein erwerbswirtschaftlicher Betrieb. Der Beschwerdeführer vertraue jedenfalls auf die Einsicht und den guten Willen möglicher Tarifpartner und halte den Arbeitskampf weder für erforderlich noch für sinnvoll. Außerdem sei die Gleichheit der Mittel immer gewahrt, weil die Aussperrung bei Haushaltsberufen ebenfalls nicht sinnvoll sei.

Auch von kampfunwilligen Koalitionen abgeschlossene Tarifverträge erfüllten den Zweck der Ordnung und Befriedung des Arbeitslebens, denn vom Arbeitskampf mittelbar seien z.B. auch nicht organisierte Arbeitnehmer und Arbeitgeber betroffen, was den Wert der Befriedung durch einen solchermaßen zustande gekommenen Tarifvertrag mindere.

Die Anerkennung der Tariffähigkeit der kampfunwilligen Koalitionen bedeute nicht, daß die Tariffähigkeit der kampfbereiten Organisationen geschmälert bzw. ihre Kampfwilligkeit angetastet werde, da die rechtliche Situation erhalten bleibe und der Schutz der Koalitionsfreiheit auch sie erfasse. Dies erfordere keine Beschränkung der Tariffähigkeit auf kampfwillige Koalitionen. Ein etwaiges Recht zum Arbeitskampf schließe nicht die Pflicht zur Kampfbereitschaft ein.

Die Koalitionsfreiheit beinhalte die Bildung, Betätigung, Entwicklung und die Wahl der Mittel, die die Koalition für geeignet halte, um ihren Zweck zu verwirklichen. Es bleibe daher dem freien Spiel der Kräfte überlassen, ob sie mit den gewählten Mitteln den erstrebten Erfolg erreiche.

Eine Bindung der Tariffähigkeit an die Kampfwilligkeit bedeute eine unzulässige Einengung der freien Wahl der Mittel zur Erreichung des Koalitionszweckes. Wenn kampfbereite Organisationen tatsächlich eine gerechtere Ordnung des Arbeitslebens bewirken könnten, so werde sich dies im Wettbewerb zwischen kampfunwilligen und kampfwilligen Gruppierungen auswirken, und dies insbesondere auf die Werbekraft der einzelnen Gruppen. Eine Kampfbereitschaft sei daher für die Tariffähigkeit nicht erforderlich.

3. Beschluß des Bundesverfassungsgerichts vom 20.10.1981, 1 BvR 404/ 78[5]

a) Der Beschwerdeführer, der Deutsche Arbeitnehmerverband e.V., wendet sich mit der Verfassungsbeschwerde dagegen, daß er zwar als Koalition, nicht aber als Gewerkschaft mit Tariffähigkeit anerkannt werde. Er habe einen

5 BVerfGE 58, 233.

Mitgliederbestand von über 14.000, davon über 10.000 in Nordrhein-Westfalen und über 2.000 in Hessen. Er bekenne sich zum Arbeitskampf; er habe bereits eine Betriebsvereinbarung abschließen können. Tarifabschlüsse seien bisher nicht zustandegekommen.

Im Jahre 1961 hatte der Beschwerdeführer beim Arbeitsgericht ein Beschlußverfahren mit dem Antrag eingeleitet festzustellen, daß er tariffähig sei. Das Arbeitsgericht hatte mit Beschluß vom 27.3.1962 diesem Antrag stattgegeben. Auf Antrag der IG Bergbau und Energie (IGBE) wurde der Beschluß durch das Arbeitsgericht am 6.12.1972 aufgehoben. Der erneute Antrag des DAV, die Tariffähigkeit festzustellen, blieb in allen drei Arbeitsgerichtsinstanzen erfolglos. Insbesondere das Bundesarbeitsgericht hatte mit Beschluß vom 14.3.1978 die Gewerkschaftseigenschaft wegen fehlender Verbandsmacht abgesprochen[6].

b) Art.9 Abs.3 GG gewährleiste für jedermann und für alle Berufe das Recht, sich zur Wahrung und Förderung der Arbeits- und Wirtschaftsbedingungen zusammenzuschließen. Diese Garantie erfasse auch den Schutz der Koalition als solche und ihr Recht, sich im Rahmen des Koalitionszweckes spezifisch koalitionsmäßig zu betätigen. Hierzu gehöre der Abschluß von Tarifverträgen, mit dem die Tarifvertragsparteien insbesondere die Lohn- und Arbeitsbedingungen im wesentlichen ohne staatliche Einflußnahme in eigener Verantwortung regelten. Insofern diene die Koalitionsfreiheit einer sinnvollen Ordnung des Arbeitslebens.

Als Partner von Tarifverträgen müßten die Koalitionen frei gebildet, gegnerfrei, auf überbetrieblicher Grundlage organisiert und ihrer Struktur nach unabhängig genug sein, um die Interessen ihrer Mitglieder auf arbeits- und sozialrechtlichem Gebiet nachhaltig vertreten zu können. Außerdem müßten sie das geltende Tarif- und Schlichtungsrecht als für sich verbindlich anerkennen. Die Wahl der Koalitionsmittel bleibe den Koalitionen nach Art.9 Abs.3 GG grundsätzlich überlassen.

Durch das Grundrecht auf Koalitionsfreiheit sei nur ein Kernbereich geschützt, der den geschützten Personen und Vereinigungen keinen inhaltlich unbegrenzten und unbegrenzbaren Handlungsspielraum einräume. Der Gesetzgeber sei berufen, die Befugnisse der Koalitionen näher zu gestalten und zu regeln. Allerdings seien nur solche Schrankenziehungen rechtmäßig, die zum Schutz anderer Rechtsgüter von der Sache her geboten seien. Darüber hinausgehende Schrankenziehungen tasteten den Kerngehalt der Koalitionsfreiheit an. Das gelte auch für die Tarifautonomie, so daß nur die Schrankenziehungen für die Tarifautonomie erlaubt seien, die von der im öffentlichen Interesse liegenden Aufgabe der sinnvollen Ordnung und Befriedung des Arbeitslebens geboten seien.

---

6 BAG Beschluß vom 14.3.1978-1 ABR 2/ 76, in: AP Nr. 30 zu § 2 TVG.

Es sei daher mit dem Grundrecht auf Koalitionsfreiheit zu vereinbaren, nur solche Koalitionen an der Tarifautonomie teilnehmen zu lassen, die in der Lage seien, die im öffentlichen Interesse liegende Aufgabe der sinnvollen Ordnung und Befriedung des Arbeitslebens zu erfüllen, so daß gewisse Mindestanforderungen von Koalitionen für die Teilnahme an der Tarifautonomie zu erfüllen seien.

Daher sei die Verbandsmacht ein Kriterium, von dem die Tariffähigkeit abhängig gemacht werden dürfe, weil die Sache dies im Hinblick auf einen gerechten Interessenausgleich erfordere und damit der Befriedung diene.

Bildung und Betätigung der Koalitionen blieben dennoch frei. Sie würden lediglich analog den politischen Parteien behandelt, die freie und konkurrierende Gruppen darstellten und lediglich bei der Mitwirkung an der Volksvertretung an die 5 v.H.-Sperrklausel gebunden seien.

c) Der DAV erfülle die Forderung der Mächtigkeit jedoch nicht. Die Organisationsstärke reiche nicht aus, um sich in dem für die sinnvolle Ordnung und Befriedung des Arbeitslebens erforderlichen Umfang gegenüber dem sozialen Gegenspieler durchsetzen zu können.

Außerdem verfüge der DAV nicht über die erforderliche formelle und sachliche Ausstattung, um die Aufgaben einer Gewerkschaft erfüllen zu können. Der Hinweis des DAV auf die durch ihn abgeschlossene Betriebsvereinbarung spreche nicht für die Mächtigkeit, im Gegenteil handele es sich dabei um einen Gefälligkeitsabschluß seitens des sozialen Gegenspielers.

Indem das Bundesarbeitsgericht die Tariffähigkeit nicht durchsetzungsfähigen Koalitionen abspreche und zugleich den durchsetzungsfähigen Gewerkschaften die Tariffähigkeit zuweise, sorge es für ein funktionsfähiges Tarifsystem und vermeide, daß der Staat zur sinnvollen Ordnung gezwungen werde, so daß er gesetzliche Mindestarbeitsbedingungen festzulegen genötigt sei. Damit werde dem Subsidiaritätsprinzip gerecht.

Das Erfordernis der Durchsetzungsfähigkeit stelle also keine unverhältnismäßige Einschränkung der Koalitionsfreiheit nach Art.9 Abs.3 GG dar. Die Beschwerde des DAV sei daher zurückzuweisen.

4. Beschluß des Bundesarbeitsgerichts vom 9.7.1968, 1 ABR 2/67[7]

a) Gegenstand des Verfahrens ist die Rechtsbeschwerde des Berliner Akademikerbundes (im folgenden nur BAB) gegen den Beschluß des Landesarbeitsgerichts Berlin, der BAB sei keine Gewerkschaft und daher auch nicht tariffähig[8].

---

7 BAGE 21, 98.

8 Beschluß des LAG Berlin vom 8.7.1966-20 CaB 158/ 63 Arbeitsgericht Berlin/ 3 Sa 9/ 66 Landesarbeitsgericht Berlin.

Der BAB hat die Feststellung der Tariffähigkeit beim Arbeitsgericht beantragt; der Antrag wurde zurückgewiesen. Das Landesarbeitsgericht, das daraufhin von dem BAB angerufen worden war, hat die Tariffähigkeit ebenfalls verneint.

Der BAB besitzt mehr als 7 Mitglieder und hatte bisher keinen Tarifvertrag abgeschlossen.

b) Das Bundesarbeitsgericht hält die Rechtsbeschwerde für nicht begründet. Unter Bezugnahme auf die beiden Entscheidungen des Bundesverfassungsgerichts vom 18.11.1954[9] und vom 6.5.1964[10] führt das Bundesarbeitsgericht aus, es sei Aufgabe der Koalitionen, die Arbeits- und Wirtschaftsbedingungen ihrer Mitglieder zu wahren und zu fördern. Dabei würden sich ihre Aufgaben als Tarifvertragspartner nach den im Tarifvertragsgesetz geregelten Grundsätzen des Tarifvertragsrechts bestimmen. Folglich müsse eine Koalition, die die Tariffähigkeit für sich in Anspruch nehmen wolle, in der Lage sein, auf den von ihr als Tarifvertragspartner gewählten sozialen Gegenspieler einen im Rahmen der Rechtsordnung zulässigen fühlbaren Druck auszuüben, um so die Aufnahme von Tarifverhandlungen zu erreichen. Die Schaffung einer sinnvollen Ordnung des Arbeitslebens als die Aufgabe der Tarifvertragsparteien sei aber nicht mehr zu erfüllen, wenn sie z.B. nicht gegnerfrei seien. Auch eine nach ihrer Stellung im Arbeitsleben völlig unbedeutende Vereinigung sei nicht in der Lage, diese Aufgabe zu erfüllen. Die Bildung der Vereinigungen sei zwar grundrechtlich geschützt, doch sei keineswegs auch die Tariffähigkeit ebenfalls grundrechtlich gewährleistet.

Es komme nicht in jedem Falle auf die Anzahl der Mitglieder an. Zahlenmäßig kleine Koalitionen müßten dennoch in der Lage sein, einen gewissen Druck auf den sozialen Gegenspieler auszuüben, um die Tariffähigkeit für sich reklamieren zu können.

Die Fähigkeit, Druck ausüben und somit auch in der Tarifautonomie zu einer sinnvollen Ordnung des Arbeitslebens beitragen zu können, müsse vom Antragsteller in der Beschlußverhandlung dargelegt werden.

Da der Antragsteller dies nicht getan habe, müsse davon ausgegangen werden, daß es ihm an der Fähigkeit mangele, seine Aufgabe als Tarifpartner sinnvoll erfüllen zu können. Der BAB sei daher nicht tariffähig.

5. Beschluß des Bundesarbeitsgerichts vom 23.4.1971, 1 ABR 26/ 70[11]

a) Gegenstand des Verfahrens ist die zu entscheidende Frage, ob der Antragsteller an einem Beschlußverfahren über betriebsverfassungsrechtliche Fragen in Anwendung des § 10 ArbGG beteiligungsfähig ist. Dazu muß es

---

9 BVerfGE 4, 96 (106 ff.).

10 BVerfGE 18, 18 (28).

11 BAGE 23, 320.

sich um eine Gewerkschaft handeln. Da Bedenken gegen die Gewerkschaftseigenschaft aufgetreten seien, habe das Bundesarbeitsgericht diese zu prüfen, indem das Verfahren auszusetzen sei, bis die Eigenschaft der Vereinigung, die die Beteiligungsfähigkeit für sich reklamiere, geklärt sei.

b) Die Gewerkschaftseigenschaft der christlichen Vereinigungen von Arbeitnehmern sei nicht unumstritten. Auch die Tatsache, daß vier Mitglieder in den Betriebsrat gewählt worden seien, sei noch kein Indiz für die Gewerkschaftseigenschaft.

Dies seien vielmehr die Anzahl der Mitglieder der Vereinigung oder deren Stellung im Arbeitsleben. Beides müsse ausreichen, um einen Druck auf den sozialen Gegenspieler auszuüben. Zudem müsse eine Gewerkschaft auch auf betriebsverfassungsrechtlicher Ebene in der Lage sein, gerade mit dem Gewicht einer Gewerkschaft aufzutreten, was gleichzeitg erkläre, warum Gewerkschaften überhaupt in das Betriebsverfassungsrecht einbezogen seien.

Über die Gewerkschaftseigenschaft werde das Bundesarbeitsgericht selbst nicht einschlußweise entscheiden; dem stehe § 97 Abs.5 ArbGG entgegen. Die Entscheidung des Rechtsstreites hänge zwar nicht von der Tariffähigkeit des Verbandes ab, jedoch von seiner Gewerkschaftseigenschaft, die folglich nach der Aussetzung des Verfahrens zu klären sei.

6. Beschluß des Bundesarbeitsgerichts vom 15.3.1977, 1 ABR 16/ 75[12]

a) Gegenstand des Verfahrens ist die Rechtsbeschwerde des Antragstellers, des Verbandes der oberen Angestellten der Eisen- und Stahlindustrie. Es handelt sich bei ihm um einen Zusammenschluß außertariflicher Angestellter mit über 7.600 Mitgliedern, davon etwa 3.000 leitende Angestellte i.S. des § 5 Abs.3 BetrVG. Er beantragt die Feststellung, daß er eine tariffähige Gewerkschaft darstelle.

Das Arbeitsgericht hat dem Antrag stattgegeben. Das Landesarbeitsgericht Düsseldorf hat den Antrag auf Beschwerde der Antragsgegnerin zurückgewiesen.

b) Gewerkschaftseigenschaft komme nur Arbeitnehmervereinigungen zu, die tariffähig seien. Eine Koalition müsse, um tariffähig zu sein, als satzungsmäßige Aufgabe die Wahrnehmung der Interessen ihrer Mitglieder gerade in deren Eigenschaft als Arbeitnehmer oder Arbeitgeber vertreten und willens sein, Tarifverträge abzuschließen, sie müsse frei gebildet, gegnerfrei und unabhängig und auf überbetrieblicher Grundlage organisiert sein; schließlich müsse sie das geltenden Tarif- und Schlichtungsrecht als für sich verbindlich anerkennen. Weiter müsse eine Gewerkschaft in der Lage sein, die Aufgabe der Tarifautonomie, das Arbeitsleben durch Tarifverträge sinnvoll zu ordnen und so letztlich die Gemeinschaft sozial zu befrieden, erfüllen können,

---

12 BAGE 29, 72.

andernfalls der Staat diese Vereinigung nicht an der Tarifautonomie teilnehmen lassen könne. Dazu sei es notwendig, als Gewerkschaft im Rahmen der Rechtsordnung einen fühlbaren Druck auf den sozialen Gegenspieler ausüben zu können, um so zur Aufnahme von Tarifverhandlungen und zum Abschluß von Tarifverträgen zu gelangen. Die Zahl der Mitglieder sei dabei nicht ausschlaggebend. Ebenfalls sei eine bestimmte finanzielle Grundlage zu fordern.

Eine sinnvolle Ordnung könne jedoch nur erreicht werden, wenn die Tarifverträge gerecht seien, das wiederum könne nur durch annähernd gleichgewichtige Tarifvertragsparteien erreicht werden. In diesen Fällen sei den Tarifverträgen jedenfalls eine Richtigkeitsgewähr immanent.

Daher müsse die Koalition für die ihr gestellten Aufgaben tauglich, also mächtig und leistungsfähig sein, sie müsse eine Autorität gegenüber ihrem Gegenspieler und gegenüber ihren Mitgliedern besitzen. Zudem habe auch ihr organisatorischer Aufbau der Aufgabe zu entsprechen, die an sie im öffentlichen Interesse gestellt sei.

Auch seien in den letzten Jahrzehnten die Koalitionen als Repräsentanten der jeweiligen Interessenslagen im öffentlichen Leben überhaupt anerkannt worden und deshalb ein bestimmender Faktor im Wirtschafts- und Sozialleben, so daß die Forderung nach der Tauglichkeit dadurch noch verstärkt werde.

c) Eine Gewerkschaft sei so lange unabhängig von der Gegenseite, wie die Willensbildung und -entschließung im Verband frei und unbeeinflußt durch den sozialen Gegenspieler vonstatten gehe. Leitende Angestellte gehörten zu den Arbeitnehmern. Somit seien auch ihre Verbände tariffähig. In Verbänden, die leitende und andere Angestellte zusammenfaßten, müsse jedoch gewährleistet sein, daß solchen leitenden Angestellten jeglicher Einfluß auf die Verbandspolitik versagt bleiben müsse, die dem Verband als Arbeitgebervertreter in irgendeiner Weise gegenüberzutreten hätten.

Das Landesarbeitsgerichts habe dies nicht entsprechend berücksichtigt; der Beschluß sei aufzuheben und zur erneuten Entscheidung an das Landesarbeitsgericht Düsseldorf zurückzuverweisen.

7. Beschluß des Bundesarbeitsgerichts vom 14.3.1978, 1 ABR 6/ 76[13]

a) Gegenstand des Verfahrens ist der zu entscheidende Antrag des Deutschen Arbeitnehmer-Verbandes (DAV), festzustellen, daß der DAV eine tariffähige Gewerkschaft darstelle. Er habe über 14.000 Mitglieder, davon über 10.000 allein in Nordrhein-Westfalen. Tarifverträge habe er bisher noch nicht abgeschlossen, jedoch bereits eine Betriebsvereinbarung über einen Firmentarifvertrag. Er stelle 20 Betriebsräte, einige ehrenamtliche Richter in

---

13 AP Nr. 30 zu § 2 TVG.

der Sozialgerichtsbarkeit sowie einen ehrenamtlichen Richter am Arbeitsgericht.

b) Eine Koalition müsse, um tariffähig zu sein, als satzungsmäßige Aufgabe die Wahrnehmung der Interessen ihrer Mitglieder gerade in deren Eigenschaft als Arbeitnehmer oder Arbeitgeber vertreten, sie müsse frei gebildet, gegnerfrei und unabhängig und auf überbetrieblicher Grundlage organisiert sein; schließlich müsse sie das geltenden Tarif- und Schlichtungsrecht als für sich verbindlich anerkennen. Diese Voraussetzungen erfülle der DAV. Das Landesarbeitsgericht Hamm sei aber zutreffend davon ausgegangen, daß eine Gewerkschaft nur eine Vereinigung sein könne, die kraft der Zahl ihrer Mitglieder oder kraft deren Schlüsselstellung im Arbeitsleben so viel Druck und Gegendruck auf den sozialen Gegenspieler ausüben könne, daß jedenfalls in der Regel ein Tarifvertrag zustandekomme[14].

Nicht jede durch Art.9 Abs.3 GG geschützte Koalition sei jedoch tariffähig. Grund dafür sei die im öffentlichen Interesse den Gewerkschaften und Arbeitgeberverbänden übertragene Aufgabe, das Arbeitsleben sinnvoll zu ordnen und durch Abschluß von Tarifverträgen zu befrieden. Man könne also die Tariffähigkeit nur denjenigen Verbänden übertragen, die eine sinnvolle Aufgabenerfüllung erwarten lassen könnten.

Daher müsse die Koalition für die ihr gestellten Aufgaben tauglich sein, sie müsse eine Autorität gegenüber ihrem Gegenspieler und gegenüber ihren Mitgliedern besitzen. Zudem habe auch ihr organisatorischer Aufbau der Aufgabe zu entsprechen, die an sie im öffentlichen Interesse gestellt sei.

Die in der Satzung kundgetane Selbsteinschätzung des Verbandes, Tarifverträge abschließen zu können und zu wollen, reiche für die Tariffähigkeit nicht aus.

Mitgliederzahl und Mitgliederstruktur des DAV seien nicht ausreichend, um ihn als Gewerkschaft anerkennen zu können.

8. Beschluß des Bundesarbeitsgerichts vom 16.11.1982, 1 ABR 22/ 78[15]

a) Gegenstand des Verfahrens ist die Rechtsbeschwerde des Antragstellers, des Verbandes der oberen Angestellten der Eisen- und Stahlindustrie e.V. (im folgenden VOE). Es handelt sich bei ihm um einen Zusammenschluß außertariflicher Angestellter mit über 7.600 Mitgliedern, davon etwa 3.000 leitende Angestellte. Er beantragt die Feststellung, daß er tariffähig sei und damit eine Gewerkschaft darstelle. Die IG Metall hat beantragt, den Antrag zurückzuweisen, da der Verband nicht mächtig genug sei.

---

14 Beschluß des LAG Hamm v. 16.10.1975-1 TaBV 5/ 75 in EzA Nr. 10 zu § 2 TVG.

15 AP Nr. 32 zu § 2 TVG.

Das Arbeitsgericht hat dem Antrag stattgegeben. Das Landesarbeitsgericht Düsseldorf hat den Antrag auf Beschwerde der Antragsgegnerin zurückgewiesen. Auf die Rechtsbeschwerde des Antragstellers hin hatte das Bundesarbeitsgericht den Beschluß des Landesarbeitsgerichts Düsseldorf aufgehoben und das Verfahren zur weiteren Verhandlung und Entscheidung an das Landesarbeitsgericht zurückverwiesen. Dieses hatte auch in seiner erneuten Entscheidung den Antrag zurückgewiesen. Hiergegen wurde vom Antragsteller erneut Rechtsbeschwerde eingelegt.

b) Gewerkschaftseigenschaft komme nur Arbeitnehmervereinigungen zu, die tariffähig seien. Eine Koalition müsse, um tariffähig zu sein, als satzungsmäßige Aufgabe die Wahrnehmung der Interessen ihrer Mitglieder gerade in deren Eigenschaft als Arbeitnehmer oder Arbeitgeber vertreten und willens sein, Tarifverträge abzuschließen, sie müsse frei gebildet, gegnerfrei und unabhängig und auf überbetrieblicher Grundlage organisiert sein; schließlich müsse sie das geltenden Tarif- und Schlichtungsrecht als für sich verbindlich anerkennen. Weiter müsse eine Gewerkschaft in der Lage sein, die Aufgabe der Tarifautonomie, das Arbeitsleben durch Tarifverträge sinnvoll zu ordnen und so letztlich die Gemeinschaft sozial zu befrieden, erfüllen können, andernfalls der Staat diese Vereinigung nicht an der Tarifautonomie teilnehmen lassen könne. Dazu sei es notwendig, als Gewerkschaft im Rahmen der Rechtsordnung einen fühlbaren Druck auf den sozialen Gegenspieler ausüben zu können, um so zur Aufnahme von Tarifverhandlungen und zum Abschluß von Tarifverträgen zu gelangen. Die Zahl der Mitglieder sei dabei nicht ausschlaggebend. Ebenfalls sei eine bestimmte finanzielle Grundlage zu fordern.

Durchsetzungsfähigkeit könne aber nicht bedeuten, daß die Arbeitnehmerkoalition die Chance zum vollständigen Sieg haben müsse. Einzig und allein müsse erwartet werden können, daß sie vom Gegner ernst genommen werde, damit eine tarifliche Regelung nicht dem Diktat der Gegenseite entspringen könne.

Der VOE sei hinreichend mächtig, auch wenn er bislang noch keine Tarifverträge abgeschlossen habe. Er sei tarifwillig und arbeitskampfbereit, um dem Tarifwillen entsprechenden Nachdruck zu verleihen. Er verfüge auch über entsprechende finanzielle Mittel.

Unabhängig von der Bereitschaft zum Arbeitskampf befänden sich die Mitglieder des VOE in Schlüsselpositionen und seien in der Lage, individuell, jedoch geschlossen vor dem jeweiligen Arbeitgeber ihre Ansichten und Forderungen mit Sachverstand zu begründen und mit Nachdruck zu vertreten.

Es würde eine unverhältnismäßige Einschränkung der Koalitionsfreiheit bedeuten, wollte man vom VOE und Arbeitnehmerverbänden allgemein die Chance auf einen Sieg verlangen. Dies würde die Koalitionsfreiheit aushöhlen. Die Weigerung des Arbeitgeberverbandes, mit dem VOE zu verhandeln, ist daher unbeachtlich, zumal eine Geringschätzung des VOE seitens der Arbeitgeber darin nicht erblickt werden könne. Der VOE sei daher tariffähig und somit eine Gewerkschaft.

9. Beschluß des Bundesarbeitsgerichts vom 10.9.1985, 1 ABR 32/83[16]

a) Gegenstand des Verfahrens ist die Rechtsbeschwerde des Arbeitnehmerverbandes land- und ernährungswirtschaftlicher Berufe (im folgenden nur ALEB) gegen den Beschluß des Landesarbeitsgerichts Köln, der ALEB sei keine Gewerkschaft und daher auch nicht tariffähig[17].

Der ALEB ist aus dem Zusammenschluß des Arbeitnehmerverbandes ländlicher Berufe e.V. im CGB, des Milchwirtschaftlichen Arbeitnehmerverbandes Niedersachsen e.V. und der Fachvereinigung der in Molkereien und Käsereien tätigen Personen e.V. Westfalen 1978 hervorgegangen.

Anläßlich der Aufsichtsratswahl der Raiffeisen-Hauptgenossenschaft e.G. Hannover im Jahre 1978 kandidierten neben den Vertretern der Gewerkschaft Handel-Banken-Versicherungen (HBV), der Gewerkschaft Nahrung-Genußmittel-Gaststätten, der Deutschen Angestellten-Gewerkschaft und des Deutschen Handels- und Industrieangestellten-Verbandes im CGB (DHV) auch Vertreter des ALEB. Gewählt wurden für die beiden Sitze Vertreter des DHV und des ALEB.

Die Wahl wurde von der HBV mit der Begründung angefochten, der DHV und der ALEB seien keine Gewerkschaften. Gleichzeitig hat die HBV beantragt festzustellen, der DHV und der ALEB seien keine Gewerkschaften und also nicht tariffähig.

Das Arbeitsgericht hat das Wahlanfechtungsverfahren ausgesetzt und die Feststellungsanträge an die für DHV und ALEB zuständigen Arbeitsgerichte verwiesen; hier war über den den ALEB betreffenden Antrag zu entscheiden. Das Arbeitsgericht hat dem Antrag der HBV stattgegeben. Gegen diese Entscheidung hat der ALEB Beschwerde eingelegt und gleichzeitig beantragt, seine Gewerkschaftseigenschaft festzustellen. Das Landesarbeitsgericht hat den Antrag auf Feststellung der Tariffähigkeit zurückgewiesen.

b) Das Bundesarbeitsgericht verweist die Sache zur erneuten Entscheidung an das Landesarbeitsgericht zurück.

Das Landesarbeitsgericht spricht dem ALEB die Tariffähigkeit mit der Begründung ab, der ALEB sei nicht mächtig und leistungsfähig genug. Er habe in Niedersachsen Ende 1981 1.741 Mitglieder gehabt. Er habe auch nur drei hauptberufliche Mitarbeiter sowie ein Beitragsaufkommen 1981 von DM 172.000 und damit nicht die erforderliche finanzielle und personelle Ausstattung, um den Aufgaben einer Gewerkschaft gerecht werden zu können. Daher

16 BAGE 49, 322.

17 Beschluß des LAG Köln v. 16.3.1983-2 TaBV 17/81.

brauche auf die bereits in der Vergangenheit abgeschlossenen Tarifverträge nicht näher eingegangen zu werden.

Nach der bisherigen Rechtsprechung des Senates komme einer Arbeitnehmervereinigung die Tariffähigkeit nur zu, wenn sie in der Lage sei, Arbeitsbedingungen mit dem sozialen Gegenspieler tarifvertraglich zu regeln. Das setze eine gewisse Stärke voraus, so daß die Vereinigung vom sozialen Gegenspieler überhaupt ernst genommen werde. Ansonsten sei das Vertragsergebnis ein Diktat der Gegenseite.

Die Durchsetzungsfähigkeit sei für jeden Einzelfall genau zu prüfen. Das Landesarbeitsgericht habe dem Umstand, daß der ALEB bereits seit Jahrzehnten Tarifverträge mit den Arbeitgeberverbänden der Land- und Milchwirtschaft abgeschlossen habe, nicht die erforderliche Bedeutung beigemessen. Diese seien ein Beweis für eine Durchsetzungsfähigkeit sowie für die Tatsache, daß der ALEB von der Gegenseite ernst genommen werde.

Dies sei allerdings nicht der Fall, wenn es sich bei den Anschlußtarifverträgen um Schein- oder Gefälligkeitstarifverträge handele, die abgeschlossen worden seien, um der Arbeitnehmervereinigung das Etikett einer Gewerkschaft, die in Betrieben oder Unternehmen vertreten sei, zu verleihen, oder um dieser den Zutritt zu Selbstverwaltungskörperschaften zu ermöglichen. Daher habe das Landesarbeitsgericht zu überprüfen, ob es sich bei den abgeschlossenen Tarifverträgen um Scheintarifverträge handle.

10. Beschluß des Bundesarbeitsgerichts vom 25.11.1986, 1 ABR 22/ 85[18]

a) Gegenstand des Verfahrens ist die Rechtsbeschwerde der Christlichen Gewerkschaft Bergbau-Chemie-Energie (im folgenden nur CGBCE) gegen den Beschluß des Landesarbeitsgerichts Düsseldorf, die CGBCE sei keine Gewerkschaft und daher auch nicht tariffähig[19].

Die CGBCE organisiert die Arbeiter in den Wirtschaftsbereichen der chemischen Industrie, des Bergbaus, der Energiewirtschaft, der Kunststoff- und Papiererzeugung, der Färbereien, der chemischen Reinigungen und der Gebäudereinigung.

Die CGBCE hat die Feststellung der Tariffähigkeit beim Arbeitsgericht beantragt; dem Antrag wurde stattgegeben. Das Landesarbeitsgericht hat den Antrag auf Feststellung der Tariffähigkeit zurückgewiesen.

Die Frage, ob die antragstellende Arbeitnehmervereinigung tariffähig und damit eine Gewerkschaft ist, war bereits Gegenstand eines Verfahrens, das durch Beschluß des Senats vom 14.3.1978 abgeschlossen wurde. In diesem Verfahren wurde dem Antrag nicht stattgegeben. Eine von der CGBCE

---

18 BAGE 53, 347.

19 Beschluß des LAG Düsseldorf v. 6.11.1984-3 TaBV 41/ 83.

daraufhin eingelegte Verfassungsbeschwerde wurde vom Bundesverfassungsgericht nicht zur Entscheidung angenommen[20].

b) Das Bundesarbeitsgericht verweist die Sache zur erneuten Entscheidung an das Landesarbeitsgericht zurück.

Nach der bisherigen Rechtsprechung des Senates komme einer Arbeitnehmervereinigung die Tariffähigkeit nur zu, wenn sie in der Lage sei, Arbeitsbedingungen mit dem sozialen Gegenspieler tarifvertraglich zu regeln. Das setze eine gewisse Stärke voraus, so daß die Vereinigung vom sozialen Gegenspieler überhaupt ernst genommen werde. Ansonsten sei das Vertragsergebnis ein Diktat der Gegenseite.

Die Durchsetzungsfähigkeit sei für jeden Einzelfall genau zu prüfen. Das Landesarbeitsgericht habe dem Umstand, daß die CGBCE bereits mehr als 30 Anschlußtarifverträge abgeschlossen habe, nicht die erforderliche Bedeutung beigemessen. Diese wären ein Indiz für eine Durchsetzungsfähigkeit, zumindest aber für die Tatsache, daß die CGBCE ernst genommen werde. Dies sei allerdings nicht der Fall, wenn es sich bei den Anschlußtarifverträgen um Schein- oder Gefälligkeitstarifverträge handele oder sie ein Diktat der Gegenseite darstellten.

Daher habe das Landesarbeitsgericht genau die Umstände zu überprüfen, aufgrund derer es zum Abschluß dieser Tarifverträge gekommen sei und welcher Zweck mit ihnen verfolgt werde.

11. Beschluß des Bundesarbeitsgerichts vom 16.1.1990, 1 ABR 10/ 89[21]

a) Gegenstand des Verfahrens ist die Rechtsbeschwerde der Christlichen Gewerkschaft Bergbau-Chemie-Energie (im folgenden nur CGBCE) gegen den Beschluß des Landesarbeitsgerichts Düsseldorf, die CGBCE sei keine Gewerkschaft und daher auch nicht tariffähig[22].

Die CGBCE hat die Feststellung der Gewerkschaftseigenschaft beim Arbeitsgericht beantragt; dem Antrag wurde stattgegeben. Das Landesarbeitsgericht, das von der Industriegewerkschaft Bergbau und Energie (im folgenden nur IG Bergbau) und der Industriegewerkschaft Chemie-Papier-Keramik (im folgenden nur IG Chemie) angerufen worden war, hat die Gewerkschaftseigenschaft zurückgewiesen; über die dagegen von der CGBCE eingelegte Rechtsbeschwerde hat das Bundesarbeitsgericht am 25.11.1986 entschieden[23]. Es hat den Beschluß des Landesarbeitsgerichts aufgehoben und die Sache zur anderweitigen Verhandlung und Entscheidung an das Landesarbeitsgericht zurückverwiesen. Aufgrund erneuter Verhandlung wurde der Antrag der

20 BVerfG - Beschluß vom 7.11.1978 1 BvR 411/ 78.

21 BAGE 64, 16.

22 Beschluß des LAG Düsseldorf vom 20.9.1988-3 TaBV 41/ 83 Düsseldorf.

23 BAG Beschluß vom 25.11.1986-1 ABR 22/ 85, in: BAGE 53, 347.

CGBCE erneut vom Landesarbeitsgericht abgewiesen. Hiergegen richtet sich die vorliegende Rechtsbeschwerde.

Die CGBCE besitzt etwa 22.000 Mitglieder und hat regionale Tarifverträge bereits abgeschlossen. Sie stellt in einigen Betrieben den Betriebsratsvorsitzenden und hat bereits Aufsichtsratsmandate errungen. Sie ist in Selbstverwaltungsorganen der Berufsgenossenschaften, der Allgemeinen Ortskrankenkassen und Betriebskrankenkassen und in der Arbeits- und Sozialgerichtsbarkeit vertreten.

b) Das Bundesarbeitsgericht hält die Rechtsbeschwerde für nicht begründet. Die CGBCE erfülle zwar die in ständiger Bundesarbeitsgerichtsrechtsprechung vertretenen Tariffähigkeitskriterien wie die freie Bildung, die Gegnerfreiheit, die Gegnerunabhängigkeit, ihre Organisation auf überbetrieblicher Grundlage, die verbindliche Anerkennung des geltenden Tarif- und Schlichtungsrechts und die Aufnahme der Wahrnehmung der Arbeitnehmerinteressen ihrer Mitglieder als Aufgabe in die Satzung, jedoch mangele es ihr an der Fähigkeit, ihre Aufgabe als Tarifpartner sinnvoll erfüllen zu können. Zu dieser gehöre die Durchsetzungsfähigkeit gegenüber dem sozialen Gegenspieler und die Leistungsfähigkeit der Organisation.

Bereits abgeschlossene Tarifverträge könnten ein Indiz für eine Durchsetzungs- und Leistungsfähigkeit sein. Die CGBCE habe jedoch keine ernsthaften Verhandlungen mit dem sozialen Gegenspieler geführt. Alle bereits abgeschlossenen Tarifverträge stellten lediglich Anschlußtarifverträge dar. Die wenigen abgeschlossenen eigenen Firmentarifverträge seien ohne Bedeutung; der Inhalt der Anschlußtarifverträge entspringe dem Diktat der Arbeitgeberseite. Dazu mangele es ihr an der Fähigkeit, einen die Verhandlung beeinflussenden Druck auszuüben, um eigene Forderungen jedenfalls verhandlungsfähig zu machen.

Aus dem Unvermögen der CGBCE, konkret darzulegen, wie es im einzelnen zu den von ihr abgeschlossenen Anschlußverträgen gekommen ist, folgt, daß die CGBCE nicht aktiv in den Prozeß der tariflichen Regelungen eingegriffen habe. Auch lasse die Organisationsstärke der CGBCE nicht vermuten, daß sich zukünftig der soziale Gegenspieler auf ernsthafte Verhandlungen mit der CGBCE einlassen werde. Die organisatorische Ausstattung der CGBCE versetze die CGBCE ebenfalls nicht in die Lage, die Arbeits- und Wirtschaftsbedingungen ihrer Mitglieder zu wahren und zu fördern, zumal nur 19 hauptamtliche Kräfte in Anbetracht des großen Zuständigkeitsbereiches keine große Unterstützung dafür leisten könnten. Die Rechtsbeschwerde sei daher zurückzuweisen.

12. Beschluß des Bundesarbeitsgerichts vom 16.1.1990, 1 ABR 93/ 88[24]

a) Gegenstand des Verfahrens ist die Rechtsbeschwerde der Christlichen Gewerkschaft Bau und Holz (im folgenden nur CGHB) gegen den Beschluß des Landesarbeitsgerichts Köln, die CGHB sei keine Gewerkschaft und daher auch nicht tariffähig[25].

Wegen Auseinandersetzungen um den Abschluß eines Rahmentarifvertrags mit den Innungen Köln und Wuppertal und dessen beantragter Allgemeinverbindlichkeitserklärung hat die IG Bau beantragt festzustellen, daß die CGHB keine tariffähige Gewerkschaft sei. Die CGHB, der Christliche Gewerkschaftsbund Deutschlands, die CGBCE und die Innungen Koblenz und Rheinhessen haben beantragt festzustellen, daß die CGHB eine tariffähige Gewerkschaft ist. Das Arbeitsgericht hat die Tariffähigkeit der CGHB abgelehnt; die dagegen von der CGHB und der CGBCE eingelegte Beschwerde hat das Landesarbeitsgericht Köln zurückgewiesen.

Die CGHB besitzt etwa 2.500 Mitglieder und hat Tarifverträge bereits abgeschlossen. Sie stellt in einigen Betrieben den Betriebsratsvorsitzenden. Sie ist in Vertretungskörperschaften der Sozialversicherungsträger und in der Arbeits- und Sozialgerichtsbarkeit vertreten.

b) Das Bundesarbeitsgericht hält die Rechtsbeschwerde für nicht begründet. Die CGHB sei nicht tariffähig, weil es ihr an der Fähigkeit mangele, ihre Aufgabe als Tarifpartner sinnvoll erfüllen zu können. Zu dieser gehöre die Durchsetzungsfähigkeit gegenüber dem sozialen Gegenspieler und die Leistungsfähigkeit der Organisation[26]. Hat die Gewerkschaft schon aktiv in den Prozeß der tariflichen Regelung von Arbeitsbedingungen eingegriffen, so könne dies ein Indiz für eine Durchsetzungs- und Leistungsfähigkeit sein, ebenso auch der Abschluß von Anschlußtarifverträgen. Die CGHB habe jedoch keine ernsthaften Verhandlungen mit dem sozialen Gegenspieler geführt. Alle bereits abgeschlossenen Tarifverträge stellten lediglich Anschlußtarifverträge dar und seien auf den Wunsch der Arbeitgeberseite zurückzuführen. Der mit den Innungen Köln und Wuppertal abgeschlossene Rahmentarifvertrag sei ohne Bedeutung; der Tarifvertrag sei ein reiner Gefälligkeitstarifvertrag gewesen, da dieser bereits mit der IG Bau abgeschlossen worden war. Aufgrund ihrer Organisation und Mitgliederstärke mangele es ihr an der Fähigkeit, einen die Verhandlung beeinflussenden Druck auszuüben, um eigene Forderungen jedenfalls verhandlungsfähig zu machen. Aus dem Unvermögen der CGHB, konkret Angaben bezüglich ihrer Mitglieder, ihrer Organisation und ihrer personellen und organisatorischen Ausstattung zu machen, folge, daß die CGHB nicht in der Lage sei, die Aufgaben einer

---

24 BAG in NZA, 1990, S.626.

25 Beschluß des LAG Köln vom 10.10.1988-5 TaBV 27/ 88.

26 So auch in BAG - Beschluß vom 25.11.1986, in BAGE 53, S.347.

Gewerkschaft sinnvoll zu erfüllen. Insgesamt weise die CGHB keine hinreichende soziale Mächtigkeit auf, um sie als tariffähige Gewerkschaft anzusehen.

II. Darstellung der Tariffähigkeit in der Lehre

Jeden Autor zu berücksichtigen, der sich zur Tariffähigkeit von Arbeitnehmervereinigungen geäußert hat, würde den Umfang dieser Arbeit übersteigen. Im folgenden sollen also nur knapp die Meinungen von Hans Carl Nipperdey, Arthur Nikisch, Alfred Söllner, Manfred Löwisch, von Walter Kaskel mit Hermann Dersch und Herbert Wiedemann mit Hermann Stumpf wiedergegeben werden.

1. Hans Carl Nipperdey

Tariffähigkeit ist nach Nipperdey die Fähigkeit, Partei eines Tarifvertrags zu sein[27]. Auf Arbeitnehmerseite seien nur Gewerkschaften tariffähig. Die Tariffähigkeit sei wie der Tarifvertrag rechtssystematisch dem Privatrecht zuzuweisen. Sie sei gesetzliche Voraussetzung eines gültigen Tarifvertrags[28]. Unbedingt sei jedoch jede Koalition auf Arbeitnehmerseite eine Gewerkschaft und damit auch tariffähig. Man würde die Koalitionen ihres verfassungsgemäßen Rechts auf Förderung ihrer Verbandszwecke berauben, wollte man ihnen die Möglichkeit, einen Tarifvertrag abzuschließen, versagen[29].

Die von der Rechtswissenschaft und der Praxis herausgearbeiteten Grundsätze, die u.a. auch im deutsch-polnischen Abkommen über Oberschlesien vom 15.5.1922 festgeschrieben sind, besitzen nach Ansicht Nipperdey's heute gleichermaßen ihre Gültigkeit[30]. Im einzelnen legt er als für den Begriff der Gewerkschaft und damit für die Tariffähigkeit maßgebend folgende Voraussetzungen fest :

Es müsse sich um eine Vereinigung von Arbeitnehmern in ihrer Eigenschaft als solche handeln. Sie müsse der Wahrnehmung ihrer kollektiven Arbeitnehmerinteressen dienen[31].

Die Vereinigung habe die Rechtsform des Vereins zu wählen, wenn sie dem Privatrecht angehöre. Anderes gälte für die Handwerksinnungen und Handwerksinnungsverbände, die der staatlichen Aufsicht unterlägen, aber durch Gesetz mit der Tariffähigkeit versehen seien. Die vereinsrechtliche Struktur

---

27 Vgl. *Hueck, Alfred/ Nipperdey, Hans Carl/ Tophoven, E./ Stahlhacke, Eugen*: Tarifvertragsgesetz, 4. A., 1964, S.142.

28 Vgl. *Nipperdey, Hans Carl*, in: Hueck, Alfred/ Nipperdey, Hans Carl: Lehrbuch des Arbeitsrechts, Band 2, 6. A., 1957, S.287.

29 Vgl. *Nipperdey, H. C.*, Lehrbuch, S.287.

30 Vgl. *Hueck, A./ Nipperdey, H. C./ Tophoven, E./ Stahlhacke, E.*; TVG, S.145 f.

31 Vgl. *Nipperdey, H. C.*, Lehrbuch, S.289 f.

ergäbe sich aus § 3 TVG, der von Mitgliedern der Tarifvertragsparteien spräche. Die Vereinigung müsse folglich auf Dauer angelegt sein und eine größere Anzahl von Personen umfassen. Der Mitgliederbestand des Vereins dürfe vom Wechsel einzelner Mitglieder nicht abhängig sein. Die Vereinigung müsse einen Gesamtnamen und eine korporative Organisation aufweisen. Nicht erforderlich sei die Rechtsfähigkeit. Im Interesse der Selbständigkeit und der Tariftreue sei ein eigenes Vermögen des Verbandes bzw. des Unterverbandes, um dessen Tariffähigkeit gestritten werde, zu fordern[32].

Die Vereinigung müsse frei gebildet sein; dazu sei Voraussetzung, daß der Zusammenschluß ihrer Mitglieder gemäß Art.9 Abs.3 GG ein Akt der freien Selbstbestimmung gewesen sei. Nur so könnten alle Handlungen der Gewerkschaften frei und selbstbestimmt erfolgen. Zwangsverbände könnten daher nicht tariffähig sein[33].

Von Gewerkschaften sei zu fordern, daß sie gegnerfrei seien. Eine Gewerkschaft dürfe also keine Personen aufnehmen, die nicht Arbeitnehmer seien, insbesondere keine Arbeitgeber. Beamte seien in diesem Fall Arbeitnehmern gleichgestellt, sie könnten also einer Gewerkschaft angehören. Dem Koalitionszweck gemäß dürfe der Verband vor allem nicht gemischt zusammengesetzt sein. Die Gewerkschaft solle ihre wirtschaftlich-sozialen Forderungen mit Nachdruck verfolgen können. Unschädlich sei dabei eine Minderheit von Hausgewerbetreibenden oder Zwischenmeistern als Mitglieder. Einzelne Arbeitgeber beeinträchtigten die Tariffähigkeit ebenfalls nicht, solange die Gewerkschaft nicht von der Gegenseite anhängig sei. Harmonieverbände seien nicht tariffähig[34].

Die Vereinigung müsse von der Gegenseite unabhängig sein. Die Willensbildung der Koalition habe sich frei und unbeeinflußt von der Gegenseite zu vollziehen, um die Ziele wirksam verfolgen und durchsetzen zu können. Schädlich könnten für die Gewerkschaftseigenschaft die Anregung des Arbeitgebers zur Gründung der Vereinigung überhaupt, aber auch finanzielle Zuwendungen des Arbeitgebers an den Verband sein. Eine gewisse geistige Unabhängigkeit sei ebenfalls erforderlich[35].

Unabhängigkeit sei auch bezüglich Parteien und Kirchen zu fordern. Eine Abhängigkeit gefährde die Selbständigkeit und Unabhängigkeit der Vereinigung. Sachfremde politische oder kirchliche Einflüsse von außen müßten verhindert werden. Unschädlich sei dagegen eine gewisse ideologische oder konfessionelle Ausrichtung des Verbandes[36].

---

32 Vgl. *Nipperdey, H. C.*, Lehrbuch, S.291 f.

33 Vgl. *Hueck, A./ Nipperdey, H. C./ Tophoven, E./ Stahlhacke, E.*; TVG, S.149 f.

34 Vgl. *Nipperdey, H. C.*, Lehrbuch, S.64 ff.

35 Vgl. *Hueck, A./ Nipperdey, H. C./ Tophoven, E./ Stahlhacke, E.*; TVG, S.154 ff.

36 Vgl. *Hueck, A./ Nipperdey, H. C./ Tophoven, E./ Stahlhacke, E.*; TVG, S.159.

Die Vereinigung müsse überbetrieblich angelegt sein. Die Vereinigung dürfe sich in ihren Mitgliedern also nicht auf einen bestimmten Betrieb beschränken, auch wenn sie nur einen Werk- oder Firmentarifvertrag erreichen wolle. Nipperdey begründet dies zum einen mit der historischen Entwicklung, derzufolge die arbeitsrechtliche Gesetzgebung die historisch gewachsene Gleichartigkeit des Berufs der Mitglieder und die Einheit der Betriebe und ihre Zugehörigkeit zu einem gesamten Wirtschaftszweig als ausschlaggebend für den Zusammenschluß vorgefunden habe, so daß nur Berufs- und Industrieverbände als Gewerkschaften anerkannt werden könnten[37]. Zum anderen werde die Koalitionsfreiheit in Art.9 Abs.3 GG für alle Berufe gewährleistet, nicht aber besonders der betriebliche Zusammenschluß. Zudem bestehe ein gesetzlich gewollter Dualismus zwischen betrieblicher und beruflicher Organisation, also zwischen Betriebsvereinbarung und Tarifvertrag, da das Betriebsverfassungsgesetz klar zwischen der Wahrnehmung der Arbeitnehmerinteressen in den Betrieben durch Betriebsräte und der Wahrnehmung der Interessen durch die überbetrieblichen Gewerkschaften unterscheide. Anderes gälte nur für die Betriebe, die einen gesamten Wirtschaftszweig umschlössen, etwa die Bundespost[38].

Die Vereinigung müsse tarifwillig, also willens sein, ihre Ziele durch Tarifverträge zu erreichen. Dies könne durch eine Auslegung der Satzung oder durch eine Ergründung des Wesens und der Betätigung des Verbandes festgestellt werden. Eine Satzungsbestimmung, die den Abschluß von Tarifverträgen vorsehe, die aber nicht dem Willen der Mitglieder entspräche, sei eine Scheinbestimmung; der Verband sei nicht tariffähig. Ein freier und selbstbestimmter Verzicht auf das Mittel des Tarifvertrags bedeute die Tarifunfähigkeit der Vereinigung[39].

Zur Tariffähigkeit einer Gewerkschaft als Koalition i.S. des Art.9 Abs.3 GG gehört nach Ansicht Nipperdey's jedenfalls die Arbeitskampfbereitschaft. Diese sei, durch die historische Entwicklung und das Selbstverständnis der Koalitionen bedingt, unverzichtbarer Bestandteil der Koalitionseigenschaft[40].

2. Arthur Nikisch

Tariffähigkeit ist nach Nikisch die bestimmten Personen oder Vereinigungen von Personen vom Gesetz verliehene rechtliche Qualifikation, kraft derer sie durch Abschluß eines Tarifvertrags Partei eines Tarifvertrags werden könnten, und damit auch Voraussetzung für einen gültigen, wirksamen Tarifvertrag; sie

---

37 Vgl. *Nipperdey, H. C.*, Lehrbuch, S.69 ff.

38 Vgl. *Hueck, A./ Nipperdey, H. C./ Tophoven, E./ Stahlhacke, E.*; TVG, S.160 f.

39 Vgl. *Nipperdey, H. C.*, Lehrbuch, S.297 ff.

40 Vgl. *Nipperdey, Hans Carl*: Zur Methode der Bestimmung des Koalitionsbegriffs. Koalition und Arbeitskampf, in: RdA, 1964, S.361 f.

ist nicht eine besondere Form der Rechtsfähigkeit[41]. Vielmehr sei sie die Voraussetzung für die Tarifvertragsabschlußfähigkeit einer Tarifvertragspartei. Im Tarifvertrag werden für die tarifgebundenen Arbeitnehmer und Arbeitgeber objektive Rechtsnormen mit öffentlich-rechtlichem Charakter gesetzt. Deshalb sei nicht jeder Koalition auch zugleich die Tariffähigkeit eigen, sondern nur denjenigen Arbeitnehmervereinigungen vorbehalten, die der Aufgabe der Ordnung des Arbeitslebens gerecht werden könnten[42].

Tariffähige Koalitionen müßten frei gebildet sein und die Interessen ihrer Mitglieder gerade auch beim Abschluß von Vereinbarungen mit der Gegenseite wahren, Zwangsverbände seien daher nicht tariffähig[43]. Eine nicht tarifwillige Koalition sei nicht tariffähig, weil sie sich selbst des wichtigsten Mittels der Interessenswahrnehmung ihrer Mitglieder begeben habe.

Auch müsse eine Gewerkschaft als tariffähige Arbeitnehmerkoalition das geltende Tarif- und Schlichtungsrecht als für sich verbindlich anerkennen, weil sonst keinerlei Gewähr für die Vertragstreue bestehe.

Nikisch fordert auch die Unabhängigkeit von der Gegenseite und vom Staat[44]. Um der Gegenseite nicht die Möglichkeit zu geben, Einfluß auf die Gewerkschaft zu nehmen, sei der auf einen Betrieb beschränkte Werkverein nicht tariffähig.

Keine Voraussetzung für die Tariffähigkeit sei jedoch eine Unabhängigkeit von Kirchen oder Parteien, da nicht einzusehen sei, daß eine Koalition zur Erfüllung ihrer Aufgaben weniger geeignet sein solle, weil sie Anlehnung an andere gesellschaftliche Kräfte suche, mit denen sie sich durch ihre geistige Haltung verbunden fühle. Allerdings müsse die Koalition ihre Selbständigkeit wahren; sie dürfe sich in ihren Entschließungen allein von den Interessen der Mitglieder und der Rücksicht auf das Gemeinwohl leiten lassen und nicht an fremde Weisungen gebunden sein[45].

Ebenfalls nicht Voraussetzung für die Tariffähigkeit sei die Arbeitskampfbereitschaft einer Gewerkschaft. Die Sozialpartner seien immer stärker bestrebt, ihre Verhandlungen auf rein sachlicher Grundlage zu führen, und folglich komme es in der Praxis immer seltener zum Arbeitskampf. Den Gewerkschaften, die sich im Interesse des Arbeitsfriedens für den Schiedsspruch einer Einigungsstelle entschieden, könne man unmöglich die Tariffähigkeit gerade mit der Begründung absprechen, sie könnten der Aufgabe der Ordnung des Arbeitslebens nicht gerecht werden[46].

---

41 Vgl. *Nikisch, Arthur*: Arbeitsrecht, II. Band, 2. Auflage, 1959, S.236.

42 Vgl. *Nikisch, A.*, Arbeitsrecht, S.237.

43 Vgl. *Nikisch, A.*, Arbeitsrecht, S.6.

44 Vgl. *Nikisch, A.*, Arbeitsrecht, S.9 f.

45 Vgl. *Nikisch, A.*, Arbeitsrecht, S.254 f.

46 Vgl. *Nikisch, A.*, Arbeitsrecht, S.255 f.

3. *Alfred Söllner*

Tariffähigkeit ist nach Söllner die Fähigkeit, als Vertragspartei einen Tarifvertrag abzuschließen[47].

Ganz i.S. der h.M. differenziert Söllner zwischen Koalitionen auf der einen und Gewerkschaften auf der anderen Seite. Beide genössen den Schutz des Art.9 Abs.3 GG, jedoch sei die Teilnahme an der Tarifautonomie nicht für jede Koalition garantiert[48].

Nicht notwendig sei für die Koalitionseigenschaft die Organisation der Koalition nach einem bestimmten Prinzip, etwa dem Berufsverbandsprinzip; die Wahl des Organisationsprinzips sei jedem Verband selbst überlassen[49].

Söllner erkennt auch den sog. ad hoc-Koalitionen die Koalitionseigenschaft zu. Voraussetzung dafür sei deren Ziel, die Arbeits- und Wirtschaftsbedingungen zu wahren und zu fördern. Erforderlich sei jedoch die Möglichkeit der Koalition, eine organisierte Willensbildung gewährleisten zu können. Verlangt werden müsse überdies die Möglichkeit der namentlichen Aufführung der Mitglieder der ad hoc-Koalition. Ein von einer ad hoc-Koalition durchgeführter Streik sei jedoch in der Regel rechtswidrig, da ihr zumeist die Koalitionseigenschaft, nicht jedoch die Tariffähigkeit zuerkannt werden könne[50].

Von jeder Koalition seien nach Ansicht Söllners die folgenden Voraussetzungen zu erfüllen:

Eine Gewerkschaft habe gegnerfrei und unabhängig vom sozialen Gegenspieler zu sei. Aus diesem Grunde müsse die Koalition auf überbetrieblicher Grundlage basieren, zumal andernfalls der Mitgliederbestand der Koalition von Einstellungen und Entlassungen abhängig wäre. Vom Erfordernis der Überbetrieblichkeit könne dann abgesehen werden, wenn das Unternehmen als solches bereits einen gesamten Industriezweig erfasse, wie dies bei Bundespost und Bundesbahn der Fall sei[51].

Das Ziel der Vereinigung von Arbeitnehmern müsse die Wahrung und Förderung der Arbeits- und Wirtschaftsbedingungen ihrer Mitglieder sein. Zu verlangen sei auch, daß die Vereinigung dieses Ziel zu erreichen versuchen müsse. Die Arbeitskampfbereitschaft sei kein notwendiges Merkmal der Koalition[52], jedoch der tariffähigen Gewerkschaft[53].

---

47 Vgl. *Söllner, Alfred*: Grundriß des Arbeitsrechts, 9. A., 1987, S.131.

48 Vgl. *Söllner, Alfred*: Mächtigkeit und Leistungsfähigkeit als typologische Merkmale der arbeitsrechtlichen Gewerkschaften, in: ArbuR, 1976, S.325.

49 Vgl. *Söllner, A.*, Grundriß, S.53 f.

50 Vgl. *Söllner, A.*, Grundriß, S.54.

51 Vgl. *Söllner, A.*, Grundriß, S.54.

52 Vgl. *Söllner, A.*, Grundriß, S.54.

53 Vgl. *Söllner, A.*, Grundriß, S.131, der dazu tendiert, Streikbereitschaft zu fordern.

Der Zusammenschluß der Arbeitnehmer müsse freiwillig und auf der Grundlage des Privatrechts erfolgen. Öffentlich-rechtliche Körperschaften wie Innungen seien daher keine Koalitionen, weil sie der staatlichen Kontrolle unterlägen und in ihrem Bezirk eine der Koalitionsfreiheit widersprechende Monopolstellung innehätten.

Von dritter Seite dürfe die Koalition ebenfalls nicht abhängig sein; sie dürfe nicht an Weisungen des Staates, einer politischen Partei oder einer Kirche gebunden sein. Maßgebend sei auch hier die Freiwilligkeit einer solchen ideologischen Ausrichtung, solange sie sich im Rahmen der verfassungsmäßigen Ordnung bewege[54].

Nach § 2 Abs.1 TVG seien neben Gewerkschaften nur Arbeitgeberverbände und einzelne Arbeitgeber tariffähig. Um tariffähig zu sein, müsse eine Gewerkschaft neben den von einer Koalition zu erfüllenden Bedingungen weiteren Anforderungen genügen. Die Forderung nach satzungsmäßiger Verankerung der Arbeitskampfbereitschaft bewirke jedoch zu leicht Lippenbekenntnisse, bei denen es am Willen zu ihrer Verwirklichung mangele; daher müsse auf sie als Anforderung auch an die Gewerkschaftseigenschaft wohl verzichtet werden.

Eine Gewerkschaft müsse eine nicht unbedeutende Mitgliederzahl aufweisen[55], da sie in der Lage sein müsse, einen wirkungsvollen Druck auf den sozialen Gegenspieler ausüben zu können. Der Koalition, der diese Eigenschaft fehle, gehe nicht der Schutz des Art.9 Abs.3 GG verloren; sie habe jedoch nicht das Recht, Tarifverträge abzuschließen. Erst die Tariffähigkeit und damit die durch § 2 Abs.1 TVG verliehene Gewerkschaftseigenschaft berechtigten dazu. Diese Anforderung hinge nicht vom Wesen des Tarifvertragssystems ab. Den Abschluß von Tarifverträgen könne man durchaus dem freien Spiel der Kräfte überlassen. Die mit der Tariffähigkeit zusammenhängenden Aufgaben einer Gewerkschaft im übrigen Arbeitsrecht dürften aber nicht von der Tatsache abhängen, daß die Koalition z.B. bestenfalls einen Anschlußtarifvertrag in ihrer Vergangenheit abgeschlossen habe. Der Staat dürfe nur die Koalitionen an der Tarifautonomie teilnehmen lassen, die der Aufgabe, das Arbeitsleben sinnvoll zu ordnen, auch sinnvoll erfüllen könnten[56]. Daher seien echte Mächtigkeit und Leistungsfähigkeit als normative Merkmale zu verlangen.

---

54 Vgl. *Söllner, A.*, Grundriß, S.55.

55 Vgl. *Söllner, A.*, Mächtigkeit, mit Hinweis auf die vermeintliche Parallele zu den politischen Parteien, für die in § 2 Abs.1 PartG (Gesetz über die politischen Parteien vom 24. Juli 1967) gefordert wird, sie müßten nach Umfang und Festigkeit der Organisation, nach der Zahl ihrer Mitglieder und nach ihrem Auftreten in der Öffentlichkeit eine Gewähr für die Ernsthaftigkeit ihrer Ziele bieten.

56 Vgl. *Söllner, A.*, Mächtigkeit, S.322.

4. *Manfred Löwisch*

Als erstes Erfordernis postuliert Löwisch für die Tariffähigkeit einer Gewerkschaft, daß letztere sich die Wahrnehmung der kollektiven Arbeitnehmer- bzw. Arbeitgeberinteressen zum Ziel gesetzt habe und also tarifwillig sein müsse. Das ergebe sich aus der Forderung, daß derjenige, welcher dem Verband beitrete, erkennen können müsse, daß der Abschluß von Tarifverträgen mit ihrer zwingenden und unmittelbaren Wirkung für alle Tarifgebundenen der Zweck des Verbandes sei. Gleiches gelte auch für das Erfordernis der freien Bildung der Vereinigung[57].

Weiterhin habe die Organisation der Vereinigung demokratischen Grundsätzen zu entsprechen; der Wille der einzelnen Mitglieder solle möglichst weitgehend zur Geltung kommen. Daher sei das staatsrechtliche Mehrheitsprinzip auf Arbeitnehmervereinigungen anzuwenden, nicht jedoch auf die Arbeitgebervereinigungen, weil diese nämlich durchaus "ungleiche" Mitglieder hinsichtlich der von ihnen beschäftigten Angestelltenzahl besitzen könne. Außerdem sollten die Mitglieder der Gewerkschaften möglichst weitgehend an der Willensbildung der Vereinigung mitwirken[58].

Aus der Sorge des Staates für das gesamtwirtschaftliche Gleichgewicht und für einen gerechten Ausgleich zwischen Arbeitnehmern und Arbeitgebern sei dieser gezwungen, ein bestimmtes Gegengewichtsprinzip der Koalitionen zu fordern[59]. Das bedeute, daß eine Gewerkschaft unabhängig und gegnerrein sein, aber auch, daß sie Druck auf den Gegenspieler auszuüben in der Lage sein müsse. Ersteres beinhalte, daß der Gegenspieler keinen wirklichen Einfluß auf die Gewerkschaft haben dürfe, letzteres, daß eine Gewerkschaft über eine genügende Anzahl von Mitgliedern und über genügende Mittel verfügen müsse und notfalls auch zum Arbeitskampf bereit zu sein habe[60], um einem Diktat der Gegenseite vorzubeugen.

Aus der Ordnungsfunktion heraus habe eine Gewerkschaft auch das geltende Tarif- und Schlichtungsrecht als für sich verbindlich anzuerkennen, weil sonst das oben geforderte Gegengewichtsprinzip aufgrund der Unsicherheit über das Verhalten des Gegenspielers bezüglich der Tarifregeln nicht mehr funktionieren könne. Wegen dieser zu fordernden Zuverlässigkeit sei eine ad hoc-Koalition auch keine Gewerkschaft, da sie keine Gewähr für die Einhaltung der dem Funktionieren des Tarifvertragssystems dienenden Regeln biete[61]. Unabhängigkeit vom Staat sei nur deshalb zu fordern, weil auch die Interessenvertretung gerade gegenüber dem Staat zu den Aufgaben der

---

57 Vgl. *Löwisch, Manfred*: Die Voraussetzungen der Tariffähigkeit, in: ZfA, 1970, S.304.

58 Vgl. *Löwisch, M.*, Voraussetzungen, S.306 f.

59 Vgl. *Löwisch, M.*, Voraussetzungen, S.307.

60 Vgl. *Löwisch, M.*, Voraussetzungen, S.308 f.

61 Vgl. *Löwisch, M.*, Voraussetzungen, S.310 f.

Förderung der Arbeits- und Wirtschaftsbedingungen gehöre. Eine parteipolitische oder kirchliche Abhängigkeit in der Gestalt eines unmittelbaren faktischen oder rechtlichen Einflusses sei ebenfalls zu verhindern[62].

Schließlich ist nach Ansicht Löwischs auch die überbetriebliche Organisation für eine Gewerkschaft zu fordern. Sie entspräche dem Schutzauftrag einer Gewerkschaft für die Arbeitnehmer. Die Gewerkschaft der Eisenbahner Deutschlands müsse neben den Angehörigen der Deutschen Bundesbahn auch für die Betriebsangehörigen der Privatbahnen geöffnet sein, weil diese sonst nicht in der Lage wären, eine Gegenmacht zum sozialen Gegenspieler zu bilden und entsprechenden Druck auszuüben, wodurch das Tarifvertragssystem nicht mehr funktionsfähig wäre[63]. Zu fordern sei also die überbetriebliche Anlage der Koalition, nicht jedoch, daß eine Vereinigung auf jeden Fall Mitglieder aus mehreren Betrieben haben müsse. Daher müsse man auch einen Aufnahmeanspruch als weitere Tariffähigkeitsvoraussetzung fordern[64].

5. Walter Kaskel und Hermann Dersch

Tariffähigkeit ist nach Ansicht von Kaskel/ Dersch die Fähigkeit, Partei eines Tarifvertrags zu sein und damit eine besondere Art der Teilrechtsfähigkeit, die nicht die allgemeine Rechtsfähigkeit voraussetze. Die Tariffähigkeit sei eine rechtliche Eigenschaft, die ohne weiteres zwingend bei Vorliegen ihrer Voraussetzungen nach dem Gesetz gegeben sei und also nicht beliebig durch Willensentschluß erworben werden könne[65].

Mangels einer Definition der Voraussetzungen im Gesetz sei die Anschauung der beteiligten Kreise für die Auslegung von Grenzfällen heranzuziehen. Folglich müsse es sich bei einer tariffähigen Arbeitnehmervereinigung um einen Zusammenschluß einer Mehrheit von Personen handeln, der in der Lage und gewillt sei, ernsthaft die Arbeitsbedingungen seiner Mitglieder zu regeln. Der Zusammenschluß müsse vom Wechsel der Mitglieder unabhängig und von einer gewissen Dauer sein, wobei eine Mindestanzahl von Mitgliedern nicht nötig sei. Allerdings habe die kollektive Regelung der Arbeitsbedingungen nur dann einen Sinn, wenn die Zahl der Tarifunterworfenen groß genug sei. Dies zu entscheiden sei eine Frage des Einzelfalles[66].

Der Zusammenschluß müsse freiwillig erfolgen, weil dies im Wesen des arbeitsrechtlichen Berufsverbandes und im Wesen des Tarifvertrags liege. Ziel müsse die Gestaltung der Arbeitsverhältnisse seiner Mitglieder sein; eine Nennung dieses Zieles in der Satzung sei entbehrlich.

---

62 Vgl. *Löwisch, M.*, Voraussetzungen, S.312 f.

63 Vgl. *Löwisch, M.*, Voraussetzungen, S.314 ff.

64 Vgl. *Löwisch, M.*, Voraussetzungen, S.316 f.

65 Vgl. *Kaskel, Walter/ Dersch, Hermann*: Arbeitsrecht, 5. A., 1957, S.50 f.

66 Vgl. *Kaskel, W./ Dersch, H.*, Arbeitsrecht, S.52.

Grundsätzlich hat nach Kaskel/ Dersch die Vereinigung frei und damit unabhängig vom sozialen Gegenspieler zu sein. Der Grund dafür liege in der Selbständigkeit der Vereinigung, die immer gewährleistet sein müsse[67].

Arbeitskampfbereitschaft müsse von denjenigen Vereinigungen gefordert werden, die die Möglichkeit der freien Entschließung dazu besäßen.

Ein bestimmtes Organisationsprinzip sei hingegen von den Gewerkschaften nicht zu fordern, so daß auch gemischtfachliche Verbände tariffähig seien[68].

6. Herbert Wiedemann und Hermann Stumpf

Tariffähigkeit verleiht nach Wiedemann/ Stumpf das Recht, Partei eines Tarifvertrags zu sein, also Rechtsnormen, die für die tarifgebundenen Personen unabdingbar und unmittelbar gelten, und andere das Arbeitsleben gestaltende Regeln durch Vereinbarung mit dem sozialen Gegenspieler zu schaffen. Die Tariffähigkeit müsse beim Abschluß eines jeden Tarifvertrags, auch eines Anschlußtarifvertrags, vorliegen, wenn dieser wirksam sein soll[69].

Nicht jede Koalition i.S. des Art.9 Abs.3 GG sei tariffähig. Dafür könnten auch Verbände, die keine Koalitionen darstellten, durch den Gesetzgeber mit der Tariffähigkeit versehen werden. Es dürften nur solche Voraussetzungen durch den Gesetzgeber bzw. durch die Gerichte als Ersatzgesetzgeber festgelegt werden, die es den Koalitionen ermöglichten, ihre Aufgabe zu erfüllen[70].

Wiedemann/ Stumpf teilen die Kriterien der Tariffähigkeit nach den Ordnungsgesichtspunkten der Organisation, der Zielsetzung und der Mittel ein. Nach ihrer Ansicht müsse eine Gewerkschaft ein privatrechtlicher, körperschaftlich organisierter Verband sein, der über Mitglieder verfüge, für die aber keine Mindestanzahl erforderlich sei[71].

Es bestehe eine Aufnahmepflicht für die Gewerkschaft, wobei die Voraussetzungen für die Aufnahme nicht von der Erfüllung unsachlicher oder unverhältnismäßig scharfer Anforderungen abhängig gemacht werden dürften[72]. Eine ad hoc-Koalition sei nicht tariffähig, weil sie die ökonomischen Folgen ihres tariflichen Handelns nur ungenügend berücksichtigen könne. Zudem biete sie keine Gewähr für die Erfüllung eines abgeschlossenen Tarifvertrags[73]. Zudem müsse es sich um einen freiwilligen Zusammenschluß von

---

67 Vgl. *Kaskel, W./ Dersch, H.*, Arbeitsrecht, S.53.

68 Vgl. *Kaskel, W./ Dersch, H.*, Arbeitsrecht, S.54.

69 Vgl. *Wiedemann, Herbert/ Stumpf, Hermann*: Tarifvertragsgesetz, 5. A., 1977, S.317 ff.

70 Vgl. *Wiedemann, H./ Stumpf, H.*, TVG, S.320 f., 357.

71 Vgl. *Wiedemann, H./ Stumpf, H.*, TVG, S.358 f.

72 Vgl. *Wiedemann, H./ Stumpf, H.*, TVG, S.359.

73 Vgl. *Wiedemann, H./ Stumpf, H.*, TVG, S.363.

Arbeitnehmern handeln. Dies sei entwicklungsgeschichtlich begründet, diene aber auch der Kontrolle der inneren Organisation und der Aufgabenerfüllung des Verbandes[74].

Der Verband habe unabhängig vom sozialen Gegenspieler zu sein. Eine Gewerkschaft könne also leitende Angestellte aufnehmen. Auch Verbände leitender Angestellter seien tariffähig. Der Verband dürfe finanziell und organisatorisch nicht vom sozialen Gegenspieler abhängen. Gleiches gelte für die Unabhängigkeit von Staat, Kirchen und Parteien. Die Tariffähigkeit sei solange nicht beeinträchtigt, wie die Zielsetzung des Verbandes dem in Art.9 Abs.3 GG genannten Zweck der Koalitionsbildung diene. Allerdings sei die gelegentliche finanzielle Unterstützung durch Kirchen oder Parteien oder die personelle Verflechtung mit diesen unschädlich[75].

Schließlich müsse eine Gewerkschaft eine demokratische Organisation aufweisen. Dies beinhalte auch das Mehrheitsprinzip, das Recht eines jeden Mitgliedes auf Mitwirkung bei der Meinungs- und Willensbildung und das Recht jedes Mitgliedes auf Gleichbehandlung. Zudem habe die Organisation überbetrieblich angelegt zu sein[76].

Das Ziel der Gewerkschaft muß nach Ansicht von Wiedemann/ Stumpf die ernsthafte Wahrung und Förderung der Arbeits- und Wirtschaftsbedingungen ihrer Mitglieder sein. Außerdem müsse sie willens sein, Tarifverträge abzuschließen. Dies müsse aus der Satzung der Vereinigung hervorgehen. Der Umfang der Gebiete, die die Gewerkschaft mit Tarifverträgen regeln möchte, könne dabei nicht eingeschränkt werden[77].

Der Arbeitskampf sei schließlich ein unverzichtbares Recht jeder Gewerkschaft, sein Einsatz als Koalitionsmittel der Gewerkschaft sei aber nicht als Voraussetzung für die Tariffähigkeit zu fordern. Anders verhalte es sich dagegen mit dem sozialpolitischen Gewicht. Dies müsse als Voraussetzung gefordert werden, da es unverzichtbar im Hinblick auf die im öffentlichen Interesse den Koalitionen gestellte Aufgabe der sinnvollen Ordnung und Befriedung des Arbeitslebens sei[78]. Nur dadurch sei gesichert, daß gerechte Verträge zwischen den Tarifvertragspartnern abgeschlossen würden. Schließlich müsse eine Gewerkschaft die geltende Rechtsordnung als für sich verbindlich anerkennen[79].

---

74 Vgl. *Wiedemann, H./ Stumpf, H.*, TVG, S.364.

75 Vgl. *Wiedemann, H./ Stumpf, H.*, TVG, S.369 ff.

76 Vgl. *Wiedemann, H./ Stumpf, H.*, TVG, S.379 ff.

77 Vgl. *Wiedemann, H./ Stumpf, H.*, TVG, S.383 ff.

78 Vgl. *Wiedemann, H./ Stumpf, H.*, TVG, S.387 ff.

79 Vgl. *Wiedemann, H./ Stumpf, H.*, TVG, S.391.

C. Das Grundrechtsverständnis des Grundgesetzes

Will man überprüfen, ob die von der h.M. an den Begriff der Gewerkschaft gestellten konstitutiven Anforderungen mit der Koalitionsfreiheit, wie sie in Art.9 Abs.3 GG niedergelegt ist, in Übereinstimmung gebracht werden können, so muß zunächst geklärt werden, wie Grundrechte, insbesondere im Hinblick auf das vorliegende Problem, zu verstehen sind.

Da die Grundrechte, von verschiedenen Ansätzen der Grundrechtslehre ausgehend, von verschiedenen Autoren ganz unterschiedlich interpretiert werden, verwundert es nicht, wenn ein und dasselbe Grundrecht bei Anwendung der verschiedenen Interpretationsweisen und Grundrechtslehren unterschiedliche Bedeutungen erhält und ihm stark differierende Inhalte zugeordnet werden.

Diese Arbeit kann aber keine Grundrechtslehre entwickeln, dazu ist der gesetzte Rahmen zu eng. Sie soll jedoch die verschiedenen Lehren aufzeigen und ihre teilweise grundsätzlichen Übereinstimmungen belegen. So wird im folgenden ein knapper Überblick über die verschiedenen Grundrechtslehren gegeben, und im Anschluß daran wird die Grundrechtslehre dargestellt, die dem Grundgesetz tatsächlich und damit allen Grundrechten innewohnt und also allein und ausschließlich für die Auslegung und inhaltliche Bestimmung der Koalitionsfreiheit bindend ist.

I. Darstellung der Grundrechte

Grundrechte regeln die Stellung der Menschen einzeln und in Gruppen im, aber auch gegenüber dem Staat[1]. In Art.1 Abs.3 GG ist festgelegt, daß die Grundrechte eine unmittelbare Wirkung für Legislative, Exekutive und Judikative entfalten, diese also an jene bei allen Handlungen gebunden sind. Im Grundgesetz sind neben den typischen Freiheitsrechten, die Freiheit und Gleichheit der Menschen im Staat vorsehen, auch organisatorische Bestimmungen enthalten, die diese Freiheit und Gleichheit sichern sollen[2]. Die

---

1 Vgl. *Schachtschneider, Karl Albrecht*: Das Sozialprinzip - zu seiner Stellung im Verfassungssystem des Grundgesetzes, 1974, S.18.

2 Vgl. *Schmitt, Carl*: Grundrechte und Grundpflichten, in: *ders.*, Verfassungsrechtliche Aufsätze aus den Jahren 1924-1954. Materialien zu einer Verfassungslehre, 3. A., 1983, S.206 ff. Dazu später noch sub III.

Grundrechtsbestimmungen entbehren aus sich inhaltlicher Eindeutigkeit[3]. Sie bedürfen der erklärenden und ausfüllenden gesetzlichen Materialisierung[4].

Jede Konkretisierung[5] bezieht sich, auch wenn sie nicht ausdrücklich darauf Bezug nimmt[6] oder sich solchen Lehren gegenüber generell skeptisch verhält[7], auf ein entsprechendes Verständnis der Grundrechte, eine Grundrechtslehre. Diese Grundrechtslehre steht in engem Zusammenhang mit einem Menschenbild und dem Bild von der Stellung des Menschen im Staat, also mit der Verfassungs- oder Staatslehre, die der Interpret anwendet.

In der Literatur werden grundsätzlich fünf verschiedene Grundrechtslehren zur Bestimmung der Bedeutung und des Inhaltes der Grundrechte vertreten. Es sind dies die bürgerlich-rechtsstaatliche, die institutionelle, die demokratisch-funktionale und die sozialstaatliche Grundrechtslehre und die Wertlehre[8]; hinzu kommt - bislang in dieser Konsequenz nur von wenigen Autoren vertreten - die republikanische Grundrechtslehre[9].

Grundrechte werden in den verschiedenen Lehren verstanden als Abwehrrechte[10], wertentscheidende Grundsatznormen[11], institutionelle Gewährleistungen[12], Teilhaberechte[13] oder Anspruchsgrundlagen[14].

---

3 Vgl. *Böckenförde, Ernst-Wolfgang*: Grundrechtstheorie und Grundrechtsinterpretation, in: NJW, 1974, S.1529: nach *Schachtschneider, Karl Albrecht*: Die deutsche Staatsrechtslehre in der Wende - Manuskript (demnächst in: JR, 1992) S.25 handelt es sich bei den Grundrechten um material offene oder formale Leitentscheidungen, auch *ders.*, Res publica res populi - Manuskript, Nürnberg, 1992, sub VIII., 1., a).

4 Vgl. *Hesse, Konrad*: Grundrechte - Bestand und Bedeutung, in: Handbuch des Verfassungsrechts der Bundesrepublik Deutschland, 1984, S.88.

5 Vgl. zur gleichen Bedeutung von "Konkretisierung der Grundrechte" und "Materialisierung des Inhaltes von Grundrechten" *Schachtschneider, K. A.*, Res publica res populi, sub V., 4.

6 Vgl. *Schmidt, Walter*: Grundrechtslehre im Wandel der Verfassungsgeschichte, in: JurA, 1983, S.171.

7 Vgl. *Ossenbühl, Fritz*: Die Interpretation der Grundrechte in der Rechtsprechung des Bundesverfassungsgerichts, in: NJW, 1976, S.2100, der sich trotz seines Skeptizismus dennoch für eine Grundrechtslehre entscheidet, die er als für die Interpretation der Grundrechte maßgeblich erachtet (S.2107).

8 Vgl. *Schmidt, W.*, Grundrechtslehre im Wandel, S.171, dazu auch ausführlich *Bleckmann, Albert*: Staatsrecht II - Die Grundrechte, 3. A., 1989.

9 Vgl. *Schachtschneider, K. A.*, Res publica res populi, sub V., 3., 4.; VIII., 1.; bereits *ders.*, Staatsunternehmen und Privatrecht, 1986.

10 Vgl. BVerfG Entscheidung vom 1.3.1979, in BVerfGE 50, 291 (337 f.).

11 Vgl. BVerfG Urteil vom 15.1.1958, in BVerfGE 7, 198 (204 ff.).

12 Vgl. *Schmitt, Carl*: Freiheitsrechte und institutionelle Garantien, in: *ders.*, Verfassungsrechtliche Aufsätze aus den Jahren 1924-1954. Materialien zu einer Verfassungslehre, 3. A., 1983, S.140 ff.

13 Vgl. *Martens, Wolfgang*: Grundrechte im Leistungsstaat, in: VVDStRL, 30, 1972,

Im folgenden sind die verschiedenen Grundrechtslehren knapp darzustellen. Im Anschluß daran ist allerdings die Frage zu beantworten, welcher Natur die Grundrechte sind und welche Grundrechtslehre das Grundgesetz, wenn überhaupt, für sich und damit auch für das durch das Grundgesetz verfaßte Gemeinwesen vorsieht.

II. Die Grundrechtslehren

Die liberale (bürgerlich-rechtsstaatliche) Grundrechtslehre[15] sieht die Grundrechte als Abwehrrechte des Grundrechtsträgers gegenüber dem Staat[16]. Dem Bürger sollen wichtige Bereiche der individuellen und gesellschaftlichen Freiheit vor staatlicher unverhältnismäßiger Einschränkung geschützt werden[17]. Insbesondere sollen sie den Bürger vor unverhältnismäßigen Einschränkungen oder gar der Aufhebung des bürgerlichen Selbstbestimmungsrechts schützen[18]. Die vielen sozialen Abhängigkeiten, in denen sich der Mensch heute befindet, bleiben allerdings unberücksichtigt[19].

Als objektive Prinzipien in der Gesamtrechtsordnung sieht namentlich das Bundesverfassungsgericht die Grundrechte; das Grundgesetz habe durch die

---

S.21 ff.; BVerfG Urteil vom 18.7.1972, in BVerfGE 33, 303 (330 ff.) für das Grundrecht der freien Wahl der Ausbildungsstätte (Art.12 Abs.1 GG) und die daraus folgende staatliche Verpflichtung, Kapazitäten an Hochschulen zu schaffen.

14 Vgl. zum Überblick *Bleckmann, Albert*: Staatsrecht II - Die Grundrechte, 3. A., 1989, S.197 ff.; *Ossenbühl, F.*, Interpretation, S.2100; gegen die Annahme der Existenz einer Anspruchsgrundlage in den Freiheitsrechten *Schachtschneider, K. A.*, Res publica res populi, sub IV., 3.; auch *Martens, W.*, Grundrechte, S.7 ff., 11 ff.

15 Die liberal-rechtsstaatliche Grundrechtslehre findet im übrigen ihren Ursprung nicht in der Zeit der Aufklärung, sondern ein Jahrhundert später, im Konstitutionalismus. Sie basiert auf dem monarchischen Prinzip. Der Begriff des Konstitutionalismus beinhaltet also Herrschaft und folglich Unfreiheit. Mit dem Gedanken der Republik und der Autonomie hat dieser status negativus, der subjektive Anspruch des einzelnen Grundrechtsträgers auf Abwehr von staatlicher Macht, nichts gemein.

16 So in BVerfGE 7, 198 (204).

17 Vgl. *Maihofer, Werner*: Prinzipien freiheitlicher Demokratie, in: Handbuch des Verfassungsrechts, 1984, S.201 ff.; *Böckenförde, E.-W.*, Grundrechtstheorie, S.1530; *Ossenbühl, F.*, Interpretation, S.2100 f.; BVerfG in BVerfGE 7, 198 (204 ff.); zur Verhältnismäßigkeitsprüfung vgl. BVerfGE 7, 377 (405 f.) - Apothekenurteil; *Nipperdey, Hans Carl/ Adomeit, Klaus*: Die Berufsfreiheit als ein Grundelement der sozialen Marktwirtschaft, in: BB, 1966, S.420 f.

18 Vgl. für die grundrechtlichen Institute und Verfahren als Vorgaben für den vom Staat zu beschreitenden Weg bei der Grundrechtseinschränkung *Carl Schmitt:* Grundrechte und Grundpflichten, in: *ders.*, Verfassungsrechtliche Aufsätze aus den Jahren 1924-1954. Materialien zu einer Verfassungslehre, 3. A., 1983, S.227.

19 Vgl. *Maihofer, W.*, Prinzipien, S.209 ff.; *Häberle, Peter*: Grundrechte im Leistungsstaat, in: VVDStRL, 30, 1972, S.70.

Grundrechte eine objektive Wertordnung errichtet, die für alle Bereiche des Rechts gelten würde[20]. Diese Prinzipien sollen die subjektive Geltungskraft der Grundrechte verstärken[21].

Die institutionelle Grundrechtslehre versteht die Grundrechte als objektive Ordnungsprinzipien[22]. Der objektive Gehalt ist über Art.19 Abs.2 GG garantiert[23].

Die Wertlehre sieht in den Grundrechten objektive Normen[24], weil die Grundrechte Ausfluß der Wertgrundlage des staatlichen Gemeinwesens und Ausdruck einer Wertentscheidung sind, die dieses Gemeinwesen für sich selber trifft. Diese Form der Freiheit liegt damit dem Staat nicht voraus, sondern ist in ihn einbezogen. Nach Ansicht der Vertreter dieser Lehre haben die Grundrechte eine objektivrechtliche Wertentscheidungsseite und eine subjektivrechtliche Abwehrseite[25].

Der demokratisch-funktionalen Grundrechtslehre zufolge haben Grundrechte eine politische und öffentliche Funktion; die Grundrechtsträger sollen unter Berücksichtigung des öffentlichen Interesses von ihnen Gebrauch machen[26]. Im Vordergrund stehen die demokratiebezogenen Grundrechte auf Meinungsfreiheit, Pressefreiheit und Versammlungs- bzw. Vereinigungsfrei-

---

20 BVerfG in BVerfGE 7, 198 (204 ff.), grundlegend *Smend, Rudolf*: Verfassung und Verfassungsrecht, in: Staatsrechtliche Abhandlungen, 2. A., 1968, S.260 ff., *ders.*, Das Recht der freien Meinungsäußerung, in: VVDStRL 4, 1928, S.51 f.

21 Vgl. *Böckenförde, E.-W.*, Grundsatznormen, S.18 f.; diese Position vertritt das Bundesverfassungsgericht im Urteil zur Mitbestimmung der Arbeitnehmer in Unternehmen vom 1.3.1979, in BVerfGE 50, 291 (337 ff.).

22 Vgl. *Häberle, P.*, Wesensgehaltsgarantie, S.104 ff.; *ders.*, Grundrechte, S.103; problematisch ist hier die Bildung von Aufgaben, die das Gemeinwesen seinen Bürgern stellt: Die Erfüllung bzw. Nichterfüllung birgt die Gefahr der Privilegienbildung, vgl. *Maihofer, W.*, Prinzipien, S.216; *Schmitt, Carl*: Freiheitsrechte und institutionelle Garantien, S.160, 168 f.; auch *Scholz, R.*, Koalitionsfreiheit, S.238, insbes. 250; *Martens, Wolfgang*: Grundrechte im Leistungsstaat, in: VVDStRL, 1972, S.42.

23 Vgl. *Schachtschneider, K. A.*, Res publica res populi, sub Kap. VIII., 1.

24 Vgl. *Hesse, Konrad*: Grundrechte - Bestand und Bedeutung, in: Handbuch des Verfassungsrechts, 1984, S.94; BVerfGE 7, 198 (215); 6, 32 (40); 49, 89 (141 f.); dazu *Jarass, Hans D.*: Grundrechte als Wertentscheidungen bzw. objektivrechtliche Prinzipien in der Rechtsprechung des Bundesverfassungsgerichts, in AöR 110 (1985), S.363 ff.; *Böckenförde, E.-W.*, Grundsatznormen, S.1 ff.; *Schachtschneider, K. A.*, Res publica res populi, sub VIII., 1.

25 Vgl. *Jarass, H. D.*, Grundrechte, S.368; *Hesse, K.*, Grundzüge, Rdnr. 279 ff; zur Kritik dieser Sichtweise vgl. *Grabitz, Eberhard*: Freiheit und Verfassungsrecht, 1976, S.216 ff.; *Alexy, Robert*: Theorie der Grundrechte, 1985, S.138 ff.; *Böckenförde, Ernst-Wolfgang*: Entstehung und Wandel des Rechtsstaatsbegriffs, in: Festschrift für Adolf Arndt, 1969, S.72 ff.; *Starck, Christian*: Art.1 GG, in: von Mangoldt/ Klein/ Starck: Das Bonner Grundgesetz, Bd. 1, 3. A., 1985, S.95.

26 BVerwGE 14, 21 (25).

heit[27]. Ihre prinzipielle Bedeutung und ihren Sinn haben diese Grundrechte als konstituierende Faktoren eines freien Prozesses demokratischer Staatshervorbringung sowie eines Prozesses politischer Willensbildung[28].

III. Die republikanische Grundrechtslehre

Dem Grundgesetz ist eine bestimmte Idee der Verhältnisse zwischen dem einzelnen und dem Staat immanent[29]. Es war die Absicht des Grundgesetzgebers, basierend auf der geschichtlichen Erfahrung, Rückgriff auf die klassischen Freiheitsrechte und das Freiheitsprinzip des republikanischen, demokratischen Rechtsstaates zu nehmen, der in einigen seiner Ausprägungen durchaus mit dem liberalen Staat des vorigen Jahrhunderts vergleichbar ist[30]. Dort waren die individuellen Freiheitsrechte vorstaatliche Menschenrechte, wie dies auch Art.1 Abs.1 GG verdeutlicht[31]. Alle Grundrechte sind als unmittelbar geltendes Recht bindend für den Staat, also die Legislative, die Exekutive und die Judikative, wie in Art.1 Abs.3 GG ausgeführt. Alle Tätigkeiten des Staates unterliegen nach Art.93 Abs.1 und Art.100 GG der verfassungsgerichtlichen Kontrolle. Materialisierungen der Grundrechte, etwa durch Gesetze oder Akte aufgrund von Gesetzen seitens des Staates, sind nur begrenzt möglich[32]. Der Umfang der Einschränkung ist exakt durchgestuft und differenziert festgelegt[33]. Auch das zentrale Problem der Realisierung der formalen Freiheiten der Grundrechte in der sozialen Umgebung hat das Grundgesetz erkannt und entsprechend berücksichtigt. Es hat den Sozialstaatsauftrag als verbindliches Prinzip, als ein rechtliches Sollen[34], neben dem Rechtsstaatsprinzip anerkannt.

Die Freiheit der persönlichen Entfaltung des Menschen ist gem. Art.1 Abs.1 GG unantastbar und um seiner (des Menschen) willen gewährleistet. Um diese Norm nun entgegen den bisher dargestellten Auffassungen des Charakters der im Grundgesetz enthaltenen Grundrechte so verstehen zu

27 Vgl. *Böckenförde, E.-W.*, Grundrechtslehre, S.1534.

28 Vgl. *Starck, Chr.*, Art.1 GG, S.95.

29 Vgl. *Starck, Chr.*, Art.1 GG, S.81.

30 Gerade der Liberalismus bedeutete im Hinblick auf die gerade ausgeklungene Epoche der Aufklärung einen Rückschritt. So setzt der durch den Liberalismus gebrauchte Freiheitsbegriff notwendig ein (monarchisches) Herrschaftssystem voraus. Dem wirklichen Freiheitsbegriff kann aber kein Herrschaftssystem zugrunde liegen, denn Freiheit schließt Herrschaft aus; und folglich ist Freiheit nicht in der Form eines Freiraumes, sondern vielmehr als die persönliche Selbständigkeit der Bürger zu garantieren. Dies entspricht dem republikanischen Freiheitsbegriff, dazu *Schachtschneider, K. A.*, Res publica res populi, sub VIII., 8.

31 Vgl. *Schachtschneider, K. A.*, Staatsunternehmen, S.138, *ders.*, Res publica res populi, sub V., 4.; *Schmitt, C.*, Grundrechte und Grundpflichten, S.192.

32 Vgl. *Häberle, P.*, Wesensgehaltsgarantie, S.197.

33 Vgl. *Böckenförde, E.-W.*, Grundrechtslehre, S.1537.

34 *Ipsen, Jörn*: Staatsorganisationsrecht, 6. A., 1986, S.283.

können, wie jene vom Grundgesetzgeber einzig gemeint worden war, ist es unerläßlich, sich zu verdeutlichen, welches Verständnis der Grundgesetzgeber vom Menschen hatte, wie also das Menschenbild beschaffen ist, das dann im Grundgesetz seinen Niederschlag gefunden haben muß.

Einen eindeutigen Hinweis gibt das Grundgesetz selbst in Art.2 Abs.1 GG[35], demzufolge die freie Entfaltung der Persönlichkeit des Menschen ihre Grenzen in der verfassungsmäßigen Ordnung, d.h. den Gesetzen und Verordnungen, sofern sie mit der Verfassung im Einklang stehen, in den Rechten anderer Menschen, wobei sich diese entweder aus Gesetzen oder Verträgen ergeben können, und im Sittengesetz[36] findet[37]. Die sogenannte Schrankentrias entspricht der Philosophie und dem Menschenbild Immanuel Kants. Sie differenziert zwischen dem Sollen des Menschen, also dem Zustand, den ein Mensch anzustreben habe, und dem Sein, also dem Zustand, in dem er sich im Moment befindet[38]. Nach Kant ist Freiheit die Unabhängigkeit von eines anderen nötigender Willkür[39]. Nötigend aber handelt der nicht, der die Zustimmung der anderen zum Handeln durch Gesetz oder Vertrag hat. Die Würde des Menschen ist nach Kant in der Autonomie desselben zu sehen[40].

---

35 Vgl. *Schachtschneider, K. A.*, Wende, S.30.

36 Vgl. *Födisch, Rolf A.*: Freiheit und Zwang im geltenden Koalitionsrecht, in: RdA, 1955, S.91, der feststellt, daß eine Gleichsetzung mit dem Ausdruck der "guten Sitten" des § 826 BGB nicht statthaft ist. Letztere unterlägen der jeweils herrschenden Volksauffassung und dem Zeitgeist. Das Sittengesetz hingegen bilde in Verbindung mit der Menschenwürde, aus der es stammt, eine Schranke, die auch nach Änderung einer durch Propaganda - oder Werbung - beeinflußten Volksmeinung nicht überschritten werden darf; diese notwendige Differenzierung zwischen den guten Sitten einerseits und dem Sittengesetz als nicht empirisch ermittelbare Schranke der Freiheit andererseits berücksichtigen expressis verbis nicht *Maunz, Th./ Zippelius, R.*, Deutsches Staatsrecht, S.185; ihrer Meinung nach soll das Sittengesetz Vorstellungen beinhalten, die dem Gewissen des überwiegenden Teiles der Rechtsgenossen entsprechen solle. Ausführlich zur Trennung zwischen den guten Sitten als privatrechtliche besondere Gesetze und dem Sittengesetz *Schachtschneider, K. A.*, Staatsunternehmen, S.421 ff.; *ders.*, Res publica res populi, VIII., 2., 3.

37 Vgl. *Schachtschneider, K. A.*, Res publica res populi, sub V., 3.

38 Vgl. *Kant, Immanuel*: Grundlegung zur Metaphysik der Sitten, (ed. Weischedel, Bd. VII), 1974, S.33 ff; *Schachtschneider, K. A.*, Staatsunternehmen, S.101; *Ernst-Wolfgang Böckenförde*: Gesetz und gesetzgebende Gewalt - von den Anfängen der deutschen Staatsrechtslehre bis zur Höhe des staatsrechtlichen Positivismus, 1958, S.99, hält *Kant* vor, er stehe nicht auf dem Boden der Wirklichkeit und der Erfahrungen, sondern versuche, dies aus der Vernunft zu begründen, was mit der Wirklichkeit nicht in Übereinstimmung zu bringen sei. Dies mag zwar die Wirklichkeit beschreiben, gerade deshalb gewinnt die kantianische Lehre aber an Bedeutung und Bestandskraft, weil sie den Weg vorgibt, über den Verbesserungen der Wirklichkeit führen können.

39 Vgl. *Kant, Immanuel*: Metaphysik der Sitten, (ed. Weischedel, Bd. VIII), 1974, S.345.

40 Vgl. *Kant, I.*, Grundlegung, S.69; *Schachtschneider, K. A.*, Staatsunternehmen, S.101; *ders.*, Res publica res populi, V., 3.; *Dürig, Günter*: Art.1, in: Maunz, Th./ Dürig, G./ Herzog, R./ Scholz, R.: Grundgesetz, 5. A., 1978, Rdnrn. 8-11.

Autonomie ist nun die innere Freiheit des Menschen[41], mithin seine Fähigkeit zur Sittlichkeit[42]. Sie ist seine moralische Verpflichtung gegen sich selbst, die Mitmenschen als Zweck an sich und nie nur als Mittel zum Zweck zu betrachten und dies bei allen Handlungen zu berücksichtigen[43]. Folglich muß die Maxime, nach der ein Mensch eine Handlung vornehmen oder diese unterlassen will, sich selbst als allgemein gesetzgebend betrachten können, um sittlich zu sein[44]. Nach außen kann diese Autonomie, also das im Menschen liegende Recht zur verallgemeinerungsfähigen Selbstgesetzgebung[45], nur im Rahmen der äußeren Freiheit, also im Rahmen des Rechts zur Willkür, wirken[46].

Weil aber die Autonomie der Grund der Würde der menschlichen und jeder vernünftigen Natur ist[47], muß diese Autonomie im Grundgesetz garantiert sein[48]. Dieser sich daraus ergebende kategorische Imperativ[49], das Sitten-

---

41 Vgl. *Schachtschneider, K. A.*, Res publica res populi, sub V., 3.; *ders.*, Staatsunternehmen, S.104 ff.

42 Vgl. *Kant, I.*, Grundlegung, S.65 ff.; dazu *Dietze, Gottfried*: Kant und der Rechtsstaat; 1982, S.21 ff.; *Schachtschneider, K. A.*, Res publica res populi, sub V., 3.

43 Vgl. *Kant, I.*, Grundlegung, S.66; die Freiheit, nach Glückseligkeit zu streben, ist für jedermann folglich durch das moralische Gesetz eingeschränkt, vgl. *Dietze, G.*, Kant und der Rechtsstaat, S.29; im kantianischen Sinne auch *Häberle, Peter.*: Die Menschenwürde als Grundlage der staatlichen Gemeinschaft, in: Handbuch des Staatsrechts, Bd. I, 1987, Rdnr. 79 ff.; *Schachtschneider, K. A.*, Res publica res populi, sub V., 3., 4.

44 Vgl. *Kant, I.*, Grundlegung, S.67.; *Schachtschneider, K. A.*, Staatsunternehmen, S.104 f., *ders.*, Res publica res populi, sub V., 3.; *Kant*, a.a.O., S.51, erklärt dazu in der Fußnote: "**Maxime** ist das subjektive Prinzip zu handeln, und muß vom **objektiven Prinzip**, nämlich dem praktischen Gesetze, unterschieden werden. Jene enthält die praktische Regel, die die Vernunft den Bedingungen des Subjekts gemäß (öfters der Unwissenheit oder auch den Neigungen desselben) bestimmt, und ist also der Grundsatz, nach welchem das Subjekt **handelt**; das Gesetz aber ist oberstes Prinzip, gültig für jedes vernünftige Wesen, und der Grundsatz, nach dem es **handeln soll**, d.i. ein Imperativ."

45 Vgl. *Schachtschneider, K. A.*, Wende, S.10; *Kirchhof, Paul*: Die Identität der Verfassung in ihren unabänderlichen Inhalten, in: Handbuch des Staatsrechts, Bd. I, 1987, Rdnr. 31.

46 Vgl. *Schachtschneider, K. A.*, Staatsunternehmen, S.105, *ders.*, Res publica res populi, V., 3., die äußere Freiheit ist darum notwendigerweise materiell und damit judiziabel.

47 Vgl. *Kant, I.*, Grundlegung, S.69, 74.

48 Vgl. *Schachtschneider, K. A.*, Res publica res populi, sub IV., 3. nennt es die "(moralische) Verpflichtung auch des Staates", die Selbständigkeit des Bürgers als der Voraussetzung für dessen Sittlichkeit zu fördern, dazu verpflichte das Sozialprinzip, in diesem Sinne auch *Häberle, P.*, Wesensgehaltsgarantie, S.121 f.; ebenso *Martin Kriele*: Freiheit und Gleichheit, in: Handbuch des Verfassungsrechts der Bundesrepublik Deutschland, S.146; *Maihofer, W.*, Prinzipien, S.204, 221; *Klaus Rennert*: Das Reiten im Walde - Bemerkungen zu Art.2 I GG, in: NJW, 1989, S.3263, nennt daher die persönliche Entfaltungsfreiheit "das schlechthin grenzenlose Grundrecht. Nur wenn es schlechthin alles schützt, kann auch umgekehrt jede erdenkliche staatliche Regelung noch als Eingriff begriffen werden."

gesetz, kann nur dann ethisch sein, wenn er auf der Autonomie basiert[50]. Wird aber eine Willensmaxime heteronom, also durch eine subjektiv empirisch festgestellte Kausalität bestimmt, so ist sie nicht mehr ethisch. Das Handeln des Menschen soll aber ethisch sein[51]. Autonomie ist daher ethische Pflicht[52].

Um der Würde des Menschen willen muß der Staat zwar der Wahrung und Förderung des Wohls des einzelnen und damit der Autonomiefähigkeit des Menschen verpflichtet sein[53], andererseits entzieht sich die Wertigkeit der autonomen Handlungsmaximen des Menschen jeglicher staatlicher Kontrolle, weil anderenfalls die Autonomie aufgehoben wäre[54]. Die äußere, also beobachtbare Freiheit, das Recht zur Willkür, muß jedoch stets dem Menschen die Möglichkeit zur Erfüllung seiner sittlichen Pflicht, der Pflicht zur Autonomie, geben[55]. Weil der Mensch aber zu heteronomem Handeln befähigt ist und nicht vorausgesetzt werden kann, daß niemand durch heteronomes Handeln eines anderen in seiner Autonomie eingeschränkt wird, sind dem Staat, also dem Gemeinwesen als der Vereinigung aller unter gemeinsamen Rechtsgesetzen lebenden Menschen[56], Rechte eingeräumt worden[57], um solche schädlichen Wirkungen zu unterbinden und die persönliche Entfaltungsfreiheit jedermanns zu wahren[58]. Durch eine grundsätzliche Übereinstimmung aller Bürger wird der autonome und damit allgemein gesetzgebende, weil moralische Wille aller im Gesetz verwirklicht. Das läßt wiederum alle miteinander

---

49 Vgl. *Kant, I.*, Grundlegung, S.51, 61, 67, 71; zur Qualifikation des Sittengesetzes als formaler, weil moralischer Imperativ vgl. *Schachtschneider, K. A.*, Res publica res populi, sub V., 3.

50 Vgl. *Schachtschneider, K. A.*, Staatsunternehmen, S.107.

51 Vgl. *Schachtschneider, K. A.*, Staatsunternehmen, S.107, dazu *Kant, I.*, Grundlegung, S.74.

52 Vgl. *Schachtschneider, K. A.*, Staatsunternehmen, S.118, *ders.*, Wende, S.14.

53 Vgl. *Böckenförde, E.-W.*, Rechtsstaat, S.57; *Häberle*, Wesensgehaltsgarantie, S.201 nennt die Pflicht des Gesetzgebers die Verwirklichung der Freiheit; in diesem Sinne auch *Häberle, P.*, Grundrechte, S.57, der auf den "Gemeinwohlkompetenztatbestand" des Staates abstellt; *Schachtschneider, K. A.*, Res publica res populi, sub IV., 3.; *Kriele, M.*, Freiheit und Gleichheit, S.146; *Maihofer, W.*, Prinzipien, S.204, 221.

54 Vgl. *Böckenförde, E.-W.*, Rechtsstaat, S.74 f.

55 Vgl. *Schachtschneider, K. A.*, Staatsunternehmen, S.118.

56 Vgl. *Kant, I.*, Metaphysik, S.431, auch *Häberle, Peter*: Die Menschenwürde als Grundlage der staatlichen Gemeinschaft, in: Handbuch des Staatsrechts, Bd. I; 1987, Rdnr. 65.

57 Vgl. *Häberle, P.*, Grundrechte, S.104.

58 Vgl. *Häberle, P.*, Wesensgehaltsgarantie, S.201; auch *Böckenförde, E.-W.*, Rechtsstaat, S.75 f., der sich für den Abbau der tatsächlich immer noch vorhandenen Herrschaft von Menschen zugunsten der "Herrschaft der Gesetze" ausspricht, weil dies allein eine Friedensordnung im Staat gewährleistet, anders aber *ders.*, Demokratie als Verfassungsprinzip, in: Handbuch des Staatsrechts, 1987, S.893 f., Rdnr. 9 f., demzufolge auch in einer Demokratie Herrschaft bestehen bleibe, allerdings staatlich organisiert sei.

frei sein[59], da alle gleichzeitig diesem Gesetz unterworfen sind. Diese Gesetze müssen formal und materiell legitim sein. Formale Legitimation besitzen sie dann, wenn sie einem Prinzip der Allseitigkeit und der Gegenseitigkeit entsprechen[60]. Materielle Legitimität wohnt einem Gesetz dann inne, wenn es das Ziel einer größtmöglichen und gleichberechtigten Freiheit aller zu erreichen bezweckt[61]. Ein legitimes Gesetz bewahrt also Freiheit in Gleichheit[62]. Dabei ist es falsch anzunehmen, zwischen Freiheit und Gleichheit bestünde ein Gegensatz[63]. Gesetze werden in stellvertretender Moralität vom Parlament[64] als der Versammlung der Repräsentanten des Volkes[65], die nur und allein ihrem Gewissen unterworfen sind, im Namen des Volkes in

---

59 Vgl. *Dietze, G.*, Kant und der Rechtsstaat, S.38 f.; *Schachtschneider, K. A.*, Res publica res populi, sub V., 3. weist darauf hin, daß die Rechtlichkeit im Staat und deren Maß von der Moralität der Bürger und deren Vertreter in den Ämtern abhängt (zu letztem Aspekt *ders.*, ebd., sub IV., 6.).

60 Vgl. *Maihofer, W.*, Prinzipien, S.207 unter Bezugnahme auf *Kant*.

61 Vgl. *Maihofer, W.*, Prinzipien, S.207.

62 Vgl. *Häberle, P.*, Grundrechte, S.96.

63 Beweisführung bei *M. Kriele*, Freiheit und Gleichheit, S.133 ff.: "1. Gibt man der Freiheit auf Kosten der Gleichheit den Vorzug, so stellt man zugleich die Freiheit in Frage. In einem politischen System weitgehender Freiheit ohne Rücksicht auf Gleichheit hätten die Stärkeren, Tüchtigeren, Kampfbereiteren, die mit den günstigeren Startchancen freie Bahn, um Macht und Reichtum auf Kosten anderer zu erlangen. Am Ende stünde Ungleichheit, nämlich Abhängigkeit der Schwächeren von den Stärkeren. Das aber bedeutete mit dem Verzicht auf Gleichheit zugleich das Ende der Freiheit, nämlich der Freiheit der Abhängigen und Unterdrückten. So führte z.B. der sogenannte Manchester-Liberalismus des 19. Jhs., der dem Modell 'Freiheit vor Gleichheit' vergleichsweise am nächsten kam, breite Schichten in Arbeitsbedingungen und Abhängigkeiten, die nicht nur auf Kosten der Gleichheit, sondern auch der Freiheit gingen. 2. Und umgekehrt: Gibt man der Gleichheit auf Kosten der Freiheit den Vorzug, so muß man die freie Entfaltung des Kräftespiels unterbinden, also die Freiheit einschränken und im Grenzfall opfern. Das ist aber nur möglich in einem System rigoroser politischer Macht. Ein solches System aber hebt nicht nur die Freiheit, sondern zugleich die Gleichheit auf. Der Extremfall wird uns in den Staaten Osteuropas anschaulich, wo im Namen der Gleichheit die Freiheit unterdrückt wird. Damit wird zugleich die Gleichheit aufgehoben: Es herrscht ein Zweiklassensystem von Parteielite einerseits und dem ihr rechtlos ausgelieferten Volk andererseits. Freiheit und Gleichheit sind also aufeinander angewiesen, ja sie sind zwei Seiten ein und derselben Sache." Gleicher Ansicht *Häberle, P.*, Wesensgehaltsgarantie, S.459; auch *Schachtschneider, K. A.*, Res publica res populi, sub IV., 3.; insbes. V, 4; *Kant, I.*, Metaphysik, S.345. Ganz anderer Ansicht ist *Josef Isensee*: Verfassung ohne soziale Grundrechte - ein Wesenszug des Grundgesetzes, in: Der Staat, 1980, S.384, der vom klassischen liberalen Prinzip ausgeht, das er im Grundgesetz verwirklicht sieht. Dem klassischen liberalen Rechtsstaat erteilt jedoch *Böckenförde*, Rechtsstaat, S.67, eine klare Absage, da er die soziale Frage nicht lösen kann.

64 Vgl. *Schachtschneider, K. A.*, Res publica res populi, sub V., 3.

65 Repräsentation meint hier die Verkörperung des gesamten Volkes als Ganzes, vgl. dazu *Ipsen, J.*, Staatsorganisationsrecht, S.79 f. Zur Repräsentation als Vertretung vgl. *Schachtschneider, K. A.*, Res publica res populi, sub VII., 1., 3.

Übereinstimmung gegeben[66]. Weil aber der Irrtum einen typisch menschlichen Wesenszug darstellt, bedarf es der Mehrheitsregel im Parlament[67], um zu einer Entscheidung für oder gegen ein Gesetz zu gelangen. Vor diesen Gesetzen sind alle gleich und, weil alle diese Gesetze konsensual gewollt haben, frei dadurch, daß sie diese von ihnen gewollten Gesetze befolgen. In Art.20 Abs.1 GG sowie in Art.28 Abs.1 GG wird der Staat, die Bundesrepublik Deutschland, dem Sozialprinzip verpflichtet. Bei dem Sozialprinzip handelt es sich um einen Teilaspekt der Freiheit, damit der Gleichheit und insgesamt also der Menschenwürde[68]. Das Sozialprinzip verpflichtet den Staat zur Wahrung und Förderung der Selbständigkeit des Menschen[69]. Nur im Zustand der Autonomie ist der Wille des Menschen wirklich frei; nur wenn so die Würde des Menschen gewahrt ist, kann er freie und selbstbestimmte Entscheidungen treffen[70].

> "Überdies wird ... relevant, daß soziale Gefälle, die zum Klassenkampf trieben, desintegrierende Wirkung auf das Gemeinwesen zeitigen. Jeder Bürger muß mündig sein können, andernfalls ist die res publica nicht Sache aller."[71]

Als logische Konsequenz müssen alle staatlichen Institutionen der Würde des Menschen verpflichtet sein[72]. Im Grundgesetz wird dem auch dadurch Rechnung getragen, daß die Grundrechte im ersten Teil des Grundgesetzes den organisatorischen Verfahrensbestimmungen übergeordnet sind[73].

Grundrechte sind im Grundgesetz die Freiheitsrechte des Individuums, auf dem der republikanische, also demokratische und soziale Rechtsstaat beruht[74]. Soweit in der Verfassung noch weitere, nicht die Organisation oder Verfahren

---

66 Vgl. zur Staatsform der repräsentativen Demokratie *Schachtschneider, K. A.*, Res pulica res populi, sub VIII., 1.; V., 3.; *Böckenförde, Ernst-Wolfgang*: Mittelbare/ repräsentative Demokratie als eigentliche Form der Demokratie, in: Staatsorganisation und Staatsfunktionen im Wandel - Festschrift für Kurt Eichenberger, 1982, für den insbesondere den Begriff der Repräsentation ganz eng verknüpft ist mit moralischer Entscheidungskraft der Repräsentanten, so S.318 ff.; auch *Schachtschneider, K. A.*, Wende, S.24.

67 Vgl. zur Mehrheitsregel und ihrer Bedeutung für den Konsens als republikanisches Prinzip *Schachtschneider, Karl Albrecht*: Das Hamburger Oppositionsprinzip, in: Der Staat. 28 (1989), S.196 f.

68 Vgl. *Häberle, P.*, Grundrechte, S.57.

69 Vgl. *Schachtschneider, Karl Albrecht*: Frei - sozial - fortschrittlich: Werner Thieme zu Ehren, in: Die Fortentwicklung des Sozialstaates - Symposium zu Ehren von Werner Thieme, 1988, S.12, *ders.*, Res publica res populi, sub IV., 3.

70 Treffend hat das *C. Schmitt*, Freiheitsrechte und institutionelle Garantien, S.167, formuliert: "Was Freiheit ist, kann nämlich in letzter Instanz nur derjenige entscheiden, der frei sein soll. Sonst ist es nach allen menschlichen Erfahrungen mit der Freiheit schnell zu Ende."

71 s. *Häberle, P.*, Grundrechte, S.104.

72 Vgl. *Häberle, P.*, Grundrechte, S.135.

73 Vgl. *Schmitt, C.*, Grundrechte und Grundpflichten, S.191 ff., 201.

74 Vgl. *Schmitt, C.*, Grundrechte und Grundpflichten, S.206.

des Staates betreffende Regelungen enthalten sind, handelt es sich dabei um anders geartete, verschiedene Verbürgungen, Sicherungen, Zusicherungen, Festlegungen, Gewährleistungen, Unverletzlichkeitserklärungen etc.; hier kann nicht mehr von typischen subjektiven Grundrechten der Individuen gesprochen werden[75]. Die Wirkung eines Grundrechts liegt zunächst im Wesensgehalt als der material offenen oder formalen politischen Leitentscheidung und erst sekundär in der subjektiven Wirkung, denn subjektive Rechte setzen objektives Recht voraus[76].

Der Gesetzgeber darf das Freiheitsrecht nicht beseitigen, aber doch den Vorbehalt des Gesetzes ausfüllen[77]. Der Freiheit als Grundrecht ist die Gleichheit vor dem Gesetz komplementär.

Daneben enthält die Verfassung Bestimmungen, die das freiwillige Plebiszit und sein tägliches Zustandekommen durch die politischen, staatsbürgerlichen Rechte garantieren sollen[78]. Zu ihnen gehören beispielsweise das Wahlrecht, die gleiche Zulassung zu Ämtern, aber auch die Wehrpflicht oder die Ehrenämter als Korrelate[79].

Ansprüche des einzelnen ergeben sich nicht aus dem Grundgesetz, sondern aus einfachen Gesetzen. Soziale Grundrechte im Grundgesetz sind folglich Richtlinien für den Gesetzgeber, wie auch die Bestimmung, daß die Bundesrepublik Deutschland ein sozialer Rechtsstaat ist[80].

Institutionsgarantien können neben dem Wesensgehalt der Grundrechte und öffentlich-rechtlichen Institutionen auch privatrechtlichen Rechtsinstituten zugute kommen, so dem Eigentum oder der Ehe[81].

Dem Charakter der Grundrechte ist zu entnehmen, daß sie Ausformungen der Autonomie sind. Das Grundrecht auf freie Entfaltung der Person ist jedoch die Garantie der Autonomie[82], der Staat ist der Würde des Menschen verpflichtet und darum an die Grundrechte als geltendes Recht gebunden. Er hat die Aufgabe, die vor-staatlichen Grundrechte nicht etwa zu gewähren, sondern

---

75 Vgl. *Schmitt, C.*, Grundrechte und Grundpflichten, S.206.

76 Zum Sinn der speziellen Grundrechte vgl. *Schachtschneider, K. A.*, Res publica res populi, sub VIII., 1.

77 Vgl. *Schmitt, C.*, Grundrechte und Grundpflichten, S.209 f.; dazu ist ein ausdrücklich im Grundrecht genannter Gesetzesvorbehalt nicht erforderlich; vgl. dazu *Schachtschneider, K. A.*, Res publica res populi, sub VIII., 1., 2.

78 Vgl. *Schachtschneider, K. A.*, Res publica res populi, sub X.; in diesem Sinne auch *Klein, H. H.*, Öffentliche und private Freiheit, S.167 f.; *Isensee, Josef*: Grundrechte und Demokratie, in: Der Staat, 20 (1981), S.174.

79 Vgl. *Schmitt, C.*, Grundrechte und Grundpflichten, S.209 .

80 Vgl. *Schmitt, C.*, Grundrechte und Grundpflichten, S.212 f.

81 Vgl. *Schmitt, C.*, Grundrechte und Grundpflichten, S.215 f.

82 Vgl. *Schachtschneider, K. A.*, Res publica res populi, sub V., 3., 4. und sub VIII.; *Klein, Hans Hugo*: Öffentliche und private Freiheit, in: Der Staat 9, 1971, S.165.

vielmehr zu gewährleisten, zu sichern und zu wahren. Dies ist die Zweckbestimmung des Staates:

> Er ist "Hüter dieser freien Gesellschaft und der gesellschaftlichen Freiheit, deren einziges Ordnungsprinzip eben die Freiheit ist."[83]

Da jeder Bürger grundsätzlich vernunftbegabt und folglich Mitgesetzgeber, weil fähig zu sittlichen Handlungen, ist, soll er die Repräsentanten des ganzen Volkes wählen können. Aus ganz verschiedenen Gründen kann es ihm aber versagt sein, wirklich autonom, also moralisch pflichtgemäß zu handeln. Für die Schaffung der Voraussetzungen hat der Staat, das bürgerliche Gemeinwesen, also Sorge zu tragen[84]. Zu diesem Zweck besitzt der Staat eine Eingriffs- und Regelungsbefugnis[85]. Solange der Bürger nicht die Möglichkeit hat, sich von seinen besonderen, auch heteronomen Maximen zu lösen und allein denen in seinem Handeln zu folgen, die autonom entstanden sind, kann er keine wirklich freie und selbstbestimmte Meinung bilden. Der Staat soll in die freien gesellschaftlichen Abläufe eingreifen und die gesellschaftliche Entwicklung und den gesellschaftlichen Wohlstand als der sozialen Basis der Freiheit aller Individuen steuern[86].

> "Das Sozialprinzip verbietet nämlich eine liberalistische Ordnung durch Freiheiten und gebietet damit dem Staat, den Grundrechtsgenuß aller Bürger zu fördern, etwa durch Teilhabe an staatlichen Leistungen."[87]

Die staatlichen Leistungen sind dabei niemals der Zweck des Sozialprinzips, sondern lediglich Mittel zu einem anderen Zweck, nämlich der Wahrung und Förderung der Autonomie des Menschen[88]. In deutlicher Formulierung ist dies in Art.9 Abs.3 GG ausgedrückt. Daraus folgt die subsidiäre, d.h. unterstützende Handhabung des Sozialprinzips und der damit verbundenen Regelungs- und Eingriffsbefugnis des Staates[89]. Nur so kann die Freiheit des einen mit der Freiheit des anderen ebenso kompatibel gehalten werden wie die Realisierungsmöglichkeiten dieser grundrechtlichen Freiheiten. Freiheit ist immer die materiale Freiheit, die dem Menschen alle Voraussetzungen zur

---

83 *Schmitt, C.*, Grundrechte und Grundpflichten, S.132.

84 Vgl. *Isensee, J.*, Verfassung ohne soziale Grundrechte, S.367.

85 Vgl. *Schachtschneider, K. A.*, Staatsunternehmen, S.140 f.

86 Vgl. *Maihofer, W.*, Prinzipien, S.210.

87 *Schachtschneider, K. A.*, Sozialprinzip, S.19 m.w. N.; vgl. auch *Böckenförde, E.-W.*, Rechtsstaat, S.67.

88 Vgl. *Schachtschneider, K. A.*, Res publica res populi, sub IV., 3.; *Böckenförde, E.-W.*, Rechtsstaat, S.67.

89 Vgl. *Benda, Ernst*: Der soziale Rechtsstaat, in: Handbuch des Verfassungsrechts, 1984, S.517; *Schachtschneider, K. A.*, Sozialprinzip, S.63, weist berechtigterweise darauf hin, daß das Subsidiaritätsprinzip nur insoweit nicht dem Sozialprinzip widerspricht, wie der einzelne die Pflicht hat, für sich selbst Sorge zu tragen, bevor er das Gemeinwesen in Anspruch nimmt vgl. auch *ders.*, Wende, S.27; *Zacher, Hans F.*, Das soziale Staatsziel, in: Handbuch des Staatsrechts, Bd. I., 1987, Rdnr. 28; *Häberle, P.*, Grundrechte, S.62 f.

freien und selbstbestimmten Entfaltung seiner Persönlichkeit gibt. Diese äußert sich dann entweder in einem Tun oder einem Unterlassen. Daß diese Möglichkeit zu autonomen, also sittlichen Handlungen ständig gefährdet ist[90], läßt sich leicht daraus ersehen, daß der Mensch auf mehrfache Art gebunden ist[91], worin man ebenfalls die Schrankentrias des allgemeinen Rechts auf persönliche Entfaltung erkennen kann:

Zunächst ist er sich selbst gegenüber gebunden, wenn er von seinem Recht zur Willkür als der äußeren Freiheit gegenüber anderen Menschen Gebrauch machen will. Dann bestehen Bindungen gegenüber anderen Menschen allein oder in Gruppen, die das Leben in einer menschlichen Gemeinschaft notwendigerweise mit sich bringt. Daraus folgt auch, daß das Recht zur Willkür eingeschränkt werden muß. Schließlich ist der Mensch gegenüber dem Staat aus Gründen des Allgemeininteresses gebunden, das ebenfalls eine Beschränkung des Rechts zur Willkür notwendig macht. Diese erfolgt durch den Erlaß von allgemeinen Gesetzen, die dem heteronomen Gebrauch der Freiheit Schranken ziehen[92]. Das Sozialprinzip ist eine Konsequenz des Freiheitsprinzips[93] und legitimiert einen Ausgleich der realen Unterschiede der Menschen in ihrer Macht und so in ihrer Freiheit der Betätigung. Allerdings müssen diese Einschränkungsregeln dem Ziel dienen, wegen der politischen Gleichberechtigung, die sich aus der Würde des Menschen unmittelbar ergibt, eine wirkliche Grundlage politischer Gleichheit zu schaffen[94]. Hierzu gehört selbstverständlich auch die staatliche Abwehr von schädlichen Einflüssen[95]. Damit der Staat der Aufgabe gerecht werden kann, benötigt er die staatliche Befugnis, zu zwingen und nötigenfalls auch Gewalt anzuwenden[96].

---

90 Dazu *Schachtschneider, K. A.*, Res publica res populi, sub IV., 3.; V., 3.; II., 4.

91 Vgl. *Schachtschneider, K. A.*, Staatsunternehmen, S.129.

92 "Wenn es also dem Menschen verboten sein soll, sich rechtlich willkürlich/ sittlich autonom zu verhalten, muß dies rechtlich begründet sein." (*Schachtschneider, K. A.*, Staatsunternehmen, S.130).

93 Vgl. *Zacher, H. F.*, Das soziale Staatsziel, Rdnr. 28; *Schachtschneider, K. A.*, Res publica res populi, sub II., 4.; VIII., 1.; *ders.*, Wende, S.21 f.

94 Vgl. *Schachtschneider, K. A.*, Sozialprinzip, S.45 ff. Zudem müssen die Gesetze mit dem Verhältnismäßigkeitsprinzip vereinbar sein, das wiederum ein klassisches republikanisches Staatsprinzip darstellt. Es stellt sicher, daß die Beschränkung der Handlungsfreiheit keine zu hohe Belastung der Menschen darstellt, die eine Sittlichkeit derselben von vornherein ausschließen würde.

95 Vgl. *Schachtschneider, K. A.*, Staatsunternehmen, S.141, *Häberle, P.*, Grundrechte, S.68; im Ergebnis auch *Klein, E.*, Grundrechtliche Schutzpflicht, S.1633 ff., wenngleich mit anderer dogmatischer Begründung. Es handelt sich bei der Abwehr von schädlichen Einflüssen um den Schutz eines Rechtsgutes, primär jedoch um die Autonomie, die es zu wahren gilt.

96 Vgl. *Isensee, Josef.* Die Friedenspflicht der Bürger und das Gewaltmonopol des Staates, in: Staatsorganisation und Staatsfunktionen im Wandel - Festschrift für Kurt Eichenberger, 1982, S.28.

Allerdings wird der Gesetzgeber, insbesondere in einem so hochentwickelten Parteienstaat wie dem heutigen, häufig nicht moralisch entscheiden[97], weil die einzelnen Abgeordneten tatsächlich nicht mehr Vertreter des ganzen Volkes in der Sittlichkeit, also der praktischen Vernunft[98], sondern nur mehr der Wähler jener Partei sind, der sie angehören[99]. Folglich wird in diesem Sinne eine Herrschaft, nämlich die Herrschaft einer Partei oder zweier koalierter Parteien etabliert[100]. Dies bedeutet staatsrechtlich einen Rückfall in die Staatsform der konstitutionellen Monarchie des vorigen Jahrhunderts[101], verfassungsrechtlich muß nun die zunächst wegen ihrer Schwächen abzulehnende liberale Grundrechtslehre hinzutreten, allerdings nicht im staatsabwehrenden Sinne, sondern als Abwehr der Unverhältnismäßigkeit, der mangelnden Sittlichkeit[102]. Will die republikanische Lehre die Autonomiefähigkeit des einzelnen Bürgers fördern und den Ist- einem Sollzustand anpassen, so muß, um für dieses Ziel überhaupt eine Grundlage, von der aus es erreicht werden kann, zu wahren, in der Tat dem Bürger die Freiheit zuerst vor dem nicht mehr moralischen Zugriff des Parteienstaates erhalten bleiben[103].

Durch das Versagen der Volksvertreter in ihrer Moralität, denen gerade das Recht zur Willkür im Parlament nicht zusteht, auch den Beschäftigten im öffentlichen Dienst nicht, ist die Bürgerschaft gezwungen, die Verwirklichung der Gesetze wieder in die eigenen Hände zu nehmen, was auch eine Folge der Umwandlung des Berufsbeamtenethos in eine Jobmentalität darstellt[104].

---

97 Vgl. *Schachtschneider, K. A.*, Res publica res populi, sub IX., 2.; *Böckenförde, E.-W.*, Mittelbare/ repräsentative Demokratie, S.326 ff.

98 Vgl. *Schachtschneider, K. A.*, Res publica res populi, sub VIII., 5.

99 Vgl. *Schachtschneider, K. A.*, Res publica res populi, sub VI., 6. mit Bezugnahme auch auf die Verwaltung.

100 Mit Hinweis nicht nur auf die Parteien, sondern auch und gerade auf die Gewerkschaften deutlich *Küchenhoff, Günther/ Küchenhoff, Erich*: Allgemeine Staatslehre, 8. A., 1977, S.133.

101 Vgl. *Häberle, P.*, Wesensgehaltsgarantie, S.150 ff., 154 ff.; *ders.*, Grundrechte, S.80; dazu *Schachtschneider, K. A.*, Res publica res populi, sub II., 3.

102 Vgl. *Schachtschneider, K. A.*, Res publica res populi, sub Kap. VIII., 8.; in diesem Sinne auch *Häberle, P.*, Grundrechte, S.67, 72 f.

103 Vgl. dazu *Rousseau, Jean Jacques*: Vom Gesellschaftsvertrag oder Grundsätze des Staatsrechts; (ed. Reclam) 1988, S.72: "Nichts ist gefährlicher als der Einfluß von Privatinteressen auf die öffentlichen Angelegenheiten, und der Mißbrauch von Gesetzen durch die Regierung ist ein geringeres Übel als die Verderbtheit des Gesetzgebers, unfehlbare Folge von Sondermeinungen. ... Ein Volk, das niemals die Regierungsgewalt mißbrauchte, würde auch die Unabhängigkeit nicht mißbrauchen; ein Volk, das stets gut regierte, bräuchte gar nicht regiert zu werden."

104 s. *Schachtschneider, K. A.*, Res publica res populi, sub V., 3.; I, 3; II, 3; IV, 2.

Der Staat muß in einer Republik nicht von den Bürgern abgewehrt werden, denn Gesetzgebung und Gesetzlichkeit verwirklichen die Freiheit[105]. Der Staat ist mit dem Staatsvolk identisch. Die Freiheitlichkeit der Gesetze ist von der Moralität des Gesetzgebers und damit dessen praktischer Vernünftigkeit abhängig[106].

Recht ist, was richtig für das gute Leben aller in allgemeiner Freiheit ist[107]. Grundlage bei der Findung des Richtigen muß die Wahrheit sein[108]. Das Richtige muß aber - die Vielzahl der Möglichkeiten des Richtigen somit einschränkend - praktisch vernünftig sein[109].

Überwachungsinstitution des Gesetzgebers und von der Verfassung mit eben dieser Kompetenz ausgestattet ist die Verfassungsrechtsprechung[110]. Der Wesensgehalt muß sich auch gegen den verfassungsändernden Gesetzgeber behaupten; denn der Wesensgehalt ist der Gehalt der in Art.1 Abs.1 GG geschützten Menschenwürde[111].

Das Bundesverfassungsgericht wacht über die Grundrechte[112], deren Wesensgehalte gemäß Art.19 Abs.2 GG nicht angetastet werden dürfen. Damit werden gesetzgebungsstaatliche und richterstaatliche Elemente des Gemeinwesens miteinander verbunden[113]. Das Bundesverfassungsgericht ist damit funktional Gesetzgeber[114] und so neben dem Parlament ebenfalls Vertreter des Volkes in dessen praktischer Vernünftigkeit, also Sittlichkeit[115].

Spezielle Grundrechte sind politische Leitentscheidungen. Der Gesetzgeber wird über Art.1 Abs.3 GG an diese Leitentscheidungen gebunden und damit in seiner Gesetzgebungskompetenz eingeschränkt[116]. In den speziellen Grundrechten werden besondere Ideen verfaßt[117], so beispielsweise in Art.9

---

105 Vgl. *Schachtschneider, K. A.*, Res publica res populi, sub V., 3.; *Häberle, P.*, Wesensgehaltsgarantie, S.201.

106 Vgl. *Schachtschneider, K. A.*, Res publica res populi, sub V. 3.; VI., 6.; *Schmitt, C.*, Grundrechte und Grundpflichten, S.199 ff.

107 Vgl. *Schachtschneider, K. A.*, Res publica res populi, sub VIII., 1.

108 Vgl. *Schachtschneider, K. A.*, Res publica res populi, sub VIII., 1.; *ders.*, Frei - sozial - fortschrittlich, S.7.

109 Vgl. *Schachtschneider, K. A.*, Res publica res populi, sub VIII., 1.

110 Vgl. *Schachtschneider, K. A.*, Res publica res populi, sub VIII., 1.

111 Vgl. *Schachtschneider, K. A.*, Res publica res populi, sub VIII., 1., a).

112 Vgl. *Schachtschneider, K. A.*, Res publica res populi, sub VIII., 1., 2.

113 Vgl. *Schachtschneider, K. A.*, Res publica res populi, sub VIII., 1.; gegen den Richterstaat wendet sich *Carl Schmitt*, Freiheitsrechte und institutionelle Garantien, S.165; kritisch *Böckenförde, E.-W.*, Grundsatznormen, S.24 ff.

114 Vgl. *Schachtschneider, K. A.*, Res publica res populi, sub VIII., 4.; IV.; V.

115 Vgl. *Schachtschneider, K. A.*, Res publica res populi, sub VIII., 4.

116 Vgl. *Schachtschneider, K. A.*, Res publica res populi, sub VIII., 1., 2.; *Dürig, G.*, Art.1, S.7.

117 Vgl. *Schachtschneider, K. A.*, Res publica res populi, sub VIII., 1., b).

Abs.3 GG das mit Verfassungsrang ausgestattete Recht für jedermann, sich in Koalitionen zusammenzufinden, um das private Recht zur Willkür im Lebensbereich der abhängigen Arbeit zunächst ohne staatliche Hilfe nutzen zu können. Die Koalitionsfreiheit läßt sich leicht als eine besondere Idee, als ein Politikum erkennen; sie hätte auch als Bürgerrecht und nicht, wie im Grundgesetz vorliegend, als ein Menschenrecht konstituiert werden können, ohne damit den Wesensgehalt der Koalitionsfreiheit anzutasten. Darüber hinaus nehmen die Gewerkschaften heute einen großen Einfluß auf den Staat, insbesondere auf die Gesetzgebungsorgane, jedenfalls auf die Parteien, aber auch auf die Regierung[118]. So wird bereits vom Gewerkschaftsstaat gesprochen, welcher der Parteienoligarchie politische Grenzen aufzeigt[119], andererseits mit der Idee der Republik ebensowenig vereinbar ist. Insofern läßt sich der Charakter dieses Grundrechts recht deutlich als eine politische Entscheidung des Grundgesetzgebers (als Vertreter des zu verfassenden Staatsvolkes) erkennen. Daran haben sich die staatlichen, auch die Verfassungsorgane zu orientieren.

Die Grundrechte gehören zur objektiven Rechtsordnung; sie haben einen objektiv-rechtlichen Gehalt[120]. Der Gehalt besteht in Ideen, die durch die Aufnahme in das Grundgesetz zu mit Verfassungsrang ausgestatteten Rechtsgütern geworden sind. Sie geben wieder, was dem Gemeinwesen besonders wichtig ist. Daran muß sich die "Grundrechtsausgestaltung" orientieren, die insoweit auf "Grundrechtsinstitutionen" im Sinne von Rechtsgütern und politischen Leitentscheidungen Rücksicht zu nehmen hat[121]. Der Gesetzgeber hat die politische Idee der Grundrechte zu konkretisieren, er muß diese durch Abwehr von Mißbrauch und durch Schaffung von dem Grundrechtsträger dienenden Rechtsfiguren und Regelungen sichern[122].

Die Freiheit besteht in den Handlungsmöglichkeiten des Menschen, die sich nach der Autonomie desselben bemißt, also nach der Freiheit, Gesetze zu geben und der Verpflichtung, dabei dem Sittengesetz zu genügen, und dem Recht zur Beliebigkeit, zur Privatheit, das eine Sittlichkeit nicht erfordert,

---

118 So in erheblichem Maße bei den sich ständig wiederholenden Verhandlungen über den Bundesangestelltentarifvertrag, dessen Vertragspartner ÖTV und DAG einerseits und die Bundesrepublik Deutschland, die Tarifgemeinschaft der Länder und die Vereinigung der kommunalen Arbeitgeberverbände andererseits sind. *Josef Isensee* bezeichnet dies als "eine verfassungsrechtliche Anomalie" (Öffentlicher Dienst, in: Handbuch des Verfassungsrechts, Bd. 2; 1984, S.1195).

119 Vgl. *Schachtschneider, K. A.*, Res publica res populi, sub III., 3.

120 Vgl. *Schachtschneider, K. A.*, Res publica res populi, sub VIII., 1.

121 Vgl. *Häberle, P.*, Wesensgehaltsgarantie, S.180 ff.; *Schachtschneider, K. A.*, Res publica res populi, sub VIII., 4.; *Böckenförde, E.-W.*, Grundsatznormen, S.12 f.; *Stern, K./ Sachs, M.*, Staatsrecht, Bd. III/ 1, S.931 f.

122 Vgl. *Häberle, P.*, Wesensgehaltsgarantie, S.201; zur Problematik des mangelnden Vertrauens in den Gesetzgeber und den Gesetzgebungsstaat Schmitt, C., Freiheitsrechte und institutionelle Garantien, S.169; *Schachtschneider, K. A.*, Res publica res populi, sub VIII., 1.

zumindest nicht im Sinne der Autonomie, die die Allseitigkeit der Regelungen eines privaten Vertrags seitens der Vertragspartner zu berücksichtigen erfordern würde[123]. Aber die Befugnisse zur Wahrnehmung der Möglichkeiten des Handelns werden nicht durch subjektives Recht konstituiert, sondern ergeben sich aus dem objektiven Recht, den Gesetzen und Verträgen, eben den Handlungsmöglichkeiten, sofern sie sittlich sind[124].

Dieses objektive Recht in der Form der Grundrechte wird vom Bundesverfassungsgericht und den ihm folgenden Autoren als Werteordnung bezeichnet[125]. Andere Autoren sprechen von Prinzipien[126]. Legen Werte fest, was gut[127], Prinzipien jedoch, was gesollt ist[128], so geben beide Begriffe gemeinsam wieder, was den Charakter der politischen Leitentscheidungen, die als Grundrechte niedergelegt sind, ausmacht: Das Gute ist gesollt[129].

Die eben erläuterte Kompetenz des Bundesverfassungsgerichts besteht nun darin, den Gehalt dieser politischen Leitideen, den in Art.19 Abs.2 GG als Tatbestandsmerkmal eines Grundrechts genannten Wesensgehalt, festzustellen und zu verteidigen[130].

Um zu Recht in den Wirkungsbereich von (einfachen) Gesetzen zu geraten, muß ein Grundrecht nicht explizit mit einem Gesetzesvorbehalt ausgestattet worden sein[131]. Im Interesse anderer Verfassungsgüter sind Grundrechte gesetzlich oder richterlich regelbar[132]. Freiheit ist Autonomie, diese kann nur durch Gesetze oder Verträge entfaltet werden, also auch durch Gesetze, die verfassungsgeschützte Rechtsgüter stärken oder schwächen.

Schachtschneider spricht vom Wesensgehalt der Grundrechte als material offenen oder formalen Leitentscheidungen[133]. Der Wesensgehaltsschutz hat den Charakter einer institutionellen Garantie[134]. Dadurch ist sichergestellt, daß

---

123 Vgl. *Schachtschneider, K. A.*, Res publica res populi, sub V., 3.; VI., 6.

124 Vgl. *Schachtschneider, K. A.*, Res publica res populi, sub VIII., 1.

125 Vgl. *Böckenförde, E.-W.*, Grundsatznormen, S.1 ff.; *Dürig, G.*, Art.1, Rdnrn. 3, 16.

126 Vgl. *Hesse, K.*, Grundrechte, S.93 ff.; *Alexy, Robert*: Theorie der Grundrechte, S.71 ff.; *Böckenförde, E.-W.*, Grundsatznormen, S.12, 21, 23; zum vielfältigen Sprachgebrauch der synonymen Begriffe des objektiven Gehaltes der Grundrechte vgl. *Schachtschneider, K. A.*, Res publica res populi, sub VIII., 1.

127 Vgl. *Alexy, R.*, Theorie, S.127, 134.

128 Vgl. *Alexy, R.*, Theorie, S.120, 133.

129 Vgl. *Schachtschneider, K. A.*, Res publica res populi, sub VIII., 1.

130 Vgl. *Schachtschneider, K. A.*, Res publica res populi, sub VIII., 1.; 4.; VI.

131 Vgl. *Schachtschneider, K. A.*, Res publica res populi, sub VIII., 1., a); dann sub 1. b) expressis verbis auch für das Grundrecht auf Koalitionsfreiheit aus Art.9 Abs.3 GG.

132 Vgl. *Schachtschneider, K. A.*, Res publica res populi, sub VIII., 1. b) cc) für Art.4 Abs.1 und 2 GG.

133 Res publica res populi, sub VIII., 1.

134 Vgl. *Schachtschneider, K. A.*, Res publica res populi, sub VIII., 1.

ein Grundrecht nicht inhaltslos bleiben darf[135]. Das Argument Carl Schmidt's, unter Gesetzesvorbehalt stehende Grundrechte würden eben diese Gefahr laufen[136], ist zwar in Hinsicht auf die fehlende Moralität des parteienoligarchischen Gesetzgebers begründet, aber durch die Kompetenz des als Vertreter des Volkes handelnden Bundesverfassungsgerichts entkräftet.

Der Gesetzgeber darf die durch die Verfassung geschützten Rechtsgüter schwächen oder stärken, um das gute Leben aller in allgemeiner Freiheit sicherzustellen und nach Maßgabe der praktischen Vernünftigkeit zu optimieren[137]. Die Schranke für diese Stärkung oder Schwächung findet sich jedoch im Wesensgehalt des betreffenden Grundrechts, der gemäß Art.19 Abs.2 GG nicht einmal angetastet werden darf[138].

Für die Koalitionsfreiheit ist vom Bundesverfassungsgericht ständig betont worden, daß zum Wesensgehalt, vom Bundesverfassungsgericht hier als Kernbereich bezeichnet[139], die Tarifautonomie zählt[140]. Obwohl auch das Grundrecht auf Koalitionsfreiheit vorbehaltlos formuliert worden ist, wurden sowohl das Tarif- als auch das Arbeitskampfrecht aus Art.9 Abs.3 GG entwickelt[141]. Die Berechtigung des Gesetzgebers zur Ausgestaltung insbesondere der Koalitionsfreiheit ist allgemein anerkannt[142]. Der Wesensgehalt kann

---

135 Vgl. *Schachtschneider, K. A.*, Res publica res populi, sub VIII., 5.; X.

136 Freiheitsrechte und institutionelle Garantien, S.140 f., *ders.*, Grundrechte und Grundpflichten, S.191 ff.

137 Vgl. *Schachtschneider, K. A.*, Res publica res populi, sub VIII., 1. b) für die durch Art.2 Abs.2 GG geschützten Rechte.

138 Vgl. *Schachtschneider, K. A.*, Res publica res populi, sub VIII., 1.; in diesem Sinne auch *Rudolf Smend*: Das Recht der freien Meinungsäußerung, in: VVDStRL 4, 1928, S.51 f.

139 Vgl. BVerfGE 4, 96 (106); 17, 319 (321 f.); 38, 386 (393); 43, 133 (139); 50, 291 (368); 58, 233 (247); 60, 162 (169 f.); dazu *Rupert Scholz*: Koalitionsfreiheit, in: Handbuch des Staatsrechts, Bd. VI, 1989, S.77 f., Rdnrn. 1158 f.; *Häberle, P.*, Wesensgehaltsgarantie, S.290 ff., insbes S.293 mit Fn. 28.

140 Vgl. BVerfGE 4, 96 (106); 17, 319 (321 f.); 18, 18 (27); 28, 295 (304 ff.); 50, 291 (367 ff.); 57, 220 (245 f.); 58, 233 (248 f.) Der Begriff der Tarifautonomie' ist nicht im Sinne einer Pflicht zur Sittlichkeit, zur Berücksichtigung des Allgemeinwohles, mithin der allseitigen Wirkungen von Tarifverträgen zu verstehen. Es umschließt vielmehr das Recht zur Willkür beim Vertragsschluß, also das Recht zur Privatheit und zur Verfolgung der eigenen Interessen der am Tarifvertrag Beteiligten. Das steht im Gegensatz zur Delegationslehre, aber auch zu den auf die Funktion des Tarifvertragswesens abstellenden Tarifvertragslehren, dazu u. sub E. III., IV.

141 Vgl. *Schachtschneider, K. A.*, Res publica res populi, sub III., 3.; gleicher Ansicht ist *Rupert Scholz*: Die Koalitionsfreiheit als Verfassungsproblem, 1971, S.335 ff., der sich aber gegen die Anwendung der Schrankentrias aus Art.2 Abs.1 GG und für die Anwendung der in Art.9 Abs.2 GG genannten Schranke ausspricht, vgl. auch *ders.*, Art.9, in: Grundgesetz, 1989, Rdnrn. 348 f.

142 BVerfGE 28, 295 (306); 50, 291 (368); vgl. *Schachtschneider, K. A.*, Res publica res populi, sub VIII., 1.

bestimmte Rechte der Menschen und Bürger umfassen[143], so z.B. in der Koalitionsfreiheit das Recht zur kollektiven Vertragsschließung durch Vereinigungen von Arbeitnehmern und Arbeitgebern.

Gesetze dienen der Verwirklichung der politischen Leitideen des Gesetzgebers, solange sie den Wesensgehalt nicht antasten. Damit sind Grundrechte und staatliche Gesetze, die das den Grundrechten gemäße Leben aller gestalten, eine untrennbare Einheit[144].

Daß die politischen Leitentscheidungen material weitestgehend offen sein müssen, folgt aus der Aufgabe der Verfassung; sie soll das gemeinsame gute Leben aller über eine lange Zeit hinweg steuern und muß daher so flexibel angelegt sein, daß sie trotz möglicher Werteverschiebungen und Inhaltsänderungen dessen, was dem Gemeinwesen wichtig ist, stabil genug für Erhaltung des Friedens im Gemeinwesen bleibt[145]. Nur so kann die Verfassung täglich von der Bürgerschaft als ihre Verfassung angenommen werden[146]. Insofern sind Grundrechte Leitbilder, die der gesetzlichen Ausgestaltung des Gesetzgebers bedürfen[147]. Sie geben für die Gesetzgebung den Rahmen vor[148]. Das Sozialprinzip des Grundgesetzes läßt diese Offenheit, die sich nur über Gesetze zu konkretisieren vermag, deutlich erkennen[149]. Im Gegensatz zum formalen grundgesetzlichen Freiheits- und, sich daraus ergebend, zum Gleichheitsprinzip sind die besonderen Leitentscheidungen des Gemeinwesens material[150].

Die formale Freiheit kann folglich als Freiheit nicht material gefaßt werden; ihr Schutz erfolgt über materiale und so begrenzte Schutzrechte[151]. Die materialen Grundrechte als politische Leitentscheidungen sind aber vom

---

143 Vgl. *Schachtschneider, K. A.*, Res publica res populi, sub VIII., 1.

144 Vgl. *Häberle, P.*, Wesensgehaltsgarantie, S.104 ff.; vgl. *Schachtschneider, K. A.*, Res publica res populi, sub VIII., 1.

145 Vgl. *Schachtschneider, K. A.*, Res publica res populi, sub VIII., 1.; *Häberle, P.*, Wesensgehaltsgarantie, S.111.

146 Vgl. *Schachtschneider, K. A.*, Res publica res populi, sub X.; in diesem Sinne auch *Klein, H. H.*, Öffentliche und private Freiheit, S.167 f.; *Isensee, Josef*: Grundrechte und Demokratie, in: Der Staat, 20 (1981), S.174, in diesem Sinne *Hesse, K.*, Grundzüge, S.16 f., Rdnrn. 42 ff.; *Häberle, Peter*: Die verfassungsgebende Gewalt des Volkes im Verfassungsstaat. Eine vergleichende Textstufenanalyse, in: AöR, 112 (1987), S.55 ff., 85 ff.; *Krüger, Herbert*: Allgemeine Staatslehre, 2. A., 1966, S.921 ff.

147 Vgl. *Häberle, P.*, Wesensgehaltsgarantie, S.104 ff., 111, 182 ff., 210; *Schachtschneider, K. A.*, Res publica res populi, sub I.; VIII., 1.: auch *Jarass, H. D.*, Grundrechte, S.395; zur gesetzgeberischen Verpflichtung des Erlasses von Strafrechtsvorschriften BVerfGE 39, 1 (70, 73 ff.).

148 Vgl. *Hesse, K.*, Grundrechte, S.95; BVerfGE 7, 198 (205).

149 Vgl. *Schachtschneider, K. A.*, Sozialprinzip, S.26 ff., 31 ff.; *ders.*, Res publica res populi, sub VIII., 1.; *Häberle, P.*, Wesensgehaltsgarantie, S.188 ff.

150 Vgl. *Schachtschneider, K. A.*, Res publica res populi, sub VIII., 9. u. 10.

151 Vgl. *Schachtschneider, K. A.*, Res publica res populi, sub VIII., 9. u. 10.

Gesetzgeber in geeigneter Weise zu entfalten, so daß die daraus ergebende Bestimmtheit judiziabel wird[152]. Damit ist der Gesetzgeber gefordert[153]. Dabei hat er die besonderen Handlungsbereiche oder besondere Verfassungsgüter zu achten und zu schützen[154]; denn die Maxime des Gesetzgebers muß das gute Leben aller in allgemeiner Freiheit sein. Die besonderen Freiheiten sind material im jeweiligen Grundrecht begründet, nicht jedoch dem Begriff der allgemeinen Freiheit immanent[155]. Die Grundrechte beziehen sich damit auf bestimmte Lebensbereiche[156]. Sie bestimmen die gesamte Rechtsordnung[157] und damit auch die Werte des gesamten gemeinsamen Lebens und erfassen so die der Privatheit, dem privaten Recht zur Beliebigkeit, also zur Willkür vorbehaltenen Regelungsbereiche; diese Wirkung wird gemeinhin mit dem Begriff der mittelbaren Drittwirkung der Grundrechte belegt[158].

Gesetze und Verträge müssen damit den Leitentscheidungen des Gesetzgebers genügen; Gesetzlichkeit bedeutet praktische Vernünftigkeit und damit auch Sachlichkeit[159] und Liebe zum Nächsten[160]. Das ist Ziel einer Verfassung einer Republik[161].

Die Gesetzgeber, seien es nur der allgemeine oder die vielen besonderen, letztere durch Verträge oder gute Sitten[162], haben dem bei ihrer Tätigkeit Rechnung zu tragen[163].

---

152 Vgl. *Schachtschneider, K. A.*, Res publica res populi, sub VIII., 1. c), 3.

153 Aus der Schutzpflichtdogmatik resultiert letztlich auch die Pflicht zum Schutz der in den Grundrechten enthaltenen Rechtsgüter, vgl. BVerfGE 39, 1 (42); 46, 160 (164); 49, 24 (53); 53, 30 (57); vgl. *Schachtschneider, K. A.*, Res publica res populi, sub VIII., 3.; VII.; *Häberle, P.*, Wesensgehaltsgarantie, S.180 ff.; *Böckenförde, E.-W.*, Grundsatznormen, S.12 f.; *Stern, K./ Sachs, M.*, Staatsrecht, III/ 1, S.931 f.; *Jarass, H. D.*, Grundrechte, S.378.

154 So etwa BVerfGE 7, 377 (403): Der einzelne greift durch die Berufsausübung in das soziale Leben ein; im Interesse der anderen und der Allgemeinheit können seiner Ausübung Beschränkungen auferlegt werden.

155 Vgl. *Schachtschneider, K. A.*, Res publica res populi, sub VIII., 9.

156 Vgl. *Schachtschneider, K. A.*, Res publica res populi, sub VIII., 1.

157 Vgl. *Schachtschneider, K. A.*, Res publica res populi, sub VIII., 1.

158 Vgl. *Schachtschneider, K. A.*, Res publica res populi, sub I., dazu BVerfGE 7, 198 ff.

159 Dazu zählt auch das republikanische Prinzip der Verhältnismäßigkeit, vgl. *Schachtschneider, K. A.*, Res publica res populi, sub VIII., 9. u. 10.; X.; *Alexy, R.*, Theorie, S.267 ff., *Häberle, P.*, Wesensgehaltsgarantie, S.67 ff.

160 Vgl. *Schachtschneider, K. A.*, Res publica res populi, sub IV., 3.; V. 4.

161 Vgl. *Schachtschneider, K. A.*, Res publica res populi, sub IV., 3.

162 Vgl. *Schachtschneider, K. A.*, Res publica res populi, sub II., 1.; VIII., 1.; dazu *ders.*, Staatsunternehmen, S.363 ff., 421 ff.

163 Vgl. *Schachtschneider, K. A.*, Res publica res populi, sub IV., 3.; allerdings gibt die Vertragsfreiheit ein staatlich eingeräumtes Recht zur Willkür; im Vertragsschluß muß nicht das allseits Richtige liegen, im Gegensatz zum allgemeinen Gesetz. Insofern gilt nicht die Privatautonomie, versteht man "Autonomie" im Sinne *Kants*.

Ziel ist "die bestmögliche Ordnung im Interesse des guten Lebens aller in allgemeiner Freiheit"[164]. Die Moralität des Gemeinwesens wird folglich durch die Grundrechte geleitet, insbesondere durch sachgerechte Verfahren[165]. Dies gilt auch für die Tarifautonomie[166], die den Tarifpartnern zugeordnet wird und aus der das Gemeinwesen sich weitestgehend herauszuhalten hat. Dieser nach Möglichkeit nicht anzutastende Bereich wird durch die Leitentscheidung in Art.9 Abs.3 GG festgelegt, läßt sich empirisch jedoch nicht ermitteln[167].

Daher wird im folgenden untersucht, wie sich die Koalitionsfreiheit in das System der Grundrechte einfügt und ob sich der Staat nicht mit seinen bezüglich der Koalitionsfreiheit gegebenen Gesetzen und Urteilen jenseits des Verhältnismäßigen bewegt.

---

164 Vgl. *Schachtschneider, K. A.*, Res publica res populi, sub VIII., 1.

165 Vgl. *Schachtschneider, K. A.*, Res publica res populi, sub IX.; X.

166 im wohlverstandenen Sinne des Begriffs als dem auch auf dem Lebensgebiet der Arbeits- und Wirtschaftsbedingungen durch den Staat gewährleisteten Recht zur Willkür durch Vertragsschluß.

167 Vgl. *Schachtschneider, K. A.*, Res publica res populi, sub I.

D. Das Grundrecht auf Koalitionsfreiheit

Der Sinn der Existenz spezieller Grundrechte in der Verfassung ist bereits dargelegt worden[1]. Auch Art.9 Abs.3 GG muß im Sinne einer politischen Leitentscheidung betrachtet werden. Als material offener Leitentscheidung kommt der Koalitionsfreiheit die Funktion objektiven Rechts zu. Subjektive Rechte, die aus Art.9 Abs.3 GG abgeleitet werden könnten, setzen objektives Recht voraus, wie sich Ansprüche eben nur aus Gesetzen oder Verträgen ergeben[2]. Der Schutz erstreckt sich über den Wesensgehalt der Koalitionsfreiheit; dieser genießt gemäß Art.19 Abs.2 GG eine institutionelle Garantie. Daraus resultieren Gefahren, vor denen Carl Schmitt sehr eindringlich im Zusammenhang mit der institutionellen Grundrechtslehre gewarnt hat[3]: Aufgrund der Eigendynamik und der Verselbständigung, die Institutionen im soziologischen Sinne eigen ist, wenn ihnen durch die Rechtsprechung Schutz durch Erstreckung des Wesensgehaltes auch auf sie gewährt wird, besteht die Gefahr der Herausbildung von Privilegien für bestimmte gesellschaftliche Gruppierungen.

Als Koalitionsfreiheit wird das in Art.9 Abs.3 GG niedergelegte Grundrecht jedermanns, zur Förderung der Arbeits- und Wirtschaftsbedingungen Koalitionen zu bilden, bezeichnet. Für das Thema der vorliegenden Arbeit ist es deshalb interessant, weil die absolut herrschende Meinung die Tarifautonomie aus Art.9 Abs.3 GG herleitet[4]. Für das Ergebnis der Untersuchung, ob die Tariffähigkeit jeder Koalition eigen ist oder nur auf wenige bzw. bestimmte Koalitionen beschränkt werden muß, ist daher das Vorverständnis der Grundrechte und in diesem Zusammenhang auch das der Koalitionsfreiheit von ganz entscheidender Bedeutung.

---

1 s. sub C. III.

2 Vgl. *Brox, Hans*: Allgemeines Schuldrecht, 16. A., 1988, S.15 ff.; *Schachtschneider, Karl Albrecht*: Res publica res populi, Nürnberg, 1992, sub Kap. III, Abschn. 5, *ders.*, Staatsunternehmen und Privatrecht, S.421 ff.; s. auch sub C. III.

3 Vgl. *Schmitt, Carl*: Freiheitsrechte und institutionelle Garantien, in: Verfassungsrechtliche Aufsätze aus den Jahren 1924-1954 - Materialien zu einer Verfassungslehre, 3. A., 1983, S.165.

4 Vgl. für viele *Schachtschneider, K. A.*, Res publica res populi, sub Kap. III. Abschn. 5; BVerfGE 4, 96 (106); 17, 319 (321 ff.); 18, 18 (27); 28, 295 (304 ff.); 50, 291 (367 ff.); 57, 220 (245 f.); 58, 233 (245); zum Verständnis der Tarifautonomie als Recht zur Willkür s. o. sub C. III.

Die herrschende Meinung versteht Art.9 Abs.3 GG ganz im Sinne der institutionellen Grundrechtslehre[5]. Dabei ist die Institution der Koalitionsfreiheit inhaltlich gleichzusetzen mit einem "abstrakten Freiheitsraum", der sinnvoll auszufüllen ist[6]. Nach der Kernbereichslehre des Bundesverfassungsgerichts[7] ist der Kernbereich der Koalitionsfreiheit in der Betätigungsform des Tarifvertragsabschlusses zwischen Arbeitgebern und Arbeitnehmern und im Vorhandensein des Tarifvertragswesens zu sehen[8]; der sogenannte objektive Sinn des Art.9 Abs.3 GG beruht danach auf der Einrichtungsgarantie; denn

> "Art.9 Abs.3 GG gewährleistet mit der Koalitionsfreiheit auch die sog. Tarifautonomie und damit den Kernbereich eines Tarifvertragssystems, weil sonst die Koalitionen ihre Funktion, in dem von der staatlichen Rechtsetzung frei gelassenen Raum das Arbeitsleben im einzelnen durch Tarifverträge zu ordnen, nicht sinnvoll erfüllen könnten"[9].

Weiterhin wird angeführt, zur Sinnerfüllung der Autonomie der Berufsverbände gehöre zwingend und unverzichtbar der Abschluß von Tarifverträgen, nicht jedoch die Wahrung eines "Idealstatus der Freiheit"[10].

Von den Vertretern der institutionellen Interpretationsweise von Art.9 Abs.3 GG wird den Koalitionen eine öffentliche Aufgabe zugewiesen, deren Erfüllung im allgemeinen Interesse liegt[11]. Demgemäß sei es ihre Aufgabe, im Verein mit dem sozialen Gegenspieler das Arbeitsleben zu ordnen und zu

---

5 Vgl. grundlegend dazu *Säcker, Franz Jürgen*: Die Institutions- und Betätigungsgarantie der Koalitionen im Rahmen der Grundrechtsordnung, in: Das Arbeitsrecht der Gegenwart, Bd. 12, 1975, S.23 ff., 65.

6 Vgl. *Badura, Peter*: Arbeitsgesetzbuch, Koalitionsfreiheit und Tarifautonomie, in: RdA, 1974, S.131; *Zacher, Hans F.*: Zur Vereinbarkeit der Errichtung von Arbeitskammern mit den Grundrechten des Grundgesetzes, in: RdA, 1971, S.194 f.

7 Vgl. *Säcker, F. J.*, Grundprobleme, S.33 ff., 39 ff., 61 ff., 69 ff.; *Zöllner, Wolfgang*: Arbeitsrecht, 1983, S.85 ff.; *Kriebel, Volkhart*: Zentralisation und Dezentralisation im Tarifsystem; 1984, S.175 f.

8 BVerfG Urteil vom 18.11.1954, in BVerfGE 4, 96.

9 BVerfG Beschluß vom 19.10.1966, in BVerfGE 20, 312 (317), auch schon in BVerfGE 4, 96 (108) und im Beschluß vom 6.5.1964, in 18, 18 (28).

10 Vgl. *Scheuner, Ulrich*: Der Inhalt der Koalitionsfreiheit, in: Koalitionsfreiheit; 1961, S.49; a.A. ist *Michael Kittner:* Art.9 Abs.3, in: Alternativkommentar Grundgesetz, Bd. 1; 1980, S.852 f.

11 So das BVerfG in seiner Entscheidung vom 26.5.1970, in BVerfGE 28, 295 (304); vgl. auch *Gamillscheg, Franz*: Arbeitsrecht, Bd. 2 - Kollektives Arbeitsrecht, 6. A., 1984, S.13; *Galperin, Hans*: Die Stellung der Gewerkschaften im Staatsgefüge (II), in: DB, 1970, S.346; mittlerweile auch *Scholz, Rupert*: Grundgesetzliche Arbeitsverfassung - Grundlagen und Herausforderungen, in: DB, 1987, S.1193; *ders.*, Verfassungsrechtliche Grundlagen des Arbeitskampfrechts, in: ZfA, 1990, S.381; a.A. und damit gegen eine Aufgabenstellung mit daran gebundener Pflichterfüllung *Zechlin, Lothar*: Beeinträchtigungen der Koalitionsfreiheit durch Subventionsauflagen, in: NJW, 1985, S.587; *Hagemeier, Christian/ Kempen, Otto Ernst/ Zachert, Ulrich/ Zilius, Jan*: Tarifvertragsgesetz, 2. A., 1990, Einl., Rdnrn. 82, 85.

befrieden[12]. Dazu werde ein Raum von staatlicher Rechtsetzung freigelassen, um statt dessen Recht durch Tarifverträge zu schaffen und damit letztlich die Gemeinschaft sozial zu befrieden[13]. Zur Stützung der These wird angeführt, daß die Koalitionen an der staatlichen Wirtschaftspolitik im Rahmen der konzertierten Aktion gem. § 3 StabG[14] beteiligt sind. Hierdurch würden die Koalitionen auch dem Gemeinwohl verpflichtet[15].

Diese Entwicklung und die Tatsache, daß die Teilhabe am Kernbereich der Koalitionsfreiheit, an der Tarifautonomie, auf wenige soziale Gruppierungen beschränkt wird und daher nur wenige von dem Recht zur Willkür auf dem Lebensgebiet der Wahrung und Förderung der Arbeits- und Wirtschaftsbedingungen Gebrauch machen können, ist Gegenstand der nun folgenden Untersuchung. Es ist zu ermitteln, ob die Leitentscheidung des Grundgesetzgebers, eine Koalitionsfreiheit für jedermann zu normieren, mit den daraus gefolgerten Einschränkungen für die Tarifautonomie in Übereinstimmung steht.

In der Betrachtung ist auch zu untersuchen, ob die politische Entscheidung, auf der die Aufnahme der Koalitionsfreiheit in den Katalog der Grundrechte des Grundgesetzes beruht, durch Lehre und Praxis nachvollzogen wird, ob mithin die Autonomie durch die Koalitionsfreiheit in ihrer jetzigen Ausprägung und ihre institutionellen Garantien und Einschränkungen gewahrt bleibt. Ist dies nicht der Fall, so wurde der Wesensgehalt als Tatbestandsmerkmal des Art.19 Abs.2 GG verletzt[16]; staatliche Maßnahmen, die den Kernbereich der Koalitionsfreiheit verletzen, sind verfassungswidrig. Dazu bedarf es als erstes eines Überblickes über die geschichtliche Entwicklung der Koalitionsfreiheit, um daraus Aufschlüsse über die Motive des Grundgesetzgebers, die Koalitionsfreiheit als Grundrecht in das Grundgesetz aufzunehmen, zu gewinnen.

I. Historischer Entstehungsgrund der Koalitionsfreiheit

Die Ursache für ein Grundrecht auf Freiheit zum Beitritt zu und zur Gründung von Koalitionen liegt im Lebenssachverhalt abhängiger Arbeit[17]. Gearbeitet wird kraft freiwilliger Übereinkunft zwischen Arbeitnehmer und Arbeitgeber, also aufgrund eines Arbeitsvertrags. In einer Marktwirtschaft bestimmen sich die Preise weitestgehend durch Angebot und Nachfrage. Auf

---

12 BVerfGE 18, 18 (26 ff.).

13 BVerfGE 18, 18 (26 ff.).

14 Gesetz zur Förderung der Stabilität und des Wachstums der Wirtschaft v. 8.6.1967, BGBl. 1967, Teil I, S.582.

15 Vgl. *Zöllner, Wolfgang*: Arbeitsrecht, 3. A., 1983, S.346 f.; auch BVerfG Urteil vom 18.12.1974, in BVerfGE 38, 281 (S.307); näher dazu sub III.; auch E. IV., V.

16 Vgl. *Schachtschneider, K. A.*, Res publica res populi, sub Kap. III, Abschn. 5 für Art.5 Abs.1 GG und für Art.9 Abs.3 GG.

17 Vgl. *Müller, Gerhard*: Arbeitskampf und Recht - Grundsätze der Tarifvertragsautonomie; 1987, S.28 f.

dem Arbeitsmarkt wird das Produktionsmittel Arbeit gegen das Zahlungs- und Wertaufbewahrungsmittel Geld ausgetauscht. Faktisch ist jedoch der Arbeitnehmer, der seine Arbeitskraft mit vielen anderen Wettbewerbern auf dem Arbeitsmarkt anbietet, in einer wirtschaftlich schlechteren Position als der Arbeitgeber. Dieser befindet sich in der Lage eines Oligopolisten auf einem inhomogenen und unvollkommenen Markt (die Präferenzstrukturen von Arbeitnehmern und Arbeitgebern schließen größtenteils Ortswechsel aus, zudem dürften jene keinen Überblick über den gesamten Markt haben), die Lage des Arbeitnehmers läßt sich allgemein mit der des Polypolisten vergleichen, wobei also der Arbeitnehmer Teil des Angebotspolypols ist. Die Lage ist nicht immer und überall und für alle bezahlten Tätigkeiten die eben dargestellte; zur Zeit erlebt man, daß von vielen Unternehmen Fach- und Führungskräfte gesucht werden, die auf dem Arbeitsmarkt aber nicht zu finden sind. Auf der anderen Seite werden viele Berufe zur Zeit nicht oder nicht mehr von den Unternehmen nachgefragt. Für diese beiden Gruppen von Arbeitnehmern besteht also die Gefahr, durch ihre Spezialisierung rasch gegen andere Konkurrenten auf dem Arbeitsmarkt ausgetauscht werden zu können.

> "Dieser Grundtatbestand der existentiellen Abhängigkeit des Arbeitnehmers vom Verkauf seiner Arbeitskraft macht die Freiheit des Arbeitsvertrags in einem zentralen Aspekt zur bloß formalen."[18]

Es besteht durch die Abhängigkeit des Arbeitnehmers vom Verkauf der Arbeitskraft als seiner Lebensgrundlage und die des Unternehmens vom Ankauf der Arbeitskraft als dessen eher relativer Gewinnerwirtschaftungsgrundlage ein Interessengegensatz. Aus dem vorhandenen "Bündel" von Unternehmenszielen, die der Arbeitgeber zu verfolgen hat, nötigt z.B. das der Erwirtschaftung einer Kapitalrendite zum kostenminimalen Einsatz der Produktionsfaktoren und damit auch des Faktors Arbeit. Der Arbeitnehmer hat hingegen u.a. das Ziel, bei Minimierung der dafür notwendigen Anstrengungen seinen dafür erhaltenen Lohn zu maximieren[19]. Selbst wenn sich alle Produktionsmittel in staatlicher Hand befinden sollten und folglich das Eigentum aller Bürger - Staatseigentum - darstellten, wäre die aus dem Lebenssachverhalt der abhängigen Arbeit[20] resultierende potentielle Konfliktsituation nicht aufgehoben. Es ist allerdings anzumerken, daß die Vorstellung, die Arbeitnehmer müßten aus ihrer existentiellen Not heraus auch heute noch sinkende Löhne mit vermehrter Arbeitsleistung nach Weisung der Arbeitgeber kompensieren, wenn sie nicht gewerkschaftlichen Schutz genießen, im heutigen Sozialstaat dem status quo nicht mehr gerecht wird. Die untere Grenze des Einkommens stellt das staatlich garantierte Existenzminimum in

---

18 Vgl. *Kittner, M.*, Art.9 Abs.3, S.819.

19 Vgl. *Rath, Michael*: Gewerkschaften als Unternehmer und Koalition, 1978, S.123.

20 Ein Lebenssachverhalt stellt einen Handlungsbereich dar, in dem der Mensch gemäß seiner Autonomie handeln kann, vgl. dazu *Schachtschneider, K. A.*, Res publica res populi, sub Kap. III, Abschn. 5.

Form der Sozialhilfe dar[21]. Zudem trifft heute auch die Vorstellung, der Arbeitsmarkt sei durch ein stabiles Arbeitsnachfragemonopol einerseits und das Arbeitsangebotspolypol bestimmt, in dieser Einfachheit der Darstellung nicht mehr zu. Der Arbeitgeber befindet sich in der oben gezeigten Situation, gesuchte Fachkräfte teuer bezahlen zu müssen, um sie nicht zu verlieren; zudem sind viele Arbeitnehmer mittlerweile flexibler geworden und ließen sich bereits umschulen oder zogen in eine andere Region um, in der sich die Arbeitsmarktsituation für sie günstiger darstellte. Es bleibt dennoch weiterhin legitim, staatlicherseits eine Kartellierung zuzulassen, die es dem Arbeitnehmer erlaubt, unabhängig von seiner u.U. nicht vorhandenen Flexibilität angemessene Arbeitsbedingungen für sich zu sichern[22].

Insoweit ist die Koalitionsfreiheit eine grundrechtliche Garantie zur Organisation privater, gesellschaftlicher Selbsthilfe[23], die zunächst von den Privaten betrieben werden soll, bevor der Staat selbst für menschenwürdige Existenzbedingungen sorgen muß.

Daraus resultiert nun die in Art.9 Abs.3 GG festgelegte Zweckgebundenheit der Koalitionsfreiheit als die "aktive Wahrnehmung von Arbeitnehmer- und Arbeitgeberinteressen"[24] seitens der durch die Koalitionsfreiheit gestatteten Kartellierung der Arbeitnehmer und auch der Arbeitgeber[25] in einer Koalition.

Die Anfänge der Gewerkschaftsbewegung fielen aus dem geschilderten Abhängigkeitszustand der Arbeitnehmer heraus in die Zeit der Herausbildung der Industrialisierung[26], da hier der Arbeitnehmer durch den Sachzwang, sich

---

21 Vgl. *Reuter, Dieter*: Das Verhältnis von Individualautonomie, Betriebsautonomie und Tarifautonomie. Ein Beitrag zum Wandel der Arbeitsrechtsordnung, in: RdA, 1991, S.194 f.

22 Vgl. *Reuter, D.*, Verhältnis, S.195; insofern liegt in der Koalitionsfreiheit kein Grundrecht für Arbeitnehmer vor, sondern trifft Arbeitgeber wie Arbeitnehmer gleichermaßen, vgl. *Friauf, Karl Heinrich*: Die verfassungsrechtlichen Vorgaben einer gesetzlichen oder tarifvertraglichen Arbeitskampfordnung, in: RdA, 1986, S.189 gegen *Kittner, M.*, Art.9 Abs.3, Rdnr. 26 und *Däubler, Wolfgang/ Hege, Hans*: Koalitionsfreiheit, 1976, Rdnr. 49 f.

23 Vgl. *Scholz, Rupert*: Koalitionsfreiheit als Verfassungsproblem; 1971, S.43; *Richardi, Reinhard*: Betriebsratsamt und Gewerkschaft, in: RdA, 1972, S.9; *Häberle, Peter*: Die Wesengehaltsgarantie des Artikel 19 Abs.2 GG, 3. A., 1983, S.376 ff., insbes. S.378 f.; *Schachtschneider, K. A.*, Res publica res populi, sub Kap. VI, Abschn. 6. Dies entspricht dem Subsidiaritätsprinzip des Grundgesetzes, wenn es so verstanden wird, daß der einzelne zunächst selbst für Abhilfe seiner sozialen Mißlage sorgen soll, bevor er das Gemeinwesen in Anspruch nimmt (vgl. dazu *Schachtschneider, Karl Albrecht*: Das Sozialprinzip - zu seiner Stellung im Verfassungssystem des Grundgesetzes, 1974, S.63).

24 BVerfGE 4, 96 (106); 18, 18 (28).

25 BVerfGE Beschluß vom 26.6.1991, in NJW, 1991, S.2549 f.

26 Vgl. *Hagemeier, C./ Kempen, O./ Zachert, U./ Zilius, J.*, TVG, S.45 ff.; *Söllner, Alfred*: Grundriß des Arbeitsrechts, 9. A., 1989, S.10 ff.; vgl. zur geschichtlichen Entwicklung der Koalitionsfreiheit ausführlich *Hueck, Alfred/ Nipperdey, Hans Carl*: Lehrbuch des Arbeitsrechts, 7. A., 2. Bd./ 1. Halbbd.; 1966, S.113 ff.; zur Geschichte des Streikrechts in Verbin-

zu spezialisieren, gezwungen wurde, sich auf einen oder wenige bestimmte Tätigkeiten als Beruf beschränken.

"Wesentlicher Teil des Machtgefälles ist auch die intellektuelle Unterlegenheit des Arbeitnehmers: Nicht nur, daß dem Arbeiter vielfach die Schulbildung fehlt, um seine Rechte auch nur zu kennen, steht dem Arbeitgeber der Apparat seines wissenschaftlich ausgebildeten Stabes zur Seite, dem der Arbeitnehmer nichts entgegenzusetzen hat"[27].

Erstmals wurde die Koalitionsfreiheit als Grundrecht in der Weimarer Reichsverfassung vom 11.8.1919[28] niedergelegt[29]. Der entsprechende Artikel 159 entsprach fast wörtlich dem Art.9 Abs.3 GG und bestimmte formal die Gleichberechtigung von Arbeit und Kapital[30]. Damit wurde das System der Grundrechte erweitert, das bis dato nur Freiheitsrechte, wie sie das 19. Jahrhundert hervorgebracht hatte, kannte. Um diesen erlangten status quo abzusichern und auszubauen, wurde und wird heute noch angenommen, die Koalitionsfreiheit beinhalte auch eine Gewährleistung der (Schutz-)Funktion[31] und der Rechte von Verbänden[32]. Auf der Grundlage der Koalitionsfreiheit wurde nach geleisteten wissenschaftlichen Vorarbeiten[33] mit der Verabschiedung der Tarifvertragsverordnung vom 23.12.1918[34] die Grundlage für das heutige Tarifvertragswesen geschaffen.

---

dung mit der Koalitionsfreiheit vgl. *Picker, Eduard*: Die Regelung der "Arbeits- und Wirtschaftsbedingungen" - Vertragsprinzip oder Kampfprinzip? - Teil I, in: ZfA, 1986, S.199 ff.; auch *Säcker, Franz Jürgen*: Geschichtliche Entwicklung, Begriff und Rechtsstellung der Verbände, in: AR-Blattei, [D] Berufsverbände I Entwicklung, Begriff und Rechtsstellung; 1979, Bl. 1-3. Forts. Bl. R.

27 s. *Gamillscheg, Franz*: Die Grundrechte im Arbeitsrecht, 1989, S.30; ebenso *Bötticher, Eduard*: Waffengleichheit und Gleichbehandlung der Arbeitnehmer im kollektiven Arbeitsrecht, in: Gleichbehandlung und Waffengleichheit - Überlegungen zum Gleichheitssatz; 1979, S.32 ff.; insoweit ist die Koalitionsfreiheit ein Schutzrecht des Arbeitnehmers, vgl. dazu *Karsten Tech*: Günstigkeitsprinzip und Günstigkeitsbeurteilung im Arbeitsrecht, 1987, S.4, der für die Bestimmung des Vorranges von für den Arbeitnehmer günstigeren Regelungen im Verhältnis zur tariflichen Bestimmung Parallelen zum Mietrecht als Schutzrecht des Mieters zieht.

28 RGBl. 1919, Teil I, S.1383 (Verfassung des Deutschen Reiches).

29 *Säcker, Franz Josef/ Oetker, Hartmut*: Der Einsatz von Beamten auf bestreikten Arbeitsplätzen als Verfassungsproblem, in: AöR, 112 (1987), S.347; *Scholz, Rupert*: Koalitionsfreiheit, in: Handbuch des Staatsrechts, Bd. VI, 1989, S.1117, Rdnr. 4.

30 Vgl. *Kittner, M.*, Art.9 Abs.3, S.827; ebenso *Zapka, Klaus*: Politisch-ökonomische Entwicklungs- und Durchsetzungsbedingungen des Tarifvertragssystems, 1983, S.248.

31 Vgl. *Scholz, Rupert*: Art.9 GG, in: Maunz, Theodor/ Dürig, Günter/ Herzog, Roman/ Scholz, Rupert: Grundgesetz, Bd. 1, 1989, S.42.

32 Vgl. *Scheuner, U.*, Inhalt, S.36; *Gamillscheg, F.*, Grundrechte im Arbeitsrecht, S.87; *Biedenkopf, Kurt H.*: Grenzen der Tarifautonomie, 1964, S.88; dazu unten sub. II. 3.

33 Vgl. *Sinzheimer, Hugo*: Ein Arbeitstarifgesetz, 2. A., 1977, S.39 ff.

II. Rechtsgrundlage und Inhalt der Koalitionsfreiheit

1. Verfassungsrechtliche Grundlage

Die höchste innerstaatliche Rechtsgrundlage[35] für die Koalitionsfreiheit stellt Art.9 Abs.3 GG dar[36]. Dieses Grundrecht bietet zwei Betrachtungsansätze: Zum einen ist die Koalitionsfreiheit entstehungsgeschichtlich, wie oben gezeigt, ein Grundrecht der Arbeitnehmer; ihnen wurde die Freiheit auf Bildung einer Gewerkschaft zugesprochen. Zum anderen stellt die Koalitionsfreiheit ein Mittel zur dezentralen staatsfreien Gestaltung von Arbeitsmarktbeziehungen dar[37], womit sich gleichzeitig die Frage nach der Freiheit der Betätigung der Koalitionen überhaupt stellt.

---

34 Verordnung über Tarifverträge, Arbeiter- und Angestelltenausschüsse und Schlichtung von Arbeitsstreitigkeiten, in RGBl. 1918, Teil I, S.1456; neu gefaßt am 1.3.1928, in RGBl. 1928, Teil I, S.47

35 Neben der deutschen gesetzlichen Norm existieren weitere Kodifizierungen der Koalitionsfreiheit im internationalen Recht: 1.) Art.23 Abs.4 der Allgemeinen Erklärung der Menschenrechte vom 10.12.1948, in UNYB 1948-49, S.535 ff.; 2.) Art.8 des Internationalen Paktes über wirtschaftliche, soziale und kulturelle Rechte vom 16.12.1966, die Bundesrepublik Deutschland hat dem Pakt mit dem Gesetz vom 23. 11. 1973, in BGBl. Bd. II, S.1569 (Text des Paktes ebd., S.1570 ff.), zugestimmt; 3.) Art.22 des Internationalen Paktes über bürgerliche und politische Rechte vom 16.12.1966, die Bundesrepublik Deutschland hat dem Pakt mit dem Gesetz vom 17.12.1973, in BGBl. 1973 Bd. II, S.1534 (Text des Paktes ebd., S.1535 ff.), zugestimmt; 4.) Art.2 des Übereinkommens Nr. 87 der Internationalen Arbeitsorganisation vom 9.7.1948 über die Vereinigungsfreiheit und den Schutz des Vereinigungsrechts, die Bundesrepublik Deutschland hat dem Übereinkommen mit dem Gesetz vom 20.12.1956, in BGBl. 1956 Bd. II, S.2072 (Text des Übereinkommens ebd., S.2073 ff.), zugestimmt; 5.) Art.11 der Konvention zum Schutz der Menschenrechte und Grundfreiheiten vom 4.11.1950, die Bundesrepublik Deutschland hat der Konvention mit dem Gesetz vom 7.8.1952, in BGBl. 1952 Bd. II, S.685 (Text des Übereinkommens ebd., S.686 ff.), zugestimmt; 6) Art.5 f. des Teiles II der Europäischen Sozialcharta vom 18.10.1961, die Bundesrepublik Deutschland hat der Charta mit dem Gesetz vom 19.9.1964, in BGBl. 1964 Bd. II, S.1261 (Text des Übereinkommens ebd., S.1262 ff.), zugestimmt.

36 Vgl. *Hueck, A./ Nipperdey, H. C.*, Lehrbuch, 7. A., 2. Bd./ 1. Halbbd., S.62. Die Koalitionsfreiheit ist deshalb separat neben der Vereinigungsfreiheit des Art.9 Abs.1 GG gewährleistet, weil sie erstens Schutz für jedermann und damit auch für Ausländer und Gebietsfremde bietet und zweitens anders als die Vereinigungsfreiheit auch eine Schutzrichtung gegen Dritte und nicht nur gegen den Staat besitzt, vgl. dazu *Dieter Reuter:* Die Stellung des Arbeitsrechts in der Privatrechtsordnung; 1989, S.19.

37 Vgl. *Scholz, R.*, Art.9 GG, S.109 ff.

So wie für den einzelnen Konsumenten gegenüber vielen Einzelhandelsgeschäften und Konsumgüterunternehmen bezüglich der angebotenen Waren und Dienstleistungen zur Wiederherstellung einer potentiellen Marktmacht auf dem Konsumgütermarkt sogenannte Verbraucherberatungsstellen gegründet wurden, bildeten sich Gewerkschaften, die je nach Engagement des einzelnen Arbeitnehmers dessen Macht auf dem Arbeitsmarkt stärken konnten. Gleiches mußte im folgenden auch für die Arbeitgeber gelten dürfen, da deren Möglichkeit zur freien und selbstbestimmten Entscheidung auf dem Arbeitsmarkt gegenüber dem organisierten Arbeitnehmer und auch gegenüber den Gewerkschaften als Organisationen ohne Unterstützung eines Pendants bald geschwunden wäre.

2. Regelungsbereich der Koalitionsfreiheit

Mit dem Recht auf Koalitionsfreiheit ist dem einzelnen zunächst durch den Staat der Zusammenschluß mit anderen Individuen zu einer Koalition gewährleistet. Die Existenz von solchen Koalitionen ist vom Staat anzuerkennen[38]; der Verfassungsgesetzgeber hat sich mit der Festlegung der Koalitionsfreiheit in Art.9 Abs.3 GG dazu bekannt, daß grundsätzlich die Existenz von Koalitionen keine Gefahr für das Gemeinwesen darstellt[39].

Art.9 Abs.3 GG nennt expressis verbis die Wahrung und Förderung der Arbeits- und Wirtschaftsbedingungen, derentwegen Koalitionen gegründet werden dürfen. Damit ist recht deutlich gemacht worden, daß nicht nur die Freiheit besteht, einer Koalition beizutreten, sondern auch die Möglichkeit, im Rahmen der Mitgliedschaft in einer solchen Koalition das in der Verfassungsvorschrift genannte Ziel aktiv zu verfolgen. Nun ist damit jedoch noch nicht eindeutig geklärt, welche Betätigungen noch der Zweckbestimmung der Koalitionsfreiheit zu subsumieren sind. Ein Teil der in der Literatur vertretenen Ansichten legt die Zweckbestimmung des Art.9 Abs.3 GG extensiv aus. Dies

> "resultiert aus der Erkenntnis, daß die spezifische Lebenslage als Arbeitnehmer nicht nur unmittelbar im arbeitsvertraglichen Verhältnis und Betrieb gegenüber dem Arbeitgeber beeinflußt werden kann ... Dazu gehören alle wirtschaftlichen Entscheidungen des Unternehmens/ Arbeitgebers (auch auf Konzernebene) ... (z.B. Investitionsentscheidungen mit Folgen für Bestand von Arbeitsplätzen, Inhalte der Arbeit, Arbeitszeitverteilung, Standort usw.)"[40].

---

38 Vgl. *Schnorr, Gerhard*: Bundesverfassungsgericht und kollektives Arbeitsrecht, in: RdA, 1955, S.4; neben der Existenz ist auch das Entstehen von Koalitionen staatlicherseits nicht nur anzuerkennen, sondern auch zu schützen, vgl. zu beiden Schutzbereichen BVerfGE 13, 174 (175); 28, 295 (304); *Kittner, M.*, Art.9 Abs.3, S.869 f.

39 Vgl. *Schmitt, C.*, Grundrechte und Grundpflichten, S.228, dort Fn. 119.

40 s. *Kittner, M.*, Art.9 Abs.3, S.850; vgl. *Scholz, R.*, Koalitionsfreiheit, S.46; *Struck, Dieter*: Die rechtliche Zulässigkeit von Tarifverträgen zugunsten gewerkschaftlicher Vertrauensleute; 1981, S.15.

Unmittelbar einsichtig ist zunächst jedoch nur, daß aufgrund der Dynamik, mit der sich die soziale Realität ständig wandelt, die Koalitionsfreiheit nicht für einen numerus clausus von Zwecken eine Betätigungsfreiheit beinhaltet, sondern offen sein muß für die sich immer neu ergebenden Situationen, durch die die Autonomie des einzelnen stets und erneut gefährdet werden kann[41]. Auf keinen Fall jedoch kann die Koalitionsfreiheit den Gewerkschaften das Recht geben, über Art.9 Abs.3 GG Einfluß nehmen zu können auf konkrete strukturpolitische Maßnahmen und Subventionen oder gar auf die Konstruktion von Konzernverhältnissen, soweit hier die staatliche Aufsicht betroffen ist[42].

Daraus folgt, daß sich eine Koalition, wenn sie die Wahrung und Förderung der Arbeits- und Wirtschaftsbedingungen aktiv betreiben will, betätigen können muß und dafür in Art.9 Abs.3 GG den verfassungsrechtlichen Schutz findet. Die Betätigungsgarantie kann allerdings nicht weiter reichen als der in der Vorschrift selbst genannte Zweck der Koalitionsfreiheit. Sobald eine Koalition den Bereich dieser Zweckbindung verläßt, genießt sie nicht mehr den Schutz des Art.9 Abs.3 GG[43]. Außerhalb des Schutzzweckes liegt die allgemeine politische Äußerung, die unter das Grundrecht der Meinungsfreiheit gem. Art.5 Abs.1 GG fällt[44], ebenso auch die Demonstration für oder gegen

---

41 Vgl. *Rath, M.*, Gewerkschaften, S.89; *Germelmann, Claas-Hinrich*: Theorie und Geschichte des Streikrechts; 1980, S.29; *Säcker, Franz Jürgen*: Grundprobleme der kollektiven Koalitionsfreiheit, 1969, S.40 f., 90 f.; *Scholz, R.*, Koalitionsfreiheit, S.46; neben der Autonomie ist auch das Recht zur Willkür gefährdet, vgl. o. sub C. III.

42 So aber *Kittner, M.*, Art.9 Abs.3, S.850, der damit den Gewerkschaften das Recht einräumen will, auf den Staat unmittelbaren Einfluß zu nehmen, dies bedeutete dann auch die grundrechtliche Absicherung der Nötigung von Staatsorganen, beispielsweise eines Generalstreikes, der das Ziel verfolgt, ein bestimmtes Gesetz durch den Bundestag verabschieden zu lassen. Daß dies falsch sein muß, läßt sich deutlich erkennen, wenn man sich vor Augen führt, daß der Gesetzgeber in stellvertretender Moralität als Repräsentant des gesamten Volkes entscheidet (S. dazu oben sub C. III.), die Gewerkschaften jedoch nur eine, wenngleich zuweilen mächtige Stimme aus dem Volk darstellen und damit nur einen Teil des im Volk vertretenen Meinungsspektrums wiedergeben. Eine Einflußnahme muß sich folglich auf die durch unser politisches System zur Verfügung gestellten Mittel und Verfahren beschränken, dann andernfalls das Demokratieprinzip verletzt wäre, vgl. *Bleckmann, Albert*: Staatsrecht II - Die Grundrechte, 3. A., 1989, S.844. Kritisch sowohl zum Parteien- als auch zum Gewerkschaftsstaat *Schachtschneider, K. A.*, Res publica res populi, sub Kap. III, Abschn. 5.

43 Vgl. *Scholz, R.*, Koalitionsfreiheit, S.46, dort Fn. 55, in der er darauf hinweist, daß das Begriffspaar der "Arbeits- und Wirtschaftsbedingungen" aus der sozio-ökonomischen Sphäre stammt und beide Begriffe sich gegenseitig überschneiden, so daß eine echte inhaltliche Trennung beider Begriffe nicht in Frage kommen kann. Daher dürfte in Art.9 Abs.3 GG nicht garantiert sein, daß sich die Koalitionsbetätigung auch auf die unternehmerische Leistungsfunktion erstreckt, dazu BVerfG im Beschluß vom 1.3.1979, in BVerfGE 50, 291 - Mitbestimmungsurteil.

44 Vgl. *Germelmann, C.-H.*, Theorie, S.62, *Brox, Hans/ Rüthers, Bernd*: Arbeitskampfrecht - ein Handbuch für die Praxis, 2. A., 1982, S.61 ff.

bestimmte Zustände im Lande oder gar in der Welt. Hier genießt sie den Schutz des Art.8 GG, der aber nicht einen politischen Streik während der Arbeitszeit und im Betrieb rechtfertigt[45].

Die Koalitionsfreiheit würde aber Gefahr laufen, inhaltslos zu bleiben oder "leer zu laufen", wäre den Koalitionen nicht die Wahl der Mittel, mit Hilfe derer sie die von ihnen verfolgten und grundrechtlich geschützten Zwecke zu verfolgen und zu erreichen gedenken, anheimgestellt[46]. Auch diese Wahl unterliegt dem Schutz der Koalitionsfreiheit. Wahl der Mittel und Betätigung allerdings sind nicht schrankenlos gewährt. Sofern der Gesetzgeber sich veranlaßt sieht, der Betätigung und dem Einsatz der gewählten Mittel Schranken zu setzen bzw. diese durch entsprechende zu benutzende Verfahren kontrollierbar zu machen, ist er daran nicht gehindert[47].

> "Der verfassungsrechtliche Inhalt des kollektiven Arbeitsrechts und die verfassungsrechtlichen Schranken seiner näheren Regelung und Begrenzung durch Gesetzgebung, Verwaltung und Rechtsprechung ergeben sich aus der Verbindung des Art.9 Abs.3 GG mit Art.2 Abs.1 (Entfaltung der Persönlichkeit) und Art.20 Abs.1, 28 Abs.1 (Prinzip des sozialen Rechtsstaates)."[48]

Dabei ist jedoch die Verhältnismäßigkeit der Mittel in Beziehung zum angestrebten Zweck, also die praktische Vernünftigkeit zu wahren[49]. Erst wenn die durch den Staat gesetzte Schranke geeignet, erforderlich und verhältnismäßig ist, ist das organisierte Mitglied der Koalition, das durch den Eingriff des Staates eingeschränkt wird, nicht im Grundrecht auf Betätigungsfreiheit hinsichtlich der Wahrung und Förderung der Arbeits- und Wirtschaftsbedingungen verletzt. Dieses Verständnis der Koalitionsfreiheit entspricht der republikanischen Grundrechtslehre. Das Bundesverfassungsgericht wollte die Tragweite der Geltung der Koalitionsfreiheit nur nach Maßgabe des einfachen

---

45 Vgl. *Germelmann, C.-H.*, Theorie, S.62.

46 Vgl. *Berghäuser, Klaus*: Koalitionsfreiheit als demokratisches Grundrecht - eine Normbereichsanalyse unter besonderer Berücksichtigung des Sozialstaatsgebotes, zugleich eine Kritik der herrschenden Interpretation des Art.9 Abs. 3 GG; 1980, S.7.

47 Vgl. *Schachtschneider, K. A.*, Res publica res populi, S.239; *ders.*, Imperative Lohnleitlinien unter dem Grundgesetz, in: Der Staat, 16 (1977), S.515; *Richardi, Reinhard*: Grundprobleme der kollektiven Koalitionsfreiheit, in: ZfA, 1970, S.95; *Struck, D.*, Zulässigkeit, S.9; *Seiter, Hugo*: Zur Gestaltung der Arbeitskampfordnung durch den Gesetzgeber, in: RdA, 1986, S.169 f.; das BVerfG in BVerfGE 50, 291 (369, 371) sieht in Art.9 Abs.3 GG keine Garantie für das Bestehen des Tarifvertragssystems in seiner derzeitigen Form. *Friauf* sieht im Arbeitskampfrecht einen Bereich der Koalitionsfreiheit, der vom Gesetzgeber geregelt werden muß, dessen gesetzliche Regelung der Parteienstaat allerdings verhindert (Arbeitskampfordnung, S.194 f.), in diesem Sinne auch *Benda, Ernst*: Das Arbeitskampfrecht in der Rechtsordnung der Bundesrepublik Deutschland, in: RdA, 1986, S.144.

48 *Schnorr, G.*, Bundesverfassungsgericht und kollektives Arbeitsrecht, S.5.

49 Vgl. *Kammerer, Klaus*: Koalitionsfreiheit und Arbeitsverhältnis, in: ArbuR, 1984, S.72 ff.; *Zechlin, L.*, Beeinträchtigungen, S.592.

Gesetzgebers bestimmt wissen[50]. Das bedeutet allerdings die Uminterpretation vom Freiheitsrecht in eine Institutionsgarantie, mittels der die Koalitions-"Freiheit" ausgestaltet werden muß. Mangels entsprechender Regelungen ist dann der Richter als Ersatzgesetzgeber gefordert, die Wandlung vom Gesetzgebungsstaat zum Verfassungsgerichtsstaat vollzieht sich[51]. Der Wesensgehalt darf vom Gesetzgeber nicht angetastet werden. Darüber hat das Bundesverfassungsgericht zu wachen[52]. Andernfalls bleibt die Autonomie des Grundrechtsträgers nicht gewahrt.

Der verfassungsrechtliche Schutz der Koalitionsfreiheit muß vielmehr alle Handlungen erfassen, die vom Grundrechtsträger als dem Grundrechtszweck dienend ausgeführt werden[53]. In dem Moment, in dem der Gesetzgeber aus Erwägungen des Schutzes des Allgemeinwohles die Betätigung regelt oder gar verbietet, wird in die Grundrechtsfreiheit eingegriffen, und dieser Eingriff muß auf Verhältnismäßigkeit überprüft werden. Es kann jedoch nicht so sein, daß von vornherein positiv festgelegt wird, was der Koalitionsfreiheit zu subsumieren sei. Dieser gegen den Positivismus gerichteten Einstellung entsprach auch zunächst die Rechtsprechung des Bundesverfassungsgerichts, als dieses feststellte, daß ein sog. Kernbereich der Koalitionsfreiheit darin bestehe, daß ein Tarifvertragssystem im Sinne des modernen Arbeitsrechts überhaupt bereitzustellen sei[54]. Das stimmt mit dem Grundrechtsverständnis der republikanischen Lehre überein: Damit die Autonomie eines jeden Grundrechtsträgers auch im Bereich der Koalitionsfreiheit gewahrt bleibt[55], muß ihm die Möglichkeit gegeben werden, sich sittlich entsprechend seiner Menschenwürde und seiner Eigenschaft als Mensch auch bei der Wahrung und Förderung der Arbeits- und Wirtschaftsbedingungen verhalten zu können. Dazu bedurfte es der staatlichen Bereitstellung des Institutes des privaten Vertrags; dieser Notwendigkeit hat der Gesetzgeber mit der Verabschiedung des Tarifvertragsgesetzes Rechnung getragen[56].

---

50 BVerfG Beschluß vom 20.10.1981, in BVerfGE 58, 233; auch schon BVerfG in BVerfGE 4, 96; vgl. dazu auch *Hanau, Peter*: Zum Kernbereich des Koalitionswesens, in: ArbuR, 1983, S.257 f.

51 Vgl. *Schmitt, Carl*: Freiheitsrechte und institutionelle Garantien, in: Verfassungsrechtliche Aufsätze aus den Jahren 1924-1954 - Materialien zu einer Verfassungslehre, 3. A., 1983, S.165; das BVerfG hatte den Gesetzgeber mehrfach aufgefordert, diesbezüglich tätig zu werden, vgl. BVerfGE 50, 291 (368 f.); 57, 220 (245 ff.); NJW, 1991, S.2550; dazu auch *Gerhardt, Michael*: Das Koalitionsgesetz, 1977.

52 Vgl. *Schachtschneider, K. A.*, Res publica res populi, sub Kap. III, Abschn. 5.

53 Vgl. *Kittner, M.*, Art.9 Abs.3, S.853.

54 BVerfG Urteil vom 18.11.1954, in BVerfGE 4, 96 (106 ff.).

55 Daß diese Selbständigkeit des Grundrechtsträgers auch bei Regelungen immer gewahrt bleiben muß, bestätigt das BVerfG im Beschluß vom 1.3.1979, in BVerfGE 50, 291 (368).

56 Vgl. *Kittner, M.*, Art.9 Abs.3, S.853; zur Entstehung des Tarifvertragsgesetzes ausführlich *Nautz, Jürgen P.*: Die Durchsetzung der Tarifautonomie in Westdeutschland - Das

Damit ist deutlich geworden, daß Grundrechtsfreiheit die Garantie zur Autonomie, also zur autonomen Definition dessen, was das autonome Individuum innerhalb des Schutzzweckes des Art.9 Abs.3 GG zu tun oder zu lassen gedenkt, bedeutet[57].

"Die Koalitionsfreiheit umfaßt die Bildung, die Betätigung und die Entwicklung der Koalitionen in ihrer Mannigfaltigkeit und überläßt ihnen grundsätzlich die Wahl der Mittel, die sie zur Erreichung ihres Zweckes für geeignet halten; denn dem freien Spiel der Kräfte bleibt es überlassen, ob sie mit den gewählten Mitteln den erstrebten Erfolg erreichen."[58]

Folglich kann man, ohne den Anspruch auf Vollständigkeit erheben zu dürfen, die Garantie des Art.9 Abs.3 GG um einer einheitlichen Begrifflichkeit willen in bestimmte "Teilgarantien" aufschlüsseln[59]. Es sind dann Koalitionsverfahren, Koalitionsbestand, Koalitionszweck und Koalitionsmittel zur Sicherung eines freien Verbandsbestandes und freier Verbandsorganisation, eines freien Verbandszweckes sowie freier Koalitionseinigung, freien Koalitionskampfes und freiheitlicher Wahl der im Verfahren einzusetzenden Koalitionsmittel garantiert[60]. Es handelt sich bei dieser Aufzählung um eine Beschreibung typischer Inhalte; bei der Inhaltsbestimmung kann es folglich nur darauf ankommen, ob der jeweilige Inhalt dem Zweck des Art.9 Abs.3 GG subsumiert werden kann.

In der Praxis ist das am häufigsten angewandte Koalitionsmittel zur Regelung gewerkschaftlicher Ziele der Tarifvertrag zwischen den Arbeitnehmern und Arbeitgebern; die Betätigung der Koalitionen auf diesem Gebiet der Privatautonomie wird als Tarifautonomie bezeichnet. Auf sie wird später noch ausführlich einzugehen sein, um die den Bereich der Tarifautonomie betreffenden Anforderungen an die Tariffähigkeit[61] auf ihre Zulässigkeit zu überprüfen. Dabei ist auch die Frage nach dem Charakter des Tarifvertrags zu klären. Aus der Tatsache, daß der Tarifvertrag das Regelungsmittel für den Willen beider Koalitionsseiten schlechthin darstellt, kann man nicht ableiten, daß andere gewerkschaftliche Betätigungsformen nicht den Grundrechtsschutz des Art.9 Abs.3 GG genießen würden[62].

Tarifvertragsgesetz vom 9. April 1949; 1985; *Häberle, Peter*: Grundrechte im Leistungsstaat, in: VVDStRL, 30 (1972), S.77 für die Privatschulsubventionierung, S.83 allgemein.

57 Vgl. *Kittner, M.*, Art.9 Abs.3, S.852.

58 BVerfG Beschluß vom 6.5.1964, in BVerfGE 18, 18 (32) (Hervorhebungen von mir, C.-J. B.).

59 Vgl. *Kittner, M.*, Art.9 Abs.3, S.852.

60 Vgl. *Scholz, R.*, Art.9, S.144 ff.

61 Diese Anforderungen wurden im wesentlichen von der Rechtsprechung entwickelt. Vgl. dazu die aufgeführte Rechtsprechung bei *Rupert Scholz*: Das Grundrecht der Koalitionsfreiheit; 1972, S.14 ff.

3. "Doppelcharakter" der Koalitionsfreiheit?

Die herrschende Meinung nimmt an, daß neben dem individuellen Recht des Arbeitnehmers, einer Koalition beizutreten oder mit anderen eine solche zu bilden, die Koalition als solche aus Art.9 Abs.3 GG ebenfalls unmittelbar berechtigt wird. Sie sei als solche in ihrer Betätigung geschützt[63].

Als individuales Freiheitsrecht wird nach absolut herrschende Meinung das Recht jedes einzelnen Individuums bezeichnet, sich ungehindert mit anderen zu einer Koalition zusammenzuschließen oder bestehenden Koalitionen beizutreten[64]; dieses Recht wird als positive Koalitionsfreiheit bezeichnet. Das Recht, einer solchen Koalition fernzubleiben oder nach Belieben aus ihr auszutreten, bildet die negative Koalitionsfreiheit[65]. Letztere ist mit der Koalitionsfreiheit garantiert. Es ist das logische Korrelat der Freiheit und der Autonomie: Wenn es dem einzelnen Arbeitnehmer erlaubt sein soll, zur Wahrung und Förderung seiner Autonomie auf dem Gebiet der Arbeits- und

---

62 Vgl. *Rath, M.*, Gewerkschaften, S.89; *Scholz, R.*: Koalitionsfreiheit, S.62 ff.; *Scheuner, U.*, Inhalt, S.49; *Lieb, Manfred*: Arbeitsrecht, 3. A., 1984, S.100 f.; für das Personalvertetungswesen ausdrücklich BVerfG Beschluß vom 1.3.1979, in BVerfGE 50, 291; BVerfG Beschluß vom 30.11.1965, in BVerfGE 19, 303 ff.; BVerfG Beschluß vom 27.3.1979, in BVerfGE 51, 77 (87 ff.).

63 Vgl. *Richardi, Reinhard*: Kollektivgewalt und Individualwille bei der Gestaltung des Arbeitsverhältnisses; 1968, 77; *Biedenkopf, K. H.*, Grenzen, S.88; *Scheuner, U.*, Inhalt, S.39 ff.; *Ridder, Helmut*: Zur verfassungsrechtlichen Stellung der Gewerkschaften im Sozialstaat nach dem Grundgesetz für die Bundesrepublik Deutschland; 1960, S.32; *Brox, Hans/ Rüthers, Bernd*: Arbeitskampfrecht - ein Handbuch für die Praxis, 2. A., 1982, S.41; *Scholz, R.*, Koalitionsfreiheit, S.40 ff.; *Galperin, Hans*: Die Stellung der Gewerkschaften im Staatsgefüge (I), in DB, 1970, S.299; für die Rechtsprechung BAG in der Entscheidung des Großen Senates vom 29.11.1967, in BAGE 20, 175 (210).

64 Vgl. *Richardi, R.*, Kollektivgewalt, S.74 ff.; *Biedenkopf, K. H.*, Grenzen, S.88 ff.; *Scheuner, U.*, Inhalt, S.36 ff.; *Hueck, A./ Nipperdey, H. C.*, Lehrbuch, 7. A., 2. Bd./ 1. Halbbd., S.125 ff.; *Nikisch, Arthur*: Arbeitsrecht, 2. A., Bd.II: Koalitionsrecht, Arbeitskampfrecht und Tarifvertragsrecht; Tübingen, 1959, S.21 ff.; *Hueck, Alfred*: Tarifausschlußklauseln und verwandte Klauseln im Tarifvertragsrecht; München, Berlin, 1966, S.30; für die Rechtsprechung BVerfGE 4, 96 (101); 18, 18 (25); 19, 303 (312); 20, 312 (321).

65 Vgl. *Zöllner, Wolfgang*: Tarifmacht und Außenseiter, in: RdA, 1962, S.458; *ders.*, Arbeitsrecht, 2. A., 1979, S.88 f.; *Bötticher, E.*, Waffengleichheit und Gleichbehandlung, S.46; *Scheuner, U.*, Inhalt, S.38; *Hueck, A.*, Tarifausschlußklausel, S.33; *Richardi, R.*, Grundprobleme, S.90; *Scholz, R.*, Koalitionsfreiheit, S.41. Im Ergebnis lehnen folgende Autoren die Herleitung der negativen Koalitionsfreiheit aus Art.9 Abs.3 GG ab: *Hueck, A./ Nipperdey, H. C.*, Lehrbuch, 7. A., 2./ 1. Halb, S.156 ff.; *Gamillscheg, Franz*: Koalitionsfreiheit und soziale Selbstverwaltung; Hannover, 1968, S.64; *Galperin, H.*, Stellung (I), S.302; *Söllner, A.*, Grundriß, S.56; *Säcker, F. J.*, Grundprobleme, S.22 ff., 35 ff.; *Kittner, M.*, Art.9 Abs.3, S.860 f.

Wirtschaftsbedingungen einer Koalition beizutreten oder diese zu begründen, dann folgt daraus zwangsläufig, daß der gleiche Arbeitnehmer die ebenfalls mit Verfassungsrang geschützte Möglichkeit haben muß, eben dies nicht zu tun[66], wenn er es als sittlich betrachtet[67]. Die negative Koalitionsfreiheit ist aber kein eigenständiges Grundrecht. Sie ist ein Effekt der Koalitionsfreiheit. Daß dies unter Umständen für andere Individuen nicht nachvollziehbar ist, steht außer Frage und macht eben die Individualität des Menschen aus. Ob positive und negative Freiheit etwa nicht gleichwertig sind, kann hier nicht vertieft werden.

Die Koalitionsfreiheit in ihrer individualen Sichtweise stellt sich als gemeinschaftsbegründendes Individualrecht dar[68].

Die These, daß die negative Koalitionsfreiheit nicht in gleicher Weise geschützt sein solle, läßt sich nur aus einem institutionellen Verständnis der Koalitionsfreiheit herleiten; sie korreliert mit der Annahme, daß die Koalitionsfreiheit auch einen kollektivrechtlichen Teil besitze[69].

Das institutionelle Verständnis der Koalitionsfreiheit erklärt die sog. kollektive Koalitionsfreiheit als eigenständiges Recht der Koalitionen auf kollektiven Bestand und kollektive Betätigung[70]. Dabei werden unterschiedliche dogmatische Wege beschritten. Soweit sich auf die Effektuierung der Koalitionsfreiheit und die Ableitung der kollektiven aus der individualen Koalitionsfreiheit berufen wird[71], kann man von einer echten institutionellen Sichtweise der Koalitionsfreiheit nicht sprechen. Hier wird ein Institut, nämlich das individuelle subjektive Recht, mit bestimmten objektiven Gewährleistungen verbunden[72]. Die echte institutionelle Sichtweise sieht hingegen in der kollektiven Koalitionsfreiheit eine a priori selbständige Rechtsgewährleistung. Für den

---

66 Vgl. *Scholz, R.*, Koalitionsfreiheit, S.42.

67 Freiheit ist die Freiheit von eines anderen nötigender Willkür, vgl. *Kant, Immanuel*: Metaphysik der Sitten, Frankfurt/ M., 1974, S.345; dazu *Schachtschneider, K. A.*, Res publica res populi, sub Kap. V, Abschn. 3.

68 Vgl. *Richardi, R.*, Kollektivgewalt, S.78; *Scholz, R.*, Koalitionsfreiheit, S.43; *Säcker, F. J./ Oetker, H.*, Einsatz von Beamten, S.365.

69 Vgl. *Scholz, R.*, Koalitionsfreiheit, S.42.

70 Vgl. *Scheuner, U.*, Inhalt, S.36 ff.; *Biedenkopf, K. H.*, Grenzen, S.102 ff.; *Richardi, R.*, Kollektivgewalt, S.69 ff.; *Ridder, H.*, Gewerkschaften, S.32 ff.; *Hueck, A./ Nipperdey, H. C.*, Lehrbuch, 7. A., 2./ 1. Halb, S.40, 46 f., 134 ff.; *Säcker, F. J.*, Grundprobleme, S.33 ff.; *Nikisch, A.*, Arbeitsrecht, II, S.54 ff.; *Häberle, Peter*: Die Wesensgehaltsgarantie des Artikel 19 Abs.2 GG, 3. A., 1983, S.84 f.; *May, Matthias*: Die verfassungsmäßige Zulässigkeit der Bindung von Außenseitern durch Tarifverträge, 1989, S.70 f.; *Klein, Harald*: Koalitionsfreiheit im pluralistischen Sozialstaat - eine verfassungsrechtlichen Analyse der Rechtsprechung des Bundesarbeitsgerichts; 1979, S.37 ff., insbes. S.47 ff.

71 Dieser Ansicht ist *Richardi, R.*, Kollektivgewalt, S.75; *ders.*, Grundprobleme, S.88.

72 Vgl. *Scholz, R.*, Koalitionsfreiheit, S.52.

Bestand bedeutet dies nach institutioneller Auffassung das Recht auf ungestörte Existenz und freie innere wie äußere Organisation. In der Betätigung ist nach dieser Ansicht die institutionelle Garantie der Tarifautonomie enthalten. Darauf ist unten noch näher einzugehen[73], insbesondere auf die Frage, ob diese Tarifautonomie den Koalitionen etwa über Art.19 Abs.3 GG die verfassungsunmittelbare Rechtsetzungsmacht garantiert oder - im Gegensatz dazu - den Gesetzgeber verpflichtet, ein Tarifvertragssystem zur Verfügung zu stellen[74].

Die Anerkennung einer gewissen Garantie auf Bestand und Betätigung einer Koalition ist hinsichtlich des Charakters eines Grundrechts, nämlich dem einer material offenen, politischen Leitentscheidung, unproblematisch: Wenn es praktisch vernünftig ist, Koalitionen in ihrem Bestand zu sichern, so spricht nichts dagegen, ihnen staatlicherseits Schutz zu gewähren. Die Existenz von zwei Grundrechten innerhalb der Koalitionsfreiheit ist hingegen problematisch. Sie entspricht zunächst nicht dem Wortlaut des Art.9 Abs.3 GG. Diese Vorschrift enthält vielmehr lediglich die individuale Komponente[75]. Ein Nebeneinander von kollektiver und individualer Koalitionsfreiheit würde eine Antinomie bedeuten[76]. So kollidiert beispielsweise die Ausübung des negativen Koalitionsrechts des Einzelnen mit dem positiven Bestandsrecht der Koalition als solcher[77]. Dies wird in aller Regel von den Vertretern der Doppeltheorie auch gesehen. Dabei wird darauf verwiesen, daß beispielsweise ein maßvoller Druck auf das nichtorganisierte Individuum zum Beitritt zu einer Koalition nicht die Koalitionsfreiheit verletze, wobei die Rechte der Unorganisierten nicht über Gebühr beeinträchtigt werden dürften[78]. Abhilfe könnte eine Vorrangrelation schaffen[79]. Diese ergibt sich aber nicht aus der Koalitionsfreiheit[80].

Stellt man auf den Wortlaut und den historischen Entstehungsgrund der Koalitionsfreiheit ab, so ergibt sich in Zusammenhang mit dem Menschenbild des Grundgesetzes, daß die Koalitionsfreiheit kein Doppelgrundrecht darstellt. Sie ist vielmehr ausschließlich ein Individualgrundrecht. Eine Grundrechts-

---

73 s. sub E.

74 So etwa BVerfGE 4, 96 (106 ff.).

75 Vgl. *Scholz, R.*, Koalitionsfreiheit, S.62.

76 Vgl. *Berghäuser, K.*, Koalitionsfreiheit, S.25.

77 Zum Beispiel dann, wenn Arbeitnehmer aus einer Koalition austreten, die dann in ihrem Bestand gefährdet werden könnte.

78 Vgl. *Hueck, A./ Nipperdey, H. C.*, Lehrbuch, 2./ 1. Halb. S.159 f. Eben diese Rechte der Unorganisierten festzulegen, ist allerdings problematisch.

79 Vgl. *Klein, H.*, Koalitionsfreiheit im pluralistischen Sozialstaat, S.49, der grundsätzlich der kollektiven Betätigungsfreiheit einen höheren Stellenwert als dem individuellen Fernbleiberecht einräumen will. Vgl. auch *Gamillscheg, Franz*: Die Differenzierung nach der Gewerkschaftszugehörigkeit; 1966, S.59 und passim.

80 Vgl. *Scholz, R.*, Koalitionsfreiheit, S.63.

berechtigung der Koalitionen als solcher kann sich aber ebenfalls aus Art.9 Abs.3 GG ergeben[81].

> "Der kollektive Tatbestand 'Koalition' leitet sich allein aus dem individualen Recht ab; er objektiviert sich in der individualen Grundrechtsausübung, steht und fällt also mit dieser."[82]

Daraus folgt auch, daß die Beeinträchtigung einer kollektiven Verbandsposition von jedem Koalitionsmitglied als die Verletzung seiner individualen Koalitionsfreiheit geltend gemacht werden kann[83]. Betätigt sich eine Koalition, so handelt es sich folglich um die summiert-individuale Grundrechtsausübung der Koalitionsfreiheit durch die in der Koalition vereinten Mitglieder[84]. Daß diese kollektive Ausübung ebenfalls den Schutz des Grundrechts aus Art.9 Abs.3 GG genießen muß, ist unmittelbar einsichtig, wenn man sich verdeutlicht, daß die Koalitionsfreiheit das Grundrecht der Wahrung der Autonomie auf dem Gebiet des Arbeitsrechts im weiteren Sinne darstellt. Ohne die rechtliche Möglichkeit, sich summiert-individual gegenüber dem Sozialpartner zu betätigen und mit ihm bestimmte Regelungen abzusprechen, wäre die Vereinigung von Arbeitnehmern einerseits und Arbeitgebern andererseits in einer Koalition sinnlos. Eine solche Vereinigung würde der Autonomie der Arbeitnehmer überhaupt keinen Schutz bieten. Weil der Staat jedoch ständig über die Autonomie, also die äußere Freiheit und damit die Fähigkeit jedes Bürgers, sich sittlich zu verhalten, wachen muß, wie ihm das Grundgesetz dies in Art.1 GG gebietet[85], wäre er dann selbst gefordert, auf dem Gebiet der Arbeits- und Wirtschaftsbedingungen Regelungen zu treffen, um eine allgemeine Autonomie zu erhalten und diese zu fördern. Dies würde jedoch die Möglichkeiten, die die Arbeitnehmer und

---

81 So das Recht auf Existenz, den Schutz der Existenz und der Betätigung. A.A. ist *Rupert Scholz*, Koalitionsfreiheit, S.135, der dies über Art.19 Abs.3 GG gewährleistet sehen will. Eine solche Sichtweise würde den Koalitionen als solchen selbst die die positive und negative Koalitionsfreiheit zugestehen müssen. Art.19 Abs.3 GG begründet aber keine neuen Grundrechte, die einzelne Menschen oder Bürger nicht auch selbst haben könnten. Das kann hier nicht weiter vertieft werden, die These von *Scholz* erscheint aber zumindest fragwürdig.

82 *Scholz, R.*, Koalitionsfreiheit, S.136.

83 So auch BAGE 5, 115 (120 f.); vgl. auch *Berghäuser, K.*, Koalitionsfreiheit, S.8.

84 Vgl. *Germelmann, C.-H.*, Theorie, S.31; *Scholz, R.*, Koalitionsfreiheit, S.137; *Berghäuser, K.*, Koalitionsfreiheit, S.8; *Zöllner, Wolfgang*: Die Rechtsprechung des Bundesverfassungsgerichts zu Art.9 Abs.3 GG, in: AöR 1973, S.115. Das kollektivrechtliche Moment ist nach dieser richtigen Ansicht also funktional auf den Vorgang der individualen Grundrechtsausübung in der Koalition mit den anderen Mitgliedern bezogen.

85 Vgl. zur Pflicht des Staates, die Menschenwürde zu schützen und zu erhalten, *Günter Dürig*: Art.1, in: GG (Hrg. Maunz/ Dürig); 1976, S.4 f.; der Mensch sei in seiner Würde getroffen, wenn er zum Objekt, zu einem bloßen Mittel, zu einer vertretbaren Größe herabgewürdigt sei (S.15). Insofern bedeutet Verletzung der Menschenwürde gleichzeitig Verletzung der Autonomie, der Fähigkeit und der inneren Pflicht des Menschen zur Sittlichkeit, dazu sub C. III. Zum Aspekt der Autonomie vgl. ausführlich *Schachtschneider, Karl Albrecht*, Staatsunternehmen und Privatrecht, 1986, S.104 ff.

Arbeitgeber als eben ihre Autonomiefähigkeit in sich tragen, unverhältnismäßig einschränken; der Staat würde paternalistisch agieren. Dies würde mit der Menschenwürde nicht mehr in Übereinstimmung zu bringen sein; sie wäre in äußerstem Maße verletzt. Folglich soll der Staat nur dort eingreifen, wo die äußere Freiheit auf dem Gebiet der Wahrung und Förderung der Arbeits- und Wirtschaftsbedingungen leicht zu gefährden ist, wenn man den Individuen die Regelung zunächst selbst überläßt[86]. Ein wichtiger Lebensbereich, in den der Staat bereits per Gesetz eingegriffen hat, ist die sog. Tarifautonomie, also die Wahrung und Förderung der Arbeits- und Wirtschaftsbedingungen per Vertrag zwischen Arbeitnehmern oder ihren Verbänden einerseits und den Arbeitgebern oder ihren Vereinigungen andererseits. Zutreffend wird dieser Bereich auch als Tarifvertragsautonomie bezeichnet[87].

III. Koalitionsfreiheit als individuales Freiheitsrecht und kollektives Ausübungsrecht

Die Koalitionen als solche erfahren grundrechtlichen Betätigungsschutz durch Art.2 Abs.1 GG. Denn in ihnen sind Individuen mit anderen aufgrund eines freien Entschlusses zusammengefaßt, um einen selbst bestimmten Zweck zu erfüllen; sie entfalten gemeinsam ihre Persönlichkeiten durch eine frei gebildete Assoziation, deren Verbandsgewalt sie sich ebenso freiwillig unterworfen haben. Die Entfaltung in summa genießt daher gleichen Grundrechtsschutz wie die individuelle Entfaltung durch Selbstbestimmung[88]. Eine Versagung des Grundrechtsschutzes des Art.2 Abs.1 GG für eben diese Gemeinschaften würde den Individualschutz aus Art.2 Abs.1 GG ebenso wie den des Art.9 Abs.3 GG wirkungslos werden lassen; denn häufig ist die Gemeinschaft notwendige Voraussetzung für die vollen Entfaltungsmöglichkeiten des einzelnen[89]. Die gegründeten Koalitionen wollen ja gerade die Handlungsfreiheit der in ihnen vereinigten Individuen auf dem Gebiet der Arbeits- und Wirtschaftsbedingungen gegenüber dem sozialen Gegenspieler wirkungsvoller wahren, als dies dem einzelnen möglich wäre[90].

Die Koalitionsfreiheit ist in ihrer Eigenschaft als Gruppengrundrecht ebenso wie die Vereinigungsfreiheit nach Art.9 Abs.1 GG auf die Bildung bestimmter

---

86 Insoweit hat auch die Koalitionsfreiheit eine bestimmte Abwehrfunktion für die Individuen gegenüber der Unverhältnismäßigkeit seitens des Staates; in Verbindung mit dem Auftrag an den Staat, die Menschenwürde zu wahren, muß dieser bei entsprechender Gefährdung allerdings eingreifen.

87 Vgl. *Müller, G.*, Arbeitskampf und Recht, S.13 und passim.

88 Vgl. *Schnorr, G.*, Bundesverfassungsgericht und kollektives Arbeitsrecht, S.5.

89 Vgl. *Scholz, R.*, Koalitionsfreiheit, S.286 ff. Es ist vertretbar, den Schutz der Betätigung der Koalition aus Art.9 Abs.3 GG selbst abzuleiten. Die Schrankentrias des Art.2 Abs.1 GG darf auch unter dieser Voraussetzung Gültigkeit für sich beanspruchen.

90 Vgl. *Schnorr, G.*, Bundesverfassungsgericht und kollektives Arbeitsrecht, S.6.

Gemeinschaften und die gemeinschaftliche Grundrechtsausübung bezogen, ergänzt allerdings um den Inhalt dieser politischen Leitentscheidung als den Wesensgehalt dieses besonderen Grundrechts. Die Gruppe betätigt sich gemäß Art.9 Abs.3 GG[91]; der Inhalt dieser Betätigung ergibt sich gleichwohl aus Art.9 Abs.3 GG[92]. Dennoch sind mit der Koalitionsfreiheit nur bestimmte Aspekte gewährleistet. Die Zweckbestimmung der Koalitionen baut auf der arbeitsrechtlichen Stellung jedes Koalitionsmitgliedes auf, die vornehmlich am individualrechtlichen Arbeitsvertrag orientiert ist. Ein Kernbereich, wie ihn das Bundesverfassungsgericht in ständiger Rechtsprechung im Grundrecht des Art.9 Abs.3 GG sieht, kann nur gemäß Art.19 Abs.2 GG als der Wesensgehalt der Koalitionsfreiheit zu erblicken sein[93]. Dieser umfaßt nicht nur die Lohngestaltung durch die Verbände. Vielmehr sind auch das Recht der sozialen Sicherung von Arbeitnehmern sowie Betriebs- und Unternehmensverfassung auch über das Institut der Mitbestimmung der Arbeitnehmer Teile des Koalitionszweckes aus Art.9 Abs.3 GG[94].

Ebenso sind Koalitionsbestand und -betätigung aus Art.9 Abs.3 GG abzuleiten. Der Abschluß von Tarifverträgen stellt sich als summierte Ausübung der individualrechtlichen Vertragsfreiheit dar[95]. Koalitionsbestand und -verfahren müssen logischerweise ebenfalls garantiert sein. Denn ein Verbot von Gewerkschaften dürfte die äußere Freiheit der Arbeitnehmer auf dem

---

91 Vgl. *Scheuner, U.*, Inhalt, S.38 f., der wegen der institutionellen Sicherung der Koalitionsfreiheit, wie er sie in Art.9 Abs.3 GG niedergelegt sieht, die Anwendung des Art.19 Abs.3 GG aufgrund einer öffentlichen Funktion, die seiner Meinung nach die Verbände hätten, ausschließen will (Gegen *Rupert Scholz*, HStR, S.1156 f., Rdnrn. 73 ff.). ***Bürger, Karlheinz/ Oehmann, Werner/ Matthes, Hans-Christoph***: Koalitionen, in: Handwörterbuch des Arbeitsrechts, 7. A., 1989, S.8, listen im einzelnen die den Gewerkschaften und Arbeitgeberverbänden per Gesetz beigelegten Möglichkeiten, sich auch in öffentlichen Gremien zu betätigen, auf. Unbestritten dabei ist, daß die Koalitionen öffentliche Wirkung entfalten; eine öffentliche Aufgabe i.S. einer Pflicht ist ihnen staatlicherseits jedoch nicht auferlegt. Auch die Tatsache, daß Gewerkschaften in verschiedenen Kommissionen und auch bei der Allgemeinverbindlichererklärung von Tarifverträgen mitwirken, läßt sich mit der Fachkompetenz auf diesem Gebiet erklären, nicht jedoch durch ihre - nicht vorhandene - öffentlich- rechtliche Funktion (dazu Fn. 101). Ihnen sind echte Teilhaberechte an der Staatsverwaltung eingeräumt worden, die jedoch nicht als der Koalitionsfreiheit immanente Eigenschaften anzusehen sind; es handelt sich vielmehr um Gewährungen seitens des Staates. Diese können folglich und aus sachlichen Erwägungen auf bestimmte Koalitionen beschränkt werden, vgl. *Schnorr, G.*, Bundesverfassungsgericht und kollektives Arbeitsrecht, S.9 (zum Beispiel dann, wenn eine bestimmte Sach- und Fachkompetenz gewerkschaftlicherseits nachgewiesen werden müßte, die für die Bewältigung der Aufgaben in den öffentlichen Gremien unabdingbar wäre).

92 Vgl. *Scholz, R.*, Koalitionsfreiheit, S.145; *Zöllner, W.*, Rechtsprechung, S.78 ff.; ihm zustimmend *Belling, Detlev W.*: Das Günstigkeitsprinzip im Arbeitsrecht, 1984, S.69 f.

93 Vgl. *Zechlin, L.*, Beeinträchtigungen, S.591 f.

94 Vgl. *Scholz, R.*, Koalitionsfreiheit, S.147 f.

95 Vgl. *Scholz, R.*, Koalitionsfreiheit, S.149. Daher kann in der Rechtsetzung per Tarifvertrag keine hoheitlich verliehene Macht gesehen werden, vgl. dazu später sub E.

Gebiet der Arbeits- und Wirtschaftsbedingungen vollständig beseitigen[96]. Ebenfalls muß es ein Verfahren geben, dessen sich die Sozialpartner bei der Regelung des verfassungsrechtlich geschützten Zweckes ihres Bestehens bedienen. Das muß nicht zwingend in der Art und Weise geschehen, wie dies momentan beispielsweise im Tarifvertragsgesetz geregelt ist; sicherlich sind auch andere Lösungen denkbar[97]. Aber irgendein Verfahren, das den gleichen Zweck erfüllt, muß gewährleistet sein[98].

Im Wege des Schutzes des Koalitionsverfahrens ganz allgemein müssen die Mittel von der Garantie erfaßt werden, derer das Verfahren bedarf. Im heute vorliegenden System sind dies der Tarifvertrag und die Kampfmittel Streik und Aussperrung[99]. Gleichwohl wird hier der häufig vertretenen Annahme widersprochen, Art.9 Abs.3 GG beinhalte ein Recht auf Streik. Es handelt sich lediglich um die Streikfreiheit[100]. Diese Mittel sind jedoch ebenfalls rein individualbezogen und dienen so der subjektbezogenen Grundrechtsgarantie, wenn sich ihrer bedient wird.

Aus diesen Gründen kann kein Doppelgrundrecht in Art.9 Abs.3 GG existieren[101]. Die Existenz des Art.2 Abs.1 i.V.m. Art.20 Abs.1, 28 Abs.1 GG belegt dies. Als bloßes Ausübungsrecht dient es dem subjektiven Freiheits- und also Autonomiewahrungs- und -förderungsinteresse und hat es folglich nicht zu beeinträchtigen. Über Art.19 Abs.3 GG wird im übrigen die Koalition nicht selbst Grundrechtsberechtigte aus Art.9 Abs.3 GG: Ansonsten müßte man ihr ebenfalls die Koalitionsfreiheit zuerkennen.

Wird also die Koalitionsfreiheit als besonderes Recht zur Willkür gesehen, so kann in ihr folgerichtig keine den Koalitionen durch das Grundgesetz im öffentlichen Interesse verliehene Aufgabe erblickt werden[102]. Diese würde

---

96 Vgl. *Picker, E.*, "Arbeits- und Wirtschaftsbedingungen", S.203 ff.

97 Vgl. *Berghäuser, K.*, Koalitionsfreiheit, S.11 ff., 205.

98 Vgl. *Scholz, R.*, HStR, S.1121, Rdnr. 13.

99 Vgl. *Scholz, R.*, Koalitionsfreiheit, S.149.

100 Dazu unten sub F. II. 2.

101 Vgl. *Ossenbühl, Fritz/ Richardi, Reinhard*: Neutralität im Arbeitskampf - zur Neufassung des § 116 AFG; 1987, S.111 f.; *Berghäuser, K.*, Koalitionsfreiheit, S.24 ff.

102 Dazu *Rupert Scholz*, HStR, S.1136, Rdnr. 37: "Den Koalitionen wird zwar häufig, wie auch anderen Formationen im Verbändewesen, ein gewisser 'Öffentlichkeitsstatus' zugesprochen, der durchaus zutreffend die tatsächliche Öffentlichkeitsbedeutung der Koalitionen und der von ihnen wahrgenommenen Aufgaben widerspiegelt. Dieser 'Öffentlichkeitsstatus' bzw. die in ihm konzentrierten 'öffentlichen Aufgaben' der Koalitionen wie auch anderer Verbände beschreiben jedoch keinen rechtlichen Öffentlichkeitsstatus und keine rechtlichen Zuständigkeiten im staatlichen Sinne. Dieser 'Öffentlichkeitsstatus' und diese 'öffentlichen Aufgaben' beziehen sich zwar sämtlich auf ein auch verfassungsrechtlich legitimiertes Grundinteresse von Öffentlichkeitsqualität, nicht aber auf ein öffentlich-rechtliches Interesse oder Rechtsverhältnis. Mit anderen Worten: Der 'Öffentlichkeitsstatus' und die 'öffentlichen Aufgaben' (auch) der Koalitionen sind allein von tatsächlich-soziologischer und nicht von normativ-öffentlich-rechtlicher Bedeutung." (auch *ders.*, Koalitionsfreiheit, S.197 ff., *ders.*, Art.9, Rdnr. 15).

nämlich in letzter Konsequenz die Pflicht bedeuten, die Gemeinschaft sozial zu befrieden[103]. Dieser Vorgang müßte nachvollziehbar sein; die Kontrolle hätten staatliche Organe auszuüben. Konsequenz wäre nicht nur die Garantie einer ungestörten Bildung von Koalitionen, sondern vielmehr die Existenz von Gewerkschaften. Eine solche vom Gesetzgeber auferlegte Pflicht ist jedoch nicht der Sinn eines Freiheitsrechts. Es handelt sich hierbei vielmehr um die staatliche Zusicherung des Rechts zur Willkür. Andernfalls würde eine Freiheit nur im Rahmen der Pflichterfüllung gewährleistet sein; die Handlungen der Grundrechtsträger unterlägen damit staatlicher Wertung - Pflichterfüllung oder Pflichtmißachtung - und würden durch Art.9 Abs.3 GG von vornherein determiniert sein[104]. Dies ist nicht Sinn der Koalitionsfreiheit. Sie soll vielmehr nur die Möglichkeit für den einzelnen Grundrechtsträger gewährleisten, sich seinen eigenen Maximen entsprechend autonom zu verhalten, auch unter der Gefahr, daß die Maximen heteronom bestimmt sind. Hier kann der Staat entsprechend regelnd eingreifen[105]; selbst einer inflationären Auswirkung von hohen Lohnvereinbarungen durch Tarifvertrag kann er mit dem Erlaß von imperativen Lohnleitlinien Rechnung tragen[106] und im Rahmen der Verhältnismäßigkeit so die Koalitionsfreiheit in ihrer Koalitionsvereinbarungsfreiheit als dem Konnexinstitut einschränken[107]. Aus diesem

---

103 Vgl. *Berghäuser, K.*, Koalitionsfreiheit, S.13 ff.

104 Im Ergebnis liefe eine solche staatliche Vorgabe der Handlungsweisen auf eine Vorschrift zur Glückseligkeit der Menschen allgemein und damit auf einen Despotismus hinaus; vgl. *Schachtschneider, Karl Albrecht*: Staatsunternehmen und Privatrecht; 1986, S.124 mit Bezugnahme auf *Immanuel Kant*: Die Metaphysik der Sitten, (ed. Weischedel, Bd. VIII.) 1974, S.435.

105 Vgl. *Bleckmann, Albert*: Staatsrecht II - Die Grundrechte, 3. A., 1989, S.823.

106 Vgl. *Schachtschneider, K. A.*, Imperative Lohnleitlinien, S.515; für die Rechtmäßigkeit eines Eingriffes auch *Heimann, Eduard*: Die rechtliche Möglichkeit eines staatlichen Eingriffes in die Tarifautonomie der Sozialpartner, in: RdA, 1956, S.409 f.; ebenso *Belling, D. W.*, Günstigkeitsprinzip, S.87.

107 Vgl. *Schnorr, G.*, Bundesverfassungsgericht und kollektives Arbeitsrecht, S.7; *Schnorr* spricht hier bezeichnenderweise vom "Sozialprinzip", das den Staat dazu verpflichtet, "den *Gebrauch der Freiheit* in die Richtung *selbstverantwortlicher, sozialverpflichteter Entscheidungen durch das Individuum* zu lenken" (Hervorhebungen im Original, C.-J. B.); vgl. zu den Schranken, die sehr hohe Anforderungen an die Erforderlichkeit einer staatlichen Lohnfestsetzung stellen, *Manfred Löwisch*: Die Ausrichtung der tariflichen Lohnfestsetzung am gesamtwirtschaftlichen Gleichgewicht - Ein Beitrag zum Spannungsverhältnis von Tarifautonomie und Staatsintervention, in: RdA, 1969, S.130 f. Ein weiteres Problem spricht in diesem Zusammenhang *Bernd Rüthers*: Tarifautonomie im Umbruch?, 2. A., 1977, S.15 f., an, der anführt, daß eine wirtschaftsgefährdende Lohnpolitik auch von den öffentlichen Arbeitgebern in Tarifverträgen mit den entsprechenden Gewerkschaften betrieben werden kann und 1974 auch betrieben worden ist. Allerdings bräuchten die öffentlichen Unternehmen im Falle zu hoher Tarifabschlüsse nicht zum Konkursrichter, sondern zum Bundestag bzw. den entsprechenden parlamentarischen Gremien zu gehen und lediglich die Steuern erhöhen zu lassen (ebenda).

Grund kann von den Gewerkschaften und Arbeitgeberverbänden ebensowenig wie vom einzelnen Arbeitgeber, der nach § 2 TVG ebenso tariffähig ist, per Tarifvertrag das Allgemeinwohl verwirklicht werden[108]. Den autonomen und also zur Beliebigkeit bestimmten, in einer Koalition vereinigten Individuen darf es nicht zur Pflicht, zur im öffentlichen Interesse liegenden Aufgabe, die zu erfüllen ist, gemacht werden. Daß die Auferlegung einer solchen Aufgabe grundsätzlich möglich wäre, wenn die Koalitionen bestimmte, vom Staat zu kontrollierende Eigenschaften aufwiesen, die sie dann zur Wahrnehmung öffentlicher Aufgaben befähigten, ist unbestritten[109]; eine solche Art der Selbstverwaltung ist aber in einem Freiheitsrecht, wie es die Koalitionsfreiheit darstellt, nicht zu erblicken[110]. Mit Recht ist darauf hinzuweisen, daß dieses Prinzip allenfalls auf die politischen Parteien zutrifft, an die deshalb hohe organisatorische und inhaltliche Anforderungen gestellt werden[111]. Koalitionen orientieren sich jedoch allein an einem bestimmten Partikularinteresse und gehören daher zur privaten Sphäre, auf keinen Fall jedoch zum staatlichen Bereich[112]. Zurückzuführen ist dieser Ansatz grundsätzlich auf Rousseau, der

---

108 Vgl. für die Gemeinwohlbindung *Biedenkopf, Kurt H.*: Grenzen der Tarifautonomie, 1964, S.63, 68; *Hueck, Alfred/ Nipperdey, Hans Carl*: Lehrbuch des Arbeitsrechts - Band 2, 1. Halb, 7. A., 1966, S.47, 391; *Krüger, Herbert*: Sinn und Grenzen der Vereinbarungsbefugnis der Tarifvertragsparteien, in: Verhandlungen des 46. Deutschen Juristentages, Bd. 1, 1966, S.13, 25, 32; *Säcker, Franz Jürgen*: Gruppenautonomie und Übermachtskontrolle im Arbeitsrecht, 1972, S.277 f.; *Söllner, Alfred*: Zu Sinn und Grenzen der Vereinbarungsbefugnis der Tarifvertragsparteien, in: ArbuR, 1966, S.263; aus der Rechtsprechung BVerfG in BVerfGE 38, S.281 (307): "Selbstverständlich müssen auch die Gewerkschaften angesichts der Bedeutung ihrer Tätigkeit für die gesamte Wirtschaft und ihres ... Einflusses auf weite Bereiche des öffentlichen Lebens bei allen ihren Aktivitäten das gemeine Wohl berücksichtigen." Vgl. gegen eine Gemeinwohlbindung *Scholz, R.* Koalitionsfreiheit, S.218; im Ergebnis auch *Wiedemann, H./ Stumpf, H.*, TVG, S.131 ff.

109 Vgl. zu den einzelnen, in dem Fall zu erfüllenden Voraussetzungen *Löwisch, M.*, Lohnfestsetzung, S.132 ff.; allgemein für die Einschränkbarkeit von Grundrechten *Schachtschneider, K. A.*, Res publica res populi, sub Kap. III, Abschn. 5, auch für die Koalitionsfreiheit; auch BVerfGE 50, 291 (368).

110 Vgl. *Zacher, Hans F.*, Arbeitskammern, S.194; *Waas, Bernd*: Der Verhandlungsanspruch tariffähiger Verbände und schuldrechtliche Dauerbeziehungen zwischen den Tarifvertragsparteien, in: ArbuR, 1991, S.335, Fn. 15.

111 Vgl. dazu *Schachtschneider, K. A.*, Res publica res populi, Kap. IX, Abschn. 1.

112 Vgl. dazu *Gerhard Leibholz* Staat und Verbände, in: RdA, 1966, S.285; *Käppler, Renate*: Voraussetzungen und Grenzen tarifdispositiven Richterrechts; 1977, S.103; *Klein, H.*, Koalitionsfreiheit im pluralistischen Sozialstaat, S.45 ff., der an die "Verfassungswirklichkeit" anknüpft (S.46, Fn. 176 unter Aufzählung aller bereits erfolgten Beteiligungen der Koalitionen an öffentlichen Aufgaben, vgl. hierzu auch *Bürger, K./ Oehmann, W./ Matthes, H.-C.*, Koalitionen, S.8) und daher den Koalitionen öffentliche Aufgaben übertragen will; *Scholz, R.*, Grundgesetzliche Arbeitsverfassung, S.1194 f.; *Scholz* will allerdings die Koalitionen aufgrund ihrer Macht und öffentlichen Wirkungen der Homogenität mit der Arbeitsverfassung und damit indirekt einer gewissen Gemeinwohlbindung verpflichten; wie sich diese indirekte Gemeinwohl-

zwischen Partikularinteressen einerseits und dem Gemeininteresse andererseits differenzierte und dazu bemerkt, daß die Summe der individuellen Interessen nicht zum Allgemeinwohl führt[113] und folglich die "volonté de tous" nicht mit der "volonté générale" identisch ist[114]. Dahinter steht im Falle der Koalitionsfreiheit auch das Konkurrenzprinzip: Aufgrund der vielen speziellen Interessen der Arbeitnehmer ist es ihnen durch Art.9 Abs.3 GG expressis verbis erlaubt, von ihrem speziellen Recht zur Willkür Gebrauch zu machen und ihre speziellen Interessen in homogenen Gruppen zu wahren; kleinere Gewerkschaften sind von daher eher geeignet als große "Volks"-Gewerkschaften. Also muß unterschieden werden zwischen den Kompetenzen, die dem Staat durch Gesetze verliehen wurden, und der privaten Freiheit, zwischen denen eine

---

bindung von einer direkten unterscheiden soll, bleibt unklar. So will er ihren soziologischen Öffentlichkeitsstatus von dem rechtlichen Öffentlichkeitsstatus unterscheiden; es handele sich bei der Ausübung der Koalitionsfreiheit lediglich um öffentliche Aufgaben im soziologischen Sinne (Art.9, S.45 f.). Diese Vermischung von rechtlichen und soziologischen Begriffen, von öffentlichen und soziologischen Tatbeständen, aus denen dann rechtliche Folgen abgeleitet werden sollen, ist bedenklich. Sie führt dann zur rechtlichen Absicherung eines soziologischen status quo, normiert also die Realität (dazu *Schachtschneider, K. A.*, Sozialprinzip, S.37). Für die Gemeinwohlverwirklichung als öffentlicher Aufgabe der Verbände wäre eine persönliche Legitimation durch das Volk notwendig, die bei den Sozialpartnern nicht gegeben ist, vgl. *Schachtschneider, K. A.*, Staatsunternehmen und Privatrecht, S.249. Ausdrücklich gegen eine Privilegierung der Verbände mit konsequent eingeschlossener Pflicht zur Bewältigung der an diese gestellten Aufgaben wendet sich *Schmitt, C.*, Grundrechte und Grundpflichten, S.212, weil aus der republikanischen Demokratie ein pluralistischer Verbandsstaat werden würde; in diesem Sinne auch *Schachtschneider, K. A.*, Res publica res populi, Kap. III, Abschn. 5. Gegen eine Stellung der Verbände zwischen Staat und Gesellschaft auch *Kemper, Michael*: Die Bestimmung des Schutzbereichs der Koalitionsfreiheit (Art.9 Abs.3 GG) - zugleich ein Beitrag zur Lehre von den Einrichtungsgarantien; 1985, S.6 und *Berghäuser, K.*, Koalitionsfreiheit, S.17 f.

113 A.A. ist *Klein, H.*, Koalitionsfreiheit im pluralistischen Sozialstaat, S.72 f., der behauptet, ein staatlich monopolisiertes Gemeinwohl sei der grundgesetzlichen Ordnung fremd; hingegen würden in Art.9 Abs.3 GG die partikularen Kräfte auf den Ausgleich von Interessen und die Harmonisierung gegenseitiger Zielsetzungen festgelegt sein; denn das Gemeinwohl sei im wirtschaftlich-sozialen Bereich im Verein mit staatlichen Institutionen in einem ständigen Willensbildungs- und Entscheidungsprozeß als das Beste zu bestimmen.

114 Vgl. *Rousseau, Jean Jacques*: Vom Gesellschaftsvertrag oder Grundsätze des Staatsrechts; 1988, S.30 ff., in der zweiten Fn. auf S.31 bezugnehmend auf *Macchiavelli*, sowie S.112 ff.; auch *Rommelspacher, Peter*: Schlichtung und Tarifautonomie; 1979, S.114; die Koalitionsfreiheit sichert eine Optimierung der Interessen eben nur für die Beteiligten, nämlich Arbeitnehmer und Arbeitgeber, nicht aber die der Allgemeinheit oder Dritter. Eine Gemeinwohlbindung der Tarifpartner ist daher undenkbar. Der Staat allerdings erzwingt nötigenfalls das Gemeinwohl, vgl. *Bleckmann, A.*, Staatsrecht, S.822; dazu *Peter Badura*: Die Tarifautonomie im Spannungsfeld von Gemeinwohlerfordernissen und kollektiver Interessenwahrung, in: AöR, 104 (1979), S.246 ff.; *Jürgen Knebel*, Koalitionsfreiheit und Gemeinwohl, 1978.

"prinzipielle Distanz ... zum rechts- und sozialstaatlichen Schutze des letzteren (sc. des Staates) und zur demokratisch-legitimierenden Gestaltung der ersteren (sc. der privaten Freiheit) ..." liegt[115].

Der Staat darf sich nicht privatisieren, weder durch Bildung von Organisationen privaten Rechts zur Erfüllung seiner Aufgaben noch zur Beleihung von Privaten mit staatlichen, hoheitlichen Aufgaben, die diese zu erfüllen haben[116].

Daher scheidet jede Verpflichtung gesellschaftlicher Freiheitsbereiche auf (staatsorganisatorische) Demokratie- oder Demokratisierungsgebote und auch auf das Gemeinwohl von Verfassung wegen aus[117].

Wäre dem nicht so, dann müßten das momentane Verhalten der Gewerkschaften, insbesondere das der IG Metall und der ÖTV zum einen und das des Deutschen Beamtenbundes zum anderen als das Gemeinwohl schädigend und damit zu unterbinden angesehen werden: Beide Koalitionen fordern jeweils für ihre Mitglieder eine Anhebung der Löhne und Gehälter bzw. der Besoldung um 10,5 v.H. Die Wiedervereinigung der Bundesrepublik Deutschland mit dem Gebiet der ehemaligen Deutschen Demokratischen Republik erfordert zur Zeit durchaus eine besondere Maßhaltung aller Tarifparteien in ihren Forderungen, auch und gerade von den Staatsdienern. Das darf insbesondere vor dem Hintergrund Geltung beanspruchen, daß den neuen Bundesländern Mecklenburg-Vorpommern, Sachsen-Anhalt, Brandenburg, Thüringen und Sachsen zur Zeit die für eine florierende Wirtschaft erforderliche Investitionstätigkeit der Unternehmer fehlt[118]. Die weiterhin von der Deutschen Bundesbank verfolgte Hochzinspolitik und die damit verbundene Liquiditätsknappheit erleichtert die Situation der neuen Bundesländer in keiner Weise; sie sind mehr noch als die anderen Bundesländer auf das Steueraufkommen von Unternehmen und deren Arbeitskraftpotential angewiesen, um die Flut von Arbeitslosen in den neuen Bundesländern bewältigen zu können. Unter Berücksichtigung dieser Umstände darf die Forderung des öffentlichen Dienstes, der bereits 1974 mit hohen Tarifabschlüssen ein schlechtes Beispiel für maßvolle Tarifpolitik gegeben hatte, als absurd angesehen werden, gleichermaßen jedoch als ein

115 s. *Scholz, Rupert*: Pressefreiheit und Arbeitsverfassung - Verfassungsprobleme im Tendenzschutz und innere Pressefreiheit; 1978, S.133 f.

116 Vgl. dazu ausführlich *Schachtschneider, K. A.*, Staatsunternehmen und Privatrecht, passim.

117 Vgl. *Scholz, R.* Pressefreiheit und Arbeitsverfassung, S.134; *ders.*, Paritätische Mitbestimmung und Grundgesetz - verfassungsrechtliche Fragen zur gesetzlichen Einführung der paritätischen Unternehmensmitbestimmung, 1974, S.28 ff.

118 So der Tenor des Vortrages von Prof. Dr. Werner Münch, Ministerpräsident des Bundeslandes Sachsen-Anhalt, in einer Ansprache vor einer Versammlung des Deutschen Mittelstandes am 14. Januar 1992 in der Stadthalle Hannover, organisiert vom Niedersächsischen Sparkassen- und Giroverband e.V., Hannover.

Fallbeispiel dafür, daß private Gruppen[119] tatsächlich ihre besonderen Interessen verfolgen, die sich zum Teil nicht mit denen des Allgemeinwohles in Übereinstimmung bringen lassen.

Ein Streik schädigt das Gemeinwohl durch partielle Lähmung der Volkswirtschaft[120]. Weil die Koalitionen die Arbeitskampffreiheit genießen, verbietet es sich schon von daher und damit aus Art.9 Abs.3 GG, den Koalitionen eine Gemeinwohlbindung ihrer Handlungen aufzuerlegen.

Im folgenden wird nun näher auf die Tarifautonomie einzugehen sein, die einen Kernbereich, einen Teil der politischen Leitentscheidung des Art.9 Abs.3 GG, ein institutionell garantiertes Koalitionsmittel darstellt. Sie ist, wie zu zeigen sein wird, die Privatautonomie auf dem Gebiet der tariflichen Einigung und unter der Koalitionsfreiheit und damit ein Kernbereich koalitionsrechtlicher Betätigung[121]. Im Zusammenhang mit der Tariffähigkeit wird dann auch der Charakter des Tarifvertrags darzustellen sein. Da mit dem Streik wie auch der Aussperrung ein tarifvertraglich zu regelndes Ziel verfolgt werden muß, soll später noch gezeigt werden, daß die Arbeitskampffreiheit lediglich ein Konnexinstitut der Koalitionsfreiheit darstellt, das als Ergänzung der Privatautonomie auf dem Gebiet der summiert-individualen arbeitsrechtlichen Vertragsfreiheit im Sinne der Erhaltung der äußeren Freiheit der Bürgersinnvoll ist, ansonsten aber als politischer Streik nur im Rahmen des Widerstandsrechts aus Art.20 Abs.4 GG und nur bei Vorliegen des dort festgelegten Tatbestandes ausgeübt werden darf.

---

119 Die Angestellten im öffentlichen Dienst stellen materiell-rechtlich aber Staatsdiener dar; insofern erscheint ihre Forderung auch vor dem Hintergrund der staatlichen Alimentation absurd.

120 Vgl. *Richardi, Reinhard*: Selbstgestaltung der Arbeitskampfordnung durch Tarifvertrag und Verbandssatzung, in: RdA, 1986, S.154; in diesem Sinne auch *Schachtschneider, Karl Albrecht*: Imperative Lohnleitlinien unter dem Grundgesetz, in: Der Staat, 1977, S.500 f.

121 Vgl. *Hottgenroth, Ralf*: Die Verhandlungspflicht der Tarifvertragsparteien; 1989, S.89 m.w.N.

E. Tarifautonomie als Koalitionsbetätigungsgarantie

Für die Erörterung des eigentlichen Themas der Arbeit, der Tariffähigkeit unter verfassungsrechtlichen Gesichtspunkten, ist es notwendig, die einzelnen Tarifvertragstheorien kritisch zu betrachten. Aus ihnen ergeben sich bei strikter Durchhaltung und Anwendung der in ihnen niedergelegten Argumente weittragende Konsequenzen für die Autonomie auf dem Lebensgebiet der Arbeits- und Wirtschaftsbedingungen und damit auch für die Befugnis der Teilhabe an dieser Autonomie. Außerdem kann man bereits an der Dogmatik, die den Tarifvertragstheorien zugrundegelegt wird, erkennen, auf welcher Grundrechtslehre und also auf welchem Autonomieverständnis die Tarifvertragslehre basiert. Es ist daher geboten, die näheren Bedingungen zu durchleuchten, auf denen diese Lehren bestehen können, um dann herauszufinden, ob eine Tarifvertragslehre existiert, die mit dem Autonomiebegriff, wie er oben knapp dargelegt wurde[1] und demzufolge vorausgesetzt wird, und der daraus resultierenden Sichtweise der Koalitionsfreiheit, aus der die Tarifautonomie als die Freiheit der Betätigung auf dem Gebiet der Wahrung und Förderung der Arbeits- und Wirtschaftsbedingungen hervorgeht, zusammen bestehen kann.

Insbesondere stützen bestimmte Tarifvertragslehren die Mächtigkeitslehre, die das Bundesarbeitsgericht und ihm folgend auch das Bundesverfassungsgericht vertreten. Sind den Koalitionen nämlich bestimmte staatsgleiche Rechtsetzungsbefugnisse durch den Gesetzgeber delegiert worden, so sind daraus Anforderungen, die von den Koalitionen zu erfüllen sind, abzuleiten, unter anderem eben auch das Erfordernis der hinreichenden sozialen Durchsetzungsfähigkeit oder Mächtigkeit oder Leistungsfähigkeit. Koalitionen wären dann also staatliche Gebilde, die, mit hoheitlicher, jedenfalls aber staatlicher Macht beliehen, für die öffentliche Ordnung auf dem Lebensgebiet der Arbeits- und Wirtschaftsbedingungen zu garantieren hätten. Nun wurde bereits dargelegt[2], daß die Koalitionen keinesfalls staatliche Gebilde, sondern vielmehr private Vereinigungen darstellen. Es besteht daher kein Grund, sie staatlicherseits wie eine staatliche Institution zu privilegieren[3]. Das wirkt sich auch auf die Geltung der Tarifvertragslehren aus; diese sind im folgenden kritisch zu analysieren.

---

1 s. sub C. III.

2 s. o. sub D. III.

3 Dazu u. sub. F.

I. Tarifhoheit oder Privatrechtsgeltung?

In Lehre und Rechtsprechung kommen unterschiedlichste Theorien für die Auslegung und die Bestimmung der Qualität des Inhaltes von Tarifverträgen zur Anwendung. Allen ist gemeinsam, daß sie drei Charakteristika des Tarifvertrags zu ergründen und zu belegen versuchen. Es sind dies die Qualität der Tarifvertragsregelungen, die verfassungsrechtliche Begründung der Betätigung der Koalitionen auf dem Gebiet des Tarifvertragsrechts und die dogmatische Begründung der tarifvertraglichen Vereinbarungsbefugnis[4]. Das erste Charakteristikum des Tarifvertrags scheint bereits im Begriff selbst enthalten zu sein: Der Tarifvertrag ist rechtstechnisch als Vertrag in § 1 TVG qualifiziert. Doch schon beim zweiten Hinsehen fällt auf, daß der Tarifvertrag unmittelbar und unabdingbar auf die durch ihn erfaßten Einzelarbeitsverträge einwirkt und diese Unabdingbarkeit sich nicht mit den Bestimmungen des bürgerlich-rechtlichen Vertragsrechts erklären läßt[5]. Für die Einzelarbeitsverträge stellt der Tarifvertrag quasi objektives Recht dar, an das diese gebunden sind. Fraglich ist nun, ob dieser Tatbestand die entsprechenden Normen des Tarifvertrags in die Nähe von Gesetzesnormen rückt, oder ob sie vielmehr weiterhin ihre privatrechtliche Natur behalten. Dies hängt nicht zuletzt auch von der Beantwortung der Frage ab, ob der Gesetzgeber die Rechtssetzungsmacht im speziellen Fall der Festlegung von Arbeits- und Wirtschaftsbedingungen auf die Koalitionen delegiert hat oder ob diese sich ebenso wie die allgemeine Vertragsfreiheit aus der Privatautonomie ergibt, mithin aus Art.2 Abs.1 GG[6].

---

4 Vgl. *Hinz, Manfred O.*: Tarifhoheit und Verfassungsrecht - eine Untersuchung über die tarifvertragliche Vereinbarungsgewalt, 1971; *Richardi, Reinhard*: Kollektivgewalt und Individualwille bei der Gestaltung des Arbeitsverhältnisses, 1968, S.130 ff., insbes. S.137; *Sinzheimer, Hugo*: Der korporative Arbeitsnormenvertrag, 1. Teil, 2. A.; 1977, S.69 ff.

5 Vgl. *Adomeit, Klaus*: Zur Theorie des Tarifvertrags, in: RdA, 1967, S.297; eine ausführliche Darstellung findet sich bei *Matthias May*: Die verfassungsrechtliche Zulässigkeit der Bindung von Außenseitern durch Tarifverträge, 1989, S.41.

6 In diesem Zusammenhang, wenn auch nicht zum Thema dieser Arbeit gehörend, ergibt sich die Frage auch nach dem Charakter und der Rechtsnatur der Betriebsvereinbarung gem. § 77 BetrVerfG, für deren Erklärung ebenfalls zwei grundsätzlich verschiedene Ansichten existieren. Die eine geht von einem privatrechtlichen Vertrag aus, der zwischen dem Arbeitgeber und den Arbeitnehmern, diese vertreten durch den Betriebsrat, geschlossen wird, die andere Ansicht hält die Betriebsvereinbarung für einen autonomen Normenvertrag (so namentlich *Bogs, Walter*: Autonomie und verbandliche Selbstverwaltung im modernen Arbeits- und Sozialrecht, in: RdA, 1956, S.2). *Fitting, Karl/ Auffarth, Fritz/ Kaiser, Heinrich*: Betriebsverfassungsgesetz, 14. A., 1984, S.812 ff., wollen wegen der Unmittelbarkeit und Unabdingbarkeit der Geltung einer Betriebsvereinbarung gem. § 77 Abs.4 S.1 BetrVerfG für ihre Rechtsnatur die h.M. des Tarifvertrags übernehmen, die von einer staatlichen Delegation der Rechtssetzungsbefugnis ausgeht.

Für die übersichtliche Darstellung der Theorien, die es im einzelnen im Sinne des Art.9 Abs.3 GG, der im Lichte der republikanischen Grundrechtslehre gesehen werden muß, zu beurteilen gilt, ist es sinnvoll, eine Einteilung der Tarifvertragstheorien in drei Abschnitte vorzunehmen. Im ersten Teil sollen privatrechtliche Deutungen dargestellt werden; der zweite Teil wird den Lehren gewidmet, die von der öffentlichen Funktion der Gewerkschaften und Arbeitgeberverbände ausgehen und ihnen damit einen Status zwischen privatem und öffentlichem Recht zugestehen wollen, gewissermaßen als in der Gesellschaft öffentlich, wenngleich nicht staatlich wirkende Faktoren, die daher nicht mehr rein privatrechtlich zu beurteilen seien. Diese Lehren werden daher als funktionalistische Lehren aufgeführt[7], weil sie sich der Funktionsfähigkeit der Institution "Tarifvertragssystem" unterordnen; als letzte Gruppe sollen die Tarifvertragslehren erläutert werden, die auf eine reine öffentliche Aufgabenerfüllung der Koalitionen abstellen und ihnen daher auch eine staatlich delegierte Rechtssetzungsbefugnis zuerkennen wollen[8]; die wohl bekannteste Lehre stellt die sog. Delegationslehre dar.

II. Rein privatrechtliche Tarifvertragslehren

1. Lehre vom kollektiven Schuldvertrag - Erwin Jacobi

Diese Tarifvertragslehre beruht auf einem bestimmten Verständnis des objektiven Rechts. So wird der Rechtssatz definiert als "eine nach allgemeinen Merkmalen erfolgende, für den Einzelfall verbindliche Ordnung äußerer menschlicher Beziehungen mit einer von freiwilliger Unterwerfung unabhängigen, selbstherrlichen Geltungskraft"[9]. Staatliches Recht besitze danach selbstherrliche Geltungskraft, weil es unabhängig vom Willen der ihm Unterworfenen sei. Anders verhalte es sich mit der rechtsgeschäftlichen Satzung: Sie gelte, weil die Geltung dem Willen der Beteiligten entspreche. Das Rechtsgeschäft ist folglich ein Tatbestand, an den ein Rechtssatz die Wirkung der Entstehung, Änderung oder Aufhebung von Rechtsverhältnissen nach der Vertragsparteienvereinbarung knüpft. So sei diese rechtsgeschäftliche

---

7 Vgl. dazu *Hinz, M. O.*, Tarifhoheit und Verfassungsrecht, S.34, der von der "sozialen Faktizität" spricht, die diese Theorien präge.

8 So z.B. auch *Scholz, Rupert/ Konzen, Horst*: Die Aussperrung im System von Arbeitsverfassung und kollektivem Arbeitsrecht; 1979, S.107, 125; demnach vertreten auch andere als die Anhänger der Delegationstheorie eine öffentliche Aufgabenstellung an die Koalitionen; diese Ansicht relativiert und schwächt ab hinsichtlich einer nicht mehr staatlich, öffentlich-rechtlich, sondern öffentlich wirksamer Aufgabenstellung *Scholz, Rupert*: Koalitionsfreiheit, in: HStR VI, 1989, S 1136, Rdnr. 37.

9 Vgl. *Jacobi, Erwin*: Grundlehren des Arbeitsrechts, 1927, S.76.

Satzung kein Rechtssatz, sondern gelte gemäß der Rechtsordnung und den Rechtssätzen des Staates[10].

Für den Tarifvertrag hat das folgende Konsequenzen: Tritt der Arbeitnehmer oder der einzelne Arbeitgeber durch Willenserklärung einem Verband bei, der sich die Wahrung und Förderung der Arbeits- und Wirtschaftsbedingungen zum Zweck und Ziel gesetzt hat, und schließt dieser Verband nun gemäß seiner sich selbst gegebenen Zweck- und Zielsetzung einen Tarifvertrag ab, so tritt die Wirkung der im Tarifvertrag vereinbarten Regelungen in Abhängigkeit vom Willen der Mitglieder der Tarifvertragsparteien ein.

> "Der einzelne hat seinen Willen, sich unter die Arbeitsbedingungen des Tarifvertrags zu stellen, durch Eintritt in den tariffähigen Verband ... bekundet. Er findet insofern in dem, was der Verband für ihn vereinbart, seinen eigenen Willen wieder"[11].

Damit erfüllen die im Tarifvertrag festgelegten allgemeinen Arbeitsbedingungen nicht den Tatbestand des selbstherrlich verbindlichen Wollens, mithin des Rechtssatzes, sondern den des rechtsunterstellten Wollens, also des Rechtsgeschäftes[12]. Daß der Gesetzgeber nun eine Unabdingbarkeit der Tarifvertragsparteien einführte, die Rechtsprechung und Lehre so sehr irritiert hat, entspräche lediglich dem Willen der Tarifvertragsparteien, so daß dem Willen des Individuums das zugerechnet werde, was der Verband innerhalb seiner Zuständigkeit für die Einzelarbeitsverträge der Individuen vereinbart habe. Damit habe der Gesetzgeber dem Umstand Rechnung getragen, daß der Verbandswille dem Willen der einzelnen Mitglieder nicht so weit entfernt gegenüberstehe wie der Wille einer dritten Person.

Aufgrund der Tatsache, daß der Tarifvertrag ein Rechtsgeschäft darstelle, sei es nicht gerechtfertigt, ihn in zwei Teile, den obligatorischen und den normativen, zu zerlegen[13]. Der Tarifvertrag stelle einen schuldrechtlichen Vertrag dar, weil er schuldrechtliche Verpflichtungen sowohl des Verbandes als auch der Verbandsmitglieder beinhalte, wobei die von den Verbänden geschlossenen Regelungen für die Verbandsmitglieder gelten. Daher sei der Tarifvertrag ein kollektiver Schuldvertrag, der dem Verbands- und Sozialrecht als einem Teil des Privatrechts zuzuordnen sei[14].

Daß es sich bei dem Tarifvertrag nur um einen privaten Vertrag handeln kann, folgt aus der Tatsache, daß die Tarifvertragsparteien Subjekte des privaten Rechts sind. Es ist undenkbar, daß Private in ihrer Privatheit befugt sein sollten, objektives Recht zu setzen, will der Staat selbst nicht Gefahr laufen, seine hoheitliche Macht an Private zu verlieren[15]. Daraus folgt, daß die

---

10 Vgl. *Jacobi, E.*, Grundlehren, S.77.

11 Vgl. *Jacobi, E.*, Grundlehren, S.273.

12 Vgl. *Jacobi, E.*, Grundlehren, S.273 f.

13 Vgl. *Jacobi, E.*, Grundlehren, S.276.

14 Vgl. *Jacobi, E.*, Grundlehren, S.383 f., 423 f.

15 So auch das Ergebnis von *Carl Schmitt*: Grundrechte und Grundpflichten, in: *ders.*,

Tarifvertragsparteien bei der Festlegung des Vertragsinhaltes ebensowenig der Grundrechtsbindung unterliegen wie der Vertragsinhalt als solcher.

Die Lehre vom kollektiven Schuldvertrag ist von der Lehre nicht aufgegriffen worden. Sie wird zumeist abgelehnt. Dabei wird die Kritik auf Bestimmungen des Tarifvertragsgesetzes gegründet, die keine Entsprechungen in der Tarifvertragsverordnung[16], auf die sich die Lehre vom kollektiven Schuldvertrag bezog, fanden[17]. Dies kann ohne weitere Erklärungen nicht überzeugen und muß daher näher betrachtet werden. Als Beleg für diese Kritik wird die Vorschrift des § 3 Abs.2 TVG herangezogen, nach der Rechtsnormen über betriebliche und betriebsverfassungsrechtliche Fragen für alle Betriebe und damit auch für die Außenseiter gelten, deren Arbeitgeber tariflich gebunden sind. Daraus folgern die Kritiker, daß das Tarifvertragsgesetz für die Geltung von Tarifvertragsbestimmungen nicht auf die Zugehörigkeit zu einem Tarifverband abstelle; dies aber fordere gerade die Lehre vom kollektiven Schuldvertrag[18]. Folglich könne die Geltung der Tarifvertragsbestimmungen mit dieser Lehre nicht mehr erklärt werden[19]. Dies ist allerdings nicht exakt. Die Argumentation gegen die Lehre vom kollektiven Schuldvertrag geht von der Ausnahme anstatt der Regel aus[20]. Grundsätzlich ist die Geltung der Regeln des Tarifvertrags weiterhin von der Zugehörigkeit zu einem Verband bzw. zu einer vertragsschließenden Seite abhängig. Es gibt überdies gute Gründe für eine Regelung, wie sie in § 3 Abs.2 TVG niedergelegt ist. So kann es nicht sinnvoll sein, bei der Nutzung von Kantinen und weiteren Sozialräumen als Arbeitgeber zwischen organisierten und nicht organisierten Arbeitnehmern differenzieren zu müssen oder Torkontrollen oder tarifliche Vereinbarungen über Gleitzeitregelungen nur für Gewerkschaftsmitglieder gelten zu lassen. Es würde unter Umständen wesentlich mehr Kosten verursachen, Differenzierungen zuzulassen, als eine einheitliche Regelung zu vereinbaren. Weil aber der Arbeitgeber sich nicht stets gegenüber den Gewerkschaften durchsetzen können wird und zudem die Frage der Zulässigkeit von

---

Verfassungsrechtliche Aufsätze aus den Jahren 1924-1954 - Materialien zu einer Verfassungslehre, 3. A., 1983, S.212, der feststellt, daß dann aus einer Demokratie ein pluralistischer Verbandsstaat werden würde. Das aber würde eine Wandlung der Macht des Staates bedeuten, der dann von Partikularinteressen und nicht mehr vom Streben nach dem Gemeinwohl bestimmt wäre; in diesem Sinne *Schachtschneider, Karl Albrecht*: Res publica res populi - Manuskript, 1992, sub VI., 6.

16 Verordnung über Tarifverträge, Arbeiter- und Angestelltenausschüsse und Schlichtung von Arbeitsstreitigkeiten vom 23.12.1918, in RGBl. 1918, S.1456.

17 Vgl. *Hinz, M. O.*, Tarifhoheit und Verfassungsrecht, S.38.

18 Vgl. *Nikisch, Arthur*: Arbeitsrecht - II. Band: Koalitionsrecht, Arbeitskampfrecht und Tarifvertragsrecht, 2. A., 1959, S.215.

19 *Jacobi*, Grundlehren, S.273 f., schlug eine § 3 Abs.2 TVG entsprechende Regelung für die TVVO vor, nannte sie jedoch auch bedenklich, ohne dies näher zu hinterfragen. Den Kritikern *Jacobis* stimmen auch *Wiedemann, Herbert/ Stumpf, Hermann*: Tarifvertragsgesetz, 5. A., 1977, S.421, zu.

20 Vgl. *Hinz, M. O.*, Tarifhoheit und Verfassungsrecht, S.39.

Differenzierungsklauseln, in denen eine Besserbehandlung der Gewerkschaftsmitglieder gegenüber den nicht organisierten Arbeitnehmern im Betrieb und im allgemeinen vereinbart werden soll, noch immer nicht ganz geklärt zu sein scheint[21], war es angemessen, eine solche Regelung gesetzlich einzuführen, zumal eine unverhältnismäßige Einschränkung der Koalitionsfreiheit darin nicht gesehen werden kann[22]. Auf diese Weise betrachtet, dürfte eine an § 3 Abs.2 TVG anknüpfende Kritik an der Lehre vom kollektiven Schuldvertrag, wenngleich nicht gegenstandslos, so doch wenigstens durch die praktische Vernünftigkeit dieser Regelung entkräftet sein. Die Autonomie der nichtorganisierten Arbeitnehmer des Betriebes, für den eine Gewerkschaft Regelungen auch zu Lasten der Betroffenen mit dem Arbeitgeber vereinbart hat, ist insofern nicht gefährdet, als die Regelungen ihre Grenzen im Gesetz, dort zum Beispiel in den guten Sitten oder in Verboten finden. Auch dürfen bestimmte Kompetenzen des Betriebsrates nicht übergangen werden, der Kernbereich dessen Betätigung darf nicht beeinträchtigt werden[23].

Nach einer anderen Meinung soll aus § 2 Abs.3 TVG, der bestimmt, daß Spitzenorganisationen selbst Tarifvertragsparteien sein können, entnommen werden können, daß die Zugehörigkeit der Arbeitnehmer oder Arbeitgeber zu einem Verband nicht ursächlich für die Verbindlichkeit der Tarifverträge für die einzelnen Mitglieder sein kann, schließlich fehle bei einem Tarifvertragsabschluß zwischen Spitzenverbänden die unmittelbare Beziehung zum einzelnen Mitglied[24]. Auch dieses Argument greift nicht, wenn man sich vor Augen führt, daß sich das Handeln des Spitzenverbandes auf den Willen der einzelnen Mitgliedsverbände und deren einzelne Mitglieder zurückführen läßt: Die Mitglieder einer Gewerkschaft sind dieser freiwillig beigetreten. Sie könnten sich darüber informieren, in welchen Organisationen ihre Gewerkschaft Mitglied ist, und werden diese Mitgliedschaft nicht nur billigend, sondernd begrüßend in Kauf genommen haben. Schließlich steigert diese Mitgliedschaft

---

21 Vgl. für die Unzulässigkeit wegen Verstoßes gegen die negative Koalitionsfreiheit *Bötticher, Eduard*: Tarifliche Zuschläge für Gewerkschaftsangehörige, in: BB, 1965, S.1079; *Hueck, Alfred*: Tarifausschlußklauseln und verwandte Klauseln im Tarifvertragsrecht, 1966, S.37; *Nikisch, A.*, Arbeitsrecht - II, S.37; *Säcker, Franz Jürgen*: Grundprobleme der kollektiven Koalitionsfreiheit, 1969, S.126; *Lieb, Manfred*: Arbeitsrecht, 3. A., 1984; S.104 f.; BAG vom 29.11.1967, in BAGE Bd. 20, S.175; für die Zulässigkeit dagegen *Gamillscheg, Franz*: Die Differenzierung nach der Gewerkschaftszugehörigkeit, 1966, S.63 ff.; *Krüger, Herbert*: Sinn und Grenzen der Vereinbarungsbefugnis der Tarifvertragsparteien, in: Verhandlungen des 46. Deutschen Juristentages, Bd.1, 1966, S.93; *Söllner, Alfred*: Zu Sinn und Grenzen der Vereinbarungsbefugnis der Tarifvertragsparteien, in: ArbuR, 1966, S.262.

22 Vgl. *Biedenkopf, Kurt H.*: Grenzen der Tarifautonomie, 1964, S.310; *Gamillscheg, F.*, Differenzierung, S.97; *Hueck, A./ Nipperdey, H. C.*, Lehrbuch, 2. Bd./ 1. Halbbd., S.482; *Säcker, Franz Jürgen*: Gruppenautonomie und Übermachtskontrolle im Arbeitsrecht, 1972, S.331; a.A. *Richardi, R.*, Kollektivgewalt, S.229.

23 Vgl. dazu im einzelnen *Wiedemann, H./ Stumpf, H.*, TVG, S.423 f.

24 Vgl. *Bogs, Walter*: Zur Entwicklung der Rechtsform des Tarifvertrags, in: Festschrift für Julius von Gierke, 1950, S.53 f.; auch *Nikisch, A.*, Arbeitsrecht - II, S.215.

zum Beispiel im DGB die Macht der Gewerkschaft auf dem Arbeitsmarkt erheblich. Insofern ist die Spitzenorganisation zum Vertragsabschluß für ihre Mitglieder, mittelbar für deren Mitglieder, legitimiert, es gilt das Konsensprinzip[25]. Auf eine unmittelbare Beziehung zwischen dem Verband und dem einzelnen Mitglied kommt es nicht an[26]. So kann auch § 2 Abs.3 TVG nicht als Argument gegen die Lehre vom kollektiven Schuldvertrag angeführt werden.

Problematisch ist allerdings das Verständnis Jacobis bezüglich der Selbstherrlichkeit, mit der das staatlich gesetzte Recht seine Geltungskraft entfaltet. Seiner Meinung nach gilt es unabhängig vom Willen des Staatsbürgers[27]. Das ist falsch. Da die Abgeordneten des Parlamentes als Mitglieder der Legislative die Repräsentanten des ganzen Volkes sind und vom Volk gewählt werden, ist davon auszugehen, daß das gesamte Volk zu Gesetzen, die verabschiedet worden sind, seine Zustimmung gegeben hat[28]. Die Zustimmung kann man gleichermaßen in der Tatsache erblicken, daß der Staatsbürger nicht ausgewandert[29]. Die Grundrechtsbindung des Gesetzgebers wie auch der anderen staatlichen Gewalten ist aber notwendig, damit das Gemeinwohl, um dessentwillen der Staat existiert[30], überhaupt verwirklicht und gleichzeitig eine größtmögliche Freiheit für alle Individuen garantiert werden kann[31].

2. Die Lehre von der sozialen Vormundschaft - Thilo Ramm

Diese Lehre baut darauf auf, daß der Gesetzgeber die Tarifvertragsregelungen als Rechtsnormen bezeichnet hat. Dem Gesetzgeber ist es unbenommen, den Tarifvertragsregelungen unmittelbare und zwingende Wirkung beizulegen und ihnen damit eine gesetzesähnliche Wirkung zu verleihen, er kann sie jedoch nicht zu Gesetzen erheben[32]. Für Ramm ist der Begriff der Rechtsnorm allerdings an den Begriff des materiellen Gesetzes gebunden, so daß seiner Meinung nach der Gesetzgeber seine Zuständigkeit weit überschritten habe. Daher sei die Qualifikation der Tarifvertragsregeln als Rechtsnormen nicht

---

25 Vgl. *Schachtschneider, K. A.*, Res publica res populi, sub VI., 6.

26 Vgl. *Hinz, M. O.*, Tarifhoheit und Verfassungsrecht, S.39.

27 Vgl. *Jacobi, E.*, Grundlehren, S.76.

28 Dazu oben sub C.III.

29 Vgl. *Zöllner, Wolfgang*: Die Rechtsnatur der Tarifnormen nach deutschem Recht; 1966, S.32.

30 Vgl. *Schachtschneider, K. A.*, Res publica res populi, sub IV., 3.; *Häberle, Peter*: Die Wesensgehaltsgarantie des Artikel 19 Abs.2 GG, 3. A., Heidelberg, 1983, S.201, *ders.*: Grundrechte im Leistungsstaat, in VVDStRL 30, S.57, s. auch o. sub C. III.

31 Vgl. *Schachtschneider, K. A.*, Res publica res populi, sub VIII., 1.; *Schmitt, C.*, Grundrechte und Grundpflichten, S.132.

32 Vgl. *Ramm, Thilo*: Die Parteien des Tarifvertrags - Kritik und Neubegründung der Lehre vom Tarifvertrag, 1961, S.84 ff., auch: Die Rechtsnatur des Tarifvertrags, in: JZ, 1962, S.78 ff.

bindend. Da die Regelungen des Tarifvertrags dem Willen der Tarifvertragsparteien entspringen, sei der Vertrag in Gänze ihnen und nicht dem Staat rechtstheoretisch zuzuordnen[33]. Das belege auch § 4 Abs.3 TVG, nach dem die Geltungsdauer und der Umfang der Geltung vom Willen der Tarifvertragsparteien abhängt. Schließlich können beide Tarifvertragsparteien gemeinsam in einem Vergleich den Verzicht auf entstandene tarifliche Rechte geltend machen, sie können für die Geltendmachung zudem Ausschlußfristen setzen[34]. Überdies sei die Geltungskraft einer staatlichen Rechtsnorm, eines materiellen Gesetzes also, einheitlich, entweder dispositiv oder zwingend; im Tarifvertragsrecht dagegen sei eine Tarifvertragsregelung nur dann zwingend, solange eine abweichende Regelung den Arbeitnehmer nicht besser stelle als die Regelung selbst[35].

Die Parteien, die den Tarifvertrag abschließen, werden in der Differenzierungstheorie[36] unterschiedlich berücksichtigt. Dabei stützt sich diese Lehre auf § 2 Abs.1 TVG, nach dem nicht nur Arbeitgeberverbände und Gewerkschaften, sondern auch einzelne Arbeitgeber tariffähig sind; dies läßt sich durch das Arbeitskampfrecht belegen, demzufolge nur ein Streik, zu dem eine Gewerkschaft aufgerufen habe, rechtmäßig sei, dagegen jede Aussperrung, auch wenn nur ein einzelner Arbeitgeber diese vollziehe, rechtmäßig sei[37]. Aufgrund der unterschiedlichen sozialen Stellung von Arbeitnehmern und Arbeitgebern sei eine Differenzierung in der tarifrechtlichen Behandlung angemessen. Faktisch seien primär nur die Arbeitnehmer gezwungen, sich zu Koalitionen zusammenzuschließen. Aus diesen unterschiedlichen sozialen Positionen folge, daß das Verhältnis von Arbeitgebern und ihren Verbänden einerseits und zwischen Arbeitnehmern und ihren Gewerkschaften andererseits unterschiedlich zu bewerten sei[38]. Beim Abschluß des Tarifvertrags handele der Arbeitgeberverband auch aus eigenem Recht neben dem ihm zugehörigen einzelnen Arbeitgeber; auf der Arbeitnehmerseite gälte dies nur für die Spitzenorganisationen und die in ihnen zusammengefaßten Gewerkschaften. Insgesamt komme es in diesen Fällen nicht auf eine ausdrückliche Vollmachtserteilung oder ein ausdrückliches Handeln im Namen der Mitglieder an[39].

Folglich ist der Arbeitgeber durch die Vertretung unmittelbar an den Tarifvertrag für jeden einzelnen Arbeitsvertrag, der von jenem erfaßt wird, gebunden[40]. Für die Arbeitnehmer gestalte sich die Erklärung der Unmittelbarkeit und der Unabdingbarkeit jedoch anders. Die Gewerkschaft sei das

---

33 Vgl. *Ramm, Th.*, Die Parteien des Tarifvertrags, S.85.

34 Vgl. *Ramm, Th.*, Die Parteien des Tarifvertrags, S.85.

35 Vgl. *Ramm, Th.*, Die Parteien des Tarifvertrags, S.85 f.

36 Vgl. *Ramm, Th.*, Die Parteien des Tarifvertrags, S.69 f.

37 Vgl. *Ramm, Th.*, Die Parteien des Tarifvertrags, S.70.

38 Vgl. *Ramm, Th.*, Die Parteien des Tarifvertrags, S.74 f.

39 Vgl. *Ramm, Th.*, Die Parteien des Tarifvertrags, S.75; zu den einzelnen Herleitungen auch *Hinz, M. O.*, Tarifhoheit und Verfassungsrecht, S.43.

40 Vgl. *Ramm, Th.*, Die Rechtsnatur des Tarifvertrags, S.81.

Instrument zur kollektiven Durchsetzung der individuellen Interessen für die sozial Schwachen, so daß eine Interessenidentität zwischen den einzelnen Mitgliedern bestünde; die Gewerkschaft schließe zwar den Vertrag ab, aber wegen der gewollten Interessenverfolgung, die sich im freiwilligen Beitritt bzw. Zusammenschluß äußere, träte die rechtliche Wirkung unmittelbar für den einzelnen Arbeitnehmer ein. Damit sei die individualrechtliche Vertretung zu einer neuen sozialrechtlichen Institution umgebildet worden[41]. Nach ihr trete die Rechtswirkung einer Vertretung ein, der Vollmachtgeber werde selbst verpflichtet, könne jedoch nicht mehr außerhalb des Rahmens, den der Bevollmächtigte durch den Abschluß des Tarifvertrags gebildet habe, rechtsgeschäftlich handeln. Für die Laufzeit seines Tarifvertrags habe er sich vielmehr seiner Vertragsfreiheit partiell begeben[42]. Damit handelt es sich um eine verdrängende, unwiderrufliche Vollmacht.

> "Die Beschränkung der Tariffähigkeit auf die Gewerkschaft enthält eine allerdings nicht totale, sondern nur partielle Entmündigung des Arbeitnehmers oder - um dies weniger schroff und sachgerechter auszudrücken - die Berücksichtigung seiner vom Liberalismus ignorierten faktischen Handlungsunfähigkeit in der Gestaltung seiner Rechtsbeziehungen zu dem sozial übermächtigen Arbeitgeber. Zivilrechtlich ergibt sich eine Parallele zur Rechtsstellung des beschränkt Geschäftsfähigen"[43].

Als Beispiele werden die §§ 112, 113 BGB herangezogen, wobei § 112 BGB dem beschränkt Geschäftsfähigen gestattet, ein Erwerbsgeschäft selbständig zu betreiben, § 113 BGB dem beschränkt Geschäftsfähigen es erlaubt, selbständig ein Dienstverhältnis einzugehen. Ähnlich, nur in entgegengesetzter Wirkungsrichtung, werde die rechtliche Kompetenz des Tarifgebundenen verringert, indem es ihm nunmehr nicht gestattet ist, eine für ihn ungünstigere Regelung mit dem Arbeitgeber zu vereinbaren. Analog § 107 BGB sei es ihm jedoch nicht verwehrt, eine für ihn günstigere Vereinbarung mit dem Arbeitgeber zu treffen[44].

> "Sowohl die soziale Vormundschaft der Gewerkschaften als die gesetzliche Vertretung für den beschränkt Geschäftsfähigen beruht auf der Anerkennung sozialer Notwendigkeiten. Sie liegt bei Minderjährigen und dem in §§ 114 BGB umschriebenen Personenkreis im Fehlen der altersmäßigen Reife bzw. der geistigen oder sittlichen Durchschnittsqualifikation für die Teilnahme am rechtsgeschäftlichen Verkehr, beim Arbeitnehmer in seiner vom Gesetzgeber festgestellten erheblichen sozialen Machtunterlegenheit gegenüber dem Arbeitgeber"[45].

Weil der Arbeitnehmer aber in aller Regel mündig und volljährig sei, habe er sich durch den freiwilligen Beitritt in die Gewerkschaft unter die soziale Vormundschaft gestellt. Diese ist eine Zwischenform zwischen gesetzlicher und gewillkürter Vertretung, weil die eigene rechtsgeschäftliche Handlungs-

---

41 Vgl. *Ramm, Th.*, Die Parteien des Tarifvertrags, S.88 ff.

42 Vgl. *Ramm, Th.*, Die Parteien des Tarifvertrags, S.88.

43 s. *Ramm, Th.*, Die Parteien des Tarifvertrags, S.90.

44 Vgl. *Ramm, Th.*, Die Parteien des Tarifvertrags, S.90.

45 s. *Ramm, Th.*, Die Parteien des Tarifvertrags, S.90.

befugnis im Rahmen des § 4 Abs.3 TVG durch die Mitgliedschaft verdrängt ist. Aus dieser weitgehenden Übereinstimmung von gesetzlicher Vertretung und sozialer Vormundschaft kann auf den privaten und damit subjektiven Charakter der Tarifvertragsregelungen geschlossen werden, besonders da auch die unter gesetzlicher Vertretung erfolgten Vertragsabschlüsse keine Rechtsnormen darstellen[46].

Die Theorie der sozialen Vormundschaft stellt ganz erheblich auf die Privatheit der geschlossenen Tarifverträge ab und sieht in der sozialen Vormundschaft eine durch den Gesetzgeber fortgebildete privatrechtliche Vollmacht der Gewerkschaften[47]. Sie geht für die Gewerkschaften von einer Vertretung aus, für die Arbeitgeber gilt jedoch eine andere Sichtweise, die aus ihrer sozialen Stellung herrührt. Wesentlich scheint jedoch das Verständnis, das Ramm von der gesetzlichen Qualifikation der Tarifvertragsregelungen als Rechtsnormen hat, zu sein. Er behauptet, daß die gesetzliche Rechtsnormenhaftigkeit der im Tarifvertrag getroffenen Regelungen sie zu materiellen Gesetzen macht, wie sie z.B. Rechtsverordnungen darstellen, und folglich habe der Gesetzgeber seiner Meinung nach seine Kompetenz weit überschritten[48]. Dies ist so nicht richtig. Dem Gesetzgeber ist es nicht verwehrt, jegliche Einschränkung der allgemeinen Handlungsfreiheit aus Art.2 Abs.1 GG und auch der Koalitionsbetätigungsfreiheit aus Art.9 Abs.3 GG vorzunehmen, soweit der Wesensgehalt der Grundrechte nicht angetastet wird[49].

> "Eine staatliche Gesetzgebung ist ... erst dann verfassungswidrig, wenn sie die Möglichkeit der Koalitionen, zur Förderung der Arbeits- und Wirtschaftsbedingungen tätig zu werden, auf ein unerträgliches Maß beschränkt."[50]

Darüber hinaus verpflichtet die Staatszielbestimmung des Sozialprinzips aus Art.20 Abs.1, 28 Abs.1 S.1 GG den Staat, die Autonomie seiner Bürger zu wahren und zu fördern[51], und gestattet dies auch über ein unabweisbares Minimum hinaus. In § 4 Abs.1 TVG wird den Arbeitnehmern vom Staat die Mündigkeit beim Vertragsschluß nicht abgesprochen; denn damit wären sie in ihrer Autonomie verletzt. Eine Unabdingbarkeit verhindert aber, daß der Arbeitgeber, der dem Tarifvertrag unterworfen ist, den einzelnen Arbeitneh-

---

46 Vgl. *Ramm, Th.*, Die Parteien des Tarifvertrags, S.90.

47 Vgl. *Hinz, M. O.*, Tarifhoheit und Verfassungsrecht, S.46.

48 Vgl. *Ramm, Th.*, Die Parteien des Tarifvertrags, S.84 ff., auch *ders.*, Die Rechtsnatur des Tarifvertrags, S.78 ff.

49 Vgl. *Schachtschneider, K. A.*, Res publica res populi, sub VIII., 1.; *Häberle, Peter*: Die Wesensgehaltsgarantie des Artikel 19 Abs.2 GG; 3. A., 1983, S.180 ff.; *Stern, Klaus/ Sachs, M.*: Das Staatsrecht der Bundesrepublik Deutschland, Bd. III/ 1, 1988, S.931 f.

50 s. *Wiedemann, H./ Stumpf, H.*, TVG, S.68.

51 Vgl. *Schachtschneider, K. A.*, Res publica res populi, sub IV., 3.; *Häberle*, Wesensgehaltsgarantie, S.201 nennt die Pflicht des Gesetzgebers die Verwirklichung der Freiheit; in diesem Sinne auch *Häberle, P.*, Grundrechte, S.57, der auf den "Gemeinwohlkompetenztatbestand" des Staates abstellt.

mer in Zeiten einer Rezession dazu zwingen kann, weit unter dem Niveau der im Tarifvertrag festgelegten Bedingungen zu arbeiten, um den Arbeitsplatz auch künftig zu behalten. Die Unabdingbarkeit des Inhaltes des privatrechtlichen Tarifvertrags gilt deshalb, weil sie von beiden Parteien so gewollt ist, nicht etwa deswegen, weil das Tarifvertragsgesetz es in § 4 Abs.1 TVG so vorsieht. Die Zwangssolidarisierung der Gewerkschaftsmitglieder, die in einer Unabdingbarkeit der Tarifnormen erblickt werden könnte, ist letztendlich eine freiwillige Entscheidung aller vom Tarifvertrag betroffenen Mitglieder, weil es erstens im Sinne aller Mitglieder liegt, daß niemand aus der Solidargemeinschaft ausbricht und damit eine Inflation von sinkenden Löhnen oder anderen Arbeitsbedingungen auslöst, und weil dies zweitens durch den freiwilligen Beitritt zur Gewerkschaft sanktioniert wurde, bei dem gleichzeitig die Satzung der Gewerkschaft expressis verbis oder dem Brauch gemäß stillschweigend oder konkludent Vertragsbestandteil des Mitgliedschaftsverhältnisses wird. Damit handelt es sich bei der Tarifvertragssetzung um konsensuale Rechtssetzung[52]. Die Wirkung der Vollmacht ist nicht völlig unwiderruflich; denn die Gewerkschaft verliert ihren Vertretungsanspruch gegenüber dem Mitglied in dem Moment, in dem er aus der Gewerkschaft austritt.

III. Funktionalistische Tarifvertragslehren

1. Lehre von der Gerechtigkeitsbindung - Wolfgang Zöllner

Der Tarifvertrag ist grundsätzlich ein privatrechtlicher Vertrag zwischen Rechtssubjekten des privaten Rechts. Die in einem Tarifvertrag vereinbarten Normen kommen ihrer Wirkungsweise zufolge hoheitlichen Normen nahe, sind aber dennoch Gegenstand des Privatrechts[53]. Die Geltung der Normen, denen die organisierten Arbeitnehmer und Arbeitgeber unterworfen seien, hinge von einem rechtsgeschäftlichen Moment, dem freiwilligen Beitritt und dem Konsens der Normunterworfenen, ab. Daher seien Tarifnormen nicht mit staatlichen Normen gleichzusetzen, andererseits seien Tarifnormen auch keine rein privatrechtlichen Vertragsregelungen. Sie stünden vielmehr zwischen beiden Gruppen und seien Beispiel für die mannigfachen Formen des Übergangs zwischen privaten und hoheitlichen Normen; eine scharfe Trennung zwischen beiden sei folglich nicht möglich[54]. Aus dem Begriff der Rechtsnorm allein könne man nicht eine Zuordnung zu der einen oder anderen Gruppe entnehmen. Die Rechtsnorm ist ein Satz, in dem ein Verhalten als gesollt festgelegt wird, so daß sowohl eine generell-abstrakte als auch eine individuell-konkrete Regelung eine Rechtsnorm darstellt[55]; folglich könnten sich auch in

---

52 Vgl. *Schachtschneider, K. A.*, Res publica res populi, sub VI., 6.

53 Vgl. *Zöllner, Wolfgang*: Arbeitsrecht, 2. A., 1979, S.244.

54 Vgl. *Zöllner, W.*, Arbeitsrecht, S.256.

55 Vgl. dazu *Schmidt, Otto*: Die "abstrakte Tarifnorm", in: RdA, 1960, S.288 ff.

privaten Verträgen Rechtsnormen finden. Der generell-abstrakten Normqualität allein könnte man also den hoheitlichen Rechtssatzcharakter nicht entnehmen. Weil aber die Rechtsnormhaftigkeit unbestreitbar sei, andererseits die Rechtsnormen nicht selbstherrlich wie staatliches Recht gelten, bedürfen sie eines privatrechtlichen Sanktionierungsaktes, der im freiwilligen Beitritt zu einem tarifvertragsschließenden Verband gesehen werden müsse[56]. Nur insofern glichen sich Vereinssatzung und Tarifvertrag.

Entscheidend ist nach dieser Tarifvertragslehre die grundsätzliche Unterscheidung zwischen privat gesetztem Recht und dem Bereich des staatlichen Rechts. Dem privatautonom gesetzten Recht fehle die materiale Qualifikation der Verwirklichung des Rechtsgedankens, die vom Gesetzgeber erwartet werde. Die private Gestaltung von Verträgen sei dagegen von Verfolgung privater Vorteile beseelt und also keine Rechtssetzung[57]. Daher stimme der Tarifvertrag mit seiner Qualifikation als Sammlung von Rechtssätzen qua Rechtsetzung durch die Stellung der Tarifpartner als Rechtssetzungsorgane nicht überein. Tarifverträge müßten sich dann durch eine Pflicht zur stärkeren Rücksichtnahme auf die Belange der Gegenseite und die Mitglieder der tarifschließenden Parteien auszeichnen, und sie hätten sich durch eine gewisse Gerechtigkeitsbindung zu qualifizieren. Tarifverträge seien somit keine Privatangelegenheit der Verbände und deren Mitglieder mehr, sondern vielmehr Teil der normativen Ordnung, für deren Sinn und Zweckhaftigkeit der Staat verantwortlich sei, weil dieser sich im Bereich der Tarifautonomie eigener Ordnungstätigkeit enthalte und den Verbänden und damit Tarifvertragsparteien diese Ordnung zur eigenen Verantwortung überläßt. Folglich seien die Tarifparteien an die Gemeinwohlwahrung beim Abschluß von Tarifverträgen gebunden[58]. Auch wenn ein privatrechtliches Element in die Tarifnormenvereinbarung einbezogen wird, handelt es sich dennoch um einen Akt der Rechtsetzung, für den "der alte auf die Privatautonomie gemünzte Satz 'stat pro ratione voluntas' gerade nicht Anwendung finden kann"[59]. Die Bindung an das Gemeinwohl bestehe intentional. Dann erst sei es möglich, die in einem Tarifvertrag getroffenen Regelungen als Rechtssätze zu qualifizieren.

Zöllner schließt in seiner Lehre von der intentionalen Bindung der Tarifvertragsparteien an die Gerechtigkeit von der sozialen Wirkung der Rechtsnormen auf ihre Qualität und folgert aus dieser die Grundrechtsgebundenheit der

---

56 Vgl. *Zöllner, Wolfgang*: Das Wesen der Tarifnormen, in: RdA, 1974, S.446.

57 Vgl. dazu auch *Flume, Werner*: Allgemeiner Teil des bürgerlichen Rechts, 2. Bd.: Das Rechtsgeschäft, 3. A., 1979, S.5 f.; *Flume* lehnt den Gedanken der materialen Richtigkeitsgewähr, der jedem Vertrag immanent sei (und dessen Lehre auf *Schmidt-Rimpler, Walter*: Grundfragen einer Erneuerung des Vertragsrechts, in: AcP, 1941, S.130 ff., zurückgeht), ab.

58 Vgl. *Zöllner, W.*, Arbeitsrecht, S.280 f.; a.A. z.B. *Richardi, Reinhard*: Kollektivvertragliche Arbeitszeitregelung - Fremdbestimmung durch Kollektivnorm oder Regelung der Arbeitsbedingungen für ein rechtsgeschäftliches Dienstleistungsversprechen?, in: ZfA, 1990, S.218.

59 s. *Zöllner, W.*, Arbeitsrecht, S.281.

Tarifregelungen[60]. Seine Argumentation ist aber in sich nicht schlüssig. Er gibt selbst zu, daß der in § 1 TVG enthaltenen Qualifikation der Tarifregelungen als Rechtsnormen allein noch keine Rechtssatzqualität entnommen werden kann. Dann glaubt er, das gefundene Ergebnis der h.L. dadurch anpassen zu müssen, daß er das Resultat, die Bindung der Gewerkschaften und der Arbeitgeberverbände als Teile der staatlichen Ordnung an die Grundrechte, als gegeben vorwegnimmt und nun nur noch nach einem entsprechenden Sanktionierungsakt sucht, um der privaten Rechtsnorm doch noch einen (hoheitlichen, auf jeden Fall aber staatlichen) Rechtssatzcharakter verleihen zu können. Auch er geht also von einer soziologischen Faktizität der Berücksichtigung der Belange der Gegenseite beim Tarifvertragsschluß aus und paßt die Theorie dem empirisch Vorgefundenen an[61]. Für seine Argumentation sind bestimmend die tatsächlichen Machtverhältnisse, sowohl auf Arbeitgeber- wie auch auf Gewerkschafts- und damit auf Arbeitnehmerseite. Daraus ergibt sich aber immer noch keine staatliche Rechtssatzqualität, die dann von Zöllner nicht mehr weiter hinterfragt, sondern als gegeben angenommen wird. Die Kritik an dieser Lehre muß also wieder damit beginnen, nach dem Grund der Qualifikation der Tarifnormen als quasi staatliche Gesetze zu fragen, den Zöllners Lehre der intentionalen Bindung des Tarifvertrags an die Gerechtigkeit aber nicht gibt. Sie klärt vielmehr vor dem Hintergrund des antizipierten Charakters der Tarifnormen als Rechtssätze nur die Reichweite und die Grenzen der tariflichen Rechtsetzung ab. Eine dogmatische Begründung des staatlichen Rechtssatzcharakters fehlt ihr[62].

2. Lehre vom drittbezogenen Normenvertrag - Kurt H. Biedenkopf

Der Tarifvertrag stellt hier einen Normenvertrag dar. Indessen bleiben die gesetzesähnlichen Wirkungen des Tarifvertrags nicht unberücksichtigt. Würde man allerdings an diese den Charakter des Tarifvertrags binden wollen, so ergäbe sich daraus eine Antinomie: Die allgemeine Vertragsfreiheit würde nur dem Vertragscharakter gerecht, den gesetzesähnlichen Wirkungen müßte mit einer Bindung der Tarifvertragsparteien ähnlich der des Gesetzgebers Rechnung getragen werden[63]. Allerdings dürften Mittel, Zweck und Inhalt nicht schematisch voneinander getrennt werden. Der Antinomie könne man nur dann entkommen, wenn man den Tarifvertrag als einheitlich und nicht etwa als in zwei Teile, einen normativen und einen obligatorischen, zergliedert begriffe. Er stelle einen drittbezogenen Normenvertrag dar[64]. Die Drittbezo-

60 So auch *Hinz, M. O.*, Tarifhoheit und Verfassungsrecht, S.50.

61 Dies rechtfertigt die Einordnung dieser Lehre unter das Kapitel der funktionalistischen Deutungen des Tarifvertrags.

62 Zur Kritik der Ansicht, die Tarifvertragsnormen seien (quasi) staatliche Rechtssätze, s. u. sub IV. und V.

63 Vgl. *Biedenkopf, K. H.*: Grenzen der Tarifautonomie; 1964. S.12 f.

64 Vgl. *Biedenkopf, K. H.*, Grenzen, S.25 ff.

genheit äußere sich in der Vereinbarung von Normen, die Beziehungen zwischen unbeteiligten Dritten regeln sollen. Daraus resultiere eine Drittverantwortlichkeit. Ganz allgemein habe der Arbeitgeber als der sozial stärkere diese Verantwortlichkeit gegenüber dem sozial schwachen Arbeitnehmer. Gleiches könnte man auch bei einem Rechtssubjekt, das eine marktbeherrschende Stellung besitze, erkennen, dem nämlich die Rechtsordnung bei mißbräuchlicher Ausnutzung seiner Stellung Sanktionen zuweise[65]. Daher sei auch die Befugnis der Koalitionen, Dritte zu verpflichten, engeren Grenzen unterworfen als die allgemeine Vertragsfreiheit des Individuums[66].

Weil es sich um Gesetzgebung durch Vertrag handele, sei die Tätigkeit der Koalitionen nicht von der Privatautonomie her zu begreifen. Eine Selbstbezogenheit, eine Freiheit von funktionaler Bindung, eine Autonomie, die keinem äußeren Zweck unterworfen ist, könnten die Tarifpartner nicht für sich reklamieren. Zudem schaffe die Privatautonomie nicht die Zuständigkeit für die Normsetzung der Tarifpartner für Dritte. Dazu bedürfe es einer Delegation, eines den Handlungsbereich der Koalitionen erweiternden Mandates[67]. Es sei dabei unerheblich, ob die Befugnis zur Normsetzung auf ausdrücklicher Delegation oder auf stillschweigender Billigung ihrer Inanspruchnahme durch die Rechtsordnung beruhe. Das Mandat finde sich aber in den Bestimmungen des Tarifvertragsgesetzes, insbesondere in § 1 TVG, wieder. Die Grundlage für die Befugnis der Tarifvertragsparteien sei allerdings die Verfassung[68].

Die Befugnis der Koalitionen sei indes nicht unbeschränkt, weil sie sich nicht auf der Vertragsfreiheit gründe. Je größer der Umfang der vereinbarten Regelungen sei, je größer also der Umfang der Verbindlichkeit sei, desto geringer sei der Spielraum der Tarifpartner zur autonomen Gestaltung[69]. Insofern könne man die Bindung der Tarifpartner abstufen, im Einzelfall sogar bis an eine Bindung, wie ihr der Gesetzgeber unterliege, herankommen.

Dennoch sei der Tarifvertrag insgesamt dem Privatrecht zuzuordnen. Privatautonom sei eine Handlung immer dann, wenn sich das Rechtssubjekt - auch gemeinschaftsbezogen - selbst verwirkliche[70]. Dies könne aber auch eine staatliche Aufsicht und eine Anwendung von öffentlich-rechtlichen Prinzipien auf das Privatrecht bedingen. Eine klare Trennung zwischen beiden Rechtsgebieten sei unter dem Eindruck der privat- und öffentlich-rechtlichen Verflechtungen beispielsweise im Sozialrecht nicht länger möglich[71]. Es sei unvermeidlich, Grundsätze des öffentlichen Rechts und des Staatsrechts auf diejenigen

65 Vgl. *Biedenkopf, K. H.*, Grenzen, S.26 f. mit Hinweis auf § 22 GWB und § 138 BGB (S.28).

66 Vgl. *Biedenkopf, K. H.*, Grenzen, S.28.

67 Vgl. *Biedenkopf, K. H.*, Grenzen, S.30.

68 Vgl. *Biedenkopf, K. H.*, Grenzen, S.104.

69 Vgl. *Biedenkopf, K. H.*, Grenzen, S.30 f.

70 Vgl. *Biedenkopf, K. H.*, Grenzen, S.34.

71 Vgl. *Biedenkopf, K. H.*, Grenzen, S.32.

Rechtsverhältnisse anzuwenden, die wegen ihres besonderen Charakters oder wegen der Ungleichheit der Beteiligten nicht der freien Regelung dieser überlassen bleiben könnten. In jenen Rechtsgebieten seien die Grundsätze zu finden, nach denen Macht gebunden und der Rechtsordnung verpflichtet würde[72]. Daher könne eine Bindung der Regelungsbefugnis im Einzelfall auch eine Bindung analog der des Gesetzgebers bedeuten. Zum anderen folgert Biedenkopf aus der Anlehnung an die genannten Grundsätze, daß das demokratische Prinzip zur Legitimation der Legislative analog auf die Normsetzung durch die Tarifvertragsparteien eben aufgrund der bestehenden Analogie anzuwenden sei[73]. Er bejaht zudem eine Grundrechtsbindung der Tarifverträge mit der gleichen Begründung[74].

Diese Sichtweise der Tarifautonomie weist erhebliche prinzipielle Analogien zu der Zöllners auf. Der Tarifvertrag gehört nach Ansicht beider Autoren dem Privatrecht an, jedoch läßt die Wirkung der Tarifvertragsnormen für beide Autoren eine klare Zuordnung zum Privatrecht nicht zu[75]. Allerdings beschäftigt sich Biedenkopf nicht ausführlich mit der Rechtsnatur, sondern in weitaus stärkerem Maße mit der Bindung der von den Tarifpartnern festgelegten Bestimmungen an die Gerechtigkeit.

Insofern dürften aber auch hier gleiche oder ähnliche Kritikpunkte wie bei Zöllners Lehre gegeben sein. Darüber hinaus beschwört Biedenkopf mit seiner Weigerung, dogmatisch klar zwischen Privat- und öffentlichem Recht zu unterscheiden, einen Positivismus herauf, der in einer freiheitlichen Republik nicht gewollt ist und auch nicht sein kann. Über dasjenige, das gerecht sein soll, muß letztlich eine Kontrollinstanz entscheiden können. Dies kann nur der Staat sein, insbesondere die Gerichte. Um die konsequente Inhaltskontrolle der Tarifverträge zu umgehen, will Biedenkopf den Tarifvertragsparteien von vornherein eine Bindung an staatliche Grundsätze oktroyieren. Daraus resultiert eine staatliche Bindung der ehemals Privaten mit ihrem Recht zur Beliebigkeit, die jede Persönlichkeit ersticken ließe und daher auch nicht mehr als Handlungs-, Gestaltungs- und Vertragsfreiheit bezeichnet werden kann. Die Autonomie der Gewerkschaftsmitglieder und der Arbeitgeber wäre verletzt. Dadurch würde eine materielle "Richtigkeitsgewähr" jedoch auch nicht erreicht[76]. Niemand kann als nicht unmittelbar Beteiligter wissen, was nun den Vertragsparteien als "richtig" oder "falsch" erschienen sein mag. Eine materielle "Richtigkeit" aus der ungefähren Gleichgewichtigkeit der Vertragsparteien für die Ergebnisse der Verhandlungen, den Vertrag, ableiten zu wollen, muß folglich daran scheitern, daß schon die Vielzahl und Komplexität

---

72 Vgl. *Biedenkopf, K. H.*, Grenzen, S.33.

73 Vgl. *Biedenkopf, K. H.*, Grenzen, S.59 ff.

74 Vgl. *Biedenkopf, K. H.*, Grenzen, S.70 ff.

75 Vgl. *Hinz, M. O.*, Tarifhoheit und Verfassungsrecht, S.55.

76 Vgl. grundlegend zur Richtigkeitsgewähr *Schmidt-Rimpler, W.*, Grundfragen, S.130-197.

der Motivationen der einzelnen Parteien unüberschaubar ist[77]. Lediglich äußerster Mißbrauch von Rechten kann und muß staatlicherseits material geregelt werden[78]. Es muß demnach bei der Gewährleistung der Menschenwürde und der (formalen) Autonomie und der staatlichen Gewährleistung beider bleiben.

3. Lehre der Verfassungswirklichkeit - Herbert Krüger

Nach dieser Lehre sind die Koalitionen Gebilde der Verfassungswirklichkeit; ihre große öffentliche Wirkung bestätige ihre staatserhebliche Macht[79]. Beispielhaft sei für diese Tatsache, daß der Bundesgerichtshof der Gewerkschaft trotz ihrer Eigenschaft als nicht eingetragener Verein die ihr eigentlich nicht zustehende Parteifähigkeit in Prozessen mit der Begründung zugesprochen habe, daß die soziale Wirklichkeit dies erfordere[80]. Entscheidungen dieser mächtigen Koalitionen hätten für das Gemeinwesen und die Allgemeinheit ein solches Gewicht, daß die Wirkung der abgeschlossenen Vereinbarungen durch das Gemeinwohl zu begrenzen sei[81]. Allerdings sei diese Grenze nicht vom Staat aufzuzeigen, sondern müsse von den Tarifvertragsparteien selbst gefunden werden. Es sei das Selbstverständnis der Tarifvertragsparteien als Elemente der Verfassung und die daraus resultierende Selbstverantwortlichkeit als Gebilde der Verfassung, die sich durch Weitsicht selbst zu kontrollieren und zu begrenzen hätten und also einer Pflichtigkeit unterlägen[82].

Folglich hätten sich die Tarifvertragsparteien bei der Beurteilung der von ihnen angestrebten Verhandlungsergebnisse auch am sog. "magischen Viereck"[83], also an den Staatszielen der Vollbeschäftigung, des stetigen und angemessenen Wirtschaftswachstums, der Stabilität des Preisniveaus sowie des außenwirtschaftlichen Gleichgewichts gem. § 1 StabG als Konkretisierung des Art. 109 Abs.2 GG zu orientieren[84]. Darüber hinaus käme man nicht umhin, die Sozialpartner auch an der staatlichen Wirtschaftsplanung zu beteiligen[85].

---

77 s. dazu u. sub F. I.

78 So beispielsweise in den §§ 134, 138 BGB.

79 Vgl. *Krüger, Herbert*: Sinn und Grenzen der Vereinbarungsbefugnis der Tarifvertragsparteien, in: Verhandlungen des 46. Deutschen Juristentages; Bd. I, 1966, S.25 ff., insbes. S.29, auch 30 ff., 59.

80 BGH Urteil vom 6.10.1964, in BGHZ 42, 210 ff., insbes. S.212.

81 Vgl. *Krüger, H.*, Sinn und Grenzen, S.26; nach Meinung von *Jürgen Knebel*: Koalitionsfreiheit und Gemeinwohl, 1978, S.166 ist die Gemeinwohlverpflichtung der Tarifvertragsparteien eine immanente Grenze aus Art.9 Abs.3 GG.

82 Vgl. *Krüger, H.*, Sinn und Grenzen, S.39.

83 s. § 1 StabG.

84 Vgl. *Krüger, H.*, Sinn und Grenzen, S.45, 59.

85 Vgl. *Krüger, H.*, Sinn und Grenzen, S.59.

Tarifautonomie sei nun nicht mehr mit Privatautonomie gleichzusetzen oder jene aus dieser abzuleiten[86].

In der Diskussion des Charakters der Koalitionsfreiheit wurde oben[87] bereits erörtert, daß den Verbänden keine öffentliche, staatliche Aufgabe im Sinne der Ordnung und sozialen Befriedung des Arbeitslebens obliegt. Dies entspräche einer streng institutionellen Sichtweise des Grundrechts auf Koalitionsfreiheit und persönlicher Entfaltung durch kollektive Wahrung und Förderung der Autonomie und führte in letzter Konsequenz zur Pflicht, die Aufgaben zu erfüllen oder bei Nichterfüllung zur staatlichen Sanktion. Diese läge in der staatlichen Aberkennung des Rechts auf Teilnahme am Tarifvertragswesen, mithin in der Aberkennung der Tariffähigkeit, und ist bereits ständige, präventive Rechtsprechung des Bundesarbeitsgerichts[88].

Das ursprüngliche Problem dieser Sichtweise, wie Krüger sie vertritt, liegt also in der Faktizität, dem tatsächlichen Erscheinungsbild des Auftretens der Gewerkschaften in der Öffentlichkeit und der daraus gefolgerten Anpassung des Rechts an die Wirklichkeit. Sie hintertreibt aber die Autonomie des einzelnen, indem sie die Anpassung des Sein an das Sollen verhindert, sondern läßt überdies eine Normierung der Wirklichkeit zu[89]. So läßt es Krüger für die unmittelbare Geltung der Drittwirkung der Grundrechte bei Tarifverträgen als Begründung genügen, daß Grundrechte den einzelnen vor einer überlegenen Macht schützen sollen[90]. Dies entspricht nicht dem republikanischen Autonomiebegriff[91]. Sachgemäß und vom Grundgesetzgeber gewollt ist nach dem oben erörterten Autonomiebegriff nicht das Schließen von der Wirklichkeit auf den Zustand, der anzustreben ist, sondern umgekehrt vom anzustrebenden Zustand auf die tatsächliche Umsetzung und die ständige Verbesserung der erreichten Ziele. Krügers Theorie vermag nicht, zwischen staatlich gesetztem Recht und kollektiv privatrechtlichem, also gesellschaftlichem Recht zu trennen[92], und begibt sich dadurch in die Gefahr eines Totalitarismus[93]. Daher

---

86 Vgl. *Krüger, H.*, Sinn und Grenzen, S.32.

87 Sub D. III.

88 Dazu später sub F., zu den einzelnen Entscheidungen s. o. sub B. I. 4. bis 13.

89 Vgl. dazu *Schachtschneider, Karl Albrecht*: Das Sozialprinzip - zu seiner Stellung im Verfassungssystem des Grundgesetzes, 1974, S.37.

90 Vgl. *Krüger, H.*, Sinn und Grenzen, S.42.

91 Dazu o. sub C. III.

92 Vgl. *Hinz, M. O.*, Tarifhoheit und Verfassungsrecht, S.62; dies allerdings im wohlverstandenen Sinne: Die Trennung umfaßt die vom Staat zu beachtende, vom Gesetzgeber zu verwirklichende Autonomie einerseits und das Recht der Privaten zur staatlich anerkannten Willkür, wie im Fall der Tarifautonomie aus Art.9 Abs.3 GG andererseits, nicht jedoch eine liberalistische Trennung von Staat und Gesellschaft, dazu oben sub C. III.; vgl. auch *Schachtschneider, K. A.*, Res publica res populi, sub VIII., 1. a), 8. a); VI., 6.

93 Dies ist zu verstehen als der Anspruch der dann also quasi staatlichen Gewerkschaften, ohne Einflußnahme des Staates selbständig mit den Arbeitgebern die Arbeitsbedingungen zu regeln. Damit würde der Staat ausgegrenzt; die Gewerkschaften wären staatlich privilegiert.

kann die Lehre der Verfassungswirklichkeit dem Autonomiebegriff des Grundgesetzes nicht genügen.

4. Genossenschaftliche Lehre - Otto von Gierke

Diese Lehre stellt ganz erheblich auf den Begriff des objektiven Rechts ab. Rechtssätze sind

> "... Normen, die nach der erklärten Überzeugung einer Gemeinschaft das freie menschliche Wollen äußerlich in unbedingter Weise bestimmen sollen"[94].

Sie sind Verhaltensregeln für die willentliche Betätigung des Menschen, im Gegensatz zur Sitte geben sie aber nicht nur eine Empfehlung, sondern gelten autoritativ und verbindlich[95]. Im Gegensatz zur Sittlichkeit, die auch Normencharakter hat, jedoch den Menschen lediglich innerlich bestimmt, gelten Rechtsnormen nur für das äußerliche Verhalten des Menschen[96]. Das Recht sei allerdings

> "eine Manifestation des menschlichen Gemeinlebens, nicht des Einzellebens. ... Vielmehr ist der Born des Rechts der Gemeingeist, der als einheitliche Kraft in einer Gemeinschaft als in einem lebendigen Ganzen wirkt und in den einzelnen als Glieder dieses Ganzen sich betätigt. Das Recht wurzelt also in der Gemeinüberzeugung und dem sie begleitenden Gemeinwillen"[97].

Daher könne nun jede Gemeinschaft, nicht nur Völker, sondern auch die sozialen Gruppierungen in sich Recht erzeugen, insbesondere Kirchen, Gemeinden und Genossenschaften[98]. Zwischen Vereins- und Gemeindesatzung besteht daher kein prinzipieller Unterschied. Die Satzung schafft nicht bloß Rechtsverhältnisse, sondern Rechtssätze, die in einem Gemeinschaftskreis als objektives Recht gelten sollen, so daß sie als quasi Gesetze dem Wesen nach für diesen Kreis gelten[99]. Wirkliche Gesetze können allerdings nur von den von der Verfassung dazu berufenen Organen gegeben werden. Regelungsgegenstand der quasi Gesetze, der Satzungen, können die inneren Rechtsverhältnisse des Verbandes[100], aber auch die "mit der Verbandsmitgliedschaft verknüpften Sonderrechtsverhältnisse" sein[101]. Zu letzteren zählen Normen, die beispielsweise die Rechtsverhältnisse der Mitglieder untereinander betreffen. Für die Geltung dieser Satzungen und Statuten bedarf es keiner

---

94 Vgl. *Gierke, Otto von*: Deutsches Privatrecht, Bd. 1 - Allgemeiner Teil und Personenrecht, 1895, S.113.

95 Vgl. *Gierke, O. v.*, Privatrecht, S.113.

96 Vgl. *Gierke, O. v.*, Privatrecht, S.114 f.

97 s. *Gierke, O. v.*, Privatrecht, S.119.

98 Vgl. *Gierke, O. v.*, Privatrecht, S.120.

99 Vgl. *Gierke, O. v.*, Privatrecht, S.151.

100 Vgl. *Gierke, O. v.*, Privatrecht, S.151.

101 Vgl. *Gierke, O. v.*, Privatrecht, S.152.

Delegation staatlicher Macht, die Befugnis besteht vielmehr aufgrund des eigenen Rechts des Vereines. Die dogmatische Begründung stellt auf die germanische Rechtstradition ab[102]. Sollen allerdings Rechtsverhältnisse, die nicht im Kreis der Gemeinschaft, für die eine Satzung gegeben wurde, liegen, von diesen Regelungen gleichfalls erfaßt werden, so bedürfe es hier der staatlichen Ermächtigung[103].

Für die Wirkungen und die theoretische Begründung der Wirkungen des Tarifvertrags werden aus dieser kurzen Darstellung der genossenschaftlichen Rechtstheorie einige interessante Schlußfolgerungen abgeleitet. Zunächst gilt, daß im Gegensatz zu einem Verein die Tarifnormen von zwei Gemeinschaften oder im Falle des Firmentarifs von einer Gemeinschaft und einer - natürlichen oder juristischen - Person ausgehandelt werden. Daher entfalte die Tarifnorm nicht die gleiche Kraft wie die einer autonomen Satzung[104]. Eine gesetzliche Einführung der Unmittelbarkeit und Unabdingbarkeit als Wirkungsweise der Tarifnormen erhebe die Tarifnormen aber dennoch zu objektivem Recht, weshalb der Tarifvertrag kein schuldrechtlicher Vertrag im eigentlichen Sinne mehr sein könne, sondern ein autonomer Akt, den eine per legem dazu ermächtigte Gemeinschaft vornehme. Der Vertrag verpflichte die beiden Vertragsparteien in einem schuldrechtlichen Verhältnis. Die tarifliche Vertragsgemeinschaft, also Arbeitgeber und Gewerkschaft, sei kein Verband mit eigener Rechtspersönlichkeit, sondern eine auf Zeit eingegangene Gemeinschaft, in der sich die Träger einordnen, aber der sie sich nicht unterordnen. Daher gelte auch nicht die Vertragsautonomie, da der Vertrag nicht die unmittelbare und zwingende Wirkung der Tarifnormen erkläre. Der Abschluß des Tarifvertrags sei also kein Vertragsschluß, sondern ein Rechtsetzungsakt. Folglich sei der Tarifvertrag eine Satzung, die im übrigen nur von einer dazu autorisierten Gemeinschaft hervorgebracht werden könne. Der Staat erkenne also mit der Verleihung der genannten Wirkungen des Tarifvertrags der Gemeinschaft der Tarifpartner eine Autonomie zu[105]. Daraus ergibt sich nach der oben dargestellten genossenschaftlichen Rechtstheorie das Recht, Satzungen als quasi Gesetze für den Gemeinschaftskreis und damit für die Gemeinschaftsmitglieder zu geben.

Dieser Dualismus von staatlich gesetztem Recht einerseits und, weil die rechtsetzenden Parteien als Gemeinschaft vom Staat anerkannt seien, autonom gesetztem Recht andererseits rechtfertigt eine Einordnung der genossenschaftlichen Rechtstheorie in die Reihe der sozialrechtlichen Deutungen des Tarifvertrags. Aus der Tatsache, daß beide, der Staat und die autonome Gemeinschaft,

---

102 Vgl. dazu auch *Bogs, W.*, Autonomie und verbandliche Selbstverwaltung, S.2; *Hinz, M. O.*, Tarifhoheit und Verfassungsrecht, S.65.

103 Vgl. *Gierke, O. v.*, Privatrecht, S.152 f.

104 Vgl. *Gierke, Otto von*: Deutsches Privatrecht, Bd. 3 - Schuldrecht, 1917, S.605.

105 Vgl. *Gierke, Otto von*: Die Zukunft des Tarifvertragsrechts, in: Archiv für Sozialwissenschaft und Sozialpolitik, Bd. 42, S.815 ff.; *Bogs, W.*, Zur Entwicklung der Rechtsform des Tarifvertrags, S.60 ff.

objektives Recht erzeugen können sollen, ergeben sich aber die Ansätze für die Kritik. Eine Vielzahl von solchen autonomen Verbänden entzieht sich der Kontrolle durch den Staat; zudem sind die Grenzen einer solchen Autonomie nicht klar erkennbar. Handelt es sich wirklich um Gesetze, so muß gefragt werden, ob eine Gemeinwohl- und Grundrechtsbindung für die autonome Gemeinschaft obligatorisch ist und inwieweit der Staat in die Autonomie einzugreifen befugt ist.

Mit dem Autonomiebegriff des Grundgesetzes läßt sich die genossenschaftliche Rechtstheorie, dies sei in aller Kürze angedeutet, nicht vereinbaren. Daß nur eine Gemeinschaft zur Rechtserzeugung fähig sei, kann nicht akzeptiert werden. Rechte ergeben sich aus Gesetzen und Verträgen[106]. Folglich können schon zwei Individuen aus freiem Willen für sich allein objektives Recht erzeugen. Eine unmittelbare und zwingende Wirkung ergibt sich daraus freilich nur dann, wenn das von beiden Parteien übereinstimmend gewollt ist. Richtig ist aber, daß nur eine gemeinheitliche Übereinstimmung für eine Gemeinschaft Recht setzen kann. Ein Gemeingeist, der für eine Gemeinschaft Recht setzen will, muß der volonté générale, also der gesamten Rechtsordnung entsprechen, sofern es sich bei der rechtsetzenden Institution um eine Körperschaft des öffentlichen Rechts handelt. Bei einer privatrechtlichen Gemeinschaft, wie sie die Tarifvertragsparteien darstellen, ist der Willensbildungsprozeß bei Zugrundelegung der heutigen Rechtslage und dem geschriebenen Recht zunächst unerheblich[107]. Allein das Ergebnis, der Vertrag, hat Recht und Gesetz zu beachten, eindeutig sind insoweit die Regelungen der §§ 134 und 138 BGB. Eine "Autonomie", wie von Gierke sie der Tarifgemeinschaft zuordnen will, kommt daher nicht in Frage, denn sie bedeutet nur das Verbot für den Staat, sich in die inneren Angelegenheiten der Rechtsetzungsmächte einzumischen. Dem Gesetzgeber ist es aber nicht verwehrt, in die Privatautonomie und die Betätigung der Tarifpartner einzugreifen, um die Autonomie des Individuums zu erhalten oder wieder herzustellen. Es ist dies sogar seine Pflicht[108].

---

106 Vgl. *Schachtschneider, K. A*: Res publica res populi, sub II.; *ders.*, Staatsunternehmen und Privatrecht, S.421 ff.; *Brox, Hans*: Allgemeines Schuldrecht, 16. A., 1988, S.15 ff.; s. auch sub C. III.

107 Auch der Kompromiß ist als Ergebnis von Vertragsverhandlungen endlich gewollt; der Wille ändert sich in den Verhandlungen, und es besteht häufig genug eine große Differenz zwischen den Eingangsforderungen und dem erreichten Ergebnis. Dennoch besteht kein Anlaß zu bezweifeln, daß ein sich ändernder Wille dennoch ein freier Wille ist. Zur konsensualen Rechtsetzung durch Kompromiß vgl. *Schachtschneider, K. A.*, Res publica res populi, sub VI., 6. Auf den Weg des Zustandekommens von Verträgen stellt erheblich ab die Lehre von der "materiellen Richtigkeitsgewähr", so vertreten von *Walter Schmidt-Rimpler*, AcP, 147, 1941, S.130-197, s. dazu u. sub F. I. 4., 5., 6.

108 Vgl. *Schachtschneider, K. A.*, Res publica res populi, sub IV., 3.; V., 2.; *Häberle, P.*, Wesensgehaltsgarantie, S.201, *ders.*, Grundrechte, S.57, s. auch o. sub C. III.

IV. Die Delegationslehre als öffentlich-rechtliche Deutung

Nach dieser Lehre hat der Staat seine gesetzgeberische Zentralmacht zur Regelung der Arbeitsbedingungen grundsätzlich und unter einigen Modifikationen an die Sozialpartner mit der Maßgabe der sinnvollen Ordnung und Befriedung des Arbeitslebens übertragen[109]. Hergeleitet wird dies aus folgenden Beziehungen:

Zunächst wird angeführt, die Vereinbarungsbefugnis der Einzelvertragspartner aus der Privatautonomie reiche nicht so weit wie die Vereinbarungsbefugnis der Sozialpartner; so sei es nach bürgerlichem Recht nicht möglich, einen Vertrag zu Lasten Dritter zu schließen oder unabdingbare Wirkungen für Dritte festzulegen, insbesondere die Verbindlichkeit dieser Normen auch für die Gerichte zu bestimmen[110].

Zum anderen könne von den Tarifvertragsparteien ein normativer Vertrag geschlossen werden; der Tarifvertrag wolle "nicht nur ein Rechtsverhältnis, er will auch eine Rechtsquelle sein"[111]. Der Tarifvertrag wirke unmittelbar auf die Einzelarbeitsverhältnisse der vertretenen Verbandsmitglieder ein[112]. Diese Wirkung ist allerdings auch bürgerlich-rechtlichen Verträgen i.S.d. §§ 145 ff. BGB durch § 164 BGB beigelegt. Jedoch wirke ein solchermaßen abgeschlossener Tarifvertrag normativ, verstärkt noch durch seine generelle Wirkung für eine Vielzahl von Arbeitsverträgen[113]. Diese Wirkung läßt es zu, daß auch bereits bestehende einzelvertragliche Abreden aufgehoben und durch tarifvertragliche Bestimmungen ersetzt werden:

> "... nicht - wie der mandatarische Tarifvertrag - Kraft des Satzes 'lex posterior derogat legi priori', sondern kraft des Satzes 'lex superior derogat legi inferiori.'"[114]

---

109 Vgl. *Adomeit, Klaus*: Rechtsquellenfragen im Arbeitsrecht, 1969, S.136, S.136; *Hueck, Alfred/ Nipperdey, Hans Carl/ Tophoven, Ernst/ Stahlhacke, Eugen* Tarifvertragsgesetz, 4. A., 1964, S.133 f.; *Wiedemann, Herbert/ Stumpf, Hermann*: Tarifvertragsgesetz, 5. A., 1977, S.156 f.; *Nikisch, A.*, Arbeitsrecht - II, S.45, 216 ff.; *Badura, Peter*: Arbeitsgesetzbuch, Koalitionsfreiheit und Tarifautonomie, in: RdA, 1974, S.129, 134; *Däubler, Wolfgang/ Hege, Hans*: Tarifvertragsrecht, 2. A., 1981, S.12; *Käppler, Renate*: Voraussetzungen und Grenzen tarifdispositiven Richterrechts, 1977, S.32 f.; *Klett, Erich W.*: Grenzen der tarifvertraglichen Normsetzungsbefugnis, 1967, S.24 f.; dies dürfte als herrschende Meinung auch der Ansicht des Bundesverfassungsgerichts entsprechen, so in BVerfGE 4, 96 (102); 17, 319 (333); 18, 18 (26); 19, 303 (321); 20, 312 (317); 34, 307 (317).

110 Vgl. *Hueck, Alfred/ Nipperdey, Hans Carl*: Lehrbuch des Arbeitsrechts, Bd. 2/ 1. Halbbd., 7. A., 1967, S.346; *Adomeit, K.*, Rechtsquellenfragen, S.137; *Klas, Helmut* Die Zulässigkeit der Verfassungsbeschwerde gegen Tarifnormen, 1979, S.45.

111 Vgl. *Sinzheimer, Hugo*: Ein Arbeitstarifgesetz, 2. A., 1977, S.39.

112 Vgl. *Adomeit, K.*, Rechtsquellenfragen, S.141.

113 Vgl. *Adomeit, K.*, Zur Theorie des Tarifvertrags, S.302.

114 s. *Adomeit, K.*, Zur Theorie des Tarifvertrags, S.303.

Ein dritter, weniger formaler als vielmehr soziologischer Gesichtspunkt wird häufig berücksichtigt, um die Delegationslehre zu stützen. Er entspricht zunächst in seiner Konzeption der institutionellen Grundrechtslehre. Ausgehend vom Schutzgedanken des Art.9 Abs.3 GG gelangt diese Anschauung zu der Überzeugung, der Staat habe nicht nur seine eigene Regelungsbefugnis weitgehend zurückgenommen, vielmehr entstünde daraus für die Sozialpartner die Pflicht, eine sinnvolle Ordnung durch soziale Befriedung des Arbeitslebens zu schaffen[115]. Auf diesem Wege wäre den Tarifvertragsparteien in der Tat eine staatliche Aufgabe delegiert worden, die sie quasi hoheitlich zu erfüllen hätten. Die Verbände würden also verselbständigt und zum "Staat im Staate"[116] werden. Für die notwendige Legitimation wäre dann auch die verbandsinterne Demokratisierung erforderlich, die von den Befürwortern in der Tat gefordert wird[117]. Dieser Aspekt, läßt man eine Delegation staatlichen Machtmonopols, nämlich der Gesetzgebung im Sinne des Art.1 Abs.3 GG an Private zu, rechtfertigte dann auch die Forderung an die Sozialpartner, im Interesse des Funktionierens und der sinnvollen Erfüllung der Aufgabe, die an sie gestellt wurde, bestimmte sachnotwendige Anforderungen zu erfüllen, die im einzelnen als für die Tariffähigkeit konstitutiv später erörtert werden sollen[118]. Das führt dann in letzter Konsequenz zu einer Beschränkung der Tariffähigkeit der Koalitionen auf diejenigen, die aller Voraussicht nach in der Lage sein werden oder es in der Vergangenheit bereits gewesen sind, die Aufgabe zu erfüllen, die der Staat an diese gestellt hat.

Nipperdey vertritt eine davon abweichende Meinung: Nach ihm ist der Tarifvertrag trotz der Delegation ein privater Vertrag. Die Delegation beinhalte nicht öffentliche Gewalt, es handele sich bei den Normen vielmehr um Recht, das nach § 1 Abs.1 TVG aus einer privaten Verbandsautonomie abzuleiten sei; andernfalls hätten die Koalitionen einer staatlichen Aufsicht zu unterliegen[119]. Gerade weil die Aufsicht aber fehle, seien die Koalitionen bei ihrer Rechtsetzung wie der Gesetzgeber und alle anderen staatlichen Gewalten an die Grundrechte gebunden. Insofern sei die Delegation in ihrer Auswirkung eine staatliche Privilegierung und Habilitierung der Koalitionen, die zu einer nicht hoheitlichen, privatrechtlichen Rechtsetzungsmacht die Befugnis verleihe[120].

---

115 Vgl. *Klett, E. W.*, Grenzen, S.33.

116 Vgl. *Schachtschneider, K. A.*, Imperative Lohnleitlinien, S.512.

117 Vgl. *Scheuner, Ulrich*: Der Inhalt der Koalitionsfreiheit, in: Koalitionsfreiheit (Hrg. Weber, Werner/ Dietz, Rolf/ Scheuner, Ulrich): Koalitionsfreiheit, 1961, S.68; *Ridder, Helmut*: Zur verfassungsrechtlichen Stellung der Gewerkschaften im Sozialstaat nach dem Grundgesetz für die Bundesrepublik Deutschland, 1960, S.20 ff.; *Biedenkopf, K. H.*, Grenzen, S.54; *Krüger, H.*, Sinn und Grenzen, S.30, dort Fn. 77; *Gerhardt, M.*, Koalitionsgesetz, S.263 ff.

118 Dazu später sub F.

119 Vgl. *Hueck, A./ Nipperdey, H. C.*: Lehrbuch, Bd.2/ 1. Halbbd., S.342 u. dort auch Fn. 4a.

120 Vgl. *Hueck, A./ Nipperdey, H. C.*: Lehrbuch, Bd.2/ 1. Halbbd., S.347; *Waltermann, Raimund*: Kollektivvertrag und Grundrechte - zur Bedeutung der Grundrechte und ihrer

Tarifverträge seien Gesetze im materiellen Sinne[121]. Die Gesetzgebungsparteien seien folglich an Art.1 Abs.3 GG und damit an die Grundrechte gebunden, weil Art.1 Abs.3 GG auf den Gesetzesbegriff im materiellen Sinne und nicht nur auf den staatlichen hoheitlichen Gesetzesbegriff abstelle[122]. Daher seien alle Rechtsnormen durch Art.1 Abs.3 GG gebunden, wie dies Art.2 EGBGB deutlich mache, der als Gesetz im Sinne des BGB und des EGBGB jede Rechtsnorm erfasse. Jede Rechtsnorm, gleichgültig, welcher Rechtsquelle sie entstamme, habe sich daran messen zu lassen[123].

Prinzipiell geht diese spezielle Form der Delegationslehre nicht von einer echten hoheitlichen Delegation staatlicher Rechtsetzungsbefugnis aus, sondern privilegiert private Rechtsetzungsbefugnis[124] und habilitiert sie als quasi staatlich mit den bekannten Folgen; insbesondere soll es an einer staatlichen Aufsicht über die Tarifautonomie fehlen dürfen[125].

Beide Formen der Delegationslehre, die strenge, hoheitliche Macht an Private delegierende, und auch die staatlicherseits die Privaten privilegierende Ansicht stimmen mit dem Begriff der Autonomie des Grundgesetzes, mit der republikanischen Grundrechtslehre also, nicht überein, sind mit ihr im Gegenteil unvereinbar[126]. Die gem. §§ 1 Abs.1 S.1 und 3, 4 TVG durch die Tarifvertragsparteien vereinbarten Rechtsnormen sind weder staatliche Gesetze, noch handelt es sich bei ihnen um Gesetze im materiellen Sinne, die in den Art.76 bis 78 und 80 GG für den Bund und gem. Art.28 Abs.1 GG ähnlich auch für die Länder vorgeschriebenen Gesetzgebungsverfahren gelten für den Abschluß von Tarifverträgen nicht[127]. Eine Bindung an Art.1

Gesetzesvorbehalte für die Rechtsnormensetzung durch Kollektivverträge, in: RdA, 1990, S.141, 142 f.; *Klas, H.*, Zulässigkeit, 1979, S.45.

121 So BAGE 1, 363.

122 Vgl. *Hueck, A./ Nipperdey, H. C.*: Lehrbuch, Bd.2/ 1. Halbbd., S.350 f.; *Klett, E. W.*, Grenzen, S.46.

123 Vgl. *Hueck, A./ Nipperdey, H. C.*: Lehrbuch, Bd.2/ 1. Halbbd., S.351; dieser Ansicht ist auch *Antonios Ananiadis*: Die Auslegung von Tarifverträgen - ein Beitrag zur Auslegungstypologie zwischen Vertrag und Gesetz, 1974, S.22 f., der unkritisch glaubt, eine Einordnung des Tarifvertrags in das öffentliche oder private Recht diene lediglich der strikten Trennung von privatem und öffentlichem Recht und stelle folglich in einer Zeit, da sich beide Rechtsgebiete annäherten, einen Anachronismus dar; schließlich sei der Tarifvertrag ein Vertrag, der von privaten Parteien geschlossen worden sei, dem jedoch normative und damit öffentliche Züge eigen seien. Schließlich seien die Tarifpartner staatlicherseits in Art.9 Abs.3 GG ermächtigt worden, die Arbeits- und Wirtschaftsbedingungen ihrer Mitglieder zu wahren und zu fördern. So auch *Säcker, Franz Jürgen*: Gruppenautonomie und Übermachtskontrolle im Arbeitsrecht, 1972, S.247.

124 Vgl. *Clausen, Uwe*: Der schuldrechtliche Teil des Tarifvertrags, 1971, S.81.

125 Vgl. *Hinz, M. O.*, Tarifhoheit und Verfassungsrecht, S.74; a.A. *Schachtschneider, Karl Albrecht*: Imperative Lohnleitlinien unter dem Grundgesetz, in: Der Staat, 1977, S.512 f.

126 Vgl. *Schnorr, Gerhard*: Inhalt und Grenzen der Tarifautonomie, in: JR, 1966, S.334.

127 Vgl. *Schachtschneider, K. A.*, Imperative Lohnleitlinien, S.511; *Dürig, Günter*: Art.1,

Abs.3 GG entfällt also. Für den Fall der autonomen hoheitlichen Rechtsetzung fehlt es an der staatlichen Aufsicht[128]. Gegen eine hoheitliche Rechtsetzung steht das Demokratieprinzip gem. Art.20 Abs.2 S.1 GG; zudem sieht Art.80 Abs.1 S.2 GG eine hinreichende Bestimmtheit der Delegation von Rechtsetzungsbefugnissen vor[129], die im Falle der Tarifautonomie nicht gewahrt ist; nach dem Autonomieprinzip des Grundgesetzes darf diese Bestimmtheit hier nicht gewahrt sein, soll die Autonomie nicht verlorengehen und staatlicher Determination Platz machen. Die Maximen des Handelns der Tarifvertragspartner dürfen staatlicherseits nicht vorbestimmt werden[130].

Zudem kann die privatrechtliche, auf Nipperdey zurückgehende Variante der Delegationslehre gerade nicht die hoheitliche Privilegierung von privaten Verträgen erklären; denn eine Delegation staatlicher Befugnisse an die Tarifvertragsparteien würde diesen eine öffentlich-rechtliche Funktion vermitteln[131]. Damit bliebe die Regelungs- und Rechtsetzungsmacht immer noch staatlich und würde auch nicht dadurch privat, daß der Tarifvertrag zwischen privatrechtlichen Parteien in privatrechtlicher Form zur Regelung privatrechtlicher Rechtsverhältnisse abgeschlossen wird[132].

Logisch-formal beruhen sämtliche Rechtswirkungen darauf, daß die staatliche Rechtsordnung sie anordnet oder anerkennt; neben der vom Staat gesetzten oder aus seiner hoheitlichen Gewalt abgeleiteten Ordnung existieren dabei weitere Ordnungen, die nicht auf ihn zurückgeführt werden können, aber dennoch rechtsverbindlich sind, weil der Staat sie anerkennt[133].

---

in: Grundgesetz, 1976, S.58 ff., insbes. S.60; so auch *Wiedemann, H./ Stumpf, H.*, TVG, S.156, allerdings ersetzen die Letzteren die für eine Delegation erforderliche staatliche Aufsicht durch den Kontrahierungszwang der Tarifpartner, ebenda, mit Bezug auf *Mayer-Maly, Theo*: Der Verhandlungsanspruch tariffähiger Verbände, in: RdA, 1966, S.201 ff. sowie *Löwisch, Manfred*: Die Ausrichtung der tariflichen Lohnfestsetzung am gesamtwirtschaftlichen Gleichgewicht, in: RdA, 1969, S.131.

128 Vgl. *Scholz, Rupert*: Koalitionsfreiheit als Verfassungsproblem, 1971, S.58, dort Fn. 54, S.197 f., insbesondere Fn. 6 m.w.N.; auch *Schachtschneider, K. A.*, Imperative Lohnleitlinien, S.513.

129 Vgl. *Schachtschneider, K. A.*, Imperative Lohnleitlinien, S.512; *Richardi, R.*, Kollektivgewalt und Individualwille, S.147.

130 Vgl. zum Autonomieprinzip *Schachtschneider, K. A.*, Res publica res populi, sub IV., 4.

131 Vgl. *Scholz, R.*, Koalitionsfreiheit, S.58, Fn. 54.

132 So aber *Hueck, A./ Nipperdey, H. C.*, Lehrbuch des Arbeitsrechts, Bd. 2/ 1. Halbbd., S.341 ff.; a.A. *Richardi, R.*, Kollektivgewalt und Individualwille, S.142 f.; *Nikisch, A.*, Arbeitsrecht - II, S.216 ff., auch *Jarass, Hans D.*: Tarifverträge und Verfassungsrecht - Grundlagenfragen, dargestellt am Beispiel des Streits um den Ladenschluß, in: NZA, 1990, S.508 f.

133 Vgl. *Richardi, R.*, Kollektivgewalt und Individualwille, S.142 f.; auch *Schachtschneider, K. A.*, Res publica res populi, sub II., 1.

Der Charakter der Tarifnormen mag ein generell-abstrakter sein; eine Delegation hoheitlicher Macht oder eine staatliche Privilegierung privater Gruppen ist nicht Grund für einen Gesetzescharakter dieser Normen. Es sind, ebenso wie die Satzung von Vereinen, die für jedes neu hinzutretende Mitglied gelten und folglich für eine unbestimmte Vielzahl von Mitgliedschaften, private Regelungen, die lediglich wegen ihres generell-abstrakten Charakters Rechtsnormen genannt werden können[134].

Daß Tarifvertragsnormen teilweise für Außenseiter auch ohne Allgemeinverbindlichkeitserklärung gelten können, wie dies in § 3 Abs.2 TVG für betriebliche und betriebsverfassungsrechtliche Fragen festgelegt ist, ändert nichts am privaten Charakter dieser Bestimmungen[135]. Dem Schutzgedanken des Tarifvertrags[136] allgemein entsprechend wirken die Tarifnormen unmittelbar und zwingend für jedes Arbeitsverhältnis, das zwischen Mitgliedern der Tarifvertragsparteien abgeschlossen wird, weil dies dem Willen der Tarifvertragsparteien entspricht. Jedoch folgt auch aus ihrer Unabdingbarkeit nicht der hoheitliche Charakter oder eine Grundrechtsbindung dieser Tarifnormen. Wäre der Inhalt des Tarifvertrags nicht unabdingbar, so wäre die Autonomie des Arbeitnehmers auf dem Gebiet der Arbeits- und Wirtschaftsbedingungen extrem gefährdet, und die Situation wäre die gleiche wie vor einhundert Jahren[137]. Eine solcher staatlicher Zwang, wie ihn die Regelungen des § 4 Abs.1 u. 3 TVG darstellen, ist also nicht nur geeignet, sondern auch erforderlich, um die Autonomie auf dem Gebiet der Arbeits- und Wirtschaftsbedingungen für das Individuum zu garantieren. Dies ist vornehmste und ureigene Aufgabe des Gemeinwesens[138].

Das Tarifvertragsgesetz beinhaltet dementsprechend die staatlicherseits erfolgte Bereitstellung eines Verfahrens, um dieser besonderen Form der privaten Vertragsgestaltung bei der Integration und Transformation in das staatliche Durchsetzungssystem gerecht zu werden[139].

---

134 Vgl. *Schachtschneider, K. A.*, Imperative Lohnleitlinien, S.513.

135 s. dazu oben sub E. II. 1.

136 Vgl. dazu *Brötzmann, Ulrich K.*: Probleme bei der Auslegung von Tarifvertragsnormen, 1990; S.88 ff.

137 s. dazu oben sub D. I.

138 Die Aufgabe des Staates als der Gesamtheit der unter Rechtsgesetzen lebenden Menschen ist es, die Sittlichkeit seiner Bürger, mithin ihre Autonomie als ihre Fähigkeit zur sittlichen und damit verallgemeinerungsfähigen Selbstgesetzgebung zu bewahren. Freiheit bedeutet nicht etwa, das tun oder lassen zu können, was der einzelne will, es sei denn man versteht das "Wollen" kantianisch, also im Sinne der Sittlichkeit, vgl. *Schachtschneider, K. A.*, Res publica res populi, sub VIII., 9.; IV, 4. Der Staat gibt Gesetze für alle, und die Privaten untereinander geben sie sich ebenfalls durch Vertragsabschluß, dazu oben sub C. III.

139 Vgl. *Schachtschneider, K. A.*, Imperative Lohnleitlinien, S.513, auch *Schnorr, G.*, Inhalt und Grenzen der Tarifautonomie, S.330.

Einziger Sinn der Delegationslehre ist es, die bestehenden Gewerkschaften vor ihnen unliebsamer Konkurrenz aus den eigenen Reihen staatlicherseits zu schützen. Die Begründung liegt neben der eben kritisierten staatlichen Rechtsetzungsmacht auch in der Effektivierung der Verhandlungen mit den sozialen Gegenspielern, den Arbeitgebern, und in der Vereinheitlichung der Arbeitsbedingungen, mithin der Nivellierung der sozialen Unterschiede zwischen den einzelnen Arbeitnehmern. Es wird zu zeigen sein, daß diese Machtmonopolisierung nicht der verfassungsmäßigen Ordnung entspricht, insbesondere auch deswegen nicht, weil die gewerkschaftlichen Strukturen sich denen der politischen Parteien annähern, die nicht mehr vom freiheitlichen Diskurs und der Interessenwahrnehmung der Mitglieder, sondern von der Erhaltung ihres Einflusses auf die Öffentlichkeit und das Gemeinwesen, den Staat also, bestimmt sind[140].

V. Grundlegung einer privatrechtlichen Tarifvertragslehre

Das Tarifvertragsgesetz stattet in § 4 Abs.1 TVG die Tarifnormen mit unmittelbarer und zwingender Wirkung zwischen den beiderseits Tarifgebundenen aus. Dadurch sind die Tarifpartner als solche jedoch nicht mit staatlicher Befugnissen beliehen. Denn der Gesetzestext bestimmt diese Wirkung expressis verbis für die im Tarifvertrag getroffenen Rechtsnormen, wie sie in den §§ 1 Abs.1, 3 Abs.2 und 4 Abs.1 S.1 oder Abs.5 TVG genannt sind. Folglich können sich die Tarifvertragsparteien nicht auf § 4 Abs.1 TVG berufen, um damit ihre Qualifikation als mit staatlicher Macht Beliehene nachzuweisen. Das Tarifvertragsgesetz räumt den Tarifvertragsparteien keine legislativen Befugnisse ein. Insbesondere die Delegationstheorie hat ihre Argumentation aber lediglich auf die gesetzgebende Position der Tarifvertragsparteien abgestellt. Allein die fehlende Staatsaufsicht verbietet es bereits, eine Delegation hoheitlicher Befugnisse anzunehmen[141].

Die normative und unmittelbare Wirkung läßt sich allein aus dem Autonomieprinzip herleiten, nicht aus dem Tarifvertragsgesetz und auch nicht aus der Stellung der Tarifvertragsparteien[142]. In der Gesetzgebung existieren durchaus

---

140 Vgl. dazu *Schachtschneider, K. A.*, Res publica res populi, sub VIII., 5. b).

141 Vgl. *Scholz, R.*, Koalitionsfreiheit, S.59, Fn. 54; *Jahnke, Volker*: Tarifautonomie und Mitbestimmung; 1984, S.107, der feststellt, daß eine Repräsentationsfunktion der Gewerkschaften gegenüber den Außenseitern nicht besteht, da sie nicht demokratisch legitimiert sind. Für eine gesetzgeberische Funktion i.S.d. Art.1 Abs.3 GG ist eine Legitimation jedoch zwingende Voraussetzung.

142 Es ist daher unnötig, die normative Verbindlichkeit darauf zu stützen, daß das Tarifvertragsgesetz den Regelungen die Qualität eines Gesetzes verleiht, nur weil der Gesetzgeber schon sehr früh die Notwendigkeit erkannte, die Tarifnormen derartig zu qualifizieren, um die Wirksamkeit der Gemeinschaft der Organisierten nicht durch nachträgliche Absprachen mit dem Arbeitgeber aushöhlen zu lassen, vgl. dazu ausführlich *Reuter, Dieter*: Das Verhältnis von Individualautonomie, Betriebsautonomie und Tarifautonomie, in: RdA, 1991, S.194 ff.

ähnliche Phänomene: Die guten Sitten und Bräuche zählen wie Verträge und gesetzliche Regelungen zum objektiven Recht[143]. § 346 HGB bestimmt, daß die kaufmännischen Gewohnheiten und Handelsbräuche zu Bestandteilen der Rechtsgeschäfte zwischen Kaufleuten werden. Bislang ist in der Lehre nicht die Ansicht vertreten worden, insoweit seien diejenigen Geschäftsleute, die ein Unternehmen beim Vertragsschluß vertreten, mit gesetzgeberischen Befugnissen beliehen. Trotzdem gelten die kaufmännischen Gewohnheiten zwingend für jedes Rechtsgeschäft zwischen Kaufleuten. Ihre Geltungskraft beziehen diese Regelungen aus dem a priori vorhandenen Willen der Kaufleute, daß zur Vereinfachung der Geschäftsbeziehungen eben diese Sitten und Gebräuche in jedem Rechtsgeschäft Geltung erlangen sollen. Sie sind objektives Recht[144].

Insofern erlangt auch die zweite Worthälfte des Begriffes der Tarifautonomie Bedeutung: Die Tarifautonomie ist die sittliche Verpflichtung der Tarifpartner, auf dem Lebensgebiet der Arbeits- und Wirtschaftsbedingungen Verträge zu schließe, mithin ihre Rechtsverhältnisse zueinander zu ordnen[145].

Folglich setzt der Gesetzgeber durch den Abschluß von unmittelbar geltenden und zwingenden Tarifvertragsnormen durch die Tarifpartner auch nicht selbst Recht[146]. Es handelt sich vielmehr um einen privaten Vertrag, der Anspruchsgrundlage zwischen den Tarifvertragspartnern ist, da sich Rechte aus Gesetzen, aber auch aus Verträgen ergeben können[147]. Die rechtliche Verbindlichkeit ergibt sich nicht aus rechtlicher Ermächtigung, vielmehr ist der Ausgangspunkt der freie Wille und die Gesetzgebungsfähigkeit des Individuums. Die Verbindlichkeit liegt also in der Übereinstimmung zweier freier Willen und in der gemeinsamen Vereinbarung der Verbindlichkeit einer Regelung[148]. Folglich gewährt Art.9 Abs.3 GG einen 'verfassungsrechtlichen Kernbereich ..., nach dem ein Tarifvertragssystem ... bereitgestellt werden

---

143 Vgl. *Schachtschneider, K. A.*: Res publica res populi, sub II.; *ders.*, Staatsunternehmen und Privatrecht, S.421 ff.; *Brox, H.*, Allgemeines Schuldrecht, S.15 ff. jedenfalls für Gesetze und Verträge; s. auch sub C. III.

144 Vgl. *Baumbach, Adolf/ Duden, Konrad*: Handelsgesetzbuch, 20. A., 1972, S.564.

145 s. dazu auch sub C. III. Tarifautonomie darf also im Sinne der Autonomielehre verstanden werden als die sittliche Pflicht des einzelnen oder der Gewerkschaften, auf dem Lebensgebiet der Arbeits- und Wirtschaftsbedingungen Verträge zu schließen und dabei dem Sittengesetz aus Art.2 Abs.1 GG zu genügen. Die Tarifautonomie knüpft damit über Art.9 Abs.3 GG an Art.2 Abs.1 GG an; vgl. dazu ebenfalls *Kauffmann, Hermann*: Normsetzungsbefugnis der Tarifpartner, in: NJW, 1966, S.1682; *Kauffmann* spricht von einer Anerkennung der Tarifvertragsparteien und wehrt sich gegen den Begriff der Delegation; diese vertritt er allerdings noch in: Der Einfluß des kollektiven Arbeitsrechts auf das Einzelarbeitsverhältnis, in NJW, 1960, S.1645.

146 So aber *Scholz, R.*, Koalitionsfreiheit, S.59, Fn. 54.

147 Vgl. *Brox, Hans*: Allgemeines Schuldrecht, 16. A., 1988, S.15 ff.

148 Vgl. *Rieth, Horst*: Die Steuerung unternehmerischen Handelns durch Tarifvertrag, 1980, S.48.

muß"[149]; damit ist die Koalitionsfreiheit und die Tarifautonomie als Institut garantiert[150], nicht jedoch als Institution[151].

Der Tarifvertrag ist nach der hier anzuwendenden Vertragstheorie, die ja immer auch Autonomietheorie ist[152], vom beiderseitigen Konsens bestimmt und damit von beiden Tarifvertragsparteien übereinstimmend gewollt[153]. Das gilt ebenso für die Wirkung der Rechtsnormen, die unmittelbar die von den Gewerkschaften und Arbeitgeberverbänden Vertretenen berechtigen und verpflichten, solange sie nicht schuldrechtliche Absprachen zwischen den Parteien selbst darstellen. Übereinstimmend sind diese Wirkungen gewollt; die Vertretenen haben i.d.R. stillschweigend durch Beitritt zur Gewerkschaft ihre Zustimmung zum Abschluß von Tarifverträgen und zu den besonderen Wirkungen dieses Vertrags für und gegen sie gegeben[154]. Ihnen sind diese Bedingungen bekannt oder, wenn das der Fall sein sollte, aufgrund eines von ihnen selbst zu vertretenen Versäumnisses nicht bekannt gewesen[155]. Sie mußten bei verständiger Betrachtung der Sachlage damit rechnen, daß Tarifverträge abgeschlossen werden, weil eben dies einen der Hauptzwecke einer jeden Gewerkschaft verkörpert. Wie sich die Rechtslage darstellt, wenn eine Gewerkschaft entgegen ihrer anderslautenden Satzung dennoch Tarifvertäge abschließt, bestimmt sich nach den Regeln des Bürgerlichen Gesetzbuchs und des Vereinsrechts[156]. Jedenfalls entspricht die unabdingbare und zwingende Wirkung dem Willen der beiderseits beteiligten Tarifparteien und, vermittelt

---

149 BVerfG Urteil vom 18.11.1954, in BVerfGE 4, 96 (106) (Hervorhebung von mir. C.-J. B.).

150 Vgl. *Kauffmann, H.*, Normsetzungsbefugnis, S.1683; auch *Jahnke, V.*, Tarifautonomie und Mitbestimmung, S.102.

151 Vgl. *Scholz, R./ Konzen, H.*, Aussperrung, S.132.

152 Vgl. *Schachtschneider, K. A.*, Staatsunternehmen, S.156.

153 Vgl. *Klas, H.*, Zulässigkeit, 1979, S.45; *Hönn, Günther:* Kompensation gestörter Vertragsparität - ein Beitrag zum inneren System des Vertragsrechts, 1982, S.205; *Hönn* geht davon aus, daß sich der Arbeitnehmer beim Beitritt zur Koalition über die Tatsache bewußt ist, daß er sich nun der Geltung der gegenwärtigen und zukünftigen Tarifverträge unterwirft. *Hans Valerius*: Die Parteien des Tarifvertrags, 1968, S.109 f. ist dagegen der Ansicht, wegen der gesetzesgleichen Wirkung der Tarifvertragsnormen komme es auf den Willen der von der Parteien vertretenen Mitglieder überhaupt nicht an, worin m.E. allerdings bereits ein Widerspruch in sich besteht. Vertretung ohne Willen des Vertretenen ist nur insofern möglich, als das Rechtsgeschäft schwebend unwirksam ist, von der Genehmigung des Vertretenen und also letztlich doch vom Willen des Vertretenen abhängt (§ 177 BGB). Zur Vertragstheorie vgl. *Schachtschneider, K. A.*, Staatsunternehmen, S.116 ff., 125 ff., insbes. S.153 ff.; *ders.*, Res publica res populi, sub VI., 6.

154 "Der Mensch beschränkt seine Freiheit, zu tun, was er will, indem er sich durch einen rechtlich willkürlichen, ethisch autonomen Rechtsakt bindet", s. *Schachtschneider, K. A.*, Staatsunternehmen, S.155.

155 s. dazu u. sub F. VI. 5 u. 6.

156 s. dazu u. sub F. VI. 9.

über die Satzung und den Beitritt zu diesen Organisationen, auch dem Willen der in ihnen vereinigten Mitglieder.

Das allgemeine Vertragsrecht ist im Bürgerlichen Gesetzbuch geregelt. Allein die Vielzahl der Regelungen des BGB könnte ebenfalls den Schluß zulassen, die einen Vertrag abschließenden Parteien seien in ihrer Handlungsfreiheit und Persönlichkeitsentfaltung, die ihnen nach Art.2 Abs.1 S.1 GG zustehen, durch den Staat verletzt worden[157]. Einschränkungen müßten aber verhältnismäßig sein. Selbst wenn man, was hier abgelehnt wird, annehmen wollte, daß die Rechtsnormen des Tarifvertrags nur deshalb unmittelbare und zwingende Wirkung entfalten, weil es das Tarifvertragsgesetz und mithin also der Staat vorschriebe, hätte man diese Beschränkung in der freien Wahl der Wirkungsweise dieser Normen wie alle anderen staatlichen Einschränkungen der allgemeinen Freiheit am Verhältnismäßigkeitsprinzip zu messen. Die Tarifpartner müssen, sofern sie einen Tarifvertrag abzuschließen wünschen, der Tatsache gewahr sein, daß dieser Tarifvertrag gemäß den Bestimmungen des Tarifvertragsgesetzes eine unabdingbare und zwingende Wirkung zwischen beiden Parteien entfaltet. Eine solche gesetzliche Beschränkung wäre dann nur mit einem Schutzzweck zu rechtfertigen[158]. Sie wäre geeignet, dem Schutzzweck zu genügen, jedoch nicht mehr erforderlich; denn sie ergibt sich bereits aus dem freien Willen der am Tarifvertrag beteiligten Parteien, in deren Willen es ja liegt, daß der Tarifvertrag eben jene unmittelbare und zwingende Wirkung entfaltet. Es bedarf einer solchen konstitutiven Regelung also nicht, sie ist darum deklaratorischen Charakters.

Insofern kann allein eine privatrechtliche, vom Autonomieprinzip ausgehende Tarifvertragslehre dem republikanischen Autonomiebegriff und -prinzip gerecht und damit als verfassungsgemäß bezeichnet werden.

Daher ist auch eine Grundrechtsbindung des Inhaltes des Tarifvertrags mangels einer Gesetzesqualität der in ihm getroffenen Regelungen zu verneinen[159]. Gesetzgebung i.S.d. Art.1 Abs.3 GG erzeugt nur diejenigen Rechts-

---

157 Vgl. *Brox, H.*, Allgemeines Schuldrecht, S.24, der eine Einschränkung der Gestaltungsfreiheit durch das AGBG, das Miet- und Arbeitsrecht annimmt.

158 Vgl. dazu *Brötzmann, Ulrich K.*: Probleme bei der Auslegung von Tarifvertragsnormen; S.88 ff.; gleicher Meinung im Hinblick auf die wettbewerbsbeschränkende Wirkung der zwingenden Wirkung ist *Richardi, R.*, Kollektivgewalt und Individualwille, S.135; *Clausen, U.*, Der schuldrechtliche Teil des Tarifvertrags, S.136 ff. Ob sich dieser Schutzzweck in der heutigen Situation der Arbeitnehmer noch rechtfertigen läßt, scheint zumindest fragwürdig zu sein; vgl. *Reuter, D.*, Verhältnis, S.194 f.

159 Vgl. *Rieth, H.*, Die Steuerung unternehmerischen Handelns durch Tarifvertrag, S.48; allerdings bejaht dieser für alle privaten Verträge und Rechtsgeschäfte eine mittelbare Grundrechtsbindung; *Däubler, W./ Hege, H.*, Tarifvertragsrecht, S.88 ff. differenzieren bei der Grundrechtsbindung zwischen der Seite der Arbeitnehmer und der der Arbeitgeber: Alle für die Arbeitnehmer wirksamen Regelungen sollen aufgrund der Schutzfunktion derselben vor sozialer Macht an die Grundrechte gebunden sein; für die Arbeitgeber wird eine Bindung an die Grund-

sätze, die aus staatlicher Macht abgeleitet werden oder in das Gefüge der staatlichen Gewalten- bzw. Funktionenträger[160] eingeordnet werden können. Die trifft für die historisch aus der Privatautonomie des Vertragsrechts fließenden und später gesetzlich anerkannten und abgesicherten Rechtssetzungsbefungnisse der Tarifpartner nicht zu, weil sie staatlich weder steuer- noch kontrollierbar sind. Kollektive Privatautonomie ist vom Staat unabhängig[161]. Entweder gibt der Staat allgemeine Gesetze, oder die Privaten, einzelnen geben sich besondere Gesetze durch Verträge und gute Sitten[162]. Die Privatheit und damit Beliebigkeit eines jeden Subjektes des privaten Rechts ist Ausdruck seiner fehlenden Grundrechtsbindung, nicht jedoch seiner fehlenden Gesetzesbindung. Der Tarifvertrag kann durchaus wegen Verstoßes gegen ein Gesetz nichtig sein; ebenso kann sein Inhalt als sittenwidrig empfunden werden und deshalb nichtig sein. Aufgrund seines Ursprungs im Privatrecht läßt sich das gesamte Vertragsrecht auf den Tarifvertrag anwenden. Dies gilt für die Stellvertretung beim Vertragsabschluß ebenso wie die Haftung und das Zustandekommen eines Tarifvertrags überhaupt.

Auch die Qualifikation von tarifvertraglichen Regelungen als Rechtsnormen bereitet bei streng privatautonomer Sichtweise keinerlei Schwierigkeiten. Ebenso wie eine Vereinssatzung unmittelbar und auch zwingend auf jedes einzelne Mitgliedschaftsverhältnis einwirkt, wobei dies nicht gesetzlich festgelegt ist, darf gleiches auch für einen Tarifvertrag gelten. Grundsätzlich werden in einer Vereinssatzung ebenso wie im sog. normativen Teil des Tarifvertrags die Regelungen generell-abstrakt gehalten. Dennoch stellen diese Regelungen oder Rechtsnormen[163] keinesfalls materielle Gesetze dar[164]. Von der Art der Formulierung, von der Grammatik und der Syntax einer Regelung kann ihre Qualifikation als Gesetz nicht abhängen. Ob also in einem Teil die vertretenden Organisationen selbst verpflichtet werden, im anderen Teil Regelungen für die tarifgebundenen und organisierten Mitglieder getroffen

---

rechte verneint, weil sie sozial mächtig seien. A.A. *Küchenhoff, Günther*: Das Prinzip der staatlichen Subsidiarität im Arbeitsrecht, in: RdA, 1959, S.205; *Klett, E. W.*, Grenzen, S.36.

160 Vgl. zur Trennung der Begriffe "Gewaltenteilung" und "Funktionenteilung" und die Ablehnung des ersteren in bezug auf das Staatsrecht *Schachtschneider, K. A.*, Res publica res populi, sub II., 2.

161 Vgl. *Stern, Klaus/ Sachs, M.*: Das Staatsrecht der Bundesrepublik Deutschland, Bd. III/ 1, 1988, S.1277.

162 Vgl. *Schachtschneider, K. A.*, Res publica res populi, sub II.

163 Rechte ergeben sich aus Gesetzen, Verträgen oder den guten Sitten, vgl. *Brox, H.*, Allgemeines Schuldrecht, S.15 ff.; *Schachtschneider, K. A.*, Res publica res populi, sub II., *ders.*, Staatsunternehmen und Privatrecht, S.421 ff.; s. auch sub C. III.

164 Vgl. *Jahnke, V.*, Tarifautonomie und Mitbestimmung, S.106 ff.; *Richardi, R.*, Kollektivgewalt und Individualwille, S.139, läßt die Setzung von objektivem Recht auch durch Private zu, das dann der Wirkung einer verbindlichen Satzung entspricht. A.A. ist *Gerhard Müller*: Die Tarifautonomie in der Bundesrepublik Deutschland, 1990, S.208: Der Rechtssatzcharakter und damit die gesetzlichen Wirkungen der Tarifvertragsnormen sei in der öffentlichen Position der Tarifautonomie und in der öffentlichen Aufgabe der Koalitionen begründet.

sind, läßt den Vertrag doch nicht zu einer Rechtsquelle mit "Doppelnatur" werden[165]. Als Vertrag ist der Tarifvertrag eine beidseitige Verpflichtungserklärung[166], ein Synallagma, aus dem beide vertragschließenden Seiten berechtigt und verpflichtet werden. Es entspricht, wie bereits festgestellt, dem Willen der organisierten Arbeitnehmer und Arbeitgeber, daß die Regelungen unmittelbar den einzelnen berechtigen und verpflichten. Eine für den Arbeitnehmer günstigere Regelung als die in dem Tarifvertrag, an den er gebunden ist, festgelegte ist in einer zusätzlichen Vereinbarung nach dem Günstigkeitsprinzip des § 4 Abs.3 TVG statthaft, hingegen nicht eine schlechtere[167], wenn dies im Tarifvertrag nicht erlaubt ist[168]. Diese Bestimmung ist nunmehr als Eingriff des Gesetzgebers in die Vertragsfreiheit der Tarifparteien zu werten, indem er die zwingende und unabdingbare Wirkung der Regelungen des Tarifvertrags, die von beiden Parteien so gewollt ist, zugunsten der Arbeitnehmer aufhebt.

Eine Gemeinwohlbindung der Tarifpartner bei Abschluß des Tarifvertrags kann nicht angenommen werden. Da die Tarifpartner Subjekte des privaten Rechts darstellen, können sie das Gemeinwohl nicht verwirklichen, schon gar nicht bestimmen[169]. Die Bestimmung ist die Aufgabe des Gesetzgebers, die Verwirklichung Sache der Verwaltung und der Gerichte[170]. Die Tarifvertrags-

---

165 Vgl. *Nikisch, A.*, Arbeitsrecht - II, S.216; *Hueck, A./ Nipperdey, H. C.*, Lehrbuch des Arbeitsrechts, Bd. 2/ 1. Halbbd., S.260; *Brötzmann, U. K.*, Probleme, S.12 ff.; *Ananiadis, A.*, Auslegung, S.19.

166 Vgl. *Bötticher, Eduard*: Die Gemeinsamen Einrichtungen der Tarifvertragsparteien, 1966, S.46 f.

167 Vgl. dazu und zu den Schwierigkeiten der Abwägung zwischen besseren und schlechteren tariflichen Regelungen *Tech, Karsten*: Günstigkeitsprinzip und Günstigkeitsbeurteilung im Arbeitsrecht, 1987; S.72 ff.; 160 ff.; als praktisches Beispiel sei die Abänderung der tarifvertraglich festgelegten Arbeitszeit bei Lohnanpassung genannt vgl. dazu *Zachert, Ulrich*: Aufhebung der Tarifautonomie durch "freiwillige Regelungen" im Arbeitsvertrag? in: DB, 1990, S.986 ff. Ein weiteres Exempel stellt die Altersgrenze in Tarifverträgen dar: Die im Einzelarbeitsvertrag festgelegte Herauf- oder Herabsetzung oder Abbedingung einer tariflichen Altersgrenze ist nach § 4 Abs.3 2.Alt. TVG zulässig, weil sich diejenige Regelung für den Arbeitnehmer als günstiger erweist, die ihm länger die Möglichkeit offenhält, sich zwischen Fortsetzung und Aufgabe seines Berufes zu entscheiden; vgl. dazu *Gitter, Wolfgang/ Boerner, Dietmar*: Altersgrenzen in Tarifverträgen, in: RdA, 1990, S.131 f.

168 Vgl. dazu in einer ausführlichen Darstellung auch der Anwendungen *Schulze, Peter R.*: Das Günstigkeitsprinzip im Tarifvertragsrecht, 1985, passim, insbes. S.76 ff.

169 s. o. sub D. III.

170 Vgl. *Schachtschneider, K. A.*, Res publica res populi, sub II.; a.A. *Klein, Harald*: Koalitionsfreiheit im pluralistischen Sozialstaat - eine verfassungsrechtliche Analyse der Rechtsprechung des Bundesarbeitsgerichts, 1979, S.72 f., der meint, die staatliche Gemeinwohlentscheidung dürfe nicht an die Stelle der freiheitlichen Selbstentscheidung der Koalitionen treten, der Staat habe kein Monopol hinsichtlich der Gemeinwohlbestimmung und -verwirklichung; die öffentlichen Interessen würden durch das Zusammenwirken der sozialen Machtgruppen ermittelt;

parteien unterliegen demgemäß keiner Gemeinwohlbindung. Zwar kann man behaupten, das Gemeinwohl sei den Tarifvertragsparteien beim antagonistischen Zusammenwirken anvertraut, jedoch bedeutet dies eine moralische Verpflichtung, die jeder Staatsbürger hat, insbesondere bei bedeutenden Auswirkungen seiner Handlungen auf das gesamtwirtschaftliche Gleichgewicht[171]. Institutionell besteht auf keinen Fall eine Bindung[172]. Ob ein kollektivvertragliches Regelungsziel angemessen ist, ist eine Sache der Beurteilung durch den Gesetzgeber bzw. durch die dazu ermächtigten staatlichen Organe, die dann die Pflicht haben, bei festgestellten das Gemeinwohl schädigenden Einflüssen mit staatlichen Maßnahmen entgegenzuwirken. Im wesentlichen, aber nicht vollständig ohne staatliche Kontrolle sollen die Tarifparteien ihre Arbeits- und Wirtschaftsbedingungen regeln[173]. Daher können sie keinem staatlichen Ordnungsziel[174] unterworfen sein, das überdies

---

somit sei sogar der Arbeitskampf integraler Bestandteil des Verfahrens der Gemeinwohlbestimmung. Dazu oben sub C. III. und D. III.

171 Vgl. *Ossenbühl, Fritz/ Richardi, Reinhard*: Neutralität im Arbeitskampf - Zur Neufassung des § 116 AFG, 1987, S.123 f.; nur so können auch die Sätze des BVerfG v. 18.12.1974, in BVerfGE 38, 281 (304 f.) verstanden werden, nach denen die Koalitionen "das gemeine Wohl berücksichtigen" müßten, wenn ihnen auf der anderen Seite die das wirtschaftliche Gleichgewicht schwer schädigende Maßnahme des " 'Kampfes' für die Hebung der sozialen und wirtschaftlichen Stellung der Arbeitnehmer" erlaubt sein soll.

172 Vgl. *Richardi, R.*, Kollektivvertragliche Arbeitszeitregelung, S.220; a.A. *Müller, G.*, Tarifautonomie, S.178, mit der Begründung, es würden "Dritte und die Allgemeinheit" von der Tätigkeit der Tarifpartner erfaßt.

173 BVerfG in BVerfGE Bd. 44, S.322 (340 f.). Legte man jedoch eine den öffentlich-rechtlichen Gebietskörperschaften vergleichbare Autonomie für die Koalitionen zugrunde, so wären die Tarifpartner allerdings verpflichtet, negativen Konjunktur- und Strukturentwicklungen durch ökonomisch wirksame Tarifpolitik entgegenzuwirken, vgl. *Zachert, Ulrich*: Tarifvertrag - Eine problemorientierte Einführung, 1979, S.83. Dazu fehlt es aber am staatlich festgelegten Tarifvertragskontrahierungszwang und der Zwangsschlichtung, die eine solchermaßen ausgelegte Tarifautonomie einzig funktionsfähig erhalten würden.

174 So sieht das Bundesverfassungsgericht in seinen Entscheidungen in BVerfGE 28, 295 (304 f.); 44, 322 (347 f.) in der Tarifautonomie eine öffentliche Aufgabe, die von den Tarifpartnern erfüllt werden müsse. Gegen die öffentliche Aufgabenstellung wendet sich *Richardi, R.*, Kollektivgewalt und Individualwille, S.146, mit der Begründung, daß eine öffentliche Aufgabe nur im übertragenen Sinne angenommen werden könne, weil das Versagen der Koalitionen notwendig einen staatlichen Eingriff zur Folge hätte. Allerdings könne man mit gleicher Berechtigung auch sagen, daß die Erledigung von eigenen Angelegenheiten in anderen Bereichen der Wirtschaft als öffentliche Aufgabe anzusehen sei; letztlich liege darin der Erfolg der freiheitlichen Ordnung im Interesse aller und diene damit dem Allgemeinwohl. Rechtsdogmatisch sei die öffentliche Aufgabe aber das, was dem Staat als seine Angelegenheit zur Wahrung des Allgemeinwohles zugewiesen sei. *Klaus Berghäuser*: Koalitionsfreiheit als demokratisches Grundrecht - eine Normbereichsanalyse unter besonderer Berücksichtigung des Sozialstaatsprinzips, zugleich eine Kritik der herrschenden Interpretation des Art.9 Abs.3 GG, 1980, S.17 f., sieht in der Übertragung von "öffentlichen Aufgaben" an die Koalitionen, deren "öffentlichen" Status er gleichwohl bestreitet, und deren dann konsequenter Bindung an das Gemeinwohl eine Gefahr für

den Gegensatz zu einer vertraglichen Regelung der Arbeits- und Wirtschaftsbedingungen darstellt. Von den Tarifpartnern werden ihre ganz persönlichen Gruppeninteressen verfolgt und wahrgenommen[175]. Die Garantie der Koalitionsfreiheit und des Koalitionsverfahrens soll dies ermöglichen und gewährleisten. Dadurch wird die Tätigkeit der Koalitionen nicht dem Gemeinwohl verpflichtet. Der Staat hat dafür eine Regelungskompetenz gegenüber den Tarifvertragsparteien und den von ihnen getroffenen Regelungen[176].

Nach § 3 Abs.2 TVG sind, soweit ein Tarifvertrag auch betriebliche oder betriebsverfassungsrechtliche Bestandteile enthält, nicht organisierte Arbeitnehmer in die unmittelbare und zwingende Wirkung einbezogen. Wäre den Tarifvertragsparteien eine staatliche Regelungsmacht delegiert, so wäre diese Regelung des Tarifvertragsgesetzes rechtswidrig, weil den Tarifvertragsparteien die Repräsentativität fehlt, die für eine Rechtsetzung nach den staatlichen Prinzipien unabdingbar ist. Die Repräsentation muß nach dem Demokratieprinzip gewährleistet sein. Bei privatautonomer Betrachtung allerdings handelt es sich bei der Regelung des § 3 Abs.2 TVG um eine gesetzgeberische Regelung der Vertrags-, Gestaltungs- und Handlungsfreiheit der Außenseiter. Das Recht der Selbstbestimmung gewährleistet aber auch die kollektive Selbstbestimmung. Sie ist, wie bereits beschrieben wurde[177], gerade aus der ungleichen und im Ergebnis menschenunwürdigen Situation von Arbeitnehmern und Arbeitgebern entstanden und deshalb staatlicherseits anerkannt. Sie ist für die Selbstbestimmungsfähigkeit des Individuums auf dem Gebiet der Arbeits- und Wirtschaftsbedingungen unverzichtbar[178]. Darum wird staatlicherseits die Möglichkeit zur Kartellierung der Arbeitnehmer-, aber auch der Arbeitgeberinteressen gestattet. Der Tarifvertrag erzeugt eine Kartellwirkung, die das Gesetz gegen Wettbewerbsbeschränkungen[179] in seinem § 1 zu

die Koalitionsfreiheit, daß nämlich in allerletzter Konsequenz über die Gemeinwohlverträglichkeit eine Kontrollbehörde formell und materiell Aufsicht zu führen hätte.

175 Vgl. *Richardi, R.*, Kollektivgewalt und Individualwille, S.221, *Berghäuser, K.*, Koalitionsfreiheit, S.18.

176 Vgl. *Richardi, R.*, Kollektivgewalt und Individualwille, S.145, 221; ausführlich dazu *Schachtschneider, K. A.*, Imperative Lohnleitlinien, passim; auch *Meik, Frank Andreas*: Der Kernbereich der Koalitionsfreiheit - dargestellt am Funktionszusammenhang von Unternehmens-, Betriebs- und Tarifautonomie, 1987, S.36; *Rommelspacher, Peter*: Schlichtung und Tarifautonomie, 1979, S.114; nach Meinung von *Wolfgang Rüfner*: Ansätze zur Sozialpartnerschaft im deutschen Recht, in: *Ress, Georg* (Hrg.): Rechtsfragen der Sozialpartnerschaft, 1987, S.77, stellen Lohn- und Arbeitsbedingungen wesentliche Bestandteile der Wirtschafts- und Sozialordnung dar, um die sich der Staat kümmern muß. Folglich habe eine vernünftige Wirtschaftspolitik Tarifabschlüsse als einen wesentlichen Bestimmungsfaktor einzubeziehen; sie sei somit ein unabtrennbarer Teil der Wirtschaftslenkung.

177 s. sub D. I.

178 Vgl. *Jahnke, V.*, Tarifautonomie und Mitbestimmung, S.113, zweifelnd *Reuter, D.*, Verhältnis, S.194 f.

179 Gesetz gegen Wettbewerbsbeschränkungen i.d.F. vom 20. Februar 1990, in BGBl Teil I, S.235.

bekämpfen sucht. Sie ist allerdings gerechtfertigt durch die Sonderstellung der Arbeitnehmer auf dem Arbeitsmarkt, auf dem sie sich selbst und die speziell in ihrer Person begründete Arbeitskraft als Ware gegen Bezahlung anbieten müssen, um die Existenzgrundlage für ihr Dasein zu schaffen[180]. Aus der unmittelbaren Wirkung von Angebot und Nachfrage des Produktionsfaktors Arbeit auf die Existenz und damit auf die Selbstbestimmungsfähigkeit, mithin auf die Menschenwürde der Arbeitnehmer selbst ist der Schluß zulässig, daß eine Einschränkung dieser Selbstbestimmungsfähigkeit staatlicherseits dort gerechtfertigt sein kann, wo es die Menschenwürde der im Kollektiv vereinigten Individuen erfordert. Der Staat darf einen Ausgleich schaffen und damit den einen bevorzugen, den anderen notwendigerweise benachteiligen. Dies ist im Fall des § 3 Abs.2 TVG geschehen. Eine Unverhältnismäßigkeit kann in dieser Bestimmung nicht gesehen werden, zumal tarifvertraglich lediglich Mindestbedingungen festgelegt werden, von denen abgewichen werden darf, sofern sich die Abweichung für die Arbeitnehmer als günstiger erweist. Zudem müssen sich diese Regelungen am strengen Maßstab des Betriebsverfassungsgesetzes messen lassen.

Gegen eine staatliche Delegation hoheitlicher Rechtsetzungsmacht und gegen die Annahme, eine Autonomie im Sinne einer gebietskörperschaftlichen Selbständigkeit für sich in Anspruch nehmen dürfen, spricht auch die Regelung des § 4 Abs.5 TVG. Nach Ablauf des Tarifvertrags gelten gemäß dieser Vorschrift die Regelungen des Tarifvertrags so lange weiter, bis sie durch eine andere Abmachung ersetzt werden[181]. Die zwingende Wirkung entfällt jedoch. Darin kann man zum einen die Schutzfunktion des Tarifvertragsgesetzes erblicken, die dem Arbeitnehmer die bislang geltenden Mindestarbeitsbedingungen erhalten will, zum anderen läßt diese Regelung erkennen, daß der Staat gerade nicht jederzeit der Vernünftigkeit der Tarifvertragspartner vertraut und für die Fälle, in denen ein vernünftiges und friedliches Verhalten jener nicht zu erwarten ist, weil die Friedenspflicht abgelaufen ist und eventuell Arbeitskämpfe bevorstehen, aufgrund seines Mißtrauens eine Vorkehr getroffen hat, die den Arbeitnehmern ein Mindestmaß an Schutz gewährt. Die Privaten haben das Recht zur Beliebigkeit und machen in der Form des Arbeitskampfes in der Tat regen Gebrauch davon. Der Streik ist aber eine Gefahr für das Gemeinwohl, dem der Staat verpflichtet ist. Da Streik und Wahrung des Gemeinwohles sich grundsätzlich ausschließen, können die Tarifpartner weder mit staatlichen Funktionen beliehen sein, noch können sie an das Gemeinwohl oder die Grundrechte gebunden werden.

In diesem Zusammenhang sei auch die Allgemeinverbindlichkeitserklärung eines Tarifvertrags durch den Bundesarbeitsminister oder die entsprechenden Ministerien der Länder und unter Mitwirkung der Tarifvertragspartner nach § 5 TVG angesprochen. Sie wirkt, indem sie die Geltung eines Tarifvertrags zwingend und unmittelbar auch auf die nicht organisierten Arbeitgeber und

---

180 Vgl. *Richardi, R.*, Kollektivgewalt und Individualwille, S.179.

181 Vgl. *Brox, Hans*: Grundbegriffe des Arbeitsrechts, 8. A., 1987, S.140 f.

-nehmer erstreckt, wie eine unmittelbar staatlich gesetzte Rechtsnorm[182]. Die Verfassungsgemäßheit der Allgemeinverbindlichkeitserklärung war daher lange Zeit umstritten[183]; es wurde als besonders bedenklich bezeichnet, daß auch Arbeitnehmer von den Wirkungen der Tarifverträge erfaßt werden sollten, die selbst keinerlei Möglichkeit haben, auf den Inhalt der Tarifverträge Einfluß zu nehmen[184]. Das Bundesverfassungsgericht hat in einer Grundsatzentscheidung festgestellt, daß die Rechte der Nichtorganisierten nicht unverhältnismäßig eingeschränkt seien, da die Entscheidung über die Allgemeinverbindlichkeitserklärung im Einzelfall immer von der Billigung durch den Staat abhinge und nur im öffentlichen Interesse ausgesprochen werden dürfe[185]. Die Rechtsnatur sei danach weder als Verwaltungsakt bzw. Allgemeinverfügung gem. § 35 VwVfG[186] noch als Rechtsverordnung zu bezeichnen. Sie stelle vielmehr einen Rechtsetzungsakt sui generis zwischen autonomer Regelung und staatlicher Rechtsordnung dar, der seine eigenständige Grundlage in Art.9 Abs.3 GG finde. Immerhin handele es sich dabei um einen staatlichen Hoheitsakt, genauer um eine unselbständige Zustimmungserklärung zu einer autonomen Normsetzung. Das Bundesverwaltungsgericht hat immerhin den hoheitlichen Charakter der Allgemeinverbindlichkeitserklärung in den Vordergrund gestellt und den Verwaltungsrechtsweg für die Klage der Bürger auf Erlaß einer Allgemeinverbindlichkeitserklärung eröffnet[187]. Interessant ist zumindest, daß nach einer Allgemeinverbindlichkeitserklärung und aufgrund ihres Rechtscharakters der Inhalt nunmehr der gesamten verfassungsmäßigen Ordnung entsprechen muß: Eine Bindung an die Grundrechte und der Ausschluß der Gefährdung des Gemeinwohls sind die Maßstäbe, an denen sich ein allgemeinverbindlicher Tarifvertrag messen lassen muß[188].

Ohne näher auf die Problematik eingehen zu können, sei jedoch auf die Erörterungen von Bettermann verwiesen, der klar die Unterschiede herausarbeitet, die sich ergeben, wenn man die Allgemeinverbindlichkeitserklärung als Verwaltungsakt oder als Rechtsverordnung betrachtet[189]. Insgesamt sei sie

---

182 Vgl. *Bettermann, Karl August*: Die Allgemeinverbindlicherklärung eines Tarifvertrags: Rechtsschutz, Rechtskontrolle und Rechtsnatur, in: RdA, 1959, S.253 f.; *Scholz, R.*, Koalitionsfreiheit, S.59, Fn. 54; *Richardi, R.*, Kollektivgewalt und Individualwille, S.168 ff.

183 Vgl. dazu *Wiedemann, H./ Stumpf, H.*, TVG, S.631 ff. für die Vereinbarkeit des § 5 TVG mit Art.80 GG unter Bezugnahme auf die Rechtsprechung in BVerfGE 1, 14 (60); 8, 274 (307 ff.); 29, 198 (210); 33, 258 (364 ff.); 36, 224 (228).

184 Vgl. *Lindena, Bodo/ Höhmann, Helmut*: Allgemeinverbindlichkeit von Tarifverträgen, in: Der Arbeitgeber, Sonderausgabe März/ 1989, 1989, S.3.

185 BVerfG Entscheidung vom 24.5.1977, in BVerfGE 21, 322 (344, 348); auch *Müller, G.*, Tarifautonomie, S.187, dort Fn. 266.

186 Verwaltungsverfahrensgesetz v. 25.5.1976, BGBl. Teil I, S.1253.

187 BVerwG Entscheidung vom 3.11.1988, in BVerwGE 80, 356 (356 f.; 363 ff.).

188 Vgl. *Dürig, G.*, Art.1, S.60.

189 Vgl. *Bettermann, K. A.*, Allgemeinverbindlicherklärung, S.245-253; *Lieb, Manfred*: Rechtsnatur und Mängel der Allgemeinverbindlicherklärung eines Tarifvertrags, in: RdA, 1957, S.260 ff.

als Rechtsverordnung anzusehen, da sie keinen Einzelfall regele, sondern eine unbestimmte Vielzahl von Personen erfasse, deren Zahl sich nicht auf die Tarifvertragsparteien und ihre Mitglieder beschränkt[190]. Die Allgemeinverbindlichkeitserklärung stelle einen Rechtsetzungsakt dar und demnach keinen Verwaltungsakt[191]. Der Rechtsetzungsakt erfolge aber qua gesetzlicher Ermächtigung; folglich handele es sich um eine Rechtsverordnung[192]. Problematisch erscheint in diesem Falle aber die Tatsache, daß eine Allgemeinverbindlichkeitserklärung nur auf Antrag eines beteiligten Tarifvertragspartners ausgesprochen werden kann[193]. Denn die Tarifvertragsparteien sind demokratisch nicht legitimiert, insbesondere deshalb nicht, weil sie gerade nicht die Belange der nicht organisierten Arbeitnehmer, sondern vielmehr nur die ihrer Mitglieder vertreten. Solange also die Unorganisierten nicht den gleichen Einfluß auf die Stellung des Antrages auf Allgemeinverbindlichkeitserklärung des für sie sinnvollen Tarifvertrags haben, muß die jetzige Regelung als verfassungsrechtlich zumindest bedenklich bezeichnet werden[194]. Zwar hat der Bundesminister für Arbeit und Sozialordnung die Möglichkeit, gem. § 5 Abs.1 S.2 TVG die Allgemeinverbindlichkeitserklärung auch ohne Beteiligung der Tarifpartner vorzunehmen, doch ist dies an den Tatbestand des Vorliegens des sozialen Notstandes gebunden[195]. Zudem hat der Staat über das Instrument der

---

190 Vgl. *Bettermann, K. A.*, Allgemeinverbindlicherklärung, S.253 ff.; in diesem Sinne auch BVerwGE 7, 82; 7, 188; *Braun, Bernd/ Jöckel, Rainer*: Ist die Allgemeinverbindlicherklärung nach § 5 TVG verfassungsmäßig?, in: DB, 1972, S.1338; *Lieb, M.*, Rechtsnatur und Mängel, S.260; *Richardi, R.*, Kollektivgewalt, S.169 ff.; *Zöllner, Wolfgang*: Die Rechtsnatur der Allgemeinverbindlicherklärung von Tarifverträgen, in: DB, 1967, S.334.

191 Gegen den Charakter eines Verwaltungsaktes BAGE 17, 59 (66 f.).

192 Vgl. *Bettermann, K. A.*, Allgemeinverbindlicherklärung, S.256, auch *Richardi, R.*, Kollektivvertragliche Arbeitszeitregelung, S.174 f.; *Lieb, M.*, Rechtsnatur und Mängel, S.263 f.; BVerwGE 7, 82 (S.188); zumindest öffentlich-rechtlichen Charakter erkennt an *Jarass, H. D.*, Tarifverträge, S.508 f. Das BVerfG vertritt für Sozialpläne, denen per Gesetz normative Wirkung zuerkannt wird (§§ 102 Abs.1, 77 Abs. 4 BetrVG) einen privaten Charakter, vgl. BVerfGE 73, 261 (268 f.).

193 Vgl. *Bötticher, Eduard*: Tarifliche Zuschläge für Gewerkschaftsangehörige, in: BB, 1965, S.1078. *Bötticher* sieht darin ein den Tarifpartnern im öffentlichen Interesse verliehenes Recht; daher sei eine unter den Tarifpartnern getroffene Abmachung, keinen Antrag zu stellen, wegen Verstoßes gegen unabdingbare Grundsätze der für die Regelung der Lohn- und Arbeitsbedingungen durch das Tarifvertragsgesetz aufgestellten Ordnung nichtig (S.1078 f.). *Lieb, M.*, Rechtsnatur und Mängel, S.263, begreift § 5 Abs.1 TVG als eine gesetzliche Bestimmung gegen ein eigenwilliges und eigenmächtiges Vorgehen der zuständigen Verwaltungsbehörde.

194 Denkbar wäre eine andere Lösung: Die Tarifpartner, der Bundesminister für Arbeit und die - in entsprechender Anzahl durch beispielsweise eine Unterschriftenliste zusammengefaßten - Außenseiter können den Antrag auf Allgemeinverbindlicherklärung stellen. So könnte man dem Vorwurf des durch nichts sachlich gerechtfertigten Antragstellungsmonopols entgehen und hätte diejenigen Arbeitnehmer mit in die Verantwortung genommen, die selbst unmittelbar betroffen sind.

195 Vgl. dazu *Wiedemann, H./ Stumpf, H.*, TVG, S.640 f.

Festsetzung von Mindestarbeitsbedingungen[196] und den Erlaß von imperativen Lohnleitlinien die Möglichkeit, im Falle einer besonderen Gefahr für das Allgemeinwohl diese durch die genannten Instrumente abzuwenden. Insoweit muß also auch die Verhältnismäßigkeit eines hoheitlichen Aktes nach § 5 Abs.1 S.2 TVG als problematisch bezeichnet werden, zumal die materiellen Wirkungen von gesetzlicher Festlegung der Mindestarbeitsbedingungen und Allgemeinverbindlichkeitserklärung von Tarifverträgen gleich sind.

Auch das Problem von Tarifausschlußklauseln, also von tariflichen Abmachungen, die beinhalten, daß Außenseiter nicht zu denselben Bedingungen wie tarifgebundene Arbeitnehmer beschäftigt oder ihnen bestimmte Vergünstigungen nicht gewährt werden dürfen[197], muß im Sinne der dargestellten Privatautonomie kurz angesprochen werden. In Art.9 Abs.3 GG ist festgelegt, daß die Freiheit, einer Koalition beizutreten, für jedermann und gegen jede Beschränkung von dritter Seite gewährleistet ist. Wenn also - auch von dritter Seite - Druck auf einen nicht organisierten Arbeitnehmer dergestalt ausgeübt wird, daß er nur dann zu materiell besseren Bedingungen arbeiten kann, wenn er einer Gewerkschaft beitritt, so ist er in diesem speziellen Fall in seinem Grundrecht auf Koalitionsfreiheit verletzt[198], es greift Art.9 Abs.3 S.2 GG. Andernfalls ist ihm die freie, selbstbestimmte Entscheidung über einen Koalitionsbeitritt oder das Fernbleiben versagt[199]. Ein Tarifvertrag, auch wenn er Gesetzescharakter haben sollte, was hier bestritten wird, darf nicht gegen Gesetze verstoßen. Es gilt § 134 BGB. Die Tarifausschlußklausel stellt für den Arbeitgeber einen Zwang zur Schlechterstellung der Außenseiter dar[200]. Betrachtet man nur das Verhältnis von Arbeitgebern und Gewerkschaften, so

---

196 Gesetz über die Festsetzung von Mindestarbeitsbedingungen vom 11.1.1952.

197 Vgl. *Hueck, A./ Nipperdey, H. C.*, Lehrbuch, Bd. 2/ 1. Halbbd., S.163; *Nikisch, A.*, Arbeitsrecht - II, S.37; *Hueck, Alfred*: Tarifausschlußklauseln und verwandte Klauseln im Tarifvertragsrecht, 1966, S.13; bei *Zachert, U.*, Tarifvertrag, S.104 werden die Außenseiter sogar als "Schmutzkonkurrenten" bezeichnet.

198 Vgl. *Hueck, A./ Nipperdey, H. C.*, Lehrbuch, Bd. 2/ 1. Halbbd., S.166, a.A. *Leventis, Georg*: Tarifvertragliche Differenzierungsklauseln nach dem Grundgesetz und dem Tarifvertragsgesetz, 1974, S.107.

199 Auch gegen einen "leisen, milden Druck" mit der Stützung auf den ansonstigen Verlust der Funktionsfähigkeit des Art.9 Abs.3 GG, wie er von *Franz Gamillscheg*: Differenzierung nach der Gewerkschaftszugehörigkeit, 1966, S.62, vertreten wird, wendet sich *Hueck, A.*, Tarifausschlußklauseln, S.48, mit einem guten Beispiel: Der "Schutz von Koalitionen soll dadurch erreicht werden, daß durch eine Tarifausschlußklausel eine größere Zahl von Außenseitern zum Eintritt in eine Gewerkschaft veranlaßt und der Gewerkschaft dadurch die nötige Mitgliederzahl gesichert wird. Dieser Zweck kann offenbar nicht erreicht werden, wenn nicht ein wirklich wirksamer Druck auf die Außenseiter ausgeübt wird. Fehlt er, so dient die Tarifausschlußklausel nicht mehr der Funktionsfähigkeit der Gewerkschaft, Art.9 Abs.3 kann dann also nicht zum Schutz der Koalitionen eingreifen ... Übt umgekehrt die Klausel einen genügend wirksamen Druck aus, um Außenseiter, die sonst der Gewerkschaft nicht beigetreten wäre, zum Eintritt zu bestimmen, so kann es sich nicht um einen 'leisen, milden Druck' handeln."

200 Vgl. *Hueck, A.*, Tarifausschlußklauseln, S.24.

muß man feststellen, daß das Tarifvertragsgesetz einen Tarifvertrag nur für die Regelung von unmittelbar das Rechtsverhältnis zwischen beiden Parteien betreffenden Tatbeständen zuläßt. Die Koalitionen sollen ihre Arbeits- und Wirtschaftsbedingungen fördern dürfen, nicht jedoch die Wahrung und Förderung der nicht organisierten Arbeitnehmer vor dem Hintergrund der eigenen Mitgliedervermehrung und des Neides auf die sog. "Trittbrettfahrer" zu stören und zu behindern suchen[201]. Sofern also eine Bindung des Tarifvertrags an die Grundrechte grundsätzlich vorgesehen wäre, würde eine Tarifausschlußklausel wegen Verstoßes gegen Art.2 Abs.1 GG verfassungswidrig sein. Da eine Bindung an die Grundrechte zumindest vor einer Allgemeinverbindlichkeitserklärung auf keinen Fall besteht[202], kommt ein Verstoß einer solchen Regelung gegen § 138 BGB in Betracht. Eine vertragliche Abmachung, die einen Dritten in seiner Autonomie und Sittlichkeit einzuschränken sucht, muß gegen die guten Sitten verstoßen, da die Sittlichkeit dasjenige Gut ist, um dessentwillen der Staat überhaupt geschaffen wurde und das in der Menschenwürde begründet ist[203], und ist daher nichtig.

Eine unterschiedliche Behandlung von Außenseitern und Gewerkschaftsmitgliedern ist grundsätzlich unproblematisch; sie ergibt sich aus dem Tarifvertragsgesetz; zudem befinden sich beide Gruppen nicht in derselben Rechtslage[204], und daher spricht auch nichts gegen eine Begünstigung einer starken (oder einer schwachen) Gewerkschaft gegenüber einer schwachen (oder einer starken Gewerkschaft) bei Verhandlungen durch einen Arbeitgeberverband, solange keine Gesetze dem entgegenstehen.

Nach dieser Grundlegung muß nun gefragt werden, ob es geboten, also verhältnismäßig ist, an eine Arbeitnehmerkoalition staatlicherseits Anforderungen zu stellen, die sie erfüllen muß, damit sie überhaupt einen gültigen Tarifvertrag abschließen darf, oder ob es nicht vielmehr geboten ist, die Privatautonomie auch unter Berücksichtigung der Verantwortung den eigenen Mitgliedern gegenüber als Gesetzgebungsfähigkeit aufgrund der Vernunftbegabtheit des Individuums zu verstehen und daher eine unverhältnismäßige Einschränkung der Autonomie als verfassungswidrig abzulehnen.

---

201 Vgl. *Hueck, A./ Nipperdey, H. C.*, Lehrbuch, Bd. 2/ 1. Halbbd., S.166.

202 Eine Ausnahme besteht im Verhältnis des Staates als Arbeitgeber zu den im öffentlichen Dienst beschäftigten Arbeitnehmern. Hier ist der Staat zur Gleichbehandlung verpflichtet; eine Differenzierung würde gegen Art.3 Abs.1 GG verstoßen und damit verfassungswidrig sein, vgl. *Hueck, A./ Nipperdey, H. C.*, Lehrbuch, Bd. 2/ 1. Halbbd., S.166, dort Fn. 33. Trotzdem scheint die Beschäftigung von Angestellten im öffentlichen Dienst schon mit Blick auf das Arbeitskampfrecht insgesamt verfassungsrechtlich bedenklich zu sein.

203 Vgl. *Schachtschneider, K. A.*, Res publica res populi, sub IV., 3.

204 Vgl. *Hueck, A.*, Tarifausschlußklauseln, S.39 f.

F. Tariffähigkeit einer Gewerkschaft unter dem republikanischen Autonomiebegriff

Nach § 2 Abs.1 TVG sind die Gewerkschaften auf Seiten der Arbeitnehmer, auf Seiten der Arbeitgeber die Arbeitgeberverbände, aber auch die einzelnen Arbeitgeber fähig, einen Tarifvertrag abzuschließen. Diese lapidare Bestimmung gab Lehre und Rechtsprechung in den letzten 43 Jahren seit Gültigkeitsbeginn des Tarifvertragsgesetzes Gelegenheit, eigene Vorstellungen von der Sozialpartnerschaft zwischen Arbeitnehmern und Arbeitgebern in die Interpretation einzubringen. Nicht selten wurden die Interpreten dabei von ideologischen Vorstellungen geleitet, die z.T. schon klassenkämpferische Züge aufwiesen. Bestimmte Ordnungsvorstellungen als Zielsetzung und Zweckbestimmung der Privatautonomie sowie der Tarifautonomie und sicherlich auch eine rechtlichen Absicherung des durch die Rechtsprechung mangels Tätigkeit des Gesetzgebers[1] rechtstatsächlich geschaffenen status quo im kollektiven Arbeitsrecht waren Anlaß für die Interpretation des Begriffes der Gewerkschaft[2] ganz im Sinne einer institutionellen Sichtweise der Grundrechte, hier des Art.9 Abs.3 GG. Weil § 2 Abs.1 TVG keine Definition enthält und auch Art.9 Abs.3 GG zunächst nur die Freiheit der Bildung von Vereinigungen zur Förderung der Arbeits- und Wirtschaftsbedingungen garantiert, blieb den Interpretatoren genügend Spielraum, um die eigenen Vorstellungen einzubringen und die Freiheit des Art.9 Abs.3 GG dementsprechend zu funktionalisieren. Um der ihrer Meinung nach notwendigen Funktion entsprechen zu können, sahen es Rechtsprechung und Lehre als notwendig an, daß eine Vereinigung, will sie Tarifverträge abschließen, bestimmte Anforderungen zu erfüllen habe, die dann erst ihre Eigenschaft als Gewerkschaft oder Arbeitgeberverband konstituierten[3]. Folglich konnte bislang zwischen tariffähigen Vereinigungen, also Gewerkschaften bzw. Arbeitgeberverbänden,

---

1 Vgl. *Schachtschneider, Karl Albrecht*: Res publica res populi - Manuskript, 1992, sub III., 3.; *Lerche, Peter*: Koalitionsfreiheit und Richterrecht, in NJW, 1987, S.2465 ff.; *Scholz, Rupert*: Koalitionsfreiheit, in: Handbuch des Staatsrechts, Bd. VI, 1989, S.1142, 1173 f.

2 Im folgenden wird von einem einheitlichen Begriff der Gewerkschaft im gesamten Arbeitsrecht ausgegangen; vgl. dazu ausführlich *Buchner, Herbert*: Die Rechtsprechung des Bundesarbeitsgerichts zum Gewerkschaftsbegriff, in: 25 Jahre Bundesarbeitsgericht; 1979, S.56 ff.; auch *Eitel, Martin*: Die Ungleichbehandlung der repräsentativen und nicht repräsentativen Gewerkschaften durch den Staat, 1991, S.35 ff.

3 BVerfG Urteil v. 6.5.1964, in BVerfGE 18, 18 (28).

und nicht tariffähigen Vereinigungen, den sonstigen Koalitionen, unterschieden werden[4].

Diese funktionalistischen Anforderungen an die Tarifautonomie berühren ganz eindeutig den Begriff der Autonomie. Es ist also notwendig, zunächst die Zielvorstellungen zu untersuchen, die den die Freiheit der Betätigung einer Koalition einschränkenden Anforderungen zugrunde liegen. Im Anschluß daran können die einzelnen Anforderungen an die Gewerkschaftseigenschaft am Ergebnis dieser Untersuchung gemessen werden.

I. Die Parität der Tarifvertragsparteien

Um die dogmatische Herleitung der Tariffähigkeitskriterien zu verstehen, muß man sich zunächst mit dem Paritätsgedanken auseinandersetzen, der hinter dem Gedanken der Mächtigkeitslehre des Bundesarbeitsgerichts steht. Historisch waren die Möglichkeiten der Einflußnahme der Arbeitnehmer und der Arbeitgeber auf das Ergebnis der Tarifvertragsverhandlungen nicht immer gleich verteilt. Mit Hilfe der Parität soll eine "materielle Richtigkeitsgewähr"[5] von Tarifverträgen garantiert werden können. Dazu wurden verschiedene Paritätsbegriffe zur Diskussion gestellt, die der Zielvorstellung entsprechen sollten.

1. Der Begriff der Parität

Grundsätzlich beinhaltet der Paritätsgedanke, daß die Koalitionen über die Machtmittel in der Tarifauseinandersetzung verfügen müßten, die ihnen Chancengleichheit im Tarifstreit gewähren würden, wobei dies in der Verfassung durch Art.9 Abs.3 GG gewährleistet sei[6]. Problematisch daran ist

4 Vgl. *Kittner, Michael*: Art.9 Abs.3 GG, in: Alternativkommentar Grundgesetz, Bd. 1, 1980, S.863, Rdnrn. 46 ff.; *Nikisch, Arthur*: Arbeitsrecht, II. Bd., 2. A., 1959, S.4; *Herschel, Wilhelm*: Zur Präzisierung des Koalitionsbegriffs, in: ArbuR, 1978, S.322; BAG Entscheidung v. 6.7.1956, in BAGE 4, 351 (352 ff.).

5 Vgl. *Goll, Ulrich*: Arbeitskampfparität und Tariferfolg - Versuch einer rechtstatsächlichen Fundierung arbeitskampfrechtlicher Fragestellungen unter Berücksichtigung der "collective-bargaining"-Theorien; 1980, S.23; dazu Hinweise bei *Schachtschneider, Karl Albrecht*: Staatsunternehmen und Privatrecht, 1986, S.337 ff.

6 Vgl. BAG Beschluß v. 21.4.1971, in BAGE 23, 292 (308); *Scholz, Rupert*: Die Koalitionsfreiheit als Verfassungsproblem, 1971, S.263; *ders.*, Neue Verfassung oder Reform des Grundgesetzes?, in: ZfA, 1991, S.692; *Brox, Hans/ Rüthers, Bernd*: Arbeitskampfrecht - ein Handbuch für die Praxis, 2. A., 1982, Rdnr. 166; *Säcker, Franz Jürgen*: Grundprobleme der kollektiven Koalitionsfreiheit - Rechtsquellen- und interpretationstheoretische Bemerkungen zur legislativen und judikativen Konkretisierung des Art.9 Abs.3 GG, 1969, S.30 f.; *Scholz, Rupert/ Konzen, Horst*: Die Aussperrung im System von Arbeitsverfassung und kollektivem Arbeitsrecht, 1980, S.168; *Picker, Eduard*: Verhandlungsbegleitende Arbeitskämpfe - Ein Epilog zum

zunächst die mangelnde Nachprüfbarkeit einer Gesamtparität unter Würdigung aller relevanten Faktoren. Das Bundesarbeitsgericht lehnt daher die materielle Parität als Merkmal ab[7]. Insofern wird allgemein eine abstrakte und generelle Parität angestrebt, die unabhängig vom individuellen und konkreten Tarifkonflikt sein soll[8]. Sollen allerdings die von der Prüfung ihrer Parität betroffenen Tarifvertragsparteien im Hinblick auf den von ihnen angestrebten Tarifvertrag ihre Belange auch weiterhin autonom gestalten können, so dürfen diese Ergebnisse nicht von einer übergeordneten Instanz gewertet werden, worauf allerdings eine Nachprüfung einer Parität hinausliefe. Unklar bleibt jedoch immer, wie und nach welchen Kriterien die Parität beurteilt wird[9].

2. Parität als Voraussetzung freier Tarifverträge?

Im Interesse der Funktionsfähigkeit des Tarifvertragssystems sei, so wird behauptet, ein prinzipielles Gleichgewicht der Tarifvertragsparteien erforderlich. Andernfalls beruhten die unter einem Ungleichgewicht geschlossenen Tarifverträge nicht mehr auf einer wirklich freien Vereinbarung, die Art.9 Abs.3 GG jedoch voraussetze[10]. Das Bundesverfassungsgericht geht demgegenüber von der Forderung aus, daß eine Koalition überhaupt fähig zum Abschluß von Tarifverträgen sein muß, woraus eine innere und äußere Handlungsfähigkeit und die grundsätzliche Fähigkeit, auf die Gegenseite

---

Warnstreik, in: DB, 1985, S.5; *Müller, Gerhard*: Arbeitskampf und Recht - Grundsätze der Tarifvertragsautonomie, S.162.

7 So BAG Urteil v. 10.6.1980, in BAGE 33, 140 (165 f.), a.A. *Säcker, Franz Jürgen*: Gruppenparität und Staatsneutralität als verfassungsrechtliche Grundprinzipien des Arbeitskampfrechts - eine arbeits- und sozialrechtliche Untersuchung zu § 116 des Arbeitsförderungsgesetzes vom 25.6.1969, 1974, S.115; *Gerhardt, Michael*: Das Koalitionsgesetz, 1977, S.177. Allerdings befürwortet das BAG eine materielle Kampfparität im Hinblick auf die Wirkungen von Arbeitskämpfen gegenüber Dritten, vgl. *Ehmann, Horst/ Schnauder, Franz*: Das Lohnrisiko im Arbeitsfrieden und im Arbeitskampf (Schluß), in: JurA, 1983, S.241 ff.; vgl. zu den unterschiedlichen Paritätsbegriffen auch *Lieb, Manfred*: Das neue Arbeitskampfsystem - Analyse der Aussperrungsurteile des Bundesarbeitsgerichts, 1981, S.10 ff.

8 Vgl. *Scholz, R./ Konzen, H.*, Die Aussperrung, S.178; *Hemmen, Wolfgang*: Durchsetzungsfähigkeit als Kriterium für den Gewerkschaftsbegriff im Tarifvertragsrecht, 1988, S.90.

9 Vgl. *Kemper, Michael*: Die Bestimmung des Schutzbereichs der Koalitionsfreiheit (Art.9 Abs.3 GG) - zugleich ein Beitrag zur Lehre von den Einrichtungsgarantien, 1989, S.165; nach welchen Kriterien eine Paritätsbeurteilung sinnvoll vorgenommen werden kann, ist auch *Goll, U.*, Arbeitskampfparität und Tariferfolg, S.199, nach ausführlicher Untersuchung des Problems unklar.

10 Vgl. BAGE 23, 292 (308); BAGE 33, 140 (153 f.); BAG Urteil v. 12.9.1984, in BAGE 46, 322 (350).

Druck auszuüben, als Voraussetzungen folge[11]. Ohne das Ergebnis der sich unten anschließenden Erörterung der einzelnen, von Lehre und Rechtsprechung aufgestellten Tariffähigkeitskriterien vorwegzunehmen, muß festgehalten werden, daß jeder Tarifvertrag, der nicht einseitig diktiert ist, als wirksamer Vertragsschluß betrachtet werden muß, auch wenn ein Teil den anderen zu dessen Nachteil dominiert.

Der Arbeitskampf wäre ein wichtiges Mittel, mit dem ein gewisser Druck auf die Gegenseite ausgeübt werden könnte. Doch das Bundesverfassungsgericht und ihm folgend dann auch das Bundesarbeitsgericht haben festgestellt, daß eine Streikwilligkeit keine Voraussetzung für die Tariffähigkeit einer Gewerkschaft darstellt[12]. Auf der anderen Seite wird jedoch vom Bundesarbeitsgericht betont, daß ohne das Druckmittel des Arbeitskampfes die Aufnahme von Tarifvertragsverhandlungen doch nur kollektives Betteln darstelle. Dreh- und Angelpunkt einer Parität ist also die Frage, von welchem "Unterlegenheitsgrad" an die eine Vertragspartei den Vertrag unter Zwang abschließt, wenn die andere eindeutig überlegen ist.

3. Parität und materielle Richtigkeitsgewähr

Die Parität soll nach der dargestellten Sichtweise folglich nicht im Sinne der republikanischen Freiheitslehre als die Autonomie fördernd und unterstützend wirken[13], ihre Funktion soll vielmehr die Gewährleistung einer materiellen Richtigkeit eines jeden Tarifvertrags beinhalten[14]. Wie bei jedem anderen privaten Vertrag könne auch ein Tarifvertrag nur dann richtig sein, wenn die Vertragsparteien in der Verhandlung grundsätzlich gleichgewichtig seien[15]. Unter Richtigkeit wird dann die Angemessenheit und Vertretbarkeit im Hinblick auf das Verhältnis der Vertragsparteien zueinander und Dritten gegenüber verstanden[16]. Getragen von diesem Richtigkeitsgedanken hätten die

---

11 Vgl. BVerfG Urteil v. 20.10.1982, in BVerfGE 58, 233 (249); das BVerfG spricht auch von einer Verhandlungsparität; vgl. BVerfGE Beschluß v. 26.6.1991, in NJW 1991, S.2550.

12 BVerfGE 18, 18 (32 f.); BAG Beschluß v. 16.11.1982, in AP Nr. 32 zu § 2 TVG, Bl. 3; BAG Beschluß v. 10.9.1985, in BAGE 53, 347 (350).

13 Dazu *Schachtschneider, K. A.*, Res publica res populi, sub IV., 3.

14 So BAGE 33, 140 (149); BAG Urteil v. 12.3.1985, in BAGE 48, 195 (202); vgl. auch *Scholz, Rupert*: Art.9, in: *Maunz, Theodor/ Dürig, Günter/ Herzog, Roman/ Scholz, Rupert*: Grundgesetz, Bd.1, 1989, S.164. Sinn und Zweck der Tarifautonomie ist nach herrschender Meinung, das Arbeits- und Sozialleben sinnvoll zu befrieden, ein Ziel, das nach ebenso herrschender Meinung nur durch richtige Tarifverträge erreicht werden könne, weil sich nur bei richtigen Ergebnissen keine Vertragspartei übervorteilt fühlen könne.

15 BAGE 33, 140 (149); BAGE 48, 195 (202).

16 Vgl. *Kemper, M.*, Koalitionsfreiheit, S.182.

Vertragsparteien jedoch auch die Erfordernisse des gesamtwirtschaftlichen Gleichgewichts zu berücksichtigen[17].

Diese Beschränkung der Garantie der Tarifvertragsfreiheit auf diejenigen Tarifabschlüsse, die ein "richtiges" Ergebnis aufweisen, entspricht zwar im Ergebnis der institutionellen Grundrechtssichtweise[18]. Jedoch wird staatlicherseits eine paternalistische Vorgabe institutionalisiert: Schutz wird nur einem "richtigen" Ergebnis i.S.d. "Ordnungszieles" der Tarifvertragsfreiheit, eine sinnvolle Ordnung und soziale Befriedung hervorzubringen, gewährt. Auch wenn eine wirkliche Nachprüfung des Ergebnisses in der Praxis nicht durchgeführt wird, beeinflußt die Forderung nach Parität dennoch das Ergebnis des Tarifvertrags[19]. Diese Parität im Interesse einer "Richtigkeit" wirkt folglich als Schranke der Tarifautonomie. Zu überprüfen ist nun, ob die Schranke als mit der Verfassung übereinstimmend anzusehen ist.

Grundsätzlich ist davon auszugehen, daß grundrechtlicher Schutz nicht im Interesse staatlicher Zielvorstellungen staatlich determinierbar und funktionalisierbar ist[20].

Problematisch ist, wie schon bei der Beurteilung der Parität, die Feststellung der "Richtigkeit" eines Ergebnisses. Denn ob ein Tarifvertrag im Ergebnis "richtig" ist, hängt nach Ansicht des Bundesarbeitsgerichts von der Beurteilung der Parität ab, unter der er zustandegekommen ist. Folglich ist das im Interesse einer "Richtigkeitsgewähr" verhängte Paritätsgebot des Bundesarbeitsgerichts bei korrekter Leseweise ein "Richtigkeitsgebot" im Sinne einer materiellen Richtigkeit, der allerdings der Maßstab fehlt und die durch die annähernde Gleichgewichtigkeit der Sozialpartner ersetzt werden können soll. Dieses (materielle Richtigkeitsgebot) ist nun in einem noch viel stärkerem Maße als ein Paritätsgebot (gleiche Verhandlungschancen) als Schranke der grundrechtlich garantierten Autonomie im Sinne der republikanischen Grundrechtslehre begründungs- und rechtfertigungsbedürftig.

4. Materielle Richtigkeit als generelles Prinzip der Privatautonomie?

Grundsätzlich, so wird in der Literatur vertreten, sei die Vertragsfreiheit gebunden an generelle Gerechtigkeitsvorstellungen, die dann eine Mindestgewähr für ihre Durchsetzung beim Abschluß von Verträgen erforderten[21].

---

17 Vgl. *Picker, Eduard*: Arbeitskampffreiheit und Kampffreiheitsgrenzen - zur Funktion des Arbeitskampfs im geltenden Recht, dargestellt am Beispiel des Warnstreiks, 1986, S.29; *Säcker, F. J.*, Grundprobleme, S.31 f.

18 Dazu oben sub C. II.

19 Vgl. *Kemper, M.*, Koalitionsfreiheit, S.182.

20 Vgl. *Kemper, M.*, Koalitionsfreiheit, S.183.

21 Vgl. *Picker, E.*, Arbeitskampffreiheit und Kampffreiheitsgrenzen, S.36 f.; *Säcker, F. J.*, Gruppenparität und Staatsneutralität, S.99.

Voraussetzung dafür ist, daß die Anwendung von zivilrechtlichen Vorschriften auf das Tarifvertragsrecht statthaft ist[22].

"Richtigkeit" im Sinne einer irgendwie gearteten Angemessenheit, einer materiellen Richtigkeit eben, kann folglich nur von demjenigen bejaht werden, für den nicht die grundsätzliche Willensübereinstimmung der Parteien die Wirksamkeitsvoraussetzung für den Vertrag darstellt, sondern vielmehr die Übereinstimmung der Parteienvereinbarung mit der "Richtigkeit", die dann folglich die Voraussetzung für die Wirksamkeit des Vertrags darstellt. Diese Konzeption ist von Walter Schmidt-Rimpler grundlegend entwickelt worden[23]. Insofern ist der Begriff der Privatautonomie, wie vom Autor selbst zugegeben wird, unzutreffend[24]. "Richtigkeit" ist zu verstehen als

> "die ethisch bestimmte Gerechtigkeit im engeren Sinne, andererseits aber auch die von der Gemeinschaft aus gesehene Zweckmäßigkeit, also das, was erforderlich ist, um das Gemeinschaftsdasein und das Gemeinschaftsleben zu verwirklichen und in seiner konkreten Gestalt durchzuführen, einschließlich dessen, was notwendig ist, um bestimmte konkrete Gemeinschaftszwecke zu erreichen"[25].

Weil aber die Parteien nicht immer erkennen können, was nun das eigentlich "Richtige" sei, bedürfe es zum einen des gegenseitigen Aufeinandereinwirkens zum Richtigen hin[26]. Zum anderen existierten Gebiete, auf denen dem Vertrag diese Funktionsmechanismen und -voraussetzungen fehlten; hier sei er nicht mehr in der Lage, eine Richtigkeitsgewähr zu bieten, und folglich müsse hoheitlich geregelt werden[27]. Interessanterweise wird aus diesen Gründen auch dem Tarifvertrag der Rechtsquellencharakter wegen mangelnder Richtigkeitsgewähr abgesprochen mit der Begründung, allein aus der Tatsache, daß sich zwei Parteien gegenüberstehen, die ihre eigenen (Partial-)Interessen vertreten und einen Kompromiß schließen, könne man nicht den Schluß ziehen, die jeweils wirklich auszugleichenden Interessen seien durch den Kompromiß der Partialinteressen genau berücksichtigt worden[28]. Das Bundesarbeitsgericht und

---

22 Vgl. *Heinze, Meinhard*: Der Warnstreik und die "Neue Beweglichkeit" - Zum Verhältnis von Tarifvertragsrecht und Arbeitskampfrecht, in: NJW, 1983, S.2413; *Hueck, Alfred/ Nipperdey, Hans Carl*: Lehrbuch des Arbeitsrechts - Bd. 2, 1. Halbbd., 7. A., 1966, S.208; a.A. *Wiedemann, Herbert/ Stumpf, Hermann*: Tarifvertragsgesetz; 5. A.; 1977, S.151.

23 *Schmidt-Rimpler, Walter*: Grundfragen einer Erneuerung des Vertragsrechts, in: AcP, 1941, S.130-197.

24 Vgl. *Schmidt-Rimpler, W.*, Grundfragen, S.159.

25 s. *Schmidt-Rimpler, W.*, Grundfragen, S.132 f. (Hervorhebungen im Original, C.-J. B.) mit der Einschränkung, daß Gerechtigkeit vor Zweckmäßigkeit gehe und ansonsten auch das gesamtwirtschaftliche Gleichgewicht beachtet werden müsse (S.133, Fn. 3).

26 Vgl. *Schmidt-Rimpler, W.*, Grundfragen, S.151 ff.; *ders.*: Zum Vertragsproblem, in: Funktionswandel der Privatrechtsinstitutionen - Festschrift für Ludwig Raiser, 1974, S.5 f.

27 Vgl. *Schmidt-Rimpler, W.*, Grundfragen, S.157.

28 Vgl. *Schmidt-Rimpler, W.*, Grundfragen, S.162, dort Fn. 41; *ders.*, Zum Vertragsproblem, S.13.

die ihm folgenden Autoren beziehen sich also zu Unrecht auf Schmidt-Rimpler, wenn sie ihn heranziehen, um eine Begründung ihrer Lehre von der materiellen Richtigkeitsgewähr bei Tarifverträgen zu geben.

5. Richtigkeitsprinzip für private Verträge?

Der Vertrag ist das Mittel, um gegenläufige Interessen auszugleichen. Handelt es sich dabei um die Interessen aller, so ist das entsprechende Mittel das Gesetz. Die Hervorbringung des einen wie des anderen ist nichts anderes als die Materialisierung der Autonomie, die äußere Freiheit[29]. Der Vertrag ist in der Regel ein Kompromiß. Trotzdem ist er konsensual, also übereinstimmend zustandegekommen: Die Vertragsparteien legen in dem Vertrag ihre Meinung nieder und gestalten damit ihr gemeinsames Recht material in der Weise, daß es keinem von ihnen schadet, sondern vielmehr dazu dient, die von ihnen erstrebten Ziele zu erreichen[30].

Voraussetzung dafür ist eine hinreichende Gleichheit des Einflusses aller Vertragspartner auf den Vertrag:

> "Der Vertrag ist richtig, weil er ein vollständiger Konsens ist. Es läßt sich keine Meinung formulieren, die richtiger wäre als der Kompromiß, ohne die Autonomie der Vertragspartner zu verletzen."[31]

Für die Voraussetzungen der Chancengleichheit trägt der Staat Sorge; diese Verpflichtung erwächst ihm aus dem Sozialprinzip des Art.20 Abs.1, Art.28 Abs.1 S.1 GG[32].

> "Weil das Recht zur Autonomie und materielle, staatlich meßbare Richtigkeit der Verträge der Menschen sich widersprechen, bemüht sich das staatliche Autonomierecht, die 'Richtigkeit' der Verträge soweit als möglich und nötig dadurch zu gewährleisten, daß die Realität autonomiegerecht ist."[33]

Für das Wettbewerbsrecht gilt nach Ansicht Schachtschneiders :

> "Schutzzweck des Wettbewerbsrechts ist mit der Freiheit und Gleichheit auch die Tauschgerechtigkeit im Sinne eines ausgewogenen Interessenausgleichs."[34]

Analog dazu muß die Freiheit der Koalitionsbetätigung im Sinne des Ausgleichs von gegenläufigen Interessen der Koalitionen gesehen werden: Schutzzweck des Koalitionsrechts, der rechtlich gesicherten Möglichkeit also, sich zur aktiven Wahrnehmung der eigenen Interessen in Gruppen zusammen-

---

29 Vgl. *Schachtschneider, K. A.*, Res publica res populi, sub VI., 6. a); V., 3.

30 Vgl. *Schachtschneider, K. A.*, Res publica res populi, sub Kap. VI., 6. b).

31 *Schachtschneider, K. A.*, Res publica res populi, sub Kap. VI., 6. b).

32 Vgl. dazu *Schachtschneider, Karl Albrecht*: Das Sozialprinzip - zu seiner Stellung im Verfassungssystem des Grundgesetzes, 1974, S.45 ff.

33 *Schachtschneider, K. A.*, Staatsunternehmen, S.337.

34 *Schachtschneider, K. A.*, Staatsunternehmen, S.338.

zutun, die eigenen Interessen "hörbar" zu formulieren und gemeinsam hervorbringen zu können, ist im Verhältnis zum sozialen Gegenspieler die Wahrung der Freiheit und Gleichheit und die Tauschgerechtigkeit. Ein Vertrag zwischen Menschen (und ihren Gruppierungen) ist als zivilrechtliche Tauschgerechtigkeit zu begreifen, weil ein Synallagma vorliegt, also eine Leistung wegen des Versprechens einer Gegenleistung (do, ut des)[35].

Daraus darf allerdings nicht generell eine vertragsinhaltliche Kontrollbefugnis des Staates für die Richtigkeit des Vertrags abgeleitet werden.

"Eine materielle Angemessenheits- oder gar Sachzusammenhangsklausel, deren Verletzung die Nichtigkeit des Vertrags zur Folge hätte, würde das Wesen des Vertrags verkennen."[36]

Bestimmt ein Dritter die Interessen der Menschen, so schreibt er ihnen (paternalistisch) ihr Glück vor[37], er ist dann ein Despot[38].

"Die Einigung der Vertragspartner selbst muß im Privatrecht keinesfalls billigem Ermessen entsprechen oder angemessen im Sinne der überprüfbaren Ausgewogenheit von Leistung oder Gegenleistung sein."[39]

Die Vertragserklärungen der Privaten wären dadurch substituierbar, die Selbstbestimmbarkeit der Parteien, wäre aufgehoben. Dennoch existieren staatliche Schranken für private Verträge, z.B. in ihrer Verpflichtung auf die geltenden Gesetze, die sie zu wahren haben und gegen die sie also nicht verstoßen dürfen, sowie in den guten Sitten, für die das gleiche gilt[40].

Die gesetzlichen Regelungen haben den Charakter einer Mißbrauchschranke; diese darf nicht als Maßstab einer inhaltlichen Richtigkeit im Sinne einer irgendwie gearteten Angemessenheit herangezogen werden[41], denn ein allgemeiner rechtlicher Maßstab der materiellen Vertragsgerechtigkeit privater Verträge kann dem Privatrecht innewohnen und darf es unter dem Grund-

---

35 Vgl. *Schachtschneider, K. A.*, Staatsunternehmen, S.338 f.

36 *Schachtschneider, K. A.*, Staatsunternehmen, S.341 m.w.N.; vgl. auch *Flume, Werner*: Allgemeiner Teil des Bürgerlichen Rechts, Band II - Das Rechtsgeschäft, 3. A., 1979, S.6, 7 f.; a.A. *Schmidt-Rimpler, W.*, FS Raiser, S.8 ff., 19, 20 ff.; auch *ders.*, AcP 147 (1941), S.130 ff., 138 ff.: Seiner Meinung nach ist die Vertragsgerechtigkeit im Vertragsverfahren gewährleistet, das Verfahren selbst sei durch die Richtigkeitschance gerechtfertigt und sekundär durch die Autonomie der Vertragspartner.

37 Vgl. *Schachtschneider, K. A.*, Res publica res populi, sub VI., 6. b) mit Bezug auf *Immanuel Kant*: Über den Gemeinspruch: Das mag in der Theorie richtig sein, taugt aber nicht für die Praxis (ed. Weischedel, Bd. IX), 1974.

38 Vgl. *Schachtschneider, K. A.*, Res publica res populi, sub V., 3.; IV., 1.

39 *Schachtschneider, K. A.*, Staatsunternehmen, S.341 f.; *Flume, W.*, Allgemeiner Teil des Bürgerlichen Rechts, Bd. II, S.7 f., 6: "stat pro ratione voluntas".

40 Vgl. *Schachtschneider, K. A.*, Staatsunternehmen, S.342.

41 Vgl. *Schachtschneider, K. A.*, Staatsunternehmen, S.342.

gesetz auch nicht, weil das dem Menschenrecht auf Selbstbestimmung und -verantwortung aus Art.1 Abs.1 und Art.2 Abs.1 GG widerspricht[42].

> "Der Mensch selbst darf im Prinzip und im Zweifel entscheiden, welches seine Interessen sind, welches Gewicht seine Interessen gegenüber den Opfern haben, die er mit dem Vertrag auf sich nimmt, ob Leistung und Gegenleistung einen 'gerechten Interessenausgleich' ausmachen."[43]

Die Grenzziehung der Vertragsfreiheit erfolgt durch staatliche Gesetze, die das gemeine Wohl, insbesondere den Schutz der Schwachen (als Materialisierung des Brüderlichkeitsgedankens der Verfassung) bezwecken[44].

Die Chancengleichheit, hier also die Funktion der staatlich festgelegten Parität der Koalitionen, dient der Vertragsgerechtigkeit, ohne diese zu definieren[45], "weil sie unter Privaten nicht definierbar ist, wenn das Recht zur Autonomie gewahrt bleiben soll."[46]

6. Materielle "Richtigkeit" im Gegensatz zu Autonomie

Aufgrund der dargestellten Richtigkeitslehre schließt die Theorie von der "Richtigkeitsgewähr" eine Richtigkeit der Tarifverträge aus, weil selbst bei einem ausgeglichenen Tarifparteienkompromiß nicht die Gewähr dafür geboten werden kann, daß Gemeinwohlbelange in "richtiger" Art und Weise beachtet worden sind[47]; zudem können sogar eigene (Partei-)Interessen nicht "richtig" berücksichtigt worden sein[48]. Weil die Privatautonomie dem Vertragsrecht des Bürgerlichen Gesetzbuchs zugrundeliegt[49], ist den Parteien die Möglichkeit staatlich garantiert, ihre Rechtsverhältnisse zueinander im Geltungsbereich der Privatautonomie autonom durch übereinstimmende Willenserklärungen zu gestalten[50]. Die Grenzen werden hier durch die Rechtsordnung festgelegt, wie

---

42 Vgl. *Schachtschneider, K. A.*, Staatsunternehmen, S.342; vgl. auch *Flume, W.*, Allgemeiner Teil des Bürgerlichen Rechts, Bd. II, S.6, 7 f.

43 Vgl. *Schachtschneider, K. A.*, Staatsunternehmen, S.342, mit Hinweis darauf, daß die Fähigkeit zur Autonomie den Menschen durch die neueren Vertreter der Richtigkeitsgewährtheorie im Ergebnis abgesprochen wird (S.343, Fn. 303).

44 Vgl. *Schachtschneider, K. A.*, Staatsunternehmen, S.343, *Flume, W.*, Allgemeiner Teil des Bürgerlichen Rechts, Bd. II, S.6; zur Brüderlichkeit in diesem Sinne vgl. *Schachtschneider, K. A.*, Sozialprinzip, S.45 ff.

45 Vgl. *Schachtschneider, K. A.*, Staatsunternehmen, S.338.

46 s. *Schachtschneider, K. A.*, Staatsunternehmen, S.344; *Flume, W.*, Allgemeiner Teil des Bürgerlichen Rechts, Bd. II, S.6, 7 f.

47 s. oben sub D. III.

48 Vgl. *Kemper, M.*, Koalitionsfreiheit, S.187.

49 Vgl. *Flume, W.*, Allgemeiner Teil des Bürgerlichen Rechts, Bd. II, S.15 f.

50 Vgl. *Flume, W.*, Allgemeiner Teil des Bürgerlichen Rechts, Bd. II, S.6 f.; *Kemper, M.*, Koalitionsfreiheit, S.187; dadurch wird ebenfalls Recht gesetzt, a.A. *Schmidt-Rimpler, W.*, Zum Vertragsproblem, S.117 f.

etwa im Falle der Festlegung des § 138 BGB geschehen. Der Grundsatz der Privatautonomie besagt aber, daß die Anerkennung zweier übereinstimmender Willenserklärungen als Vertrag grundsätzlich vorliegt[51]. Die Rechtsverbindlichkeit beruht also zunächst einmal nur und allein auf der Übereinstimmung der Willenserklärungen, also auf dem Willen der Parteien.

> "Auch ein aus Torheit oder - sofern nicht § 138 II BGB eingreift - aus einer dringenden Notwendigkeit heraus eingegangener, ungünstiger Vertragsschluß ist wirksam, wenn er auf übereinstimmenden Willenserklärungen beruht"[52].

Das belegt das rechtstatsächliche Geschehen, also der empirische Befund: Ständig müssen aus finanzieller Notwendigkeit heraus Menschen Teile ihres Eigentums veräußern; diese Tatsache läßt sie einen i.d.R. geringeren Preis erzielen als den, den sie im Regelfall, also ohne die Verkaufsnotwendigkeit berücksichtigen zu müssen, erzielt hätten. So ist also davon auszugehen, daß über die Autonomie eine Rechtsgestaltung ermöglicht wird, die es auch gestattet, abhängige Arbeit grundsätzlich wie eine Ware auf einem Markt anzubieten und umzusetzen und damit dem Regelkreis von Angebot und Nachfrage auszusetzen[53]. Eine im Idealsinn "freie", also zwanglose Verhandlung und der daraus folgende "freie" Vertrag ist in der Wirklichkeit des Lebens nicht anzutreffen. Jedes Rechtsgeschäft wird unter mehr oder weniger starken Zwängen abgeschlossen[54]; die Maximen, nach denen dies erfolgt, sind nicht immer autonom, sondern allzu häufig heteronom bestimmt. Vertragsschlüsse haben eben so frei wie möglich zu erfolgen. Dazu ist notwendige Bedingung eine hinreichende Selbständigkeit. Für die besonders inadäquaten Vetragsabschlüsse hat der Gesetzgeber Regelungen als Schranken der Privatautonomie getroffen. Die Bestimmung dessen, was nicht mehr autonom ist bzw. was die Autonomie unverhältnismäßig gefährdet, muß dem Gesetzgeber als demjenigen, der in stellvertretender Moralität repräsentativ für das Volk entscheidet, überlassen bleiben[55]. Eine Richtigkeitsgewähr ergibt sich jedoch auf keinen Fall daraus, daß bei den Verhandlungen i.d.R. beide Vertragspar-

---

51 Vgl. *Flume, W.*, Allgemeiner Teil des Bürgerlichen Rechts, Bd. II, S.6; *Richardi, Reinhard*: Kollektivgewalt und Individualwille bei der Gestaltung des Arbeitsverhältnisses, 1968, S.37 ff.

52 s. *Kemper, M.*, Koalitionsfreiheit, S.188; vgl. *Flume, W.*, Allgemeiner Teil des Bürgerlichen Rechts, Bd. II, S.8; *Richardi, R.*, Kollektivgewalt, S.43.

53 Vgl. *Picker, Eduard*: Die Regelung der "Arbeits- und Wirtschaftsbedingungen" - Vertragsprinzip oder Kampfprinzip?; 1988, S.57; *Richardi, Reinhard*: Die Stellung des Arbeitskampfes in der gesamtwirtschaftlichen Rechtsordnung, in: RdA, 1966, S.243.

54 Vgl. *Picker, Eduard*: Arbeitskampf und Gesamtrechtsordnung - zur arbeitskampfrechtlichen Neuorientierung des Bundesarbeitsgerichts in der 4. Warnstreikentscheidung; in: DB, 1989, S.9; auch *Dorndorf, Eberhard*: Arbeitskampf als Tarifpolitik und Ultima-ratio-Prinzip, in: ArbuR, 1990, S.68.

55 Vgl. *Picker, E.*, Arbeitskampfrecht und Gesamtrechtsordnung, S.9; dazu oben sub C. III.; eventuell kann auch der Richter entscheiden, ob die Autonomie unverhältnismäßig stark beeinträchtigt ist, allerdings dem § 138 BGB subsumierend.

teien Abstriche von ihren ursprünglichen Vorstellungen machen mußten, so daß der Wille des einen die Grenze des Willens des anderen bildete[56]. Dies entspricht erstens nicht den eben dargestellten rechtspolitischen Denkansätzen Walter Schmidt-Rimplers[57] und entbehrt zweitens der Grundlage, auf der diese Ansicht aufbauen will: Gerade weil ein Vertrag in der Regel einen Kompromiß zwischen zwei Vertragsparteien bzw. deren Vorstellungen vom für sie subjektiv "richtigen" Rechtsgeschäft darstellt, ist er autonom zustandegekommen[58], denn jede Partei konnte während des iterativen Verfahrens der Verhandlungen, durch das der Vertrag zustandegekommen war, auf jeder Stufe der Verhandlungen frei entscheiden, ob sie zu den nunmehr angebotenen Bedingungen zu kontrahieren bereit ist.

Im übrigen steht die Anwendung der Richtigkeitslehre auf die Tarifverträge in einem Gegensatz zum empirischen Befund bei Betrachtung aller anderen Verträge, die abgeschlossen werden: Eine Richtigkeit im Sinne der Lehre der Richtigkeitsgewähr dürfte nicht einmal im Ansatz beim Abschluß eines Individualarbeitsvertrags zwischen dem einzelnen Arbeitnehmer und dem Arbeitgeber, evtl. einem großen multinationalen Konzern, vorliegen. Gleiches gilt auch für Liefer- und Handelsverträge zwischen kleinen, wirtschaftlich unbedeutenden Unternehmen und großen Konzernen.

Weil der Tarifvertrag, wie oben dargelegt, ein privater Vertrag ist[59], ist der Grundsatz der Privatautonomie auch hier anzuwenden; der Begriff der Autonomie ist in der Tarifautonomie wie auch in Art.2 Abs.1 GG derselbe. Richtig ist folglich derjenige Tarifvertrag, der formell und materiell gesetzmäßig ist und sich damit an die zivilrechtlichen Normen hält[60].

Folglich ist der staatliche Anspruch an die Tarifvertragsparteien, das "Richtige" im Sinne eines angemessenen Ergebnisses beim Tarifvertragsabschluß hervorzubringen, für die Koalitionen unverbindlich[61]. Dennoch stellt das Bundesarbeitsgericht an die Koalitionen grundsätzlich die Forderung, die Arbeits- und Wirtschaftsbedingungen sachgerecht zu regeln[62]. Schließlich bedeutet diese Forderung nach materieller "Richtigkeit" und der Versuch, diese materielle "Richtigkeit" durch eine Parität zu gewährleisten, einen Eingriff in die Tarifautonomie, der sich mit dem republikanischen Autonomiebegriff dann nicht in Übereinstimmung bringen läßt, wenn der Maßstab dessen, was angemessen sein soll, vom Staat, also vom Bundesarbeitsgericht gegeben wird. Hinter der Forderung nach "Richtigkeit" verbirgt sich im

56 Vgl. *Hemmen, W.*, Durchsetzungsfähigkeit, S.64.

57 s. o. sub 4.

58 Dazu *Schachtschneider, K. A.*, Res publica res populi, sub VI., 7.

59 s. o. sub E. V.

60 Vgl. *Wahl, Burkhard*: Die Relativität des Gewerkschaftsbegriffes; 1980, S.167 f.; so schon *Schachtschneider, K. A.*, Sozialprinzip, S.58.

61 Vgl. *Kemper, M.*, Koalitionsfreiheit, S.189.

62 BAGE 40, 327 (335).

Ergebnis eine Forderung nach Beachtung des Gemeinwohles und ein Gemeinwohlvorbehalt[63], resultierend aus der Sichtweise, daß die Gewerkschaften staatliche Instrumente, zumindest jedoch staatserhebliche Gruppierungen im Sinne Krügers[64] darstellen, wodurch die Delegationslehre ihre Rechtfertigung finden würde: Als Trägern einer Staatsaufgabe wäre es den Sozialpartnern zur Pflicht zu machen, in den Tarifverträgen das allseits Richtige zu erkennen und zu verwirklichen, mithin das Gemeinwohl zu berücksichtigen und zu verwirklichen. Weil es viele verschiedene Lösungsmöglichkeiten für das Problem der Gemeinwohlerkennung geben kann, wäre jedoch eine persönliche Legitimation durch das Volk, besonders gerechtfertigt durch die schweren Eingriffe der Tarifautonomie in die Volkswirtschaft[65], notwendig[66]. Dies ist jedoch weder bei den Gewerkschaften noch bei den Arbeitgeberverbänden gegeben[67].

Aus Art.9 Abs.3 GG folgt nicht das Gebot paritätischer Machtverhältnisse zugunsten "richtiger", staatlich angemessener Ergebnisse. Die Tariffähigkeit könnte aber dann gerechtfertigt sein, wenn sie die Autonomiefähigkeit und damit die Selbständigkeit der Gewerkschaften und damit der in ihnen vereinigten Menschen stärken sollte. Dies wäre nach der Autonomielehre durchaus richtig[68], ist zumindest aber deswegen schon problematisch, weil kleineren Verbänden dadurch die Autonomiefähigkeit abgesprochen wird.

Vor dem Hintergrund dieses Gedankenganges sind die in Verbindung mit der Forderung nach Parität und Funktionalisierung der Tarifautonomie aufgestellten Tariffähigkeitskriterien zu untersuchen und zu bewerten, aber auch das Koalitionsbetätigungsmittel des Arbeitskampfes, insbesondere des

---

63 Vgl. *Kemper, M.*, Koalitionsfreiheit, S.189; diesen bejahend *Scholz, Rupert*: Verfassungsrechtliche Grundlagen des Arbeitskampfrechts, in: ZfA, 1990, S.389; *ders.*: Grundgesetzliche Arbeitsverfassung - Grundlagen und Herausforderungen, in: DB, 1987, S.1194 f.; *Germelmann, Claas-Hinrich*: Theorie und Geschichte des Streikrechts, 1980, S.57 ff.; *Knebel, Jürgen*: Koalitionsfreiheit und Gemeinwohl - zur verfassungsrechtlichen Zulässigkeit staatlicher Einwirkung auf die tarifautonome Lohngestaltung, 1978, S.88 ff.; 110 ff.; 128 ff.; a.A. *Picker, Eduard*: Die Regelung der "Arbeits- und Wirtschaftsbedingungen" - Vertragsprinzip oder Kampfprinzip?; in: ZfA, 1986, S.230 f.

64 Vgl. dazu *Krüger, Herbert*: Sinn und Grenzen der Vereinbarungsbefugnis der Tarifvertragsparteien, in: Verhandlungen des 46. Deutschen Juristentages, Bd. I, 1966, S.25 ff., passim; vgl. dazu auch oben sub E. III. 3.

65 Vgl. *Schachtschneider, Karl Albrecht*: Imperative Lohnleitlinien unter dem Grundgesetz, in: Der Staat, 1977, S.500 f.

66 Vgl. *Schachtschneider, K. A.*, Staatsunternehmen, S.249 mit Blick auf die Tatsache, daß das Gemeinwohl weitaus schwieriger zu erkennen sei als das (richterliche) Erkennen des Rechtes aus den Gesetzen.

67 Dazu oben sub D. III.

68 Vgl. *Schachtschneider, K. A.*, Res publica res populi, sub IV., 3.

Streiks, den der Gedanke der Parität allein nicht verfassungsrechtlich legitimieren kann[69].

II. Exkurs: Streik als Arbeitskampf

Bislang scheint es in Literatur und Rechtsprechung nicht gelungen zu sein, den Arbeitskampf und das ihn regelnde Recht in das System der geltenden Rechtsordnung einzufügen[70]. Unter dem Eindruck der Tatsache, daß allgemein "Richtigkeit" im Sinne einer materiellen Angemessenheit und Parität in der Tarifautonomie gefordert werden, kann es der Vollständigkeit der Darstellung halber nicht unterbleiben, den Arbeitskampf, auf Gewerkschaftsseite also den Streik, als ein Koalitionsverfahrensmittel auf seine Wirkung und seine Erforderlichkeit für die Tarifautonomie hin zu untersuchen; dies muß auch bei Zugrundelegung einer formellen Äquivalenz als eines formalen Prinzips in der (Tarif-) Autonomie gelten.

1. Definition des Streiks

Streik ist die gewerkschaftlich organisierte[71], gemeinschaftliche Arbeitsverweigerung von Arbeitnehmern in einem Arbeitsverhältnis, die den Tarifpartner zum Abschluß eines Tarifvertrags[72] zwingen soll[73]. Der Streik suspendiert den Arbeitnehmer von seiner Hauptleistungspflicht, der Pflicht nämlich zur Arbeit, und den Arbeitgeber von der Verpflichtung, den Arbeitslohn zu zahlen. Gesetzlich ist der Begriff des Streiks nicht definiert; die Suspensionslehre, die vom Bundesarbeitsgericht entwickelt worden ist[74], hat mittlerweile den Status

---

69 Dazu sogleich sub II.

70 Vgl. *Picker, E.*, "Arbeits- und Wirtschaftsbedingungen", S.241 f.

71 Vgl. *Mayer-Maly, Theo*: Der Warnstreik, in: BB, 1981, S.1775; *Lieb, Manfred*: Arbeitsrecht, 3. A., Heidelberg, 1984, S.136; *Hueck, Alfred/ Nipperdey, Hans Carl/ Säcker, Franz Jürgen*: Lehrbuch des Arbeitsrechts - Band 2, 2. Halbbd., 7. A., 1970, S.1005; auch BAG Entscheidung vom 29.10.1969, in BAGE 22, 162 (164 f.)

72 BAG Entscheidung vom 4.5.1955, in BAGE 2, 75 (77); Entscheidung vom 26.10.1971, in BAGE 23, 484 (502 f.); Entscheidung vom 19.6.1973, in BAGE 25, 226 (232); Entscheidung vom 14.2.1978, in BAGE 30, 50 (61); Entscheidung vom 21.3.1978, in BAGE 30, 189 (190); *Hueck, A./ Nipperdey, H. C./ Säcker, F. J.*, Lehrbuch, Bd. 2, 2. Halbbd., S.1010; *Brox, H./ Rüthers, B.*, Arbeitskampfrecht, S.78, Rdnr. 138 m.w.N.

73 BAG Entscheidung vom 20.12.1963, in BAGE 15, 174 (192 ff.); Entscheidung vom 21.10.1969, in BAGE 15, 175 (192 ff.); Entscheidung vom 14.2.1978, in BAGE 30, 50 (61); vgl. *Schachtschneider, Karl Albrecht*: Streikrecht oder Streikfreiheit - Vortrag, gehalten in Nürnberg, nicht veröffentlicht, 1989; *Hueck, A./ Nipperdey, H. C./ Säcker, F. J.*, Lehrbuch, Bd. 2, 2. Halbbd., S.1005; *Brox, H./ Rüthers, B.*, Arbeitskampfrecht, S.72, Rdnr. 132.

74 Vertreten vom BAG in BAGE 23, 292 ff., auch schon BAG, Entscheidung v. 28.1.1955, in BAGE 1, 291 (304 f.).

von Gewohnheitsrecht[75]. Grundsätzlich ist der Streik also ein Mittel zur Wahrung und Förderung der Arbeits- und Wirtschaftsbedingungen[76]. Der Zusammenhang mit Art.9 Abs.3 GG wird damit deutlich: Koalitionen haben als Zusammenschluß von Individuen die grundrechtlich verbürgte Freiheit, die Autonomie auf dem Gebiet der Arbeits- und Wirtschaftsbedingungen zu wahren und zu fördern. Der politische Streik, der den Gesetzgeber zur Verabschiedung von Gesetzen, aber auch die Verwaltung zur Ausführung und Rücknahme von Beschlüssen und Verordnungen zu nötigen sucht, ist damit ausgeschlossen[77]. Wenn aber der Streik die Arbeits- und Wirtschaftsbedingungen zumindest mittelbar wahren und fördern soll, muß er von einer Gewerkschaft organisiert und getragen sein[78]. Nur Gewerkschaften sind auf Arbeitnehmerseite gemäß § 2 Abs.1 TVG tarifvertragsfähig. Soweit Ziele durch einen Streik angestrebt werden, zu deren Erreichung nicht auf das Mittel des Tarifvertrags zurückgegriffen werden muß, der wiederum ein Privilegium der Gewerkschaften darstellt, könnte man auch nicht organisierten Arbeitnehmern die Möglichkeit zubilligen, an einem Streik teilzunehmen. Das ist längst geübte Praxis; schließlich nehmen sehr viele unorganisierte Arbeitnehmer an Streiks teil. Wäre der Streik an sich nur Gewerkschaften und damit ihren Mitgliedern vorbehalten, so würde die Teilnahme von Nichtorganisierten eine Verletzung des Arbeitsvertrags darstellen. Erwiesenermaßen hat der Abschluß eines Tarifvertrags erhebliche Auswirkungen auch auf die Arbeitsverhältnisse von Unorganisierten[79]; faktisch werden, vor allem in den unteren Lohngruppen, diese und Mitglieder von Arbeitnehmervereinigungen durch den Arbeitgeber gleichbehandelt[80]. Letztlich können Unorganisierte aber keinen Rechtsanspruch auf Leistungen aus dem Tarifvertrag geltend machen; ihnen bleibt nur die Möglichkeit, im Einzelarbeitsvertrag auf den geltenden Tarifvertrag zu

---

75 Vgl. *Schachtschneider, K. A.*, Streikfreiheit.

76 Vgl. *Scholz, R.*, Verfassungsrechtliche Grundlagen, S.381.

77 Vgl. *Picker, E.*, Regelung, S.65; *Brox, Hans*: Grundbegriffe des Arbeitsrechts; 8. A., 1987, S.156, Rdnr. 322; *Schachtschneider, K. A.*, Streikfreiheit, sub I. 1.; *Rüthers, Bernd*: Gesellschaftlicher Wandel - Anpassung oder Widerstand des Rechts?; 1981, S.51 f. mit dem Hinweis auf § 105 StGB (S.52), der die Nötigung des Parlamentes unter Strafe stellt. Trotzdem ist erst kürzlich (Mitte Mai 1991) mit Erfolg die vom Bundesminister für Wirtschaft geplante Streichung der Subventionen für die Schiffbauindustrie mit der Drohung durch einen den gesamten Industriezweig erfassenden Streik ausgesetzt worden.

78 Vgl. *Mayer-Maly, Th.*, Der Warnstreik, S.1775; *Rüthers, Bernd*: Tarifautonomie im Umbruch?; 2. A., 1977, S.32.

79 Vgl. *Seiter, Hugo*: Staatsneutralität im Arbeitskampf, 1986, S.347 f.

80 Vgl. *Germelmann, C.-H.*, Theorie und Geschichte, S.32 f.; *Leventis, Georg*: Tarifliche Differenzierungsklauseln nach dem Grundgesetz und nach dem Tarifvertragsgesetz; 1974, S.77; *Gamillscheg, Franz*: Die Differenzierung nach der Gewerkschaftszugehörigkeit, 1966, S.37 f.; *Müller, Gerhard*: Tarifautonomie und gesetzliche Regelung des Arbeitskampfrechts, in: DB, 1992, S.274; BAGE 33, 204 f. *Hugo Seiter* leitet aus dem Nutzen der Außenseiter von den Ergebnissen der Tarifverhandlungen ab, es sei unbillig, wenn die Außenseiter von den Wirkungen eines Streiks oder einer Aussperrung verschont blieben (Staatsneutralität, S.348).

verweisen. Insofern ist eine Verknüpfung von Gewerkschaftsmitgliedern und Nichtorganisierten in einem Streik aus der Empirie gerechtfertigt[81]. Gleichwohl kann eine dogmatische Begründung nicht gegeben werden[82].

2. Streikfreiheit oder Streikrecht?

Bei Zugrundelegung der oben knapp dargestellten republikanischen Grundrechtslehre[83] muß der Streik dem formalen Freiheitsbegriff und damit der Pflicht jedes einzelnen zur Sittlichkeit genügen. Folglich besitzen alle Arbeitnehmer unter der Voraussetzung, daß auch nicht organisierte Arbeitnehmer streiken dürfen, die grundrechtlich abgesicherte Streikautonomie gegenüber dem Staat, also gegenüber dem verfaßten Gemeinwesen, das alle Individuen vereint. Die Maximen, nach denen die Arbeitnehmer streiken, müssen dem Sittengesetz genügen[84]; der Streik darf nicht gegen Gesetze und Verträge verstoßen. Rechte ergeben sich als solche aus Gesetzen oder Verträgen. Der Arbeitskampf greift stark in Rechte der Partei ein, gegen die er sich richtet. Folglich bedarf es als Rechtfertigung des Rechts auf einen Arbeitskampf, speziell des Rechts der Arbeitnehmer auf Streik. Hat der Arbeitnehmer ein Recht zu streiken, so darf der Arbeitgeber keine Konsequenzen daraus ziehen und dem Arbeitnehmer etwa kündigen, weil er in seinen Rechten nicht verletzt sein kann. Allerdings bräuchte er nach der Suspensionslehre[85] dann auch keinen Arbeitslohn zu zahlen. Handelt es sich hingegen um Streikfreiheit und nicht um ein Streikrecht, so hätte der Streik die Rechte anderer gemäß dem Freiheitsbegriff zu wahren, insbesondere das des Arbeitgebers auf Arbeitsleistung. Dann könnte der Staat den Streik sogar per Gesetz verbieten; dagegen steht allerdings die spezielle Kompetenz der Koalitionen aus Art.9 Abs.3 GG. Der Staat hat diese Kompetenz zu achten und muß Regelungen grundsätzlich den Koalitionen überlassen, soweit es sich um den Regelungsbereich der Koalitionsfreiheit und damit auch der speziellen Streikfreiheit handelt. Diese

---

81 So auch *Seiter, H.*, Staatsneutralität, S.348.

82 Vgl. *Lieb, M.*, Das neue Arbeitskampfsystem, S.52 f. Allerdings könnte man für die Außenseiter die von der Rechtsprechung in den frühen Urteilen zum Arbeitskampf vertretene Kündigungslehre (*Hueck, A./ Nipperdey, H. C.*, Lehrbuch, 2. Bd./ 1. Halbbd., S.150, Fn. 37; *Nikisch, A.*, Arbeitsrecht - II, S.156 ff.; *Sinzheimer, Hugo*: Grundzüge des Arbeitsrechts, 1927, S.290, alle m.w.N.) gelten lassen: Im Falle eines Streiks ist der Arbeitsvertrag dann nicht verletzt, wenn der Arbeitnehmer sein Arbeitsverhältnis fristgerecht gekündigt hat. Es würde dann arbeitsvertraglicher Wiedereinstellungsklauseln bedürfen, damit der Arbeitnehmer einen Anspruch, nach Beendigung des Streiks die Arbeit wieder aufnehmen zu können, hat (zur Verbreitung solcher Klauseln *Hueck, A./ Nipperdey, H. C.*, Lehrbuch, 2. Bd./ 1. Halbbd., S.274).

83 s. o. sub C. III.; vgl. zum folgenden *Schachtschneider, K. A.*, Streikfreiheit, passim.

84 Vgl. *Schachtschneider, K. A.*, Streikfreiheit, sub I. 2.

85 BAGE 23, 292 ff.

Regelungen können aber in dem Fall nur mehr Verträge sein, die dann die Freiheit verwirklichen.

Ein Streikrecht kann sich prinzipiell aus dem Grundgesetz, aus den einfachen Gesetzen wie etwa dem Tarifvertragsgesetz oder den Tarif- oder Individualarbeitsverträgen ergeben. Für die Koalitionsfreiheit gilt auch die Koalitionsverfahrensgarantie, nach der ein Ausgleich der Sozialpartner in irgendeiner Weise ermöglicht werden muß[86]. Das Bundesverfassungsgericht hat sich mit der Frage, ob auch der Streik zu den im Grundgesetz grundrechtlich geschützten Koalitionsverfahren zählt, nicht auseinandergesetzt. Eine solche Sichtweise befürwortet jedoch das Bundesarbeitsgericht. Mit Recht ist dabei auf die Notstandsnovelle der Verfassung aus dem Jahre 1968 hinzuweisen: Notstandsmaßnahmen dürfen sich gem. Art.9 Abs.3 S.3 GG nicht gegen Arbeitskämpfe richten. Insofern geht die Verfassung jedenfalls von der Möglichkeit eines rechtmäßigen Arbeitskampfes aus[87]; in dieser Hinsicht ist sie deklaratorischer Natur[88]. Ein Recht auf Arbeitskampf kann daraus noch nicht entnommen werden. Die Sozialpartner sind lediglich gegenüber dem Staat frei in der Entscheidung, ob sie nun streiken, aussperren oder vertraglich verhandeln wollen. Die Herleitung des Streikrechts aus Art.9 Abs.3 S.1 GG über die Begründung, ansonsten könne der Art.29 Abs.5 der Hessischen Verfassung, der die Aussperrung verbietet, nicht verfassungswidrig sein[89], greift nicht, weil ein solches Verbot bereits die Arbeitskampffreiheit verletzt, gegen die der Staat nicht einmal im Notstand Maßnahmen ergreifen darf[90]. Die Herleitung des Streikrechts aus Art.9 Abs.3 GG widerspricht aber dem republikanischen Grundrechtsbegriff, weil mit einem verfassungsrechtlich niedergelegten Streikrecht das Recht zu streiken nicht nur der gesetzlichen, sondern auch der vertraglichen Regelbarkeit entzogen wäre. Die Autonomie der Sozialpartner wäre nicht mehr gewährleistet. Das Bundesverfassungsgericht hat ausdrücklich bekräftigt, daß das sinnvolle Funktionieren der Tarifautonomie nicht von Arbeitskämpfen abhängt[91]. Friedlicheren Methoden muß von Staats wegen immer der Vorzug gegeben werden, zumal ein Streik auch das Gemeinwohl schädigt[92], für das der Staat verantwortlich ist[93].

---

86 Vgl. BVerfGE 18, 18 (S.28 ff.); auch Beschluß vom 1.3.1979, in BVerfGE 50, 291 ff.; *Scholz, R.*, Art.9, S.161 ff.

87 Vgl. *Glückert, Jürgen*: Die Arbeitskampfschutzklausel des Art.9 Abs.3 Satz 3 Grundgesetz - zugleich ein Beitrag zum Thema "Arbeitskampf und Notstandsverfassung", 1973, S.172 f.; *Schachtschneider, K. A.*, Streikfreiheit, sub I. 3.

88 Vgl. *Scholz, R.* Art.9, S.194; *Kemper, M.*, Koalitionsfreiheit, S.151.

89 So BAGE 33, 140 (152 ff.); das BVerfG hat in neuester Rechtsprechung (Entscheidung vom 26.6.1991, in NJW, 1991, S.2549 ff.) noch einmal bestätigt, daß die Aussperrung ebenso wie der Streik unter dem Schutz des Art.9 Abs.3 GG steht.

90 Vgl. *Schachtschneider, K. A.*, Streikfreiheit, sub II. 2.

91 Vgl. BVerfGE 18, 18 (30 f.).

92 Dies wird bereits in der ersten Entscheidung des BAG zum Arbeitskampf deutlich hervorgehoben, vgl. BAGE 1, 291 (300); vgl. *Richardi, R.*, Die Stellung des Arbeitskampfes,

Tarifvertragliche Schlichtungsvereinbarungen würden gegen die Verfassung verstoßen und wären nach Art.9 Abs.3 S.2 GG nichtig, enthielte Art.9 Abs.3 GG ein Streikrecht[94]. Ferner steht dem der allgemein anerkannte "Dritte Weg" der Kirchen entgegen, der ein kirchliches Arbeitskampfverbot mit Schlichtungsverfahren kompensiert, wobei die Schlichtungskommissionen paritätisch besetzt sind[95]. Schließlich wäre die in Tarifverträgen vereinbarte Friedenspflicht unbeachtlich, weil sie gegen Art.9 Abs.3 S.2 GG verstieße[96].

Gleichwohl muß die Möglichkeit des Arbeitskampfes grundsätzlich bestehen[97]. Ein Recht auf Streik und allgemein auf Arbeitskämpfe ist Art.9 Abs.3 GG jedoch nicht zu entnehmen. Auch aus den zahlreichen einfachgesetzlichen Regelungen kann ein Streikrecht nicht herausgelesen werden. Letztlich kann sich ein Streikrecht aus Tarifverträgen ergeben. Denn mit Ablauf der sog. Friedenspflicht[98] und damit der Gültigkeitsdauer des Tarifvertrags besteht das Recht für die Gewerkschaft und damit nur für die in der Gewerkschaft organisierten Mitglieder zu streiken[99]. Mit Ablauf des alten Tarifvertrags gilt

---

S.241, der meint, daß der Arbeitskampf einen Machtkampf darstelle, der kaum dazu geeignet sei, einen gerechten Lohn festzustellen.

93 Daher kann der Staat einen rechtswidrigen Arbeitskampf zumindest in Fällen äußerster Notwendigkeit gem. § 940 ZPO im Wege der einstweiligen Verfügung unterbinden; vgl. *Zeuner, Albrecht*: Arbeitskampf und einstweilige Verfügung, in: RdA, 1971; S.6, 8.

94 Vgl. *Schachtschneider, K. A.*, Streikfreiheit, sub II. 2. c).

95 Vgl. *Schachtschneider, K. A.*, Streikfreiheit, sub II. 2. c).

96 Vgl. *Schachtschneider, K. A.*, Streikfreiheit, sub II. 2. c).

97 Dazu sogleich sub 3; *Hans Brox*, Arbeitsrecht, stellt fest, daß der Arbeitskampf nicht unbeschränkt, sondern nur zweckgerichtet gewährleistet ist (S.151 f., Rdnr. 307).

98 Vgl. *Mayer-Maly, Th.*, Der Warnstreik, S.1775.

99 Ein Streikrecht auch für die nicht beamteten, im öffentlichen Dienst Beschäftigten besteht wie auch für die Beamten ebenfalls nicht, auch nicht aufgrund eines abgeschlossenen Bundesangestelltentarifvertrags (vgl. *Krüger, Herbert*: Allgemeine Staatslehre, 2. A., 1966, S.519 f.; *Schachtschneider, K. A.*, Streikfreiheit, sub III.; für die Möglichkeit eines Streiks der Angestellten und Arbeiter im öffentlichen Dienst vgl. *Nipperdey, H. C./ Säcker, F. J.*: Lehrbuch, 7. A., 2./ 2., 1970, S.983 f. m.w.N.; *Scholz, R.*, HStR, S.1175; BVerwGE 69, 208 (211)). Der Staat hat von Verfassungs wegen die Pflicht, den Vollzug der Gesetze jederzeit sicherzustellen. Dem würde ein (bundesangestellten-)tarifvertragliches Streikrecht entgegenstehen; jeder einzelne Bürger wäre damit in seinen Grundrechten verletzt, ein solches Streikrecht bleibt verfassungswidrig. *Peter Lerche* stellt fest, daß aufgrund ihrer Funktion Angestellte im öffentlichen Dienst ohnedies dem Tatbestand des Art.33 Abs.4 GG entsprechen (Verbeamtung als Verfassungsauftrag? Gutachten, 1973, S.35 ff.; a.A., auf jeden Fall die Bindung an Art.33 Abs.5 GG ablehnend BVerfGE 3, 162 (168); 9, 155 (163)). Beamte sind durch die Verfassung an Art.33 Abs.4 und 5 GG, nämlich an die hergebrachten Grundsätze des Berufsbeamtentumes mit ihrer Verpflichtung zur Loyalität gegenüber dem Dienstherrn gebunden (auch durch §§ 52, 54 BBG). Sie füllen nicht nur einen "Job" aus, sondern dienen dem Wohle der Allgemeinheit (BVerfGE 8, 1 (16)). Daraus folgt umgekehrt der Pflicht des Dienstherrn, für eine angemessene Alimentation zu sorgen, die einen Streik obsolet werden läßt. Vgl. *Brox, H.*, Arbeitsrecht, S.157, Rdnr. 323; in diesem Sinne auch *Säcker, F. J./ Oetker, H.*: Der Einsatz von Beamten auf

nun von Gesetzes wegen gem. § 4 Abs.5 TVG der alte Tarifvertrag fort, bis ein neuer zustandegekommen ist.

Daraus folgt, daß in der Verfassung selbst kein Grundrecht auf Streik niedergelegt ist[100]; dies ergibt sich lediglich aus den einzelnen kollektiven Arbeitsverträgen, in denen es der Friedenspflicht immanent ist. Dogmatisch bleibt es allerdings ungeklärt, ob einer Koalition, die bislang noch keinen Tarifvertrag mit dem Sozialpartner abgeschlossen hat, ein Streikrecht zusteht. Ist dies nicht der Fall, so wäre der Streik dieser Koalition eine Verletzung der einzelnen Individualarbeitsverträge gem. § 611 BGB, die einen zivilrechtlichen Schadensersatzanspruch gem. § 823 Abs.1 BGB nach sich ziehen würde[101]. Die herrschende Lehre geht bislang mit der Rechtsprechung davon aus, daß der Streik von der Gewerkschaft getragen werden muß; dazu ist es erforderlich, daß sie tariffähig ist[102]. Denn der Streik soll ein tariflich regelbares Ziel verfolgen[103].

Fraglich ist dann, ob die sog. "ad hoc"-Koalition, also der spontane Zusammenschluß von Arbeitnehmern, die einen Streik durchführen, jedoch bislang noch keinen für sich gültigen Tarifvertrag abgeschlossen haben, tariffähig ist. Denn ein Streikrecht aus einem bestehenden Tarifvertrag kann ihr nicht zustehen. Die herrschende Meinung verneint eine Tariffähigkeit mit der Begründung, ein spontaner Zusammenschluß von Arbeitnehmern biete keine hinreichende Gewähr für die Einhaltung und Durchführung von Tarifverträgen und die Respektierung der Friedenspflicht[104]. Die Begründung, daß sich ein Streikrecht allenfalls aus einem Tarifvertrag ergeben kann, vermag vor dem Hintergrund, daß einem einzelnen Arbeitnehmer kaum ein sonstiges gleichwertiges Mittel, das den Arbeitgeber zur Aufnahme von Tarifvertragsverhandlungen motivieren könnte, zur Verfügung steht, nicht völlig zu überzeugen. Für die Erreichung des ersten Tarifvertrags einer Vereinigung von Arbeitnehmern, die der Zweckbestimmung des Art.9 Abs.3 GG genügt, muß daher etwas anderes gelten, wenn der Streik ein grundsätzlich erforderliches Mittel für die Arbeitnehmer darstellt[105]. Auch in diesem Fall

---

bestreikten Arbeitsplätzen als Verfassungsproblem, in: AöR, 112 (1987), S.349 f.; *Scholz, R.*, HStR, S.1174, Rdnrn 110 f.; *Brox, H./ Rüthers, B.*, Arbeitskampfrecht, S.304 ff.; BAGE 12, 184 (193); a.A. *Germelmann, C.-H.*, Theorie und Geschichte, S.34.

100 Vgl. *Promberger, Günter*: Arbeitskampf und Einzelarbeitsvertrag, 1967, S.16; *Bötticher, Eduard*: Waffengleichheit und Gleichbehandlung der Arbeitnehmer im kollektiven Arbeitsrecht, in: *ders.*: Gleichbehandlung und Waffengleichheit - Überlegungen zum Gleichheitssatz, 1979, S.35; *Schachtschneider, K. A.*, Streikfreiheit, sub II. 2. c).

101 Vgl. *Promberger, G.*, Arbeitskampf und Einzelarbeitsvertrag, S.17.

102 Vgl. *Lieb, M.*, Arbeitsrecht, S.136.

103 Vgl. *Brox, H./ Rüthers, B.*, Arbeitskampfrecht, S.72, Rdnr. 138; *Lieb, M.*, Arbeitsrecht, S.136 f.; *Hueck, A./ Nipperdey, H. C./ Säcker, F. J.*, Lehrbuch, Bd. 2, 2. Halbbd., S.1010.

104 Vgl. *Lieb, M.*, Arbeitsrecht, S.136.

105 Dazu sogleich sub 3.

fehlt eine klare dogmatische Begründung für ein Streikrecht für den Fall, daß ein Tarifvertrag, dessen Friedenspflicht abgelaufen sein muß, noch nicht vorliegt. Allerdings kann hier auf die Ansicht zurückgegriffen werden, die vor der richtungsweisenden Entscheidung des Bundesarbeitsgerichts zur Suspensionslehre[106] galt: Zur Erreichung des ersten Tarifvertrags kann eine kollektive Kündigung angenommen werden.

Es könnten allerdings praktische Gründe gegen ein solches Streikrecht sprechen: Auf diese Weise könnten wenige Arbeitnehmer, die überhöhte Forderungen durchsetzen wollen, einen kleineren, mittelständischen Betrieb stark schädigen und ihm unter Umständen die Existenzgrundlage entziehen, wenn sie kurze Streiks zu besonderen Zeiten oder an speziellen Maschinen und Einrichtungen durchführen. Hier kann nur ein Einlenken des Arbeitgebers oder aber als Alternative der gerichtliche Klageweg bzw. die einstweilige Verfügung ein solches Unternehmen vor dem Ruin retten; die Autonomie des Arbeitgebers bzw. sein Recht auf den eingerichteten und ausgeübten Gewerbebetrieb[107] muß gewahrt bleiben.

Im Falle des gewerkschaftlichen Streiks ist die Friedenspflicht des Tarifvertrags abgelaufen; der Arbeitgeber bzw. sein Verband hatte genügend Zeit der Vorbereitung. In der Regel wird ein Tarifvertrag dann zu neuen, veränderten Konditionen abgeschlossen. Lag aber bislang, wie im Falle der ad hoc-Koalition, ein Tarifvertrag gar nicht vor, und will der Arbeitgeber mit einer so unbedeutenden Koalition auch keinen Tarifvertrag abschließen, so ergibt sich das Problem, daß die abgewiesene Gruppe von Arbeitnehmern, würde man auch ihr ein Streikrecht zuerkennen wollen, ständig streiken könnte und dies immer wieder und punktuell versuchen würde, bis sich der Arbeitgeber genötigt sieht, auf die Forderungen in toto einzugehen. Auch in diesem Falle ist unbedingt die Anwendung des ultima ratio-Prinzips erforderlich. Erst wenn die formellen Verhandlungen erfolglos geblieben sind und ein Schlichtungsverfahren, wenn es denn vereinbart wurde, ebenfalls nicht zum gewünschten Ergebnis geführt hat, sollte von der Möglichkeit des Streiks Gebrauch gemacht werden können[108]. Allein aus praktischen Erwägungen heraus kann einer ad hoc-Koalition die Möglichkeit des Arbeitskampfes also nicht versagt werden[109].

Rechtsmißbräuchliche Arbeitskämpfe, die den Sozialpartner nicht zum Abschluß eines Tarifvertrags bewegen, sondern ihn vielmehr seiner Existenzgrundlage berauben sollen, können nicht den Schutz der Rechtsordnung genießen. Sie verfolgen im übrigen nicht den Zweck der Wahrung und

---

106 BAGE 1, 291 (304 f.).

107 Vgl. *Lieb, M.*, Arbeitsrecht, S.142 f.

108 Vgl. *Bobke, Manfred H.*: Rechtsfragen des Warnstreiks, in: BB, 1982, S.865 f.

109 So auch *Kemper, M.*, Koalitionsfreiheit, S.155 (Die ad hoc-Koalition darf dann streiken, wenn sie einen Organisationswillen hat, S.206); *Däubler, Wolfgang/ Hege, Hans*: Koalitionsfreiheit, 1976, Rdnr. 109; *Kittner, M.*, Art.9 Abs.3, Rdnr. 48.

Förderung der Arbeits- und Wirtschaftsbedingungen, so daß sie nicht als Konnexinstitut der Tarifautonomie geschützt sind.

Das Vertrauen des Gesetzgebers in die Sittlichkeit der Mitglieder einer ad hoc-Koalition kann kein anderes sein als das in die Gewerkschaften und ihre Mitglieder gesetzte. Schon aus diesem Grund kann grundsätzlich für die Durchführung von Verhandlungen, Streiks und Tarifverträgen nur gleiches Recht für alle Koalitionen gelten.

Auch eine Haftung kann rechtlich konstruiert werden, wobei nicht einmal auf die im übrigen auf die Gewerkschaften analog angewandten Vorschriften über den eingetragenen Verein Rückgriff genommen werden muß: Da es sich um einen Zusammenschluß von Arbeitnehmern zur Verfolgung eines gemeinsamen Zweckes handelt, dürften auf diesen die Vorschriften für die Gesellschaft bürgerlichen Rechts gem. den §§ 705 ff. BGB Anwendung finden. Eine rechtliche Haftung für die Durchführung eines bereits erlangten Tarifvertrags läßt sich also aus den rechtlichen Vorschriften entnehmen; die Durchführung ist demnach auch im Wege der Klage durchsetzbar[110].

3. Erforderlichkeit des Arbeitskampfes

Eigentlicher Zweck der Garantie der Koalitionsfreiheit ist es, den Gegensatz zwischen den Interessen der Arbeitnehmer und der Arbeitgeber auf dem Gebiet der Arbeits- und Wirtschaftsbedingungen durch die Wahrung der Autonomie und damit des Abschlusses von Tarifverträgen auszugleichen[111]. Der Arbeitskampf steht daher nicht unmittelbar als Gegenstand der Koalitionsfreiheit unter dem Schutz des Art.9 Abs.3 GG, sondern vielmehr als "Garant zunächst für die Aufnahme der Verhandlungen mit der Gegenseite überhaupt und ferner für die Ernsthaftigkeit dieser Verhandlungen trotz einer evtl. Unterlegenheit des Verhandlungsgegners"[112]. Weil die Tarifvertragspartner aber nicht zu einem anderen Verhandlungspartner ausweichen können[113], wie dies in der Regel in einer Marktwirtschaft der Fall ist (Ausnahmen gelten z.B. für die öffentlichen

---

110 Dazu später sub III.

111 Vgl. *Kemper, M.*, Koalitionsfreiheit, S.155; *Richardi, R.*, Die Stellung des Arbeitskampfes, S.248, der unter der sozialen Autonomie im Bereich des kollektiven Arbeitsrechts "eine von der Willkür des Arbeitgebers unabhängige Rechtsstellung des Arbeitnehmers" versteht. Versteht man hier "Willkür" als "nötigende Willkür" im kantianischen Sinne, so kommt das der republikanischen Sichtweise der Koalitionsfreiheit gleich.

112 s. *Kemper, M.*, Koalitionsfreiheit, S.155; in diesem Sinne auch *Zachert, Ulrich*: Schwierigkeiten mit dem Arbeitskampf; in: ArbuR, 1990, S.78; *Seiter, H.*, Staatsneutralität, S.337; *Picker, Eduard*: Der Warnstreik und die Funktion des Arbeitskampfes in der Privatrechtsordnung, 1983, S.230.

113 Vgl. BAGE 33, 140 (150); *Seiter, Hugo*: Dauerrechtsbeziehungen zwischen Tarifvertragsparteien? Zur Lehre vom gesetzlichen Schuldverhältnis im kollektiven Arbeitsrecht, in: ZfA, 1989, S.284.

Energieversorgungs- oder die Nahverkehrsunternehmen oder die Deutsche Bundespost), kommt grundsätzlich und letztlich eine ergebnislose Verhandlungsführung aufgrund der beiderseitigen Interessenlagen nicht in Betracht. Folglich stellt der Arbeitskampf die konsequente und systematisch notwendige Ergänzung für die Tarifautonomie dar[114]. Denn der Streik ist, ebenso wie der Wechsel des Marktpartners, der Ausdruck für eine Vertragsverweigerung zu den bis dahin genannten Vertragsbedingungen. Auch das Bundesarbeitsgericht hat diese Ansicht in ständiger Rechtsprechung wiederholt[115]. In diesem Sinne übt das Institut des Arbeitskampfes lediglich eine Hilfsfunktion aus[116], so daß Verhandlung und Kampf nicht beliebig als Mittel, um zu einem Tarifvertrag zu gelangen, gegeneinander austauschbar sind[117].

Wegen der schädigenden Auswirkungen auf das Gemeinwohl[118] und aufgrund der Tatsache, daß ein Kampf grundsätzlich nicht moralischer (i.S.d. Sittengesetzes aus Art.2 Abs.1 GG) sein kann als ein vernunftgesteuertes Verhandlungsverfahren, weil durch den (legitimen) Zwang derjenige, gegen den der Kampf sich richtet, genötigt wird, kann der Arbeitskampf keine weitergehende grundrechtliche Gewährleistung in Anspruch nehmen, als das Kriterium der Erforderlichkeit selbst reicht[119]. Dem entspricht das ultima ratio-Prinzip[120], demgemäß Arbeitskampfmaßnahmen nur als letztes Mittel nach Ausschöpfung aller Verhandlungs- und auch Schlichtungsmaßnahmen[121]

---

114 Vgl. *Kemper, M.*, Koalitionsfreiheit, S.155; *Säcker, F. J.*, Grundprobleme, S.81 f.; *Brox, H./ Rüthers, B.*, Arbeitskampfrecht, Rdnr. 128; *Picker, E.*, Regelung, S.63; in diesem Sinne auch *Kissel, Otto Rudolf/ Schick, Gerd*: Methoden der Beilegung kollektiver Interessenstreitigkeiten, in: RdA, 1991, S.322.

115 Vgl. BAG Urteil v. 12.9.1984, in BAGE 46, 322 (346); BAGE 23, 292 (306); BAGE 33, 140 (150).

116 Vgl. *Kissel, O. R.,/ Schick, G.*, Methoden, S.322.

117 Vgl. *Picker, E.*, Arbeitskampfrecht und Gesamtrechtsordnung, S.10.

118 Vgl. *Beuthin, Volker*: Der Arbeitskampf als Wirtschaftsstörung, 1990; S.3, 43 ff.; *Rüthers, Bernd*: Der Abbau des "ultimaratio"-Gebots im Arbeitskampfrecht durch das Bundesarbeitsgericht; in: DB, 1990, S.113; zu den Folgen und Fernwirkungen in einer kompliziert aufgebauten, arbeitsteiligen Volkswirtschaft und den daraus gezogenen rechtlichen Konsequenzen für das Lohnrisiko mittelbar betroffener Unternehmen vgl. *Mayer, Udo*: Lohnrisikoverteilung und Mitbestimmungsrecht bei Fernwirkungen von Arbeitskämpfen, in: BB, 1990, S 2482 ff.; *Lieb, Manfred*: Zum gegenwärtigen Stand der Arbeitskampfrisikolehre, in: NZA 1990, S.289 ff.; *Ehmann, Horst/ Schnauder, Franz*: Das Lohnrisiko im Arbeitsfrieden und im Arbeitskampf, in: JurA, 1983, S.181 ff.; *dies.*: Das Lohnrisiko im Arbeitsfrieden und im Arbeitskampf (Schluß), in: JurA, 1983, S.238 ff.

119 Vgl. *Kemper, M.*, Koalitionsfreiheit, S.156; so auch gegen die herrschende Meinung *Picker, E.*, Arbeitskampffreiheit und Kampffreiheitsgrenzen, S.28.

120 Entwickelt wurde dieses Prinzip vom BAG in BAGE 1, 291 (300).

121 Vgl. zu den Schlichtungsmaßnahmen *Kissel, O. R./ Schick, G.*, Methoden, S.322.

gewählt werden sollen[122], wobei der Rückgriff auf letztere nicht einmal verpflichtend für die Tarifvertragsparteien ist, es sei denn, dies wurde zwischen beiden Parteien vereinbart. Ob die Tarifvertragsparteien deshalb auf einen Verhältnismäßigkeitsgrundsatz in Bezug auf den Arbeitskampf verpflichtet werden können, kann hier nicht weiterer Gegenstand der Betrachtung sein[123]. Es sei jedoch darauf hingewiesen, daß das Verhältnismäßigkeitsprinzip den Staat als Schranken-Schranke bei der Konkretisierung der Grundrechte bindet, nicht jedoch die Privaten. Primärer Zweck und Sinn der ultima ratio-Regel ist aber "die grundsätzliche Sicherung des freien Verhandelns als der genuinen Methode privatautonomer Gestaltung"[124]. Die Selbstbestimmung der Parteien muß nicht nur im Verhältnis zum Staat und zu Dritten, sondern auch im Verhältnis zueinander grundsätzlich gewahrt bleiben[125].

Nachdem geklärt wurde, warum eine Parität der Tarifvertragsparteien von der herrschenden Meinung bislang gefordert worden war, lassen sich auch nun die im folgenden[126] analysierten, von der herrschenden Meinung an den Begriff der Gewerkschaftseigenschaft gestellten Anforderungen, insbesondere die dabei vom Bundesarbeitsgericht vertretene Mächtigkeitslehre erklären: Sie sollen nicht, wie zu zeigen ist, die formale Freiheit im Sinne einer Äquivalenz der Ausgangssituationen als der Grundlage einer selbstbestimmten Verhandlung und eines selbstbestimmten (Tarif-)Vertragsschlusses fördern, sondern den öffentlichen Status der Gewerkschaften im Sinne von öffentlich-rechtlichen Institutionen absichern. Weil die materielle Richtigkeitsgewähr und die damit verknüpfte Parität nicht mit dem republikanischen Autonomiebegriff übereinstimmen, können sie jedoch nicht die sich auf sie gründenden Anforderungen rechtfertigen. Denn die Selbständigkeit ist ein Prinzip der Autonomie. Den Bürgern darf von seiten des Staates die Selbständigkeit und damit die Autonomie nicht abgesprochen werden. Ausdrücklich weist schließlich Art.9 Abs.3 GG darauf hin, daß jedermann das Recht habe, die Arbeits- und Wirtschaftsbedingungen zu wahren und zu fördern; und dementsprechend ist auch die Tarifautonomie zu verstehen als die Autonomie auf dem Lebensgebiet der Arbeits- und Wirtschaftsbedingungen, die wahrzunehmen die Menschen die Möglichkeit, die Fähigkeit, das Recht und die Pflicht haben auch im Sinne einer Vertragsgestaltung[127].

---

122 Vgl. *Heinze, M.*, Warnstreik, S.2413 f.; *Lieb, Manfred*: Warnstreik und kein Ende? - Grundsätzliche Überlegungen zur Geltung und Reichweite des ultima-ratio-Prinzips, in: ZfA, 1990, S.373 f.

123 Vgl. *Mayer-Maly, Th.*, Der Warnstreik, S.1775.

124 s. *Picker, E.*, Arbeitskampfrecht und Gesamtrechtsordnung, S.11 (Hervorhebungen im Original, C.-J. B.); *Heinze, M.*, Warnstreik, S.2413 ff.: *Lieb, M.*, Warnstreik, S.364.

125 Vgl. *Picker, E.*, Arbeitskampfrecht und Gesamtrechtsordnung, S.11.

126 s. u. sub VI.

127 Vgl. *Schachtschneider, K. A.*, Streikfreiheit, sub I. 2.

Im Folgenden sind also die an die Tariffähigkeit einer Gewerkschaft und damit die an diese als solche gestellten konstitutiven Anforderungen kritisch zu untersuchen.

III. Tariffähigkeit als Rechtsetzungsgewalt ?

Nachdem in § 2 Abs.1 TVG gesetzlich festgehalten worden war, daß neben den Arbeitgeberverbänden auch die einzelnen Arbeitgeber selbst tariffähig sind, ließ sich die Tariffähigkeit der Arbeitgeberverbände nicht mehr durch die Auferlegung von zu erfüllenden Anforderungen abhängig machen. Im folgenden wird, der herrschenden Meinung insofern folgend, allein die Tariffähigkeit von Gewerkschaften untersucht. Denn einem Arbeitgeberverband kann die Tariffähigkeit nicht mit der Begründung abgesprochen werden, er würde einer der im folgenden zu untersuchenden, nicht in Art.9 Abs.3 GG selbst enthaltenen Anforderungen nicht oder nicht hinreichend entsprechen, wenn zur gleichen Zeit der einzelnen Arbeitgeber per legem tariffähig ist[128].

In Anlehnung an § 2 Abs.1 TVG wird die Tariffähigkeit als die Fähigkeit bezeichnet, Partei eines Tarifvertrags sein zu können[129]. Für die weitere Klärung der Tariffähigkeit ist die zugrundeliegende und anzuwendende Tarifvertragslehre jetzt von entscheidender Bedeutung. Es wurde oben bereits dargelegt, daß es das Autonomieverständnis des Grundgesetzes erfordert, keine staatlichen Rechtsnormen im Sinne des Art. 80 GG in den Regelungen des Tarifvertrags zu sehen; die Tarifvertragsparteien sind demnach nicht mit irgendeiner öffentlichen Macht beliehen[130]; dies wäre nur dann zulässig und sogar erforderlich, wenn sie öffentliche Aufgaben erfüllten. In der Tat wird an die Koalitionen und damit an die Tarifvertragsparteien keine öffentliche Aufgabe gestellt[131]. Die herrschende Meinung geht aber bislang von einer öffentlichen und damit staatlichen Aufgabenstellung an die Tarifvertragsparteien aus, die diese bewältigen müßten. Dazu fehlt es jedoch an der staatlichen Aufsicht sowie an der öffentlichen Bekanntmachungspflicht von abgeschlos-

---

128 Vgl. *Hemmen, W.*, Durchsetzungsfähigkeit, S.46, gleicher Ansicht BVerGE 58, 233 (256); a.A. *Müller, Gerhard*: Arbeitskampf und Recht, S.153 f., ohne Begründung; *ders.*, Tarifautonomie und gesetzliche Regelung des Arbeitskampfs, in: DB, 1992, S.272; daraus zieht *Müller* allerdings den falschen Schluß, daß eine Auslegung des § 2 Abs.1 TVG wider seines Wortlautes erfolgen müsse: Der einzelne, nicht mächtige Arbeitgeber dürfe nicht als tariffähig anerkannt werden, wenn er nicht dem Diktat der Gewerkschaftsseite unterliegen wolle (S.271 f.).

129 Vgl. *Hueck, Alfred/ Nipperdey, Hans Carl*: Lehrbuch des Arbeitsrechts, 2. Bd./ 1. Halbbd., S.421; *Nikisch, A.*, Arbeitsrecht - II., S.236; *Hueck, Alfred/ Nipperdey, Hans Carl/ Tophoven, Ernst/ Stahlhacke, Eugen*: Tarifvertragsgesetz, 4. A., 1964, § 2, Rdnr. 1; *Kaskel, Walter/ Dersch, Hermann*: Arbeitsrecht, 5. A.; 1957, S.50.

130 s. o. sub E. V.

131 Vgl. *Richardi, Reinhard*: Kollektivgewalt und Individualwille bei der Gestaltung des Arbeitsverhältnisses; 1968; S.145.

senen Tarifverträgen[132], vor allem fehlt es an der Staatlichkeit der Gewerkschaften und Arbeitgeberverbände, die Voraussetzung für die Delegation der Erfüllung an sich staatlicher Aufgaben wäre[133]. Der Tarifvertrag ist ein privater Vertrag zur Regelung der Wirtschafts- und Arbeitsbedingungen, abgeschlossen von privaten Vertragsparteien[134] für die privaten, von den Parteien vertretenen Mitglieder bzw. für sich selbst[135]. Dahingehend ist auch § 2 Abs.1 TVG zu verstehen und auszulegen: Nach ihm sind nur die Rechtssubjekte zum Abschluß von Tarifverträgen berechtigt, die entweder Gewerkschaften, Arbeitgeberverbände oder einzelner Arbeitgeber sind. Das ist logisch, denn Art.9 Abs.3 GG gewährt und garantiert mit der Vereinigungsfreiheit auch die Möglichkeit, sich als Koalition zur Wahrung und Förderung der Arbeits- und Wirtschaftsbedingungen speziell dieser in einer Koalition vereinigten Individuen zu betätigen. Dazu gehört der Abschluß von Tarifverträgen. Die Tariffähigkeit kommt demnach nur Koalitionen i.S. des Art.9 Abs.3 GG zu[136]. Das liegt in der Logik der Sache selbst. Es sollen, falls die Koalitionsfreiheit von den Individuen in Anspruch genommen wird, die Arbeits- und Wirtschaftsbedingungen durch die Koalitionen für die Koalierten gewahrt und gefördert werden. Das kann in praktischer Vernunft in der Weise geschehen, wie das Tarifvertragsgesetz es vorsieht, denkbar wäre auch die Festlegung der Arbeits- und Wirtschaftsbedingungen im Arbeitsvertrag selbst. Die Beschränkung des Mittels des Tarifvertrags auf Koalitionen zumindest auf Arbeitnehmerseite ist notwendig, weil die geschichtliche Erfahrung gezeigt hat, daß der einzelne Arbeitnehmer i.d.R. dazu allein nicht in der Lage ist[137]. Das nächste, schärfere Mittel der sozialen Sicherung der Arbeitnehmer und in zunehmendem Maße auch der kleinen, sozial schwachen Arbeitgeber wäre der staatliche Eingriff, z.B. durch imperative Vorgabe einer gewissen Bandbreite von möglichen Lohnabschlüssen; der Gesetzgeber ist bekanntlich bereits auf dem Gebiet der Arbeitsplatzsicherheit, der Betriebsverfassung, insbesondere der Mitbestimmung, usw. durch Verabschiedung von entsprechenden Gesetzen hoheitlich tätig geworden. Sollten die Tarifvertragsparteien bei der Regelung ihrer eigenen Angelegenheiten, hier also der Wahrung und Förderung ihrer Arbeits- und Wirtschaftsbedingungen, versagen in dem Sinne, daß ihre Abschlüsse faktisch keine Befriedung des Gemeinschaftslebens zustande brächten, ohne daß dies ihre Aufgabe ist, sähe der Staat sich gezwungen einzugreifen[138]. Das mildere Mittel der Einschränkung der Freiheit zur

---

132 Vgl. *Richardi, R.*, Kollektivgewalt, S.147 f.

133 Vgl. dazu *Schachtschneider, K. A.*, Staatsunternehmen, S.232 f.; 236 ff.

134 Der Staat handelt beim Abschluß von Tarifverträgen als öffentlicher Arbeitgeber insofern fiskalisch.

135 Letzteres gilt für den einzelnen Arbeitgeber, der beispielsweise einen Firmentarifvertrag abschließt.

136 Die eine Koalition konstituierenden Eigenschaften werden unten sub V. und VI. untersucht.

137 s. o. sub D. I.

138 Vgl. *Richardi, R.*, Kollektivgewalt, S.146; *Gamillscheg, F.*, Differenzierung, S.36.

Wahrung und Förderung der Arbeits- und Wirtschaftsbedingungen, der Freiheit des Abschlusses von Tarifverträgen als einer möglichen Form des Vertragsabschlusses nämlich, ist es jedoch, dies den Koalitionen selbst zu überlassen. Insofern greift auch die Definition der Tariffähigkeit als "die besondere Fähigkeit, gerade die besonderen tariflichen Rechte und Pflichten haben zu können"[139].

Von einer besonderen Rechtsetzungsgewalt kann folglich keine Rede sein; vielmehr handelt es sich bei der Tariffähigkeit um eine Verteilung von Kompetenz zur Wahrung und Förderung der Arbeits- und Wirtschaftsbedingungen durch Tarifvertrag auf bestimmte Rechtssubjekte, nämlich auf die in § 2 Abs.1 TVG genannten. Das Mittel des Tarifvertrags bleibt ihnen vorbehalten. Insofern kann auch von einer Tarifberechtigung ausgegangen werden. Diese ist die formale, gesetzliche Voraussetzung für eine bestimmte Gruppe von Rechtssubjekten, Tarifverträge mit den für Tarifverträge spezifischen rechtlichen Folgen abschließen zu dürfen, die dann den Bestimmungen des Tarifvertragsgesetzes unterliegen. Mehr sagt der Begriff der Tariffähigkeit jedoch nicht aus. Weitergehende Einschränkungen, die neben die gesetzliche Berechtigung zum Abschluß von Tarifverträgen treten könnten, sind aus Art.9 Abs.3 GG abzuleiten[140]. Insbesondere kann aus ihr keine Pflicht, etwa die zur Ordnung und sozialen Befriedung des Arbeitslebens, abgeleitet werden, da sie selbst der Tarifautonomie, also der Freiheit zur Wahrung und Förderung der Arbeits- und Wirtschaftsbedingungen entspringt.

IV. Das Problem der "gewollten Tarifunfähigkeit"

Vor dem Hintergrund der eben erläuterten Tariffähigkeit, wie sie in § 2 Abs.1 TVG festgelegt ist, muß auch die sog. gewollte Tarifunfähigkeit, eigentlich also die Tarifunwilligkeit betrachtet werden. Der Begriff rührt aus der Zeit der Weimarer Republik, der Tarifvertragsverordnung[141] und damit auch der staatlichen Zwangsschlichtung her[142]. Durch die Tarifvertragsverordnung wurde festgelegt, daß kollektive Arbeitsstreitigkeiten auch durch staatliche Zwangsschlichtung beigelegt werden können. Daher wurde der Begriff der gewollten Tarifunfähigkeit dahingehend ausgelegt, daß ein einzelner Arbeitgeber sich nicht der Zwangsschlichtung dadurch entziehen könne, daß er einem Arbeitgeberverband nicht beitritt; für einen Arbeitgeberverband gelte analog, daß auch er sich einem Tarifabschluß nicht entziehen könne, selbst wenn seine Satzung den Abschluß von Tarifverträgen nicht

---

139 s. *Kaskel, W./ Dersch, H.*, Arbeitsrecht, S.24.

140 Koalitionen sind Gewerkschaften und Arbeitgeberverbände; dazu sub V.

141 Verordnung über Tarifverträge, Arbeiter- und Angestelltenausschüsse und Schlichtung von Arbeitsstreitigkeiten vom 23.12.1918, in RGBl. Teil I, S.1456, neu gefaßt am 1.3.1928, in RGBl. Teil I, S.47.

142 Vgl. *Löwisch, Manfred*: Gewollte Tarifunfähigkeit im modernen Kollektivarbeitsrecht, in: ZfA, 1974, S.29.

vorsieht[143]. Der in der Satzung eines Verbandes festgelegte Ausschluß des Abschlusses von Tarifverträgen würde zwar die Tarifberechtigung berühren, nicht jedoch die grundsätzliche Tariffähigkeit; daher gelte ein durch staatliche Zwangsschlichtung zustandegekommener Tarifvertrag, weil die Tariffähigkeit eine rechtlich, also staatlich verliehene Eigenschaft sei, solange die Koalition Arbeitgeber- oder Arbeitnehmerinteressen überhaupt wahrnehme[144]. Heute stellt sich die Frage nach der Zwangsschlichtung nicht mehr, weil das Tarifvertragsgesetz sie nicht vorsieht. Zwar werden Schlichtungsvereinbarungen in den Tarifverträgen getroffen, doch sind sie nicht obligatorisch[145]. Zudem haben die Koalitionen grundsätzlich die Möglichkeit, Arbeitskämpfe zur Erreichung tarifvertraglich festzulegender Ziele zu führen[146].

In der Tat berührt jedoch ein freiwilliger Verzicht auf den Abschluß von Tarifverträgen die rechtliche faktische Möglichkeit, dennoch als Verband für die Mitglieder einen Tarifvertrag abschließen zu können bzw. zu dürfen. Für einen Arbeitgeberverband, der i.d.R. rechtlich in der Form des eingetragenen Vereines organisiert ist, ist das Problem nach den dafür vorgesehenen gesetzlichen Bestimmungen zu beurteilen: So kann in der Satzung gem. § 25 BGB explizit festgelegt werden, daß der Verein keine Tarifverträge abschließen will. Soll dieser Satzungsinhalt dahingehend geändert werden, daß der Verein nunmehr die rechtliche Möglichkeit des Tarifvertragsabschlusses haben soll, so handelt es sich tatsächlich um eine Zweckänderung des Vereines[147], zu deren Wirksamkeit es der Zustimmung aller Mitglieder nach § 33 Abs.1 S.2 BGB[148] und zur rechtlichen Wirksamkeit der Eintragung in das Vereinsregister nach § 71 Abs.1 S.1 BGB bedarf. Auch kann in der Satzung nach § 26 Abs.2

---

143 Vgl. *Richardi, R.*, Kollektivgewalt, S.153 f.

144 Vgl. *Nikisch, A.*, Arbeitsrecht - II, S.238; dieser unterscheidet in seiner Beurteilung zwischen Arbeitnehmer- und Arbeitgeberverbänden. So sei eine nicht tarifwillige Arbeitnehmerkoalition nicht als Gewerkschaft anzusehen, wohl aber sei ein Arbeitgeberverband auch bei Tarifunwilligkeit ein eben tariffähiger Arbeitgeberverband, weil letzterer auch andere Möglichkeiten habe, sich zur Wahrung und Förderung der Interessen seiner Mitglieder einzusetzen, nicht aber die Gewerkschaft (S.244 f.). Das greift aber vor dem Hintergrund des § 2 Abs.1 TVG nicht durch, nach dem jeder einzelne Arbeitgeber selbst tariffähig ist.

145 A.A. ist *Brox, H.*, Arbeitsrecht, der ein sehr viel restriktiveres Verständnis vom ultima ratio-Prinzip hat (S.155, Rdnr. 319): "Selbst wenn die Tarifverhandlungen gescheitert sind, darf noch nicht mit dem Arbeitskampf begonnen werden, wenn die Anrufung einer Schlichtungsstelle möglich ist; eine Anrufungspflicht besteht auch dann, wenn sie nicht von den Arbeitskampfparteien vereinbart worden ist." So sehen es auch das Kontrollratsgesetz Nr. 35 (v. 20.8.1946, im Amtsblatt des Kontrollrates, S.174) sowie die dazu ergangenen Ausführungsbestimmungen der Bundesländer, nach denen der Staat ein Schlichtungsverfahren zur Verfügung stellt, vor. Auch das BAG erklärt es zur Pflicht der Tarifvertragspartner, entsprechende Schlichtungsvereinbarungen zu treffen, Beschluß des Großen Senates vom 21.4.1971, BAGE 23, 292 ff.

146 Vgl. *Löwisch, M.*, Gewollte Tarifunfähigkeit, S.31.

147 Vgl. *Palandt, Otto/ Heinrichs, Helmut*: Bürgerliches Gesetzbuch, 45. A., 1986, S.35.

148 Vgl. *Löwisch, M.*, Gewollte Tarifunfähigkeit, S.39.

S.2 BGB festgelegt werden, daß der Vorstand als der gesetzliche Vertreter des Vereines keine Vertretungsmacht für den Abschluß von Tarifverträgen hat.

Die Gewerkschaften haben aus dem lediglich historisch zu begründenden Verzicht auf die Eintragung ihrer Vereinseigenschaft[149] heraus regelmäßig die Rechtsstellung eines nicht rechtsfähigen Vereins inne. Entgegen dem Wortlaut von § 54 BGB S.1 BGB, der die Anwendung der Vorschriften über die Gesellschaft, mithin der §§ 705 ff. BGB, auf den nicht rechtsfähigen Verein vorsieht, werden die Gewerkschaften nach herrschender Meinung weitgehend wie rechtsfähige Vereine behandelt. So sind die Gewerkschaften nach der Rechtsprechung im Zivilprozeß gleichermaßen aktiv und passiv parteifähig, auch wenn § 50 Abs.2 ZPO[150] den nicht rechtsfähigen Vereinen nur die passive Parteifähigkeit zuerkennt[151].

Folglich sind nach herrschender Meinung die Vorschriften für den rechtsfähigen Verein auf Arbeitgeber- wie auf Arbeitnehmerkoalitionen anzuwenden[152]. Daraus resultiert, daß die Tarifunwilligkeit also das Innenverhältnis des Vereins betrifft und ihn bzw. den rechtlichen Vertreter Dritten gegenüber, im Außenverhältnis, in der Vertretungsmacht einschränkt, d.h. der Vorstand eines solchen Vereines keine Tarifverträge abschließen darf. Weil es aber für den Verein lediglich einer Satzungsänderung oder für den einzelnen Arbeitgeber einer Satzungs- oder Gesellschaftsvertrags- oder einer sonstigen Änderung des erklärten Willens bedarf, um doch einen wirksamen Tarifvertrag abschließen zu können, kann zumindest die rechtliche Eigenschaft der Tariffähigkeit nicht von der Tarifwilligkeit abhängen. Der Ausdruck der "gewollten Tarifunfähigkeit" verwirrt sprachlich und ist nicht geeignet, um das Problem entsprechend zu begreifen; er meint die fehlende Tarifwilligkeit, mithin die Tarifunwilligkeit.

Von der Tarifwilligkeit wird die grundsätzlich vorliegende Tariffähigkeit rechtlich also nicht berührt. Die Tariffähigkeit ist eine rechtliche, gesetzliche Eigenschaft, die zum Abschluß von Tarifverträgen grundsätzlich gesetzlich berechtigt, aber nicht verpflichtet[153]. Wenn der Verband nicht willens ist, einen Tarifvertrag abzuschließen, und dies in der Satzung entsprechend dokumentiert, berührt dies nur das Innenverhältnis zwischen dem Verband und

---

149 Früher konnte die zuständige Verwaltungsbehörde gem. dem damaligen § 61 Abs.2 BGB einem Verein mit sozialpolitischer Zwecksetzung die Eintragung in das Vereinsregister versagen, vgl. *Brox, H.*, Arbeitsrecht, S.128, Rdnr. 247.

150 Zivilprozeßordnung i.d.F. vom 12. September 1950, in BGBl. 1950, S.533.

151 BGH Urteil v. 6.10.1964, in BGHZ 42, 210; Urteil v. 11.7.1968, in BGHZ 50, 325 (327 ff.); nach § 10 ArbGG sind die Gewerkschaften im arbeitsgerichtlichen Prozeß ohnehin aktiv und passiv parteifähig.

152 Vgl. *Brox, H.*, Arbeitsrecht, S.128, Rdnr. 247.

153 Vgl. *Waas, Bernd*: Der Verhandlungsanspruch tariffähiger Verbände und schuldrechtliche Dauerbeziehungen zwischen den Tarifvertragsparteien, in: ArbuR, 1991, S.335, Fn. 15.

seinen Mitgliedern[154]. Etwas anderes müßte gelten, wenn ein Kontrahierungszwang für grundsätzlich tariffähige Rechtssubjekte, also Gewerkschaften, Arbeitgeber und Arbeitgeberverbände vorliegen würde. Dies soll sogleich untersucht werden.

V. Zum Kontrahierungszwang tariffähiger Koalitionen

In Frage steht, ob etwa tariffähige Verbände nicht bloß einen Anspruch auf Verhandlungen mit der Gegenseite für den Abschluß eines Tarifvertrags haben, sondern auch einen Anspruch auf Abschluß eines solchen geltend machen können. Das Problem ergibt sich insbesondere in der durchaus möglichen Situation, daß eine Koalition von Arbeitnehmern noch keinen Tarifvertrag abgeschlossen hatte, dies aber nunmehr wünscht und die Gegenseite eine Aufnahme von Verhandlungen ablehnt.

Zur Zeit der Weimarer Republik mußten sich die sozialen Gegenspieler dem Zwangsschlichtungsverfahren unterwerfen, so daß auch gegen den Willen der Parteien ein gültiger Tarifvertrag zustande kommen konnte[155]. Dahinter stand die begründete Sorge, daß das Gemeinwohl durch fehlende Einigung und Arbeitskämpfe in einer wirtschaftlich sehr labilen Zeit stark gefährdet werden könne. Hätte man zur damaligen Zeit also zugelassen, daß sich mögliche Tarifvertragsparteien gewollt tarifunfähig gestalten, so wäre der Staat nicht mehr in der Lage gewesen, ohne hoheitliche Regelung das Arbeits- und Sozialleben ordnen zu lassen. Dem zum Trotz konnten tariffähige Vereinigungen sich dem Zwangsabschluß eines Tarifvertrags durch Auflösung oder durch Veränderung des sich selbst gesetzten Aufgabenbereiches entziehen[156]. Der Begriff der Tariffähigkeit bestimmte sich nach damals geltendem Recht, also nach dem Schlichtungsrecht, insbesondere nach der im öffentlichen Interesse liegenden Zwangsschlichtung[157]. Ein Kontrahierungszwang lag demnach seinerzeit vor.

---

154 Vgl. *Richardi, R.*, Kollektivgewalt, S.158; für ihn beinhaltet die Tarifwilligkeit allerdings, daß der Verband zwar per Satzung in der Lage wäre, einen Tarifvertrag abzuschließen, die Kontrahierung mit dem sozialen Gegenspieler allerdings verweigert. Dies soll im folgenden mit "Tarifwilligkeit im weiteren Sinne" bezeichnet werden im Gegensatz zur "Tarifwilligkeit im engeren Sinne", die beinhaltet, daß der Verband nicht per Satzung in der Lage ist, einen Tarifvertrag abzuschließen. S.dazu auch sub VI. 9. Für die Tarifwilligkeit i.e.S.gilt nach *Richardi*, daß dennoch ein voll gültiger Tarifvertrag abgeschlossen werden kann, so daß lediglich ein Schadensersatzanspruch der Verbandsmitglieder gegen den Vorstand wegen Pflichtverletzung aus § 31 BGB in Frage kommt (ebenda), vgl. auch *Nikisch, A.*, Arbeitsrecht - II, S.188 ff.

155 Vgl. Art.1 §§ 3, 5, 6 der Schlichtungsverordnung v. 30.10.1923.

156 Vgl. *Nikisch, A.*, Arbeitsrecht - II, S.245.

157 Vgl. *Richardi, R.*, Kollektivgewalt, S.156.

Ein Kontrahierungszwang ist nach Maßgabe des heute geltenden Rechts abzulehnen. Auch wenn man von einer öffentlichen Ordnungsaufgabe der Tarifpartner ausgeht[158], was hier im übrigen bestritten wird, wäre als notwendiges Mittel zur Erreichung des Ordnungszieles staatlicherseits die Zwangsschlichtung oder ein anderes hoheitliches Regelungsmittel einzuführen, da es andernfalls nicht gewährleistet wäre, daß ein Abschluß eines Tarifvertrags im Einzelfall überhaupt zustande kommt[159]. Genau das verstieße aber gegen den Grundsatz, daß die Ordnung und Befriedung des Arbeits- und Soziallebens im öffentlichen Interesse liegt. Nach in der Literatur vertretener Ansicht hat sich der Verfassungsgesetzgeber allerdings grundsätzlich gegen die Zwangsschlichtung entschieden[160]. Indes kann aus dem Schweigen des Grundgesetzes und der Untätigkeit des Gesetzgebers dies nicht a priori entnommen werden. Nur würde eine allgemeingültige staatlich vorgeschriebene Zwangsschlichtung die Arbeitskampffreiheit inhaltslos werden lassen, da ein Streik bzw. eine Aussperrung in dem Falle unmöglich würde. Schließlich wären die Parteien der Tarifverhandlungen ja verpflichtet, sich zu einigen, falls nicht anders möglich, dann eben vor einem Schlichtungsausschuß. Wenn sich also nicht einmal im Notstand Maßnahmen des Staates gegen Arbeitskampfmaßnahmen richten dürfen, dann erst recht nicht in alltäglichen, gewöhnlichen Zeiten. Allerdings kann ein Verfahren vorgeschrieben werden, das ein Anrufen eines Schlichtungsauschusses vor einem Streik und nach Scheitern von Tarifverhandlungen vorsieht[161].

Gemäß dem Begriff der Autonomie und dem daraus abgeleiteten Inhalt der Tarifautonomie ist die Koalitionsfreiheit maßgeblich durch die Gewährleistung der Selbstbestimmung im Lebensbereich der Wahrung und Förderung der Arbeits- und Wirtschaftsbedingungen auch auf kollektiver Ebene realisiert. Eine Tariffähigkeit mit einem an diese gebundenen Kontrahierungszwang der Tarifpartner entspricht nicht dem Freiheitsbegriff der Verfassung, weil diese zu einem Teil der staatlichen Ordnung würden; entweder würden diese in das System der staatlichen Kontrolle einbezogen[162], dann wäre der Freiheitsbegriff pervertiert, oder aber die Tarifpartner genössen Freiheit im Sinne einer

---

158 Vgl. *Badura, Peter*: Arbeitsgesetzbuch, Koalitionsfreiheit und Tarifautonomie, in: RdA, 1974, S.137 f.; *Krüger, Herbert*: Sinn und Grenzen der Vereinbarungsbefugnis der Tarifvertragsparteien, in: Verhandlungen des 46. Deutschen Juristentages, Bd.1, 1966, S.32 f.; *Wiedemann, H./ Stumpf, H.*, TVG, S.62 f., 197 f.; *Hottgenroth, Ralf*: Die Verhandlungspflicht der Tarifvertragsparteien, 1989, S.118 ff.; a.A. *Richardi, R.*, Kollektivgewalt, S.74 ff.

159 Vgl. *Mayer-Maly, Theo*: Der Verhandlungsanspruch tariffähiger Verbände, in: RdA, 1966, S.202.

160 Vgl. *Hueck, Alfred/ Nipperdey, Hans Carl*: Grundriß des Arbeitsrechts, 4. Auflage, 1968, S.261.

161 Das entspricht der Auffassung des BAG; es nimmt an, daß eine solche Pflicht existiert, vgl. BAGE 23, 292 ff.; vgl. auch *Brox, H.*, Arbeitsrecht, S.155, Rdnr. 319.

162 Vgl. *Schachtschneider, K. A.*, Staatsunternehmen, insbes. S.253 ff., mit der bezeichnenden Kapitelüberschrift: "Die *totale* staatsrechtliche Bindung staatlichen Verhaltens" (S.253, Hervorhebung von mir, C.-J. B.).

fehlenden Bindung an die Grundrechte und das öffentliche Recht (soweit es Private[163] eben nicht bindet), die ihnen der Staat wiederum als Teil seiner selbst nicht gewähren dürfte, weil die Durchführung des öffentlichen Auftrags[164] nicht mehr garantiert wäre[165]. In diesem Dilemma befinden sich Lehre und Rechtsprechung, wie bereits oben aus der Darstellung der einzelnen Tarifvertragslehren deutlich wurde. Soll der grundrechtliche Autonomiebegriff auch weiterhin Gültigkeit besitzen, so ist es mit diesem unvereinbar und schon vom Wortlaut her ein Paradoxon, eine Tarifwilligkeit wider Willen und damit einen Kontrahierungszwang der Tarifpartner einzuführen[166]. Die Tariffähigkeit ist rechtlich nicht an eine Tarifwilligkeit gebunden, diese schränkt jene aber faktisch ein.

Gegen einen Kontrahierungszwang spricht im übrigen die Existenz des Gesetzes über Mindestarbeitsbedingungen. Steht ein tariffähiger und -williger Tarifvertragspartner nicht zur Verfügung, oder will er nicht kontrahieren, so können Mindestarbeitsbedingungen staatlicherseits festgelegt werden[167]. Das setzt voraus, daß neben diesen Möglichkeiten die Nutzung des als Institut immer möglichen (individuellen) Arbeitsvertrags ebenfalls nicht mehr sinnvoll ist. In diesem Zusammenhang würde allerdings die Existenz eines zwar rechtlich tariffähigen, aber faktisch tarifunwilligen Verbandes als einzig möglicher Tarifvertragspartner bedeuten, daß der Staat hier als letztmögliches Mittel selbst die Arbeitsbedingungen festlegen muß unter der Voraussetzung, daß die Tatbestände des § 1 Abs.2 lit. a) bis c) MindestarbG erfüllt sind, dann allerdings mit allgemeiner Wirkung für den gesamten Wirtschaftszweig, § 3 MindestarbG. Sollte sich der Verband durch Satzungsänderung anders entscheiden und nunmehr tarifwillig sein, so hat er die möglicherweise staatlich gesetzten Arbeitsbedingungen als Untergrenze zu akzeptieren. Allerdings kann weiterhin zugunsten der Arbeitnehmer von den Mindestbedingungen abgewichen werden; durch die hoheitliche Festlegung von Mindestarbeitsbedingungen wird folglich die Autonomie nicht übermäßig eingeschränkt, ein Tarifvertragsschluß ist weiterhin möglich.

---

163 Auch private unterliegen der Gesetzesbindung, vgl. *Schachtschneider, K. A.*, Res publica res populi, sub IV., 2.

164 Den öffentlichen Auftrag hätten die Gewerkschaften und die Arbeitgeberverbände zu erfüllen, wenn man diese dem öffentlich-rechtlichen Staatlichen zurechnet, wie das die Delegationslehre vorsieht.

165 Daher befürworten *Wiedemann, H./ Stumpf, H.*, TVG, S.132 die staatliche Kontrolle. Vgl. zur Unvereinbarkeit des Staatlichen mit dem Privatrecht *Schachtschneider, K. A.*, Staatsunternehmen, passim, insbes. S.261 ff.

166 Vgl. *Richardi, R.*, Kollektivgewalt, S.157.

167 Vgl. *Löwisch, M.*, Gewollte Tarifunfähigkeit, S.34.

Es kann den Tarifparteien staatlicherseits zur Pflicht gemacht werden, daß Verhandlungen, wenn sie aus freiem Willen aufgenommen worden sind, mit dem ernsten Willen zur Einigung durchgeführt werden[168].

Wenn also eine Partei trotz nicht durchgeführter ernsthafter Verhandlungen zum Abschluß gerichtliche Schritte einleiten wollte, zu der sie bei Annahme eines Kontrahierungszwanges berechtigt wäre, könnte ein Tarifvertrag durch gerichtlichen Beschluß auch gem. § 894 ZPO nicht in Kraft gesetzt werden; denn es fehlt nicht an der den Vertrag in Kraft setzenden Abgabe der Willenserklärung, sondern an den Verhandlungen zum Inhalt überhaupt. Insofern greifen auch die §§ 888, 890 ZPO nicht[169]. Denn über den Willen zur Verhandlungsbereitschaft kann nur die inhaltliche Nähe oder Entfernung von Forderung und Angebot entscheiden, nicht jedoch die Höhe des staatlicherseits festgelegten Zwangsgeldes[170].

Auch aus einer laufenden Geschäftsverbindung heraus ergäbe sich kein Anspruch auf Abschluß eines Tarifvertrags; denn eine Haftung bestünde in diesem Fall nur für die Verletzung von Schutzpflichten und damit für Schadensersatz, nicht jedoch eine Leistungsverpflichtung.

Handelsrechtlich gilt, daß im Gegensatz zu § 663 BGB der § 362 Abs.1 HGB für Kaufleute, deren Geschäftsgegenstand in der Besorgung von Geschäften für andere liegt, vorsieht, daß sein Schweigen auf einen Antrag von einem Kunden als Annahme des Auftrags gilt und damit eine Verpflichtung zur Leistung begründet[171]. Für die Gewerkschaften und Arbeitgeber bzw. deren Verbände ist die Kaufmannseigenschaft jedoch nicht gegeben, § 362 HGB greift nicht. Unbenommen bleibt die Festlegung eines solchen Anspruchs positiv im Tarifvertrag selbst[172].

Der Vollständigkeit halber sei angemerkt, daß unter bestimmten Voraussetzungen nicht nur im Handelsrecht das Schweigen auch als Grundlage einer Erfüllungshaftung kraft widersprüchlichen Verhaltens oder kraft Erwirkung dienen kann[173].

Auch aus dem Rechtsinstitut der culpa in contrahendo läßt sich Anspruch auf Verhandlungen und auf Abschluß eines Tarifvertrags nicht ableiten: Die Mindestvoraussetzung dafür wäre ein Verhalten einer Partei, das nach außen

---

168 Vgl. *Waas, B.*, Verhandlungsanspruch, S.336, Fn. 31.

169 A.A. *Mayer-Maly*, Th., Verhandlungsanspruch, S.207.

170 Vgl. *Waas, B.*, Verhandlungsanspruch, S.336.

171 Vgl. *Baumbach, Adolf/ Duden, Konrad*: Handelsgesetzbuch, 20. A., 1972, § 362, Rdnr. 1 ff.; *Capelle, Karl-Hermann/ Canaris, Claus-Wilhelm*: Handelsrecht, 20. A., 1985, S.178 ff.

172 Vgl. *Waas, B.*, Verhandlungsanspruch, S.338.

173 Vgl. *Capelle, K.-H./ Canaris, C.-W.*, Handelsrecht, S.192; dazu auch *Medicus, Dieter*: Bürgerliches Recht, 12. A., 1984, S.29 ff.: Schweigen gilt als Zustimmung in den Fällen der §§ 416 Abs.1 S.2, 496 S.2; 516 Abs.2 S.2 BGB, auch § 613a BGB.

erkennbar auf Abschluß eines Vertrags oder auf Anbahnung eines rechtsgeschäftlichen Kontaktes zielt; die vorvertragliche Haftung setzt demnach das voraus, was ein Verhandlungsanspruch erst bewirken soll, nämlich eine Anbahnung des tariflichen Vertragsverhältnisses[174]. Insofern greift auch dies Institut nicht für die Herleitung eines Anspruchs einer Tarifvertragspartei auf Verhandlungen oder auf Abschluß eines Tarifvertrags.

Der Tarifvertrag stellt, wie oben dargelegt[175], einen privatrechtlichen Vertrag unter Privaten dar. Es gilt also auch im Tarifrecht der allgemeine Grundsatz der Vertragsfreiheit, insbesondere der Vertragsabschlußfreiheit. Die Gewerkschaften und Arbeitnehmerverbände haben damit die Freiheit, ihre Lebens- und damit Arbeitsverhältnisse durch Vertrag eigenverantwortlich zu gestalten. Es ist ihnen überlassen, auf Verhandlungsangebote ihrer jeweiligen Verhandlungspartner einzugehen oder sie gegebenenfalls abzulehnen, um den Verhandlungspartner zu einem anderen Angebot zu nötigen, weil eben jeder potentielle Käufer einer Ware den Kauf zu den gebotenen Bedingungen ablehnen kann, damit der Verkäufer ein entsprechend verbessertes Angebot vorlegt.

VI. An die Tariffähigkeit gestellte Anforderungen

Im heutigen Tarifvertragsgesetz ebenso wie in der Tarifvertragsverordnung wurde auf eine gesetzliche Bestimmung des Begriffes der Tariffähigkeit verzichtet. Lediglich das deutsch-polnische Abkommen über Oberschlesien hatte in den Art.160 und 161 einige objektive Begriffsmerkmale genannt[176]. Danach besaßen die Eigenschaft einer Arbeitnehmer- bzw. Arbeitgebervereinigung lediglich die Koalitionen, die freiwillig gebildet waren, Mitglieder ohne Ansehen der jeweiligen Staatsbürgerschaft aufnahmen, auf politische Zielsetzungen verzichteten und sich satzungs- oder übungsgemäß ausschließlich oder überwiegend mit der Regelung der Arbeitsverhältnisse ihrer Mitglieder durch Tarifverträge beschäftigten. Zusätzlich mußten die Arbeitnehmervereinigungen noch berücksichtigen, daß die Mitgliedschaft in ihnen nicht von der Zugehörigkeit zu einem bestimmten Betrieb abhängig sein dürfe, Arbeitgeber nicht als Mitglieder aufgenommen und Zuwendungen von Arbeitgeberseite nicht angenommen werden dürften und schließlich die Wahrnehmung der Interessen von deren Mitgliedern nicht von außergewerkschaftlichen, insbesondere politischen Einflüssen abhängig sein dürfe.

Diese Merkmale sind für die Rechtsprechung des Reichsarbeitsgerichts richtungsweisend gewesen[177]. Das Bundesverfassungsgericht hat mehrfach

---

174 Vgl. *Waas, B.*, Verhandlungsanspruch, S.340.

175 Sub E. V.

176 Deutsch-polnisches Abkommen über Oberschlesien vom 15.5.1922, in RGBl. 1922, Teil II, S.237.

177 Vgl. *Hessel, Philipp*: Die Tariffähigkeit, in: BB, 1950, S.622.

betont, an eine Gewerkschaft seien bestimmte für den Begriff konstitutive Anforderungen zu stellen. Es sei zunächst der Gesamtzweck der Koalitionsfreiheit zu berücksichtigen, demzufolge die Koalition aktiv die Interessen der Arbeitnehmer als solche (als abhängig Beschäftigte, C.-J.B.) wahrzunehmen habe[178]. Weiterhin sei zu fordern, daß die Gewerkschaft frei gebildet, gegnerfrei, unabhängig und folglich auf überbetrieblicher Grundlage organisiert sein müsse und das geltende Tarif- und Schlichtungsrecht als für sich verbindlich anzuerkennen habe.

Ausgangspunkt für die Aufstellung von Anforderungen an die Gewerkschaftseigenschaft und damit an den Koalitionsbegriff ist die in Lehre und Rechtsprechung immer wieder betonte Auffassung, den Koalitionen sei im öffentlichen Interesse die Aufgabe übertragen, im Verein mit dem sozialen Gegenspieler das Arbeitsleben sinnvoll zu ordnen und zu befrieden[179]. Wäre eine staatliche Aufgabenstellung in dieser Form rechtlich zulässig, so käme den Anforderungen an die Tariffähigkeit tatsächlich konstitutive Wirkung zu, d.h. diejenigen Vereinigungen von Arbeitnehmern, die die Gewerkschaftseigenschaft für sich reklamieren, hätten die geforderten Voraussetzungen zu erfüllen[180]. Eine Beschränkung der Anzahl der Gewerkschaften auf die zur Erfüllung der gestellten Aufgaben geeigneten Koalitionen würde dann aus der Fürsorgepflicht des Staates gegenüber den Aufgabenträgern und aus seiner Allgemeinwohlbindung resultieren.

Indes ist zu betonen, daß von einer Aufgabenstellung, die einer Institutionalisierung der Koalitionsfreiheit und der funktionellen Einbindung von Privaten in eine staatliche Aufgabe Tür und Tor öffnen würde, keine Rede sein kann[181]. Die Koalitionsfreiheit ist verfassungsrechtlich nur dann gewährleistet, wenn sie den Arbeitnehmern (und ebenso Arbeitgebern) nach deren freiem Willen dazu dienen soll, ihre eigenen Interessen als Arbeitnehmer (oder Arbeitgeber) gegenüber dem sozialen Gegenspieler zu vertreten und so die Arbeits- und Wirtschaftsbedingungen zu wahren und zu fördern[182]. Eine Pflicht, dieses Grundrecht nutzen zu müssen oder eine Vorschrift, wie es zu nutzen sei, eine Aufgabe zur Ordnung des Arbeitslebens gar, ist nicht Inhalt der Freiheit zur Bildung und Betätigung der Koalition. Daher sind die an die Gewerkschaftseigenschaft von Rechtsprechung und Lehre gestellten Bedingungen im folgenden entsprechend zu überprüfen.

---

178 BVerfGE 4, 96 (106 f.).

179 BVerfGE 18, 18 (23 f.), gleicher Ansicht *Nikisch, A.*, Arbeitsrecht, S.237.

180 Vgl. *Gerhardt, Michael*: Das Koalitionsgesetz, 1977, S.163, der in diesem Zusammenhang von "privater Pflichtigkeit" spricht.

181 s. auch zum folgenden o. sub D. III.

182 Vgl. *Schaub, Günter*: Arbeitsrechts-Handbuch, 6. A., 1987, S.1246; im Ergebnis ebenso *Wiedemann, H./ Stumpf, H.*, TVG, S.383.

1. Wahrung und Förderung der Arbeits- und Wirtschaftsbedingungen

Art.9 Abs.3 GG schützt als Grundrecht jedermanns die Freiheit zur Bildung von Vereinigungen expressis verbis zum Zwecke der Wahrung und Förderung der Arbeits- und Wirtschaftsbedingungen. Beansprucht eine Koalition den Grundrechtsschutz des Art.9 Abs.3 GG, so muß sie in geeigneter Weise der dafür in Art.9 Abs.3 GG geforderten Zweckgebundenheit entsprechen. Zu fordern ist also, daß eine Vereinigung von Arbeitnehmern, will sie als Gewerkschaft anerkannt werden und die Garantie der Koalitionsfreiheit genießen, nach dem Inhalt ihrer Satzung (als dem erklärten Willen der Koalition) die Arbeits- und Wirtschaftsbedingungen ihrer Mitglieder zu wahren und zu fördern sucht[183]. Unter Berücksichtigung des deutsch-polnischen Abkommens von Oberschlesien, und hier insbesondere dessen Art.160, kann es als hinreichend angesehen werden, wenn die Wahrung und Förderung der Arbeits- und Wirtschaftsbedingungen nicht in der Satzung festgelegt ist, den Mitgliedern und auch potentiellen Mitgliedern sich dies aber aus der regelmäßigen Übung erschließt oder erschließen muß[184]. Für eine Gewerkschaft muß dabei die Eigenschaft ihrer Mitglieder (oder eines Teiles ihrer Mitglieder) als abhängig Beschäftigte für ihre Ziele determinierend sein.

Ein Anspruch auf Verhandlungen[185] mit dem sozialen Gegenspieler, den ein Teil der Lehre in der aus Art.9 Abs.3 GG abgeleiteten Ordnungsfunktion der Verbände sieht[186], besteht schlechterdings nicht[187]. Der Umfang ihrer möglichen Verhandlungsgegenstände kann durch die Gewerkschaft selbst frei und selbstbestimmt, also autonom, bedenkenlos eingeschränkt werden[188]. Sie kann demzufolge selbst darüber entscheiden, wie sie die Interessen ihrer Mitglieder wahrzunehmen gedenkt, solange sie dies wirklich beabsichtigt. Eine Eingrenzung des Koalitionszweckes von außen zu erreichen, ist sinnlos, zumal sich infolge der stetigen Wandlung der industriellen Arbeitswelt und der damit verbundenen Erhöhung der Anzahl der zu regelnden Sachgebiete eine Eingrenzung der Inhalte der koalitionsgemäßen Betätigung auf bestimmte Inhalte verbietet[189]. Als Arbeits- und Wirtschaftsbedingungen muß die gesamte

---

183 Vgl. *Wiedemann, H./ Stumpf, H.*, TVG, S.383.

184 Vgl. Fn. 133.

185 Vgl. dazu *Zöllner, Wolfgang*: Arbeitsrecht; 1977, S.243.

186 Vgl. *Mayer-Maly, Theo*: Der Verhandlungsanspruch tariffähiger Verbände, in: RdA, 1966, S.207.

187 BAG Urteil vom 14.7.1981-1 AZR 159/ 78 in BAGE 36, 131 (133 ff.), bestätigt durch BVerfG Beschluß vom 20.10.1982 in AP Nr. 2 zu § 1 TVG Verhandlungspflicht, Bl. 696; s. dazu auch o. sub F. V.

188 A.A. aber *Löwisch, Manfred*: Gewollte Tarifunfähigkeit im modernen Kollektivarbeitsrecht, in: ZfA, 1974, S.45, der dies im Zuge der Rechtsklarheit und aus "Gründen des Funktionierens der Tarifvertrags- und Arbeitskampfordnung" als unzulässig ansieht.

189 Vgl. *Rath, Michael*: Die Gewerkschaften als Unternehmer und Koalition, 1978, S.88.

Interessenssphäre der abhängig Beschäftigten in ihrer Eigenschaft als solche betrachtet werden.

2. Freiwilligkeit des Zusammenschlusses

Als Voraussetzung der Gewerkschaftseigenschaft ist die Freiwilligkeit verbunden mit dem Begriff der Freiheit der Bildung und des Beitritts sowie des Austritts und des Fernbleibens[190]. Das ist richtig und im Sinne der republikanischen Autonomielehre[191]: Die von den Gewerkschaften und Arbeitgeberverbänden oder einzelnen Arbeitgebern abgeschlossenen Tarifverträge können nur dann eine verbindliche Wirkung gegenüber den von den Verbänden vertretenen Mitgliedern entfalten, wenn die Mitgliedschaft dieser in ihren Verbänden auf Freiwilligkeit beruht, mithin auf deren freiem, selbstbestimmten Entschluß, den Verbänden beizutreten. Das Recht dazu wird ihnen in Art.9 Abs.3 GG gewährt.

> "Der Anforderung der freien Bildung entspricht als Berechtigung der verfassungsrechtliche Schutz der internen Verbandsautonomie."[192]

Die Verbindlichkeit der Tarifverträge beruht folglich auf dem eigenen Willen der Mitglieder, auf ihrer Autonomie.

Ein Zwangsverband kann daher keine Koalition i.S.d. Art.9 Abs.3 GG darstellen[193]; der Entschluß, diesem Verband beizutreten und in ihm mitzuwirken, ist nicht von der freien Selbstbestimmung der Mitglieder getragen. Da diese Kammern aufgrund eines Gesetzes agieren, können sie sich bei der Betätigung nicht auf ein Grundrecht und damit auch nicht auf die Koalitionsfreiheit berufen[194]. Folglich sind Arbeiter- oder Arbeitnehmerkammern keine Gewerkschaften und somit auch keine Koalitionen i.S.d. Art.9 Abs.3 GG[195], sondern quasi-staatliche Institutionen. Werden diesen koalitionsrechtliche Zuständigkeiten zu eigener Wahrnehmung zugewiesen, so wird gegen das Grundrecht der Koalitionsfreiheit aus Art.9 Abs.3 GG verstoßen, da diese Organisationen als öffentlich-rechtliche Korporationen staatlichem Einfluß durch staatliche Kontrolle unterliegen. Dem Staat steht aber eine Beliebigkeit, wie sie die Koalitionsfreiheit als Kompetenz vermittelt, nicht zu. Die Betätigung eines Zwangsverbandes im Regelungsbereich der Koalitionsfreiheit wäre

---

190 Vgl. *Schaub, G.*, Handbuch, S.1245.

191 Vgl. dazu oben sub C. III., grundlegend *Schachtschneider, K. A.*, Res publica res populi, sub IV., V., VI.; *ders.*, Staatsunternehmen, passim.

192 *Kittner, M.*, Art.9 Abs.3, S.864, Rdnr. 47.

193 Vgl. BVerfG Entscheidung v. 15.3.1977, in BVerfGE 20, 312 (S.317).

194 Vgl. *Zacher, Hans F.*: Zur Vereinbarkeit der Errichtung von Arbeitskammern mit den Grundrechten des Grundgesetzes, in: RdA, 1971, S.194.

195 Vgl. *Scholz, Rupert*: Koalitionsfreiheit als Verfassungsproblem, 1971, S.274.

also verfassungswidrig[196]. Indes ist der Wesensgehalt des Grundrechts auf Koalitionsfreiheit nicht allein schon dadurch angetastet, daß auch öffentlich-rechtliche Verbände tariffähig sind. Erst wenn dadurch der Entschluß eines Menschen, einer Koalition beizutreten oder ihr fernzubleiben oder gar aus ihr auszutreten, nicht mehr frei und selbstbestimmt ist, kann von einer verfassungswidrigen Grundrechtseinschränkung gesprochen werden. Gleiches gilt, wenn eine Koalition in unangemessener Weise daran gehindert wird, im Rahmen der grundrechtlichen Gewährleistung, nämlich zur Wahrung und Förderung der Arbeits- und Wirtschaftsbedingungen ihrer Mitglieder, tätig zu werden.

3. Auf Dauer angelegte vereinsrechtliche Struktur

Lehre und Rechtsprechung fordern von einer Gewerkschaft, daß sie auf einer mitgliedschaftlichen Organisationsform beruhen müsse[197], da nur so die Gewähr dafür gegeben sei, daß die Koalition auf Dauer angelegt und daher in der Lage sei, die Aufgabe der sinnvollen Ordnung und Befriedung des Arbeitslebens entsprechend erfüllen zu können. Für Vereinigungen von Individuen bedarf es, wollen sie eine rechtlich relevante Tätigkeit ausüben, einer bestimmten Rechtsform. Die herrschende Meinung fordert daher eine vereinsrechtliche Struktur, weil sie vom Wechsel der Mitglieder unabhängig sei[198].

Zur Begründung des Erfordernisses einer vereinsrechtlichen Struktur wird Rückgriff auf die Nennung des Begriffes der "Vereinigung" in Art.9 Abs.3 GG genommen. Dies ist dem Begriff als solchem jedoch nicht zu entnehmen. Auch die sog. ad hoc-Koalition, die sich spontan aus bislang Unorganisierten zum Zweck der Wahrung und Förderung ihrer Arbeits- und Wirtschaftsbedingungen freiwillig zusammenfindet, bildet eine Vereinigung, und sei es nur, um einen einzigen Tarifvertrag abzuschließen[199]. Daraus folgt dann allerdings, daß die ad hoc-Koalition zumindest für die Dauer der Laufzeit des Tarifvertrags bestehen müßte, um die vertraglichen Verpflichtungen erfüllen zu können[200]. Im übrigen greifen auch hier die einschlägigen Bestimmungen des

---

196 Vgl. *Scholz, Rupert*: Art.9, in: Maunz, Theodor/ Dürig, Günter/ Herzog, Roman/ Scholz, Rupert: Grundgesetz, Band 1, 1989, S.130; *Sbresny-Uebach, Barbara*: Die Tariffähigkeit und die Tarifzuständigkeit, in: AR-Blattei [D] Tarifvertrag II A, 1987, 1. Fortsetzungsblatt R.

197 Vgl. *Scholz, R.*, Art.9, S.130.

198 Vgl. *Hueck, Alfred/ Nipperdey, Hans Carl*: Grundriß des Arbeitsrechts, 4. A., 1968, S.167.

199 s. o. sub F. II.; vgl. *Wiedemann, H./ Stumpf, H.*, TVG, S.358, Rdnr. 102; es soll nach ihrer Meinung für die Tariffähigkeit in toto bereits genügen, daß der Gründungsverband die Voraussetzungen der Tariffähigkeit ernstlich anstrebe.

200 Vgl. *Zachert, Ulrich*: Tarifvertrag, 1979, S.90.

Privatrechts für den Fall, daß eine ad hoc-Koalition ihren vertraglichen Verpflichtungen nicht nachkommen sollte.

Verein ist gemäß dem bürgerlichen Recht jeder auf Dauer angelegter Zusammenschluß von Personen zur Verwirklichung eines gemeinsamen Zweckes mit körperschaftlicher Verfassung; die körperschaftliche Organisation äußert sich dabei in einem Vereinsnamen, die Vertretung durch einen Vorstand und in der Unabhängigkeit vom Wechsel der Mitglieder[201]. Als nicht rechtsfähige Vereine sollten die Gewerkschaften bis zur Aufhebung der §§ 61 Abs.2, 43 Abs.3 BGB (alter Fassung) der staatlichen Kontrolle nicht dadurch entgehen können, daß sie nicht eingetragene Vereine bildeten. Nach Wegfall der genannten Regelungen war die Regelung des § 54 BGB, demzufolge nicht eingetragene Vereine rechtlich wie eine Gesellschaft behandelt werden müssen, nicht mehr notwendig; daher sind Rechtsprechung und Lehre dazu übergegangen, Gewerkschaften wie eingetragene Vereine zu behandeln[202].

Die Rechtsprechung hat der ad hoc-Koalition den grundrechtlichen Schutz der Koalitionsfreiheit abgesprochen, um den sog. "wilden", nicht gewerkschaftlich organisierten Streik zu verhindern. Auch eine ad hoc-Koalition kann jedoch als Gewerkschaft in der Gründungsphase verstanden werden, die daher ebenfalls dem grundrechtlichen Schutz unterliegt[203].

Es steht daher nicht im Einklang mit der Koalitionsfreiheit aus Art.9 Abs.3 GG und ist folglich nicht verfassungsgemäß, wollte man der ad hoc-Koalition ihre Eigenschaft als Koalition und damit als Gewerkschaft den grundrechtlichen Schutz verweigern[204]. Auch ist fraglich, ob die Koalition tatsächlich vom Mitgliederbestand unabhängig sein muß. Eine Gesellschaft bürgerlichen Rechts (gem. §§ 705 ff. BGB) kann dem Koalitionszweck ebenso entsprechen wie ein (zudem traditionell nicht rechtsfähiger) Verein, auch wenn sich bei letzterem Vertretung, Ein- und Austritt gewiß komfortabler gestalten würden[205]. Es bleibt jedoch festzuhalten, daß es dem Gesetzgeber nicht verwehrt ist, nähere Regelungen über die Rechtsform von Gewerkschaften zu treffen. Eine Aufgabe, die sich ein privater Zusammenschluß von Arbeitnehmern nicht frei und selbstbestimmt gestellt hat, darf für die Arbeitnehmer keinerlei Rechtsfolgen haben. Der grundrechtliche Schutz des Art.9 Abs.3 GG kann ihnen nicht verweigert werden[206].

---

201 Vgl. *Palandt, O./ Heinrichs, H.*; BGB, Einf. v. § 21 Ziff. 7, S.21 mit Bezug auf das Reichsgericht in RG 143, 213.

202 Vgl. *Palandt, O./ Heinrichs, H.*; BGB, § 54 Ziff. 1, S.42; RG 76, 27; BGH 42, 210; 50, 327.

203 BVerfGE 4, 96 (106); 18, 18 (25 f.).

204 Vgl. *Kittner, M.*, Art.9 Abs.3, S.864, Rdnr. 48.

205 Vgl. *Herschel, Wilhelm.* Arbeitsrecht, 1980, S.19, der betont, die Rechtsform sei für eine Gewerkschaft unerheblich.

206 Vgl. *Däubler, W./ Hege, H.*, Koalitionsfreiheit, Rdnr. 107 ff.

Dem Gesetzgeber bleibt es unbenommen, bei entsprechender Notwendigkeit eine Rechtsform für Gewerkschaften gesetzlich festzulegen.

4. Gebot der demokratischen Binnenorganisation

Verschiedentlich wird eine demokratische Struktur für Koalitionen gefordert[207]. Auch wenn die Lehre dies nicht nur aus der öffentlichen Funktion der Gewerkschaften herleitet, so wird doch auch auf den Umstand verwiesen, die Koalitionen verfolgten die Interessen ihrer Mitglieder als Gleicher[208].

Nach einer Meinung folgt aus der Tatsache, daß die individuale Koalitionsfreiheit als Recht zur Selbstbestimmung durch kollektives Handeln allen Mitgliedern in eben gleicher Weise zusteht, eine nach vollzogenem Beitritt notwendige "Umwandlung" dieses Rechts in das Recht auf gleichberechtigte Teilhabe an Gründung, Willensbildung und Tätigkeit der Koalitionen[209].

Zunächst ist darauf hinzuweisen, daß der Ausdruck "Demokratie" und das Adjektiv "demokratisch" begrifflich eine staatsrechtliche Kategorie benennen und nur in diesem Zusammenhang sinnvoll verwendet werden können. Denn eine Volksherrschaft in einer Gewerkschaft ist der Logik des Begriffes entsprechend ausgeschlossen, es sei denn, die Gewerkschaften umschlössen das gesamte Volk. Dies war jedoch noch nicht einmal in der ehemaligen Deutschen Demokratischen Republik und dem in ihr etablierten Freien Deutschen Gewerkschaftsbund als der staatlichen Einheitsgewerkschaft der Fall. Mangels der Identität von Staatsvolk und Gewerkschaftsmitgliedern kann der Begriff "Demokratie" nicht auf die Binnenorganisation der Gewerkschaften angewandt werden[210]; denn die Gewerkschaften können nicht für das gesamte Staatsvolk Recht setzen, dagegen steht das Prinzip der konsensualen Rechtsetzung[211].

Es liegt jedoch nahe, dem mit einer Binnendemokratisierung verfolgten Zweck entsprechend von einer verbandsinternen Gleichbehandlung und Gleichheitlichkeit der Mitglieder zu sprechen. Dies dürfte darüber hinaus auch dem auf die Gewerkschaften anzuwendenden Vereinsrecht[212] entsprechen: Es gilt der vereinsrechtliche Gleichheitsgrundsatz.

---

207 Vgl. *Däubler, W./ Hege, H.*, Koalitionsfreiheit, S.77 f., *Kittner, M.*, Art.9 Abs.3, S.864, Rdnr. 49.

208 Vgl. *Hagemeier, Christian*, in: Hagemeier, Christian/ Kempen, Otto Ernst/ Zachert, Ulrich/ Zilius, Jan: Tarifvertragsgesetz, 2. A., 1990, S.351; *Kittner, M.*, Art.9 Abs.3, S.864, Rdnr. 49.

209 Vgl. *Däubler, W./ Hege, H.*, Koalitionsfreiheit, S.77 f.

210 Vgl. *Scholz, Rupert*: Paritätische Mitbestimmung und Grundgesetz, 1974, S.28 ff.; *ders.*: Pressefreiheit und Arbeitsverfassung, 1978, S.134.

211 Vgl. *Schachtschneider, K. A.*, Staatsunternehmen, S.153 ff.

212 s. dazu oben sub 3.

Aus dem Grundrecht auf freie Koalitionsbildung und Koalitionsbetätigung muß jedoch auf eine innere Vereinigungsfreiheit geschlossen werden[213]. Sollen die Koalitionen ihre Mitglieder nach außen repräsentieren können, so bedarf es dazu keiner von außen an die Koalitionen herangetragenen Ordnungsprinzipien, die ihren Aufbau zwingend regeln. Es gilt vielmehr, daß mit dem Beitritt zur Koalition der Einzelne die der Koalition zugrundeliegende Satzung (oder den Gesellschaftsvertrag) sanktioniert, sofern sich der Beitritt als freie, selbstbestimmte Handlung erwiesen hat; dadurch stimmt er den Regelungen der Gewerkschaft im Inneren wie auch nach außen im Verhältnis zu (Tarif-)Vertragspartnern zu. Allein hierdurch ist dann die Betätigung der Koalition gegenüber dem einzelnen Koalitionsmitglied legitimiert. Die Satzung unterliegt keiner besonderen Regelungskompetenz von außen, insbesondere nicht einer staatlichen Regelungsbefugnis. Dem entspricht es, wenn sich das Bundesverfassungsgericht nicht dazu äußert, inwieweit die positive Koalitionsfreiheit die Beteiligung des einzelnen Koalitionsmitgliedes an der Willensbildung der Koalition garantiert[214]. Die Koalitionsfreiheit enthält für den Staat eine negative Kompetenz, die ihm jegliche Regelungen für den Satzungsinhalt verbietet, solange diese Regelungen nicht sachlich notwendig sind und daher gerechtfertigt werden können[215]. Ebenfalls bleibt es dem Gesetzgeber versagt, den Koalitionen bestimmte Organisationsformen oder Organisationsprinzipien wie das Industrie- oder das Berufsverbandsprinzip aufzuerlegen, um sich koalitionsgemäß (z.B. durch Tarifvertragsabschluß) betätigen zu können[216].

Denkbar wäre also auch das Führerprinzip in einer Gewerkschaft, solange es vermittels des Konsensprinzips durch die Mitglieder getragen wird und solange die Gewerkschaft nicht die Rechtsform des Vereins gewählt hat, dann nämlich gilt das Vereinsgesetz. Das freiheitlich, also autonom von den Mitgliedern getragene Führerprinzip verstößt nicht gegen die Koalitionsfreiheit selbst. Wollen die Mitglieder eine andere Struktur, so haben sie entweder die Möglichkeit, auszutreten und sich einer anderen Gewerkschaft, der sie frei, also selbstbestimmt ihre Zustimmung geben können, zuzuwenden[217]. Oder die Satzung oder der Gesellschaftsvertrag sehen eine Möglichkeit der Änderung nach einem bestimmten Abstimmungsprinzip vor, dann können die Mitglieder darauf hinwirken. Solange die Autonomie der Menschen durch die Organisation der Gewerkschaft nicht aufgehoben wird, solange also das Vertragsprinzip und aus ihm folgend die Verbindlichkeit der Beschlüsse gelten, kann eine frei

---

213 Vgl. *Scholz, R.*, Koalitionsfreiheit, 1971, S.54; so auch das Bundesverfassungsgericht in BVerfGE 50, 291 (373).

214 Vgl. *Gerhardt, M.*, Koalitionsgesetz, S.138.

215 Vgl. *Kammerer, Klaus*: Koalitionsfreiheit und Arbeitsverhältnis, in: ArbuR, 1964, S.78; s. hier sub VII. Nr. 4.

216 BVerfGE 4, 96 (108); 18, 18 (27 ff.); *Scholz, R.*, Art.9, S.130, Rdnr. 204.

217 Vgl. *Scheuner, Ulrich*: Der Inhalt der Koalitionsfreiheit, in: Weber, Werner/ Scheuner, Ulrich/ Dietz, Rolf: Koalitionsfreiheit; 1961, S.47 ff.

gewählte Organisationsform der Gewerkschaften nicht der Grund sein, dessentwegen ihnen der Schutz des Art.9 Abs.3 GG versagt wird.

Eine Begründung des Erfordernisses der demokratischen Struktur nach dem Vorbild der Parteiendemokratie aus der analogen Anwendung des Art.21 Abs.1 S.3 GG ist grundrechtssystematisch ausgeschlossen[218].

Auch die Drittwirkungsklausel des Art.9 Abs.3 S.2 GG, derzufolge Abreden, die die Koalitionsfreiheit einschränken wollen, rechtswidrig sind, steht einer anderen Organisationsform als der der inneren Gleichheitlichkeit der Mitglieder nicht entgegen[219]. Diese Regelung schützt vielmehr die Bildung und den Beitritt sowie die Möglichkeit des Austrittes aus und des Fernbleibens von einer Koalition. Sollte die Autonomie der Mitglieder etwa dadurch beeinträchtigt werden, daß ihnen der Austritt aus Gewerkschaft über Gebühr, sittenwidrig oder unter Verstoß gegen gesetzliche Regelungen erschwert wird, so sind diese Regelungen rechtswidrig; den Mitgliedern steht der Rechtsweg offen. Auch die tarifvertragliche Friedenspflicht schränkt die freie Willensbildung der Koalitionen ein, jedoch sind diese Vereinbarungen frei und selbstbestimmt, also verbandsautonom zustande gekommen und eben dadurch verfassungsgemäß[220].

Das Führerprinzip ist im übrigen in den Gewerkschaften mittlerweile voll etabliert: Es besteht zumindest der Sache nach dort wie auch in den politischen Parteien[221].

5. Unabhängigkeit und Gegnerfreiheit der Gewerkschaft

Die herrschende Meinung fordert, daß Gewerkschaften frei von Arbeitgebern und unabhängig vom sozialen Gegenspieler sein müßten[222]. Eine solche

---

218 Vgl. *Scholz, R.*, Art.9, S.131, Rdnr. 206; a.A. BVerfGE Bd. 58, S.233 (250), vgl. auch *Dütz, Wilhelm*: Soziale Mächtigkeit als Voraussetzung eines einheitlichen Koalitionsbegriffs?, in: ArbuR, 1976, S.323 f.

219 So aber *Hagemeier, C.*, TVG, S.351, Rdnr. 18 für die innerverbandliche "Demokratie".

220 Vgl. *Scholz, R.*, Art.9, S.131, Rdnr. 206.

221 Vgl. *Schachtschneider, K. A.*, Res publica res populi, sub III., 1.; IV, 1 und 3; IX, 2; in diesem Sinne auch *Häberle, P.*, Grundrechte, S.67, 72 f.; es lassen sich bereits die typischen Merkmale der Tätigkeit von großen, einflußreichen Organisationen, seien es nun Großunternehmen, Verbände, Parteien oder eben Gewerkschaften, beobachten, vgl. dazu *Schachtschneider, K. A.*, Imperative Lohnleitlinien, S.500 f., 519; s. auch o. sub C. III.

222 Vgl. BVerfGE 4, 96 (106); 18, 18 (28); *Hagemeier, C.*, TVG, S.363, Rdnr. 38; *Scholz, R.*, Art.9, S.131 ff.; *Kittner, M.*, Art.9 Abs.3, S.865 f.; *Däubler, Wolfgang/ Hege, Hans*: Tarifvertragsrecht, 2. A., 1981, S.23, Rdnr. 27; *Söllner, Alfred*: Grundriß des Arbeitsrechts, 9. A., 1987, S.54; *Schaub, G.*, Handbuch, S.1245 f.; *Herschel, Wilhelm*: Leistungsfähigkeit - eine Voraussetzung arbeitsrechtlicher Koalitionen, in: ArbuR, 1976, S.234; *Dütz,*

Unabhängigkeit und Gegnerfreiheit sei zwar nicht formal, jedenfalls aber materiell zu verstehen, es muß also auf den Einzelfall abgestellt werden[223]. Die Gewerkschaft soll ihrer Mitgliederstruktur nach so zusammengesetzt sein, daß sie von Einflüssen der Gegenseite, die ihre Unabhängigkeit gefährdeten, frei bleiben sollte.

Diese Forderung wird wiederum begründet mit der durch Art.9 Abs.3 GG an die Koalitionen vermeintlich gestellten Aufgabe, eine sinnvolle Ordnung im Lebenstatbestand der abhängigen Arbeit zu erreichen[224].

Abzustellen ist hier erneut auf das Autonomieprinzip. Ist die Selbständigkeit der in einer Gewerkschaft vereinigten Menschen deswegen gefährdet oder bereits nicht mehr gegeben, weil die Wahrnehmung der Interessen einer Gewerkschaft, repräsentiert durch ein entsprechendes Programm oder die Satzung, von innen heraus durch eine Interessenkollision neutralisiert wird, so ist die konsensuale Rechtsetzung der Gewerkschaft für ihre Mitglieder durch die Bindung mit einem anderen Vertragspartner, den Arbeitgebern, im Sinne der Autonomie- und Vertragstheorie nicht mehr möglich. Das zeigt jedenfalls für den Extremfall, daß der Vertreter der einen Partei und Vertragspartner in einer Person zusammenfallen, der § 181 BGB, der die sog. In-sich-Geschäfte für nichtig erklärt[225].

Aus der Mitgliedschaft außertariflicher und leitender Angestellter in Gewerkschaften ergeben sich im Rahmen der Koalitionsfreiheit grundsätzlich keine Probleme hinsichtlich einer etwaigen Abhängigkeit bzw. mangelnden Gegnerunabhängigkeit; ihnen allen ist das Merkmal abhängiger Arbeit gemeinsam, so daß es ihnen folglich im Gegensatz zur Meinung des Bundesarbeitsgerichts[226] erlaubt sein muß, durchaus auch Einfluß auf die betriebsverfassungsrechtlichen Verbandskompetenzen nehmen zu dürfen, sofern die Satzung oder der sonst irgendwie zum Ausdruck gekommene gemeinsame Wille der Koalitionsmitglieder dies zulassen[227]. Auch wenn ein einheitlich zusammengesetzter Berufsverband schlagkräftiger sein mag als ein gemischter, aus tariflich und außertariflich bezahlten sowie leitenden Angestellten zusammengesetzter Verband, so ist gleichwohl unbestreitbar, daß ein solcher

---

Wilhelm: Anmerkung zu BAG Beschluß vom 15.3.1977, in: EzA Nr. 12 zu § 2 TVG, S.119; *Hueck, A./ Nipperdey, H. C.*, Lehrbuch, 2./ 1., S.93.

223 Vgl. *Wiedemann, H./ Stumpf, H.*, TVG, S.371, Rdnr. 144 mit Hinweis auf das Reichsarbeitsgericht, das diese Ansicht bereits vertreten hatte: Zu berücksichtigen sind demnach Mitgliederzahl, Einzugsbereich, Zusammensetzung, Organisation und finanzielle Ausstattung.

224 Vgl. *Wiedemann, Herbert*: Tariffähigkeit und Unabhängigkeit, in: RdA, 1976, S.73, mit gleicher Begründung auch *Müller, Gerhard*: Die Freiheit von parteipolitischen und kirchlichen Bindungen als eine Voraussetzung für die Tariffähigkeit einer Koalition, in: Festschrift für H. C. Nipperdey, Bd. II, 1965, S.436.

225 Vgl. in diesem Sinne auch *Wiedemann, H./ Stumpf, H.*, TVG, S.372, Rdnr. 147.

226 BAG Beschluß vom 15.3.1977 in BAGE 29, 72 (73, 89).

227 Vgl. *Scholz, R.*, Art.9, S.133, Rdnr. 210; *Wiedemann, H./ Stumpf, H.*, TVG, S.373, Rdnr. 149.

Verband dennoch tariflich regelbare Ziele verfolgen kann; die mangelnde Homogenität schadet also nicht[228]. Homogenität ist kein tarifliches Prinzip. Denn ein einheitlich zusammengesetzter Berufsverband, auch wenn er schlagkräftiger und entscheidungsfreudiger sein mag, muß wegen der Autonomie der Menschen, die einer Gewerkschaft angehören, nicht staatlicherseits vorgeschrieben werden. Für den Mißbrauchsfall oder den Fall, daß die Mitglieder nicht (mehr) erkennen können, ob sie noch autonom handeln und entscheiden können, hat der Staat das Recht und die Pflicht, regelnd und abwehrend einzugreifen[229].

Auch eine mittelbare Beeinflussung der Aufnahmepolitik des Verbandes durch Anerkennung oder Versagung der Tariffähigkeit ist eine unzulässige staatliche Determination[230]. Im Gegenteil muß davon ausgegangen werden, daß die Gewerkschaften sich ihre Aufgaben und die internen Bedingungen, unter denen sie tätig werden wollen, selbst frei und selbstbestimmt stellen und sich also auch ihre Struktur und Organisationsform selbst vorgeben, weil sie dazu durch ihre Autonomie in der Lage sind. Dies ist durch Art.9 Abs.3 GG gewährleistet. Dadurch ist die Gewerkschaft auch in ihrem Bestreben geschützt, ihren Mitgliederbestand vom sozialen Gegenspieler "reinzuhalten". Das ist aber nur Konsequenz der koalitionseigenen Verbandsautonomie[231] und daher keine Pflicht, die einer Vereinigung von Arbeitnehmern auferlegt werden kann und darf. Die Kompetenz dazu besitzt allein die Koalition selbst[232], dieses Recht zur Willkür als die materiale Leitentscheidung[233] des Grundrechts auf Koalitionsfreiheit gilt es allerdings staatlicherseits zu wahren.

Allerdings ist dem Bundesverfassungsgericht insoweit zuzustimmen[234], daß die Gegnerfreiheit und Unabhängigkeit einer Gewerkschaft jedenfalls soweit gewährleistet sein muß, als die durch den Erwerb der Mitgliedschaft frei, also selbstbestimmt anerkannten Ziele einer Koalition und deren Verwirklichung nicht durch eine faktische (finanzielle oder personelle) Abhängigkeit in Frage gestellt sein dürfen, da dann durchaus zum Schaden der Mitglieder unter anderem Tarifverträge mit zwingender und unabdingbarer Wirkung für die Tarifvertragsparteien geschlossen werden können. Geht man davon aus, daß

---

228 Vgl. *Wiedemann, H./ Stumpf, H.*, TVG, S.371, Rdnr. 144; es dürfen sich die übrigen Mitglieder jedoch nicht von ihren vorgesetzten Berufskollegen als leitenden Angestellten abhängig fühlen müssen, vgl. *Wiedemann, H./ Stumpf, H.*, TVG, S.373, Rdnr. 149. Das gilt aber auch bereits für den Fall, daß es sich bei den vorgesetzten Kollegen noch nicht um leitende Angestellte im Sinne des § 5 Abs.3 BetrVG handelt.

229 Vgl. *Schachtschneider, K. A.*, Staatsunternehmen, S.141 f.; auch *Krüger, Herbert*: Allgemeine Staatslehre, 2. A., 1966, S.275 f., 280 ff.

230 Vgl. *Wiedemann, H.*, Tariffähigkeit und Unabhängigkeit, S.73 f.

231 BVerfG Entscheidung vom 1.3.1979, in BVerfGE 50, 291 (375, 376, 377 f.).

232 Vgl. *Wiedemann, H.*, Tariffähigkeit und Unabhängigkeit, S.73 f.

233 Dazu ausführlich *Schachtschneider, K. A.*, Res publica res populi, sub V., 3.; dazu auch oben sub C. III.

234 BVerfGE 50, 291 (376).

die Mitglieder zum Zeitpunkt des Beitrittes von dem Inhalt der Satzung Kenntnis hatten, so sanktioniert ihr Beitritt nur die Satzung und demzufolge auch nur die satzungsgemäße Betätigung der Gewerkschaft, weil nur dafür der Konsens angenommen werden kann[235]. Im Fall einer (verdeckten) faktischen Abhängigkeit kann man nicht mehr davon ausgehen, daß die Mitglieder der Gewerkschaft durch ihren Beitritt diese Folgen gewollt haben. Eine unfreiwillige Fremdbestimmung beeinträchtigt insbesondere den Schutzzweck, aus dem die historische gewachsene Koalitionsfreiheit hervorgegangen ist. Um dem Schutz des Arbeitnehmers[236], der einer Gewerkschaft beigetreten ist und in ihr gemeinsam mit anderen Arbeitnehmern den Schutz vor der faktischen Übermacht des Arbeitgebers sucht, Rechnung zu tragen, kann gefordert werden, zumindest einer faktischen Abhängigkeit vom sozialen Gegenspieler durch die Satzung (oder durch eine sonstige Vereinbarung, die den gemeinsamen Willen der Gewerkschaftsmitglieder zum Ausdruck bringt) entgegenzuwirken und einer solchen nicht gewollten Fremdbestimmung vorzubeugen. Der Gesetzgeber kann also zur Wahrung der Vertragsfreiheit und damit der Selbständigkeit der Arbeitnehmer in der Koalition dementsprechende verhältnismäßige Regelungen treffen[237].

Das deutsch-polnische Abkommen über Oberschlesien vom 15. Mai 1922[238] enthielt zwar eine entsprechende Forderung, derzufolge ein Arbeitgeber nicht Mitglied einer Arbeitnehmervereinigung werden durfte. Begründet war diese restriktive Regelung aber durch die damals noch vorherrschende Furcht der Arbeitnehmer, sehr leicht in eine totale, die Menschenwürde nicht achtende Abhängigkeit vom Arbeitgeber zurückfallen zu können, eben Objekt dieser werden zu können. Deutlich zeigte sich der Versuch der Arbeitgeberseite, auf die Gewerkschaften und damit auf die Arbeitnehmer Einfluß zu gewinnen, in der Gründung von wirtschaftsfriedlichen sogenannten "gelben" Gewerkschaften, die von den Arbeitgebern finanziert und unterstützt wurden[239]. Diese Furcht ist heute allerdings in Anbetracht des bestehenden sozialen Netzes und der Gesetze, die den Schutz auch des nicht organisierten Arbeitnehmers gewährleisten, nicht mehr angebracht und damit unproblematisch geworden[240]. Rechtsschutz gewähren die Gerichte, die Anspruchsgrundlage gegen eine Beeinträchtigung dieser Art enthält Art.9 Abs.3 S.2 GG.

Es bedarf somit der konstitutiven Voraussetzung der Unabhängigkeit und der Gegnerfreiheit der Gewerkschaften als Ausfluß dieser Gewerkschaftsunab-

---

235 Vgl. zum Konsensprinzip als Teil der Vertragstheorie *Schachtschneider, K. A.*, Staatsunternehmen, S.153 ff.; ders., Res publica res populi, sub VI., 6.

236 Vgl. *Kittner, M.*, Art.9 Abs.3, S.841; dazu auch *Eitel, M.*, Ungleichbehandlung, S.140 ff.

237 Vgl. *Schachtschneider, K. A.*, Staatsunternehmen, S.141 f.

238 RGBl. 1922 II. S.305.

239 Vgl. *Hagemeier, C.*, TVG, S.363, Rdnr. 38.

240 Vgl. *Herschel, W.*, Leistungsfähigkeit, S.234.

hängigkeit[241] nicht (mehr), nicht zuletzt auch deswegen, weil sie heute als ein Bestandteil der sogenannten Mächtigkeitslehre angesehen wird, die als Erfordernis für das Bestehen einer Gewerkschaft ebenfalls abzulehnen ist[242].

Im Zusammenhang mit dem Mitbestimmungsgesetz[243] wurde die Debatte um die Gegnerreinheit erneut geführt[244]. Durch die Mitbestimmung im Aufsichtsrat werde, so lautete die Argumentation der Gegner des Mitbestimmungsgesetzes, die Arbeitgeberseite nicht frei vom personellen Einfluß ihrer Gegner der Arbeitnehmerseite agieren können[245]. Das Bundesverfassungsgericht hat diese Bedenken mit dem Hinweis auf die faktische Unterparität zugunsten der Arbeitgeberseite zurückgewiesen[246]. Zudem könne nach Meinung des Bundesverfassungsgerichts der Einfluß der Arbeitnehmerseite durch das Satzungsrecht der Arbeitgeberseite beeinflußt werden, der Einfluß schwäche sich bis zur Ebene der Arbeitgebervereinigungen deutlich ab. Dieser Position ist zuzustimmen. Durch die freie Gestaltung der Satzung eines Verbandes hat dieser die Möglichkeit, den Einfluß der Gewerkschaften auf die Entscheidungen des Arbeitgeberverbandes und dessen Betätigung auszuschalten, sofern diese Bestimmungen nicht gegen Gesetze oder die guten Sitten verstoßen.

6. Staatliche, parteipolitische und konfessionelle Unabhängigkeit

Von der herrschenden Meinung in Rechtsprechung und Lehre wird über die eben erörterte Unabhängigkeit hinaus von einer Gewerkschaft verlangt, daß sie auch vom Staat[247], von Parteien, von Kirchen[248] und von jedenfalls gegnerischen[249] gesellschaftlichen Organisationen jeder Art unabhängig zu sein habe[250]. Jedoch sei daraus keine Forderung bezüglich einer politischen,

---

241 Vgl. *Scholz, R.*, Art.9, S.132, Rdnr. 208; *Albert Bleckmann* sieht die Unabhängigkeit umgekehrt als einen Ausfluß der Gegnerfreiheit an (Staatsrecht II - Die Grundrechte, 3. A., 1989, S.827).

242 s. u. sub VII.

243 Mitbestimmungsgesetz vom 4.5.1976, in BGBl. 1976, Teil I, S.1153.

244 Vgl. *Wiedemann, H./ Stumpf, H.*, TVG, S.375 f., Rdnr. 155.

245 Vgl. *Rinck, Gerd/ Schwark, Eberhard*: Wirtschaftsrecht, 6. A., 1986, S.48, Rdnr. 147, a.A. *Wiedemann, H./ Stumpf, H.*, TVG, S.377, Rdnr. 156 m.w.N.

246 BVerfGE 50, 291 (373).

247 Vgl. *Gamillscheg, Franz*: Koalitionsfreiheit und soziale Selbstverwaltung, 1969, S.37; *Hueck, A./ Nipperdey, H. C.*, Lehrbuch, 2./ 1.; S.98; *Nikisch, A.*, Arbeitsrecht - II, S.9; mit der Begründung, das ergebe sich aus der Natur der sozialen Selbstverwaltung.

248 Vgl. *Hueck, A./ Nipperdey, H. C.*, Lehrbuch, 2./ 1.; S.97; *Müller, G.*, Freiheit von parteipolitischen und kirchlichen Bindungen, S.440 ff.

249 Vgl. *Hagemeier, C.*, TVG, S.367.

250 Vgl. *Däubler, W./ Hege, H.*, Koalitionsfreiheit, Rdnr. 120; *Wiedemann, H./ Stumpf, H.*, TVG, S.377 ff.; *Löwisch, Manfred*: Die Voraussetzungen der Tariffähigkeit, in: ZfA, 1970, S.313 f.; vgl. *Wiedemann, H.*, Tariffähigkeit und Unabhängigkeit, S.76 f.

konfessionellen und kulturellen Ausgewogenheit in personeller Hinsicht abzuleiten[251].

Auch diese Eigenschaft kann nicht kritiklos in den Katalog der für die Gewerkschaftseigenschaft konstitutiven Merkmale aufgenommen werden. Art.9 Abs.3 GG garantiert den Arbeitnehmern die freie Entscheidung über einen möglichen Beitritt zu einer Gewerkschaft. Ist die freie Entscheidungsmöglichkeit gewährleistet, so besteht keinerlei Anlaß, einer Arbeitnehmervereinigung die Gewerkschaftseigenschaft und damit die Tariffähigkeit zu versagen; dies würde im Ergebnis bedeuten, daß die Gewerkschaft keine Koalition i.S.d. Art.9 Abs.3 GG mehr wäre. Die staatliche Aberkennung der Fähigkeit der Gewerkschaften zur Rechtssetzung mit ihren Sozialpartnern als einer Form der Autonomie ist so lange unnötig, wie die Mitglieder selbstbestimmt über den Beitritt zur Koalition entscheiden und sich durch die Satzung oder auf andere Art und Weise über die politische, kulturelle und sonstige Ausrichtung ihrer Koalition ungehindert informieren können; wenn also die Mitglieder und die übrigen Arbeitnehmer bei verständiger Sicht der Lage mit einer eventuellen politischen, kulturellen, sozialen oder konfessionellen Einseitigkeit oder Ausrichtung der Gewerkschaft rechnen müssen, kann der Gewerkschaft ihre Eigenschaft als Gewerkschaft und der damit notwendigerweise verbundene Schutz aus Art.9 Abs.3 GG nicht mit der Begründung abgesprochen werden, die Koalition sei abhängig von eben diesen Richtungen[252]. Erst wenn ein faktischer Einfluß vorliegt, mit dem der Arbeitnehmer als Koalitionsmitglied nicht rechnen konnte oder sogar mußte, mangelt es dem Verband an der Koalitionseigenschaft, da er nun die Interessen seiner Mitglieder nicht mehr in deren Eigenschaft als Arbeitnehmer vertreten kann: Es fehlt an einer Legitimation, wie sie der Beitritt der Koalitionsmitglieder für das dem Willen der Koalition gemäße Handeln darstellt.

Die Befürworter der staatlichen, politischen und/ oder konfessionellen Unabhängigkeit der Gewerkschaften dürften als Legitimation dieses Tariffähigkeitsmerkmals die Quasi-Staatlichkeit der Gewerkschaften im Auge haben. Denn nur "neutrale", staatliche, also öffentlich-rechtliche Verbände können nach logischer Betrachtung in der Lage sein, das allgemein Richtige hervorzubringen, also das Gemeinwohl zu verwirklichen[253]. Staatliche Institutionen haben, durch das Amtsprinzip gesteuert, neutral zu sein im Sinne einer "Nicht-Identifikation" mit den Einzelinteressen[254]. Das hätte dann auch

---

251 Vgl. *Hagemeier, C.*, TVG, S.366.

252 Vgl. *Däubler, W./ Hege, H.*, Koalitionsfreiheit, Rdnr. 120, auch *Müller, G.*, Freiheit von parteipolitischen und kirchlichen Bindungen, S.437, mit Hinweis auf die christlichen Gewerkschaften Deutschlands, die sich zu den Grundsätzen des christlichen Ordnungsbildes und dessen Verwirklichung im Arbeits- und Wirtschaftsleben bekennen, S.439.

253 Vgl. *Schachtschneider, K. A.*, Staatsunternehmen, S.197, 237 ff., 242 ff.; dazu auch *ders.*, Res publica res populi, sub VI., 6.

254 Vgl. *Schachtschneider, K. A.*, Res publica res populi, sub VI., 6.; *Krüger, H.*, Allgemeine Staatslehre, S.181.

für quasi-staatliche Verbände zu gelten. Der empirische Befund beweist allerdings das Gegenteil: Die Gewerkschaften, auch wenn sie versuchen, alle nur denkbaren Rahmenbedingungen in ihre Planung einzubeziehen, folgen dennoch weitestgehend ihren Spezial-, ihren Partikularinteressen[255]. Sie sind private Rechtssubjekte[256]; ihre Verträge mit den Arbeitgebern und deren Verbänden sind empirisch das Ergebnis eines Kompromisses, eines vollständigen Konsenses im Sinne der republikanischen Vertragstheorie und damit nicht notwendig richtig für die Allgemeinheit[257].

Andere als die durch den selbstbestimmten Beitritt zur Koalition vermittelt in den Willen der Koalitionsmitglieder aufgenommenen Einflußmöglichkeiten auch für Parteien, Kirchen und andere Organisationen auf die Koalition dürfen nicht zugelassen werden, weil die Fähigkeit der Mitglieder der Koalition zur Selbstbestimmung und Selbstverantwortung verloren ginge und der Verband zur Wahrung und Förderung der Autonomie auf dem Lebensgebiet der abhängigen Arbeit dann die Koalitionseigenschaft einbüßen würde[258]. Als Empfehlung folgt daher, daß im Interesse des Schutzes des Vertrauens der Gewerkschaftsmitglieder darauf, daß die Satzung ihren Willen wiedergibt, in der Satzung die Einflußmöglichkeiten anderer Organisationen und sozialer Gruppierungen genau zu regeln sind. Die Freiheit der geistigen Ordnungsvorstellung der Koalition ist jedoch zu wahren[259].

Jedenfalls ist der Einfluß von Parteien, dem Staat oder von Kirchen dann zu stark und die Koalition also keine Gewerkschaft mehr, wenn sie nicht mehr der Zwecksetzung des Art.9 Abs.3 GG, der Wahrung und Förderung der Arbeits- und Wirtschaftsbedingungen entspricht. Der Staat und mit ihm auch die politischen Parteien haben bei allen ihren Handlungen Gemeinwohlbelange zu wahren[260]. Diese sind für die Willensbildung und das Tätig werden von Gewerkschaften aber irrelevant[261]. Gewerkschaften sind z.B. nicht dem gesamtwirtschaftlichen Gleichgewicht verpflichtet, wie dies Art.109 Abs.2 GG für den Staat fordert[262]. Wäre der staatliche Einfluß oder der politischer Parteien so beherrschend, daß die Gewerkschaft in der Folge den Zielsetzungen des Staates oder der Parteien verpflichtet würde, so entspricht die Zielsetzung der Gewerkschaft nicht mehr der Bestimmung des Art.9 Abs.3 S.1

---

255 Vgl. *Schachtschneider, K. A.*, Res publica res populi, sub VI., 6.; *Krüger, H.*, Allgemeine Staatslehre, S.307; dazu oben sub D. III.

256 Vgl. *Schachtschneider, K. A.*, Imperative Lohnleitlinien, S.512.

257 Vgl. *Schachtschneider, K. A.*, Res publica res populi, sub VI., 6.; zu den empirischen Wirkungen vgl. auch *ders.*, Imperative Lohnleitlinien, S.500 f.

258 Vgl. *Hagemeier, C.*, TVG, S.366; *Wiedemann, H./ Stumpf, H.*, TVG, S.377 f.

259 *Müller, G.*, Freiheit von parteipolitischen und kirchlichen Bindungen, S.440.

260 Vgl. *Schachtschneider, K. A.*, Res publica res populi, sub VI., 6., auch zur Anwendung des republikanischen Amtsprinzips auf Staat und Parteien.

261 s. o. sub D. III.

262 Dennoch besteht eine moralische Verpflichtung, in diesem Sinne *Schachtschneider, K. A.*, Imperative Lohnleitlinien, S.502.

GG[263]. Das ihnen durch Art.9 Abs.3 GG staatlicherseits zugestandene und geschützte Recht zur Willkür auf dem Lebensgebiet der Arbeits- und Wirtschaftsbedingungen jedenfalls kann von ihnen nicht mehr im Sinne der Autonomielehre wahrgenommen werden.

7. *Organisation des Verbandes auf überbetrieblicher Grundlage*

Neben der Gegnerfreiheit und Unabhängigkeit fordert die herrschende Meinung, daß Gewerkschaften auf überbetrieblicher Grundlage organisiert sein müssen, wollen sie den Grundrechtsschutz des Art.9 Abs.3 GG für sich beanspruchen[264]. Motivation für diese Forderung ist die von der herrschenden Meinung verlangte Parität der Tarifvertragsparteien; diese sei ein konstitutives Prinzip des Tarifvertragswesens[265]. Durch die überbetriebliche Organisation werde eine gewisse Gegenmacht zum jeweiligen sozialen Gegenspieler gebildet und damit dem Erfordernis der sozialen Mächtigkeit Rechnung getragen. Bei sogenannten Werkvereinen, die nur die Belegschaft eines Betriebes umfassen, sei der Bestand dieser Gewerkschaften stark gefährdet, da der Arbeitgeber eine Massenkündigung aussprechen könne[266].

---

263 Vgl. *Wiedemann, H.*, Tariffähigkeit und Unabhängigkeit, S.77; unverhältnismäßig dagegen ist die Annahme von *Müller, G.*, Freiheit von parteipolitischen und kirchlichen Bindungen, S.442, eine Volkspartei versuche, Arbeitnehmer und Arbeitgeber gleichzeitig zu erreichen, und daher dürfe sie keinerlei Einfluß, nicht einmal einen schwachen, auf die Gewerkschaft ausüben, zumal Abgeordnete nach Art.28 Abs.1 S.2 GG Vertreter des ganzen Volkes seien und eben nicht nur einer Gewerkschaft, was dann die Zielerreichung der Gewerkschaft u.U. erschweren oder gar unmöglich machen könnte, wenn eine Personalunion vorläge. M.E. kann diese Gefahr aber per Satzung durch Verbot einer Doppelbesetzung von Mandaten und Funktionärsämtern durch eine Person ausgeschlossen werden. Vgl. dazu auch *Eitel, M.*, Ungleichbehandlung, S.28 ff.

264 Vgl. *Nikisch, A.*, Arbeitsrecht, S.237 f., 243; *Hueck, A./ Nipperdey, H. C.*, Lehrbuch, 2. Bd./ 1. Halbbd., S.81 ff., 98, 426 ff.; *Gamillscheg, F.*, Koalitionsfreiheit, S.35; *Hueck, A./ Nipperdey, H. C./ Säcker, F. J.*, Lehrbuch, 2. Bd./ 2. Halbbd., S.98; *Söllner, A.*, Grundriß, S.54; BVerfGE 4, 96 (106 f.); 18, 18 (28); 50, 291 (368); a.A. *Huber, Ernst Rudolf*: Wirtschaftsverwaltungsrecht, Bd. 2; 1954, S.370.

265 s. o. sub I.

266 Vgl. *Scholz, R.*, Art.9, S.134; Rdnr. 212; *Söllner, Alfred*: Mächtigkeit und Leistungsfähigkeit als typologische Merkmale der arbeitsrechtlichen Gewerkschaften, in: ArbuR, 1976, S.323; *Löwisch, M.*, Voraussetzungen, S.297; *Schelp, Günther*: Parteifähigkeit der Verbände im arbeitsgerichtlichen Urteilsverfahren (§ 10 ArbGG), in: ArbuR, 1954, S.74; *Herschel, W.*, Arbeitsrecht, S.18; BVerfGE 18, 18 (28); dieser früher vorhandenen Gefahr ist durch die Regelungen der §§ 17 bis 22 KSchG begegnet worden: Die Entlassung einer relativ großen Anzahl von Arbeitnehmern ist mitteilungspflichtig gegenüber dem Arbeitsamt; nach der Mitteilung läuft dann eine Sperrfrist, während der keine Kündigungen ausgesprochen werden dürfen, vgl. auch *Söllner, A.*, Grundriß, S.305. Im übrigen gilt das zur Gegnerunabhängigkeit Vorgetragene: Die Autonomie der in einer Betriebsgewerkschaft vereinigten Menschen darf

Die Argumentation ist hinfällig geworden. Gerade weil mit § 2 Abs.1 TVG auch der einzelne Arbeitgeber tariffähig sein soll, muß es möglich sein, mit einer Betriebsgewerkschaft einen Firmentarifvertrag mit dem Arbeitgeber erreichen zu können. Der Vorteil einer Firmengewerkschaft liegt insbesondere in ihrer Sachnähe[267], die die großen, etablierten "Volks-"Gewerkschaften nicht mehr aufweisen. Aufgrund der Anlage des Koalitionspluralismus im Art.9 Abs.3 GG, der die Bildung von Koalitionen jeglicher Art zuläßt und schützt, können die kleineren Betriebsgewerkschaften neben dem Oligopol der großen Gewerkschaften[268] spezieller und effektiver die Interessen der von ihnen vertretenen Arbeitnehmer im Rahmen des durch den Kernbereich des Art.9 Abs.3 GG, der Tarifautonomie, garantierten Rechts zur Willkür wahrnehmen, was den großen Industriegewerkschaften eben aufgrund ihrer Größe nicht mehr sinnvoll möglich ist.

Die Entscheidung der Arbeitnehmer, ob sie einer Gewerkschaft beitreten wollen, die allein auf Betriebsebene organisiert ist und sich damit in der Tat in eine der Arbeitgeberseite gegenüber schwächere Verhandlungsposition begibt, oder ob sie vielmehr einer überbetrieblich angelegten Gewerkschaft beizutreten wünschen, muß den Arbeitnehmern selbst überlassen bleiben. Um allerdings einen wirklich freien, selbstbestimmten Beitritt zu einer Gewerkschaft zu ermöglichen, ist ihre Organisationsgrundlage in der Satzung niederzulegen, damit sich die potentiellen Mitglieder über die Organisation der Koalition informieren können.

Der geschichtlichen Entwicklung der Gewerkschaftsbewegung ist nicht zu entnehmen, daß die Eigenschaft der Gewerkschaft von der überbetrieblichen Organisationsstruktur abhängt. Art. 161 Abs.2 lit.a des deutsch-polnischen Abkommens über Oberschlesien vom 15. Mai 1922[269] gab als konstitutive Bedingung für die Gewerkschaftseigenschaft lediglich vor, daß die Mitgliedschaft nicht von der Zugehörigkeit zu einem bestimmten Betriebe abhängig gemacht werden dürfe. Als Motivation für diese Forderung kommt der Solidaritäts- und Schutzgedanke in Frage, demzufolge diejenigen Arbeitnehmer, in deren Betrieb noch keine Gewerkschaft durch die Mitgliedschaft von Arbeitnehmern in einer Koalition vertreten war, die Möglichkeit erhalten sollten, sich in anderen Betrieben einer Koalition anschließen zu können. Daraus darf jedoch nicht gefolgert werden, daß die Koalition sich dann auch überbetrieblich zu betätigen habe. Zur Pflicht darf einer Gewerkschaft, deren

---

nicht dadurch gefährdet sein, daß sie eine kleine Gewerkschaft darstellt. Daß dies nicht der Fall ist, kann durch die Widerlegung der Mächtigkeitslehre am besten bewiesen werden, dazu s. u. sub VII.

267 Vgl. in diesem Sinne *Wiedemann, H./ Stumpf, H.*, TVG, S.381, Rdnr. 165, dem Gesichtspunkt der mangelnden Sachkompetenz aufgrund fehlenden Überblicks über größere wirtschaftliche Zusammenhänge sei eben im Hinblick auf § 2 Abs.1 TVG keine Bedeutung beizumessen.

268 Vgl. *Schachtschneider, K. A.*, Imperative Lohnleitlinien, S.500.

269 s. Fn. 176.

Existenz die summierte Ausübung des individualen Grundrechts auf Koalitionsfreiheit manifestiert, eine überbetriebliche Betätigung vom Staat nicht gemacht werden. Damit würde in die allgemeine Handlungsfreiheit der Koalition als der Form summierter Ausübung des kollektiven Willens ohne triftigen Grund eingegriffen werden; die Handlungen wären zumindest in der räumlichen Reichweite vorbestimmt.

Aus der Forderung des Art.161 Abs.2 lit.a des deutsch-polnischen Abkommens über Oberschlesien nach Aufnahme von Mitgliedern ohne Rücksicht auf deren Zugehörigkeit zu einem bestimmten Betrieb läßt sich ein Anspruch der bislang nicht organisierten Arbeitnehmer auf Aufnahme in eine Gewerkschaft nicht ableiten[270]. Dies widerspräche in jedem Falle der Satzungs- und Verbandsautonomie. Eines Aufnahmeanspruches bedarf es nicht, da Außenseitern immer noch die Möglichkeit bleibt, selbst eine Koalition zu gründen. Dem nicht organisierten Außenseiter bleibt zusätzlich noch die Möglichkeit, sich unter den Schutz der einfachen Gesetze zu stellen; so gewähren das Kündigungsschutzgesetz[271], das Bundesurlaubsgesetz[272], das Gesetz über die Festlegung von Mindestarbeitsbedingungen[273] und andere Gesetze dem Arbeitnehmer ein Mindestmaß an Schutz. Darüber hinaus kann ein Tarifvertrag vom Bundesminister für Arbeit und Soziales, wenn dies im öffentlichen Interesse geboten sein sollte, unter Mitwirkung der zuständigen Koalitionen nach § 5 TVG für allgemeinverbindlich erklärt und sein Inhalt damit auch auf die Außenseiter erstreckt werden[274].

Ein Aufnahmezwang muß von denjenigen Autoren befürwortet werden, die insbesondere die Delegationslehre vertreten: Die "Schmutzkonkurrenz" von Außenseitern soll ja gerade verringert werden. Eine Steigerung des Organisationsgrades von Arbeitnehmern würde die Konkurrenz von nicht organisierten Arbeitnehmern verringern und den Gewerkschaften eine für sie günstigere Verhandlungsposition verschaffen. Außerdem ist die Delegation von hoheitlichen Befugnissen (wenn sie statthaft wäre) um der Allgemeinheit willen und in deren Interesse erfolgt[275]. Die Delegation von Rechtsetzungsbefugnis wäre also stärker legitimiert. Zudem nehmen die Gewerkschaften heute viele

---

270 Vgl. *Gamillscheg, Franz*: Arbeitsrecht, Bd. 2, 6. A., 1984, S.32, a.A. aber *Löwisch, M.*, Voraussetzungen, S.316 f., der einen Aufnahmeanspruch befürwortet; so auch für jedermann, für den der jeweilige Berufsverband zuständig ist, *Hueck, A./ Nipperdey, H. C.*, Lehrbuch, 2. Bd./ 1. Halbbd., S.102; so auch *Wiedemann, H./ Stumpf, H.*, TVG, S.359, Rdnr. 108, die den § 27 GWB, der auf Unternehmen Anwendung findet, die aus sachwidrigen Gründen nicht in eine Wirtschafts- oder Berufsvereinigung von Unternehmen aufgenommen werden, auch auf die einzelnen Arbeitnehmer anwenden wollen (Aufnahmezwang durch Anordnung der Kartellbehörde). Einen Aufnahmezwang befürwortet auch BGHZ 93, 151.

271 BGBl. 1969 I., S.1317, in der Fassung vom 25.8.1969.

272 BGBl. 1963 I., S.2, in der Fassung vom 8.1.1969.

273 BGBl. 1952 I. S.17, in der Fassung vom 11.1.1952.

274 Zur Problematik der Allgemeinverbindlicherklärung s. o. sub E. V.

275 Vgl. *Wiedemann, H./ Stumpf, H.*, TVG, S.359, Rdnr. 108.

Interessen in Namen der Arbeitnehmer wahr, so daß jedermann zu ihnen Zutritt haben müßte[276]. Das läßt sich mit der republikanischen Autonomielehre nicht vereinbaren. Die Wahrnehmung der Interessen der Arbeitnehmer ist den Gewerkschaften nicht hoheitlich delegiert worden; für eine hoheitliche autonome Rechtsetzung fehlt es an der staatlichen Kontrolle[277]. Die Gewerkschaften sind zunächst nur durch ihre Mitglieder legitimiert, und auch nur aufgrund dieser Legitimation können sie für ihre Mitglieder private Verträge, Tarifverträge eben, abschließen. Daß die Gewerkschaften in die öffentlichen Funktionen auch durch die Verwaltung und die Rechtsprechung ebenso stark wie die Arbeitgeberverbände einbezogen werden, liegt nicht an der (im übrigen fehlenden) Delegation hoheitlicher Befugnisse, sondern an der Sachnähe, der fachlichen Kompetenz, die der Staat von ihnen, häufig zu Unrecht, erwartet. Daß solche Regelungen, die diese privaten, in der Öffentlichkeit wirkenden Kräfte einbeziehen, überhaupt zustande kommen, dürfte an der personellen Verflechtung der Gesetzgebung, aber auch der übrigen staatlichen Funktionen mit den Gewerkschaften liegen: Lobbyismus ist hier der Begriff, der die Wirklichkeit im Parteien- und Verbändestaat zutreffend beschreibt[278].

Da in Art.9 Abs.3 GG auch der Abschluß eines Firmentarifvertrags, also eines Tarifvertrags zwischen einem Arbeitgeber und den organisierten Arbeitnehmern im Betrieb, geschützt ist, würde schließlich ein von außen ausgeübter Zwang auf die Gewerkschaft, sich überbetrieblich betätigen zu müssen, einen Abschluß von Firmentarifverträgen verhindern[279]. Ein solches Ergebnis steht aber in diametralem Gegensatz zu der von den größeren Gewerkschaften abgestrebten Tarifpolitik: Firmentarifverträge beinhalten i.d.R. für die betroffenen Arbeitnehmer günstigere Arbeitsbedingungen als die sonstigen Tarifverträge. Diese für den Arbeitnehmer günstigere Regelungsform würde dann durch staatliche Einwirkung verhindert werden. Zudem wäre es einer kleinen, im Aufbau befindlichen Gewerkschaft nicht zuzumuten, sich mit einer sehr kleinen Anzahl von Mitarbeitern tarifpolitisch in vielen Betrieben betätigen zu müssen. Dazu sind besonders in der Gründungsphase Koalitionen nicht in der Lage. Eine durch den Staat erzwungene überbetriebliche Organisation von Gewerkschaften würde also faktisch zu einer Monopolisierung der großen, bereits etablierten Gewerkschaften führen[280]. Dies stellt

---

276 Vgl. *Wiedemann, H./ Stumpf, H.*, TVG, S.359, Rdnr. 108.

277 Vgl. *Schachtschneider, K. A.*, Imperative Lohnleitlinien, S.510; *Dürig, Günther*: Art.1, in: Grundgesetz (Hrg. Maunz, Th./ Dürig, G./ Herzog, R./ Scholz, R.), 1976, Rdnr. 116.

278 Vgl. *Schachtschneider, K. A.*, Res publica res populi, sub VI., 6.; auch bereits o. sub C. III.

279 Vgl. *Säcker, Franz Jürgen*: Geschichtliche Entwicklung, Begriff und Rechtsstellung der Berufsverbände, in: AR-Blattei [D] Berufsverbände I Entwicklung, Begriff und Rechtsstellung, 1979, Bl. 11.

280 s. zur Monopolisierung auch u. sub VII. 4. Die Machtmonopolisierung ist zudem von gewerkschaftlichen Kräften gewünscht und wird als Ziel weiter verfolgt; insbesondere die Bundestagsabgeordneten der Sozialdemokratischen Partei Deutschlands, die in der Regel auch in

allerdings eine unverhältnismäßige Einschränkung der Koalitionsfreiheit dar. Der freie Zugang zu Gewerkschaften wäre nicht mehr gewährleistet, eine solche Regelung verstößt gegen Art.9 Abs.3 S.2 GG.

Aus den genannten Gründen ist es also keinesfalls vertretbar, einen Zusammenschluß von Arbeitnehmern, der sich durchaus zunächst nur in einem Betrieb formiert hat oder dessen Ziel es ist, nur einen Firmentarifvertrag abzuschließen, den Schutz des Art.9 Abs.3 GG mit dem Hinweis auf dessen mangelnde Überbetrieblichkeit abzusprechen.

8. Verbindliche Anerkennung des Tarif- und Schlichtungsrechts

Das Bundesverfassungsgericht fordert in seinem Urteil vom 6. Mai 1964, daß eine Koalition auch das geltende Tarifrecht als für sich verbindlich anerkennen müsse[281]. In der Literatur wird diese Ansicht teilweise unterstützt[282]. Als Begründung wird angeführt, die Gewähr der eigenen Vertragstreue und der Einflußnahme auf die Mitglieder sei bei Gewerkschaften, die das geltende Tarif- und Schlichtungsrecht nicht als für sich verbindlich anerkennen wollten, nicht gegeben[283].

Ausgehend von einer institutionell-funktionalen Privilegierung bestimmter Koalitionen, denen zur Erfüllung der Aufgaben wie der Ordnung und Befriedung des Arbeitslebens das Mittel des Abschlusses von Tarifverträgen vorbehalten ist[284], ergibt sich aus der Furcht des Staates, daß die Koalitionen möglicherweise bei der Erfüllung dieser Aufgaben versagen könnten, das Bestreben, sich gegen ein solches Versagen abzusichern. Dies äußert sich in der Aufstellung von bestimmten konstitutiven Anforderungen, die von einer Gewerkschaft zu erfüllen seien.

Mit anderen Worten: Die Rechtslehre und -praxis haben in die Tarifpartner ohne ein ausdrückliches Bekenntnis zu geltenden Rechtssätzen kein Vertrauen. Dies Mißtrauen ist jedoch unbegründet und zudem überflüssig[285]. Das zeigt die in Art.9 Abs.2 GG niedergelegte Bindung der Vereinigungen allgemein auf

---

die (DGB-)Gewerkschaften eingebunden sind, reden der Gewerkschaftsoligarchie das Wort, vgl. zum Beispiel *Fuchs, Anke*: Tarifautonomie, in: Handbuch des Verfassungsrechts der Bundesrepublik Deutschland (Hrg. Benda, E./ Maihofer, W./ Vogel, H. J.), Bd. 2, 1984, S.763. Daß die Verdrängung der kleinen Gewerkschaften aktiv auch von den großen Gewerkschaften betrieben wird, erkennt man leicht an der Tatsache, daß in Verfahren zur Feststellung der Tariffähigkeit einer Koalition die Anträge auf Aberkennung häufig von eben den großen, mächtigen Gewerkschaften gestellt werden, s. zum Beispiel o. sub B. I. 8., 9., 11.

281 BVerfGE 18, 18.

282 Vgl. *Gamillscheg, F.*, Arbeitsrecht, S.42 f., *Hueck, A./ Nipperdey, H. C.*, Grundriß, S.222; *Wiedemann, H./ Stumpf, H.*, TVG, S.391, *Löwisch, M.*, Voraussetzungen, S.310 ff.

283 Vgl. *Hueck, A./ Nipperdey, H. C.*, Grundriß, S.222.

284 Vgl. *Gamillscheg, F.*, Arbeitsrecht, S.42 f.

285 Vgl. *Kittner, M.*, Art.9 Abs.3, S.868.

die verfassungsgemäße Ordnung und den Gedanken der Völkerverständigung (neben der Restriktion, daß sich Tätigkeit und Zweck nicht Strafgesetzen zuwiderlaufen dürfen). Das zeigt auch die "Schrankentrias" in Art.2 Abs.1 GG:

> "..., soweit er nicht die Rechte anderer verletzt und nicht gegen die verfassungsmäßige Ordnung oder das Sittengesetz verstößt."

Auch wenn Gewerkschaften das Ziel haben sollten, unangemessen hohe Lohn- und Gehaltsforderungen gegenüber den Arbeitgebern durchzusetzen, und selbst wenn ihnen das gelingen sollte, dabei aber das Gemeinwohl geschädigt würde (z.B. durch eine gesteigerte Inflationsrate), so hat der Staat immer noch die Möglichkeit (und er muß sie auch haben), durch imperative Lohnleitlinien dem freien und selbstbestimmten Verhalten der Sozialpartner entgegenzuwirken, aber auch einer möglichen Gemeinwohlschädigung vorzubeugen[286]. Der Staat ist dem gesamtwirtschaftlichen Gleichgewicht, das als Rechtsgut in Art.109 Abs.2 GG mit Verfassungsrang ausgestattet ist, im Interesse des Gemeinwohls verpflichtet. Das Gemeinwohl zu konkretisieren ist allein Sache des Staates[287].

Derjenige, der eine (tarif-)vertragliche Bindung frei und selbstbestimmt eingeht, muß sich entsprechend den im Vertrag genannten Bedingungen und den zur Durchsetzung der vertraglichen Ansprüche erlassenen Gesetze behandeln lassen[288]. Schließt also eine Tarifpartei, z.B. eine ad hoc-Koalition als Vereinigung von bislang nicht organisierten Arbeitnehmern, die sich spontan zum Zweck des Abschlusses eines Tarifvertrags zusammengeschlossen haben, einen Tarifvertrag mit dem Arbeitgeber ab, und hält sie diesen während der gesamten Laufzeit des Tarifvertrags nicht ein, so kann sie von der gegnerischen Vertragspartei gemäß den Regelungen des Bürgerlichen Gesetzbuchs über die Nichteinhaltung von Verträgen in Regreß genommen werden. Den entstandenen Schaden hat sie zu ersetzen[289]. Jeder Vertrag hat gemäß § 134 BGB die Gesetze zu wahren. Dabei kommt es bei der Frage nach der Haftung auf die Rechtsform der Gewerkschaft an. Gewerkschaften werden heute als nicht rechtsfähige Vereine rechtlich dennoch analog den Bestimmungen über die rechtsfähigen Vereine behandelt. Insoweit gilt § 31 BGB für die Haftung der Gewerkschaft analog[290].

Eine Forderung an die Gewerkschaften, sie haben das geltende Tarif- und Schlichtungsrecht als für sich verbindlich anzuerkennen, ist also überflüssig

---

286 Vgl. *Schachtschneider, K. A.*, Imperative Lohnleitlinien, S.515.

287 Vgl. *Schachtschneider, K. A.*, Imperative Lohnleitlinien S.516; vgl. *ders.*, Staatsunternehmen, S.197, 237 ff., 242 ff.; dazu auch *ders.*, Res publica res populi, sub VI., 6.

288 Vgl. *Schachtschneider, K. A.*, Res publica res populi, sub VI., 6.

289 Vgl. *Palandt, O./ Heinrichs, H.*, Bürgerliches Gesetzbuch, § 54, sub 5) b), S.43 mit Hinweis auf BGHZ 50, 328; 42, 210.

290 Vgl. *Palandt, O./ Heinrichs, H.*, Bürgerliches Gesetzbuch, § 31, sub 1) b), S.32; *Söllner, A.*, Grundriß, S.66 m.w.N.

und kann demnach nicht als den Gewerkschaftsbegriff konstituierend angesehen werden.

9. Tarifwilligkeit

Nach überwiegender Ansicht gehört es zum Begriff der Tariffähigkeit und damit zur Gewerkschaftseigenschaft, daß der Abschluß von Tarifverträgen zu den satzungsgemäßen Aufgaben der Gewerkschaft gehört[291].

Diese Ansicht ist nur im Hinblick auf die historische Entwicklung der Berufsverbände verständlich. In der Zeit der Weimarer Republik versuchten einige Arbeitgeberverbände, der staatlichen Zwangsschlichtung und damit den Folgen des verbindlichen Schlichtungsspruches durch Ablehnung von Tarifabschlüssen seitens des Verbandes in der Satzung zu entgehen[292].

Im Hinblick auf § 2 Abs.3 TVG, der für die Tariffähigkeit von Spitzenverbänden fordert, daß diese den Abschluß von Tarifverträgen als Aufgabe des Verbandes in ihre Satzung aufzunehmen haben, könnte gleiches auch für die einzelne Gewerkschaft zu fordern sein[293]. Hier darf jedoch die durch Art.9 Abs.3 GG gewährleistete Freiheit in der Wahl der Mittel, mit Hilfe derer die Gewerkschaft ihre Ziele verwirklichen will, nicht unbeachtet gelassen werden[294]. In der Tat ist den Koalitionen ein Tarifvertragssystem i.S. des modernen Arbeitsrechts als Kernbereich der Koalitionsfreiheit nach Art.9 Abs.3 GG staatlicherseits zur Verfügung zu stellen, da sich der Tarifvertrag geschichtlich als das Mittel koalitionsgemäßer Betätigung schlechthin herausgestellt hat[295]. Aus dieser in Art.9 Abs.3 GG wurzelnden Freiheit kann jedoch kein Zwang zur Inanspruchnahme eines solchen Tarifvertragssystems abgeleitet werden. Gewerkschaftliches Handeln umfaßt neben anderen Tätigkeiten auch Rechtsschutz und Rechtshilfe für die Mitglieder sowie die Vertretung der Gewerkschaft in der öffentlichen Selbstverwaltung und im öffentlichen Leben[296]. Daraus folgt, daß eine Arbeitnehmerkoalition per se tariffähig i.S. des § 2 Abs.1 TVG sein muß, so daß sie alle von der Tariffähigkeit abhängigen rechtlichen Ansprüche für ihre Mitglieder wahrnehmen kann[297].

---

291 Vgl. *Nipperdey, H. C.*, in: Hueck, Alfred/ Nipperdey, Hans Carl: Lehrbuch des Arbeitsrechts, 2. Bd., 6. A., 1957, S.297 ff.; *Mayer-Maly, Th.*, Verhandlungsanspruch, S.201; *Reichel, Hans*: Rechtsfragen zur Tariffähigkeit, in: RdA, 1972, S.147.

292 Vgl. *Löwisch, M.*, Tarifunfähigkeit, S.29; *Wiedemann, H./ Stumpf, H.*, TVG, S.385; s. dazu auch o. sub IV.

293 Vgl. *Wiedemann, H./ Stumpf, H.*, TVG, S.385 ff.

294 Vgl. *Scholz, R.*, Art.9, Rdnr. 297 ff.

295 BVerfGE 4, 96 (106); 20, 312 (317).

296 Vgl. *Wiedemann, H./ Stumpf, H.*, TVG, S.384; dazu ausführlich *Eitel, M.*, Ungleichbehandlung, S.135 ff.; 148 ff.; 158 ff.; 166 ff.; 169 ff.; 173 ff.; 180 ff.; 187 f. sowie 189 ff.

297 Vgl. *Kaskel, Walter/ Dersch, Hermann*: Arbeitsrecht, 5. A.; 1957, S.51.

Will die Gewerkschaft demnach auch Tarifverträge mit dem sozialen Gegenspieler abschließen, so kann man fordern, daß die freie Wahl des Tarifvertrags als Koalitionsmittel in der Satzung ausdrücklich festzulegen ist oder im Wege der Auslegung feststellbar sein muß[298], so daß die Gewerkschaftsmitglieder damit zu rechnen haben. Dadurch erhält die Aufnahme des Koalitionsmittels des Tarifvertrags in die Satzung keinen die Gewerkschaft konstituierenden, sondern nur einen deklaratorischen Charakter. Konstitutiv wirkt die Aufnahme in die Satzung allenfalls gegenüber dem Gewerkschaftsmitglied, das dem Tarifvertrag in seiner zwingenden und unabdingbaren Wirkung allein durch den selbstbestimmten Beitritt zur Gewerkschaft unterworfen ist. Erst wenn die Gewerkschaft einen Tarifvertrag abschließt, ohne daß die Mitglieder damit rechnen mußten, da dies nicht in den allgemeinen Willen der Mitglieder aufgenommen worden war und die Gewerkschaft daher nicht zu einem solchen Abschluß legitimiert wäre, ist ein gültiger Tarifvertrag nicht zustande gekommen. Eine Eintragung in die Satzung wirkt also im Innenverhältnis konstitutiv für die Legitimation der Gewerkschaft gegenüber ihren Mitgliedern, nach außen hin jedoch nur deklaratorisch.

Die Möglichkeit des Verzichts einer Gewerkschaft auf das Mittel des Tarifvertrags entspricht also Art.9 Abs.3 GG, da es sich nur um einen teilweisen Verzicht der Ausübung des Grundrechts auf Koalitionsfreiheit handelt. Soll der Abschluß von Tarifverträgen demgemäß wieder zur satzungsgemäßen Betätigung der Gewerkschaft zählen, so bedarf es dazu einer Satzungsänderung und damit einer Änderung des Gesamtzwecks der Gewerkschaft, der sich aber immer noch im Rahmen des Koalitionszwecks des Art.9 Abs.3 GG bewegt. Hat die Gewerkschaft die Rechtsform des Vereins für sich gewählt, so muß sie eine Änderung des Vereinszweckes nach § 33 Abs.1 S.2 BGB durchführen, der dafür eine Zustimmung aller Mitglieder vorsieht, wenn in der Vereinssatzung keine andere Mehrheit vorgesehen ist[299]. Die mangelnde Tarifwilligkeit berührt nicht die Tariffähigkeit, weil die Tariffähigkeit das Außenverhältnis betrifft und in § 2 Abs.1 TVG geregelt ist, während die Tarifwilligkeit eine Frage des Innenverhältnisses in der Koalition ist und sich damit nach den für den eingetragenen Verein geltenden Regelungen des Bürgerlichen Gesetzbuchs bemißt[300].

Die Forderung nach Tarifwilligkeit ist für die Beamtengewerkschaften überdies unsinnig, da diese nach den in Art.33 Abs.5 GG festgelegten hergebrachten Grundsätzen des Berufsbeamtentums zu behandeln sind und folglich keine Tarifverträge abschließen können[301]. Ihre Besoldung ist vom Staat unter Beachtung des Art.33 Abs.5 GG zu regeln, so daß sich, wenn auch nicht die Verhandlungen mit dem Staat um die Besoldung als Teil des freien Diskurses,

---

298 Vgl. *Zöllner, W.*, Arbeitsrecht, S.247.

299 Vgl. *Löwisch, M.*, Tarifunfähigkeit, S.39 f.

300 s. o. sub IV.

301 Vgl. *Zöllner, Wolfgang*: Die Rechtsprechung des Bundesverfassungsgerichts zu Art.9 Abs.3 GG, in: AöR, 1973, S.92 f.

so doch der Einsatz von Koalitionsmitteln, insbesondere des Streiks[302], um diesen Forderungen Nachdruck zu verleihen, verbietet.

Aus der mangelnden Tarifwilligkeit resultiert also nicht die Tarifunfähigkeit, so daß eine tarifunwillige Gewerkschaft immer noch tariffähig i.S. des § 2 S.1 TVG ist und damit auch eine Gewerkschaft darstellt, auch wenn zunächst eine Satzungsänderung erfolgen müßte, weil andernfalls die Gewerkschaft gegenüber ihren Mitgliedern keine Vertretungsmacht besäße. Vielmehr ist davon auszugehen, daß ihre Rechte, die sich aus der Tariffähigkeit in der sozialen Selbstverwaltung ergeben, ihr bei Tarifunwilligkeit immer noch zustehen[303], da sie weiterhin eine Koalition i.S. des Art.9 Abs.3 GG und folglich eine Gewerkschaft bildet.

Wenn man aufgrund der Tatsache, daß eine Gewerkschaft in freier Entscheidung auf das Koalitionsmittel des Tarifvertrags verzichtet, auf den damit verbundenen Verlust der Tariffähigkeit schließen wollte, so hätte das die Aberkennung des Schutzes des Art.9 Abs.3 GG zur Folge. Denn mit Aberkennung der Tariffähigkeit verliert eine Gewerkschaft ja gerade ihre Gewerkschaftseigenschaft und wird dann auch nicht mehr zu den weiteren anerkannten[304] koalitionsgemäßen Betätigungsformen zugelassen. Im übrigen dürfte sich dies Problem auf marktwirtschaftliche Art lösen lassen: Wenn Mitgliedern der Koalition am Abschluß eines Tarifvertrags gelegen ist, die Mitgliederversammlung aber ein anderes beschließt, werden sich die am Abschluß interessierten Mitglieder von der Gewerkschaft abwenden[305].

10. Arbeitskampfbereitschaft

Ein Teil der Lehre verlangt von den Gewerkschaften, sie müßten zum Arbeitskampf bereit sein, sofern sie die Möglichkeit der freien, selbstbestimmten Entschließung dazu hätten[306]. Diese Forderung gründet sich auf dem von der herrschenden Meinung konstituierten Gegenmachtsprinzip, aus dem dann folgt, daß der Arbeitskampf das letzte, jedoch unverzichtbare Mittel jeder Gewerkschaft sein muß, um ihren Forderungen den entsprechenden Nachdruck zu verleihen. Auch bei dieser Anforderung an den Gewerkschaftsbegriff ist fraglich, ob sie Bestand haben kann, zumal das Gegenmachtsprinzip und damit die Parität unter dem Gesichtspunkt der Aufgabenerfüllung der Koali-

---

302 Vgl. *Hueck, A./ Nipperdey, H. C.*, Lehrbuch, 2. Bd./ 1. Halbbd., S.980 ff.; *Schwerdtfeger, Gunther*: Individuelle und kollektive Koalitionsfreiheit, 1981, S.32; BVerfGE 4, 96 (107).

303 A.A. jedoch *Löwisch, M.*, Tarifunfähigkeit, S.44 f.

304 BVerfGE 50, 291 (372 f.).

305 Vgl. *Eitel, M.*, Ungleichbehandlung, S.139.

306 *Kaskel, W./ Dersch, H.*, Arbeitsrecht, S.53; *Säcker, F. J.*, Berufsverbände, Bl 13; *Löwisch, M.*, Voraussetzungen, S.309 f.; *Reuß, Wilhelm*: Arbeitskampfbereitschaft als Voraussetzung der Tarifhoheit, in: RdA, 1964, S.362 ff.; *Herschel, W.*, Arbeitsrecht, S.18.

tionen gefordert wird. Eine zu erfüllende Aufgabe wird aber von außen nicht durch Art.9 Abs.3 GG an die Tarifvertragsparteien herangetragen[307].

Gewerkschaften steht als Arbeitskampfmittel der Streik, also die gewerkschaftlich organisierte, gemeinschaftliche Arbeitsverweigerung von Arbeitnehmern im Arbeitsverhältnis, die den sozialen Gegenspieler in aller Regel zum Abschluß eines Tarifvertrags zwingen soll, zur Verfügung[308]. Dabei spielt es keine Rolle, ob der Streik als sogenannter Warnstreik während laufender Tarifverhandlungen oder als "echter" Streik nach dem Scheitern von Tarifverhandlungen als letztes verfügbares Koalitionsmittel gemäß der ultima ratio-Lehre des Bundesarbeitsgerichts ausgerufen wird[309]. Beide Arbeitskampfformen dürfen jeweils nur als das letzte Mittel eingesetzt werden, um danach die Arbeits- und Wirtschaftsbedingungen rechtsgeschäftlich zu regeln[310].

Mit der Koalitionsfreiheit aus Art.9 Abs.3 GG ist auch die Koalitionsmittelfreiheit, also die Freiheit der Koalition, die Mittel zu wählen, mit Hilfe derer sie ihre Ziele verfolgen und verwirklichen will, gewährleistet[311]. Folglich ist auch der Arbeitskampf als Hilfsmittel der Koalitionsautonomie zur Wahrung und Förderung der Arbeits- und Wirtschaftsbedingungen garantiert[312].

Sollte es rechtlich möglich sein, tarifvertraglich auf den Arbeitskampf als Mittel zur Erzwingung eines Tarifvertrags verzichten zu können, so spräche dies gegen die Arbeitskampfbereitschaft als ein konstitutives Merkmal des Gewerkschaftsbegriffes.

In Art.9 Abs.3 GG ist die Freiheit enthalten, einen Streik führen zu dürfen[313]. Die Friedenspflicht, die einem jeden Tarifvertrag immanent ist und die bedeutet, daß während der Laufzeit eines Tarifvertrags keine Koalitionskampfmaßnahmen ergriffen werden dürfen, die also schlechterdings die Pflicht zur Vertragstreue ist, ist als freier, selbstbestimmter vertraglicher Verzicht auf die Ausübung eines tarifvertraglich anerkannten Mittels während der Laufzeit

---

307 s. dazu o. sub D. III.

308 Vgl. *Nipperdey, Hans Carl/ Säcker, Franz Jürgen*: Lehrbuch des Arbeitsrechts, 2. Bd./ 2. Halbbd., 7. A., 1970; *Wiedemann, H./ Stumpf, H.*, TVG, S.387; vgl. auch BVerfG vom 26.6.1991 in NJW, 1991, S.2550.

309 Das BAG folgt *Nipperdey*, in *Hueck, A./ Nipperdey, H. C.*, Lehrbuch, 6. A., Bd. 2, S.641 ff.

310 Vgl. *Picker, Eduard*: Arbeitskampfrecht und Gesamtrechtsordnung, in: DB, 1989, S.8; insbes. zum Warnstreik vgl. *Picker, E.*, Warnstreik, passim; *ders.*, Verhandlungsbegleitende Arbeitskämpfe, in: DB, 1985 (Beilage 7); *Brox, H./ Rüthers, B.*, Arbeitskampfrecht, Rdnrn. 152-156; *Heinze, M.*, Warnstreik, S.2409-2418, *Söllner, A.*, Grundriß, S.97, s. dazu auch o. sub II.

311 Vgl. *Scholz, R.*, Art.9, Rdnr. 297 ff.

312 Vgl. *Rüthers, Bernd*: Der Abbau des "ultima ratio"-Gebots im Arbeitskampfrecht durch das Bundesarbeitsgericht, in: DB, 1990, S.113; s. o. sub II.

313 s. o. sub II.

des Tarifvertrags zu werten[314], also als vertragskonformes Verhalten[315]. Der Streik kann ebensogut durch die Satzung einer Gewerkschaft als Mittel ausgeschlossen werden; dabei handelt es sich lediglich um einen Verzicht auf die Ausübung eines grundrechtlich gewährleisteten Koalitionsmittels. Die Koalitionsfreiheit ist dadurch freilich nicht berührt, da es nur einer Satzungsänderung, also eines freien, selbstbestimmten Entschlusses der Koalition bedarf, um den Streik als Koalitionsmittel fortan grundsätzlich nutzen zu können. Die Koalitionsfreiheit betrifft nicht den Streik, sie gewährleistet den freien Zugang jedermanns zu Koalitionen, das Recht auf Gründung von Koalitionen und das Recht jedermanns, diesen Koalitionen fortbleiben zu können. Damit kann sich eine Koalition selbstbestimmt des Mittels des Arbeitskampfes begeben; allein schon deshalb kann es keine konstitutive Voraussetzung für die Gewerkschaftseigenschaft darstellen.

Beamte dürfen auch als Mitglieder von Beamtengewerkschaften als Koalitionen i.S. des Art.9 Abs.3 GG das Mittel des Streiks nicht nutzen[316]. Das ergibt sich aus den hergebrachten Grundsätzen des Berufsbeamtentums, mithin aus Art.33 Abs.5 GG. Dem Staat obliegt aus Art.33 Abs.5 GG eine Fürsorge- und Alimentationspflicht gegenüber seinen Staatsdienern. Im Gegenzug haben diese die Pflicht zur Treue und Loyalität gegenüber dem Dienstherren zu erfüllen. Ein Streik ist eine Verletzung dieser Pflicht; denn der Staat ist durch Art.33 Abs.5 GG verpflichtet, für die Arbeitsbedingungen seiner Beamten zu sorgen. Ein Streik der Beamten wäre folglich eine Auflehnung der Beamten gegen den Volkswillen und damit eine Nötigung von Verfassungsorganen; denn das Parlament stimmt nach den Beratungen in den entsprechenden Gremien über die entsprechenden Besoldungs- und Versorgungsgesetze der Beamten ab. Der Vollzug der Gesetze wäre überdies nicht mehr gewährleistet, wollten die Beamten als Teil des Staates von einem Recht Gebrauch machen, das ihnen im öffentlich-rechtlichen Status nicht zusteht. Der Staat ist, anders als die Privaten, nicht zu Beliebigkeit berechtigt. Er ist vielmehr an die auf dem allgemeinen Willen des Volkes als der Vereinigung autonomer Menschen beruhenden Gesetze gebunden[317].

Auch das Bundesverfassungsgericht hält im Ergebnis eine Arbeitskampfbereitschaft zumindest für Gewerkschaften i.S. des § 2 Abs.1 TVG nicht für erforderlich. Sei eine Koalition schon von Verfassungs wegen tariffähig, so könne sie nur dann tarifunfähig sein, wenn die Arbeitskampfbereitschaft für den Begriff der Koalition zu fordern sei. Sei dagegen die Aufstellung der Voraussetzungen für die Gewerkschaftseigenschaft und damit für die Tariffähigkeit Sache des einfachen Gesetzgebers, so verbiete ihm das Grundrecht der Koalitionsfreiheit aus Art.9 Abs.3 GG, die Tariffähigkeit von Umständen

314 Vgl. *Ramm, Thilo*: Koalitionsbegriff und Tariffähigkeit, in: JuS, 1966, S.230.

315 In diesem Sinne auch *Schachtschneider, K. A.*, Streikfreiheit, sub sub II. 2.

316 Vgl. *Zöllner, W.*, Rechtsprechung, S.93.

317 Vgl. *Schachtschneider, K. A.*, Staatsunternehmen, S.132; *ders.*, Res publica res populi, sub VI., 6.

abhängig zu machen, die nicht von der im allgemeinen Interesse liegenden Ordnung und Befriedung des Arbeitslebens gefordert seien[318]. Das Bundesverfassungsgericht räumt zwar die für das Zustandekommen von Tarifverträgen entscheidende Bedeutung des Arbeitskampfes als Druckmittel ein[319], es stellt jedoch zugleich ganz im Sinne einer liberal-rechtsstaatlichen Grundrechtsinterpretation fest:

"Die Koalitionsfreiheit umfaßt die Bildung, die Betätigung und die Entwicklung der Koalitionen in ihrer Mannigfaltigkeit und überläßt ihnen grundsätzlich die Wahl der Mittel, die sie zur Erreichung ihres Zweckes für erforderlich halten; dem freien Spiel der Kräfte bleibt es überlassen, ob sie mit den gewählten Mitteln den erstrebten Erfolg erreichen."[320]

Daraus folgt für das Bundesverfassungsgericht, daß das Aufzwingen des Koalitionsmittels des Streiks als konstitutives Merkmal einer Gewerkschaft diese in der Wahl ihrer Mittel einengt. Die fehlende Kampfwilligkeit könne keine Versagung der Tariffähigkeit zulassen, da sich durch die in Art.9 Abs.3 GG gewährleistete Beitrittsfreiheit die nach Ansicht von kampfbereiten Organisationen "gerechtere Ordnung", die letztere zu schaffen für sich in Anspruch nehmen, im Wettbewerb zwischen den einzelnen Gewerkschaften entsprechend auswirken werde[321]: Der Zulauf von Mitgliedern zu den entsprechenden Koalitionen entscheidet nach Ansicht des Bundesverfassungsgerichts darüber, welche Gewerkschaft eine stärkere Attraktivität gegenüber den Außenseitern aufweise; diese bemißt sich nach den günstigeren oder ungünstigeren Tarifvertragsabschlüssen.

Eine Pflicht, bei koalitionsautonomer Betätigung von bestimmten Koalitionsmitteln Gebrauch machen zu müssen, ist für Gewerkschaften nicht ersichtlich. Selbst wenn man von einer den Koalitionen staatlicherseits übertragenen Aufgabe der Ordnung und sozialen Befriedung des Arbeitslebens ausgeht, darf von einer Gewerkschaft dennoch nicht gefordert werden, sie müsse zum Arbeitskampf bereit sein, weil dies für die Erreichung des Zieles nicht notwendig ist.

Das Bundesarbeitsgericht bemerkt dazu ganz richtig, daß dort, "wo sittliche Verpflichtungen der Durchführung eines Arbeitskampfes entgegenstehen, diesen der Vorrang gebührt"[322]. Der Ausdruck "sittlich" meint hier nach Ansicht des Bundesarbeitsgerichts jedoch die guten Sitten[323], so daß es für den korrekterweise angebrachten Begriff den falschen Inhalt wählt. Sittlichkeit

---

318 BVerfGE 18, 18 (27).

319 Insofern folgt das BVerfG dem BAG, das feststellt, ohne die grundsätzliche Möglichkeit der Arbeitnehmerkoalitionen zum Streik seien Verhandlungen mit dem sozialen Gegenspieler nur "kollektives Betteln" (BAG, 10.6.1980, in BAGE 33, 140 (151)).

320 Ebenda, S.32 f.

321 Ebenda.

322 BAG Beschluß vom 19.1.1962 in BAGE Bd. 12, S.184 (194).

323 Vgl. zum Begriff der guten Sitten, insbesondere zur Trennung zwischen guten Sitten und der Sittlichkeit *Schachtschneider, K. A.*, Staatsunternehmen, S.421 ff.

bedeutet jedoch das Recht, die Möglichkeit und die (moralische) Pflicht des Menschen zur Autonomie[324]. Diese Moralität bestimmt folglich das Handeln des Einzelnen, und genau darin äußert sich die Freiheit des Menschen, in diesem Falle also die Koalitionsfreiheit. Demgegenüber versucht das Bundesarbeitsgericht festzulegen, in welcher Weise sich die Freiheit des einzelnen Menschen zu äußern habe, insbesondere wie die Maximen der in einer Koalition vereinigten Menschen beschaffen zu sein haben; denn die Koalitionsmitglieder könnten durchaus nicht nur ein Kampfprinzip verfolgen wollen. Auch ein, eventuell sogar verbindliches, Erkenntnisverfahren kann Gleiches leisten[325].

Folglich hat der Einzelne nicht mehr die Freiheit, sich gemäß Art.9 Abs.3 GG mit anderen Koalitionsmitgliedern das für ihn gültige und bindende Gesetz (die Maxime seines Handelns) frei und selbstbestimmt durch eine Satzung zu geben; die Wahl seiner Handlungsmaximen ist von vornherein determiniert und fremdbestimmt.

Auf das Merkmal der Arbeitskampfbereitschaft kann verzichtet werden; weil es für die Tarifautonomie nicht erforderlich ist, kann es kein konstitutives Merkmal der Gewerkschaft sein.

VII. Das Merkmal der sozialen Mächtigkeit im Besonderen

Ausgehend von der oben bereits abgelehnten[326] "materiellen Richtigkeit", die einem Tarifvertrag immanent sein solle, hat das Bundesarbeitsgericht in ständiger Rechtsprechung als eine notwendige Voraussetzung für die Vermeidung eines zu starken Ungleichgewichts der Tarifvertragsparteien angenommen, die Tarifpartner, insbesondere die Arbeitnehmerverbände, müßten eine Durchsetzungsfähigkeit gegenüber dem sozialen Gegenspieler aufweisen. Die Begriffe Durchsetzungsfähigkeit oder Mächtigkeit oder Leistungsfähigkeit werden vom Bundesarbeitsgericht synonym gebraucht[327]. Die Gewerkschaft müsse nach Ansicht des Bundesarbeitsgerichts Autorität nach außen, gegenüber dem sozialen Gegenspieler und der Öffentlichkeit, aber auch nach innen, also gegenüber ihren Mitgliedern besitzen; ihr organisatorischer Aufbau müsse sie in die Lage versetzen, ihre Aufgaben erfüllen zu können[328].

---

324 Vgl. zum Begriff der Sittlichkeit: *Kant, Immanuel*: Grundlegung zur Metaphysik der Sitten (ed. Weischedel, Bd. VII), 1974, S.74 f.; s. dazu auch o. sub C. III.

325 Vgl. *Schachtschneider, K. A.*, Streikfreiheit, sub sub II. 2. c); wie sollte sonst der sog. "Dritte Weg" der Kirchen möglich sein, der kirchengesetzlich den Arbeitskampf verbietet, zugleich aber ein verbindliches Schlichtungsverfahren durch paritätisch besetzte Kommissionen vorschreibt (*ders.*, ebd.).

326 s. oben sub I.

327 Vgl. *Hemmen, Wolfgang*: Durchsetzungsfähigkeit als Kriterium für den Gewerkschaftsbegriff im Tarifvertragsrecht; 1988, S.5.

1. Inhalt und Entwicklung des Begriffes der Mächtigkeit

Als ein Indiz für eine vorhandene Mächtigkeit wertet das Bundesarbeitsgericht die Mitgliederzahl. Es hat einer Vereinigung von 15.000 Mitgliedern, von denen sich allein 10.000 im Bundesland Nordrhein-Westfalen finden, die Tariffähigkeit abgesprochen[329]. Auch die CGBCE, eine Gewerkschaft mit ca. 22.000 Mitgliedern, ist nach Ansicht des Bundesarbeitsgerichts nicht tariffähig[330]. Die geringe Anzahl von Mitgliedern könne allerdings dann unschädlich für die Tariffähigkeit sein, wenn diese Mitglieder Schlüsselpositionen innehaben. Diese sollen sie dann in die Lage versetzen, Druck auszuüben[331].

Eine gewisse Finanzkraft wird ebenfalls als Indiz für eine Tariffähigkeit gewertet. Gleichwohl soll die fehlende Möglichkeit, Streikunterstützungen an Mitglieder zu zahlen, nicht bereits gegen eine ausreichende Finanzkraft sprechen[332].

Die organisatorische Ausstattung einer Gewerkschaft scheint nach Ansicht des Bundesarbeitgerichts ebenfalls ein Indikator für eine Mächtigkeit zu sein. Das Bundesarbeitsgericht hielt zunächst die Beschäftigung von drei hauptamtlichen Mitarbeitern, weiteren Bürokräften und ehrenamtlichen Mitarbeitern nicht für ausreichend, um die einer Gewerkschaft obliegenden Aufgaben sinnvoll erfüllen zu können[333]. Mit einer solchen Organisation sei die Vereinigung nicht in der Lage, Tarifverhandlungen zu führen; es sei nicht vorstellbar, auf welche Weise diese Vereinigung in Verhandlungen eigene Vorstellungen entwickeln und einbringen könne. An die Vorstellungen wird zudem noch die Bedingung geknüpft, sie sollten einigermaßen realistisch und zudem aufgrund einer Beobachtung der Konjunktur inhaltlich abgesichert sein[334]. In einer späteren Entscheidung relativierte das Bundesarbeitsgericht seinen Standpunkt bezüglich der Organisation einer Gewerkschaft, als es feststellte, daß auch die Beschäftigung von lediglich drei hauptamtlichen Kräften einer Gewerkschaftseigenschaft dann nicht entgegenstehen sollte, wenn die Gewerkschaft wenigstens bereits Tarifverträge abgeschlossen habe[335]. In der jüngsten Entscheidung allerdings genügt selbst das Vorhandensein von 19 hauptamtlichen

---

328 BAG Entscheidung vom 15.3.1977, in BAGE 29, 72 (79 f., 83); BAG Entscheidung v. 14.3.1978, in AP Nr. 30 zu § 2 TVG, Bl. 4; Beschluß v. 10.9.1985, in BAGE 49, 322 (330).

329 BAG Entscheidung v. 14.3.1978, in AP Nr. 30 zu § 2 TVG.

330 BAG Entscheidung v. 16.1.1990 in NZA, 1990, S.623 ff.

331 BAG Beschluß v. 23.4.1971, in BAGE 23, 320 (323).

332 BAG, AP Nr. 32 zu § 2 TVG, Bl. 3.

333 BAG, AP Nr. 30 zu § 2 TVG, Bl. 5.

334 Hierbei vergißt allerdings das Bundesarbeitsgericht, daß diese konjunkturellen Daten veröffentlicht und also allgemein verfügbar sind, so daß sie in Verhandlungen als Diskussionsgrundlage durchaus auch kleineren Gewerkschaften zur Verfügung stehen.

335 BAG Beschluß v. 10.9.1985, in BAGE 49, 322 (331 f.).

Sekretären nicht mehr, um die Vereinigung in die Lage zu versetzen, die Aufgaben einer Gewerkschaft sinnvoll zu erfüllen[336].

Auch die Bewährung der Vereinigung in der tariflichen Praxis kann nach Ansicht des Bundesarbeitsgerichts ein Indiz für eine gewisse Durchsetzungsfähigkeit sein. Grundsätzlich seien Anschlußtarifverträge, also Tarifverträge, die inhaltlich von einer großen Gewerkschaft bereits ausgehandelt worden sind und deren Inhalt nun zum Inhalt des Tarifvertrags werden soll, den die kleine Gewerkschaft abzuschließen wünscht, nicht wirklich ausgehandelt. Vielmehr bestimme das Übergewicht der Arbeitgeberseite die Verhandlungen, die kleine Gewerkschaft werde nicht ernst genommen. Ein Anschlußtarifvertrag sei folglich ein reiner Gefälligkeitstarifvertrag und daher kein Indiz für eine Mächtigkeit[337]. In einer späteren Entscheidung differenziert das Bundesarbeitsgericht immerhin schon zwischen Anschluß- und Gefälligkeitstarifverträgen[338]. Gefälligkeitstarifverträge dienten nicht der Regelung von Arbeitsbedingungen, sondern anderen Zwecken, wohl auch der Verleihung des Etikettes einer Gewerkschaft an eine dem Arbeitgeber angenehm erscheinende Arbeitnehmervereinigung. Für eine tariffähige Gewerkschaft spreche die tarifliche Praxis, wenn die Gewerkschaft also regelmäßig die Arbeitsbedingungen ihrer Mitglieder durch Tarifvertrag geregelt habe; dadurch sei ihre Mächtigkeit in hinreichender Weise dokumentiert[339]. Dann komme es auch weder auf die Art und Weise an, in der die Tarifverträge zustandegekommen seien, noch auf den vertraglichen Inhalt. Das gelte auch für Anschlußtarifverträge. Dieses Ergebnis wiederum wurde in einer weiteren Entscheidung relativiert. Das Bundesarbeitsgericht hat dort festgestellt, daß der Abschluß von Anschlußtarifverträgen nunmehr ein Indiz für die Mächtigkeit sein könne, wenn sich erweise, daß die Vereinigung von der Arbeitgeberseite ernst genommen und die Verträge mithin das Ergebnis von echten Verhandlungen, nicht jedoch eines Diktats der Arbeitgeberseite seien[340].

Weiterhin sei nach Meinung des Bundesarbeitsgerichts zu überprüfen, ob die Vereinigung eine ausreichende Autorität gegenüber ihren Mitgliedern und der Umwelt aufweise. Während zunächst die diesbezügliche Selbsteinschätzung der Gewerkschaft als unerheblich eingestuft worden war, weil sich diese allein nach objektiven Kriterien bestimme[341], stellte des Bundesarbeitsgericht in einer späteren Entscheidung mangels objektiver Anhaltspunkte die Tariffähigkeit aufgrund einer Umfrage fest, die von der Vereinigung selbst

336 BAG in NZA, 1990, S.624.

337 BAG in AP Nr. 30 zu § 2 TVG, Bl. 5R.

338 BAG in AP Nr. 30 zu § 2 TVG, Bl. 4 f.

339 BAG in AP Nr. 30 zu § 2 TVG, Bl. 4 f.

340 BAG Beschluß v. 25.11.1986, BAGE 53, 347 (358), so schon BVerfG Entscheidung vom 20.10.1981, in BVerfGE 58, 233 (249).

341 BAG in AP Nr. 30 zu § 2 TVG, Bl. 4.

und fast ausschließlich nur unter den eigenen Mitgliedern durchgeführt worden war[342].

Aus den dargestellten Kriterien und ihrer Abschwächung wird deutlich, daß das Bundesarbeitsgericht eine fallbezogene Entscheidung favorisiert. Darunter leidet die Vergleichbarkeit der Mächtigkeit der einzelnen Gewerkschaften; sie ist mittlerweile in keinem Fall mehr gegeben. Eine solche Lösung ist ein starker Eingriff in die Tarifautonomie als einen Teil der Vertragsfreiheit und muß den strengen Anforderungen entsprechen, die das Prinzip der Verhältnismäßigkeit an alle staatlichen Beschränkungen der äußeren Freiheit stellt. Folglich sind nun die Geeignetheit, die Erforderlichkeit und die Angemessenheit des Anforderungsmerkmales der Mächtigkeit zu ergründen.

2. Geeignetheit des Merkmales der Mächtigkeit

Sollte sich der Begriff der Mächtigkeit als nicht judiziabel herausstellen, so ist er zur Feststellung der Gewerkschaftseigenschaft nicht geeignet[343]. Ein Rechtsbegriff muß im Rechtsstaat hinreichend bestimmt sein; das folgt aus dem Autonomieprinzip[344].

> "Die Auslegungsfähigkeit der Gesetzesbegriffe kennt Grenzen, die nicht identisch sind mit der Rechtserkenntnisfunktion des Richters. ... Soweit dessen Aufgabe, das Recht zu erkennen, über die Auslegung der Gesetze hinausgeht, hat er gesetzgeberische Funktion. ... Das Bestimmtheitsprinzip postuliert, diese gesetzgeberische Funktion soweit als möglich einzuschränken."[345]

Zur Untersuchung ist es hilfreich, sich in die Lage eines Arbeitgebers zu versetzen, der mit einer Gewerkschaft in Vertragsverhandlungen zu treten beabsichtigt. Dieser Arbeitgeber muß bei Anwendung der Mächtigkeitslehre prognostizieren, ob die Gewerkschaft, mit der er zu kontrahieren beabsichtigt, auch vor Gericht als tariffähig anerkannt würde. Er muß folglich abschätzen, ob die Arbeitnehmervereinigung in der Lage sein wird, einen spürbaren Druck auf ihn auszuüben. Dazu muß er die Mitgliederzahl, die finanzielle Leistungsfähigkeit und personelle Organisation und Struktur kennen; weiterhin muß er wissen, ob Mitglieder Schlüsselpositionen auch außerhalb seines Unternehmens innehaben und ob die Anzahl der Mitglieder, die Schlüsselpositionen besetzen, für eine besondere Druckausübung ausreicht. Nicht zuletzt muß er die tarifliche Praxis der Vereinigung überschauen können und daher die bislang abgeschlossenen Tarifverträge kennen sowie die Art und Weise, in der

342 BAG in AP Nr. 32 zu § 2 TVG, Bl. 2R ff.

343 Vgl. dazu ausführlich *Schachtschneider, K. A.*, Res publica res populi, sub II.; III., 1.

344 Vgl. *Schachtschneider, K. A.*, Res publica res populi, sub III., 9.; das Autonomieprinzip beinhaltet die Pflicht zur Gesetzlichkeit (ebd.).

345 s. *Schachtschneider, K. A.*, Res publica res populi, sub III., 2.; nach dieser Ansicht sind allzu offene Gesetzesbegriffe verfassungswidrig; etwas anderes gilt für offene Verfassungsbegriffe (ebd.).

sie zustandegekommen sind. Für die tarifliche Praxis ist der Arbeitgeber damit jedoch völlig überfordert[346], insbesondere dann, wenn es sich bei dem Arbeitgeber um einen kleineren Betrieb handelt, der sich einen wissenschaftlich geschulten Stab und eine größere Personal- und Tarifabteilung aus finanziellen und rationalen Gründen nicht leisten kann.

Gleiches oder ähnliches gilt auch für ein Arbeitsgericht. Denn es soll eine Prognose für die Zukunft treffen[347], ob die Gewerkschaft tariflich in der Lage sein wird, einen gewissen Druck durch vorhandene Mächtigkeit auf den sozialen Gegenspieler auszuüben. Der endgültige Beweis kann nach herrschender Meinung erst durch die Empirie erbracht werden. Zu einer ordnungsgemäßen Durchführung einer Prognose sind die Arbeitsgerichte jedoch nicht in der Lage. Sie müssen Rechtslagen beurteilen, von denen die jeweiligen Vertragspartner nicht bekannt sind[348]. Dem Arbeitsgericht mangelt es an der entsprechenden Ausbildung und damit am Wissen, das es in die Lage versetzen könnte zu beurteilen, ob im einen oder anderen konkreten Fall eine Gewerkschaft wirklich zur Druckausübung befähigt ist. Für die Beurteilung einer Mächtigkeit dürften die Arbeitsgerichte also schlechterdings nicht demokratisch legitimiert[349] und damit nicht berufen sein[350], es sei denn, daß Gutachter zu einer solchen Prognose in der Lage wären. Dazu bedürfte es sicherlich einer paritätisch besetzten Gutachterkommission von Tarifpraktikern, bei denen die Stimme der kleineren, also auch der christlichen Gewerkschaften das gleiche Gewicht haben müßte und in der gleichen Zahl vertreten zu sein hätte wie beispielsweise die Mitgliedsverbände des DGB und der DAG.

Fraglich ist, ob anhand der genannten Kriterien eine Mächtigkeit überhaupt prognostizierbar ist. Schließlich ist auch die Motivation der Mitglieder einer Gewerkschaft von erheblichem Gewicht für die Darstellung der Entschlossenheit und also der Fähigkeit zur Druckausübung der Gewerkschaft; diese zeigt sich z.B. bei einer Urabstimmung für einen Streik. Außerdem hängt diese Motivation auch von den Arbeitsbedingungen, unter denen die Arbeitnehmer bislang arbeiten, und vom allgemeinen sozialpolitischen Umfeld ab und könnte bewirken, daß ceteris paribus einer Gewerkschaft nur aufgrund der Motivation und Entschlossenheit der Mitglieder die Tariffähigkeit das eine Mal zuerkannt, ein anderes Mal aberkannt wird[351].

---

346 Vgl. *Hemmen, W.*, Durchsetzungsfähigkeit, S.68 ff.

347 BAG in AP Nr. 32 zu § 2 TVG, Bl. 3R.

348 Vgl. *Hemmen, W.*, Durchsetzungsfähigkeit, S.70.

349 Vgl. *Zeuner, Albrecht*: Gedanken zum Verhältnis von Richterrecht und Betätigungsfreiheit der Beteiligten, in: 25 Jahre Bundesarbeitsgericht, 1979, S.730.

350 Vgl. *Hemmen, W.*, Durchsetzungsfähigkeit, S.70 f., S.115.

351 Vgl. *Zöllner, Wolfgang*: Anmerkung zu BAG Beschluß vom 9.7.1968, in: SAE, 1969, S.140.

Auch die Mächtigkeit von großen Gewerkschaften ist zudem in erheblichem Maße davon abhängig, inwieweit sie auf die Unterstützung der Außenseiter insbesondere im Arbeitskampf zählen kann[352]. Insofern sind auch Koalitionen nicht ständig in der Lage, dem ordnungspolitischen Anspruch des Bundesarbeitsgerichts gerecht werden zu können. Das Merkmal der Mächtigkeit erweist sich schon deshalb als nicht geeignet, insbesondere, weil sich die Streikfreiheit für Außenseiter zur Unterstützung der Gewerkschaften dogmatisch nicht herleiten läßt[353]. Die Mächtigkeit ist kein konstitutives Element der tariflichen Ordnung[354].

Bezüglich der Autorität einer Gewerkschaft wird in der Literatur gefordert, daß sie nicht nur nach innen, sondern auch nach außen, d.h. in die Öffentlichkeit und im Verhältnis zum Staat wirken solle[355]. Gerade aber die Auswirkung der Autorität, die nach einer Ansicht darin bestehen soll, daß die Autorität die Gegenseite aufhorchen lasse, wenn Forderungen gestellt werden[356], ist eine Eigenschaft, die sich nach objektiven Kriterien nicht beurteilen läßt, deren Bewertung vielmehr von einer intuitiven Erfassung der Auswirkungen abhängt[357].

Schließlich sollen alle vorgenannten Merkmale einen Typus der Durchsetzungsfähigkeit charakterisieren, der seinerseits wiederum mit anderen Kriterien zusammen den Typus der tariffähigen Vereinigung bildet[358]. Aufgrund dieser "Typisierung des Typus" ist eine einheitliche Beurteilung der Tariffähigkeit einer Koalition nicht mehr möglich[359], zumal die Wertung des Tariffähigkeit in doppelter Weise relativiert ist: Zum einen können die Merkmale in unterschiedlich starker Ausprägung vorliegen, zum anderen behält sich das Bundesarbeitsgericht offensichtlich vor, die Merkmale selbst mit unterschiedlichen Gewichten zu versehen; die Interdependenzen, die sich aus dem Zusammentreffen von verschiedenen Merkmalen ergeben und die das Bundesarbeitsgericht ebenfalls in die Bewertung einfließen läßt, ohne allerdings anzugeben, mit welchem Intensitätsgrad, sind dabei noch nicht berücksichtigt. Die unterschiedliche Beurteilung steht allerdings im diametralen

---

352 Vgl. *Zöllner, W.*, Anmerkung, S.140; *Wiedemann, H./ Stumpf, H.*, TVG, S.390; *Hottgenroth, R.*, Verhandlungspflicht, S.85.

353 s. o. sub II.

354 Vgl. *Wiedemann, H./ Stumpf, H.*, TVG, S.390.

355 Vgl. *Herschel, Wilhelm*: Leistungsfähigkeit - eine Voraussetzung arbeitsrechtlicher Koalitionen, in: ArbuR, 1976, S.236.

356 Vgl. *Herschel, W.*, Leistungsfähigkeit, S.236.

357 Vgl. *Hemmen, W.*, Durchsetzungsfähigkeit, S.73.

358 Vgl. *Herschel, W.*, Leistungsfähigkeit, S.232 f.

359 Vgl. *Hemmen, W.*, Durchsetzungsfähigkeit, S.73; *Mayer-Maly, Theo*: Druck und Recht im Arbeitsrecht, in: RdA, 1979, S.358.

Gegensatz zu der vom Bundesarbeitsgericht ebenfalls geäußerten Ansicht, der Begriff der Gewerkschaft sei für das gesamte Arbeitsrecht ein einheitlicher[360].

Die Abgrenzungsmerkmale sind zu unbestimmt, um Recht setzen zu können[361]. Im Gegensatz zu Kriterien wie denen der Unabhängigkeit oder der freien Bildung, die sich recht einfach nachvollziehen lassen, kann aus den Kriterien der Mächtigkeit allenfalls eine ungenügende Prognose für den Einzelfall gewonnen werden[362].

Gegen eine Interpretation von offenen Rechtsbegriffen seitens der Gerichte ist grundsätzlich zwar nichts einzuwenden[363]. Aber die Bestimmung des Inhaltes eines offenen Rechtsbegriffes gründet sich immer auf einen Begriff aus dem Gesetzesrecht, dessen Inhalt dann im Einzelfall vom Richter erkannt wird. Im vorliegenden Fall des offenen Begriffes der Tariffähigkeit jedoch wird der Begriff mit einem weiteren offenen Rechtsbegriff erklärt, der wiederum konkretisiert werden muß. Dabei handelt es sich schon im Fall des ersten Begriffes nicht um Gesetzesrecht, sondern um Richterrecht. Das Kriterium der Mächtigkeit kann also seinen Zweck nicht erfüllen, wenn es ebenfalls erst konkretisiert werden muß[364].

Der Willkür ist durch diese doppelte Relativierung und damit Unbestimmtheit Tür und Tor geöffnet[365]. In diesem Zusammenhang sei darauf hingewiesen, daß in der Geschichte des Tarifwesens der Bundesrepublik Deutschland die Tariffähigkeit von etablierten Gewerkschaften, die größtenteils Mitglieds-

---

360 BAGE 4, 351 (353); 23, 320 (324); 29, 72 (79); vgl. auch *Gamillscheg, Franz*: Arbeitsrecht, Bd. II - Kollektives Arbeitsrecht, 6. A., 1984, S.52; *Buchner, H.*, Rechtsprechung, S.56 ff.

361 Vgl. *Zöllner, W.*, Anmerkung, S.140; *Stahlhacke, Eugen*: Die Rechtsprechung des Bundesarbeitsgerichts zum allgemeinen Tarifrecht, in: Das Arbeitsrecht der Gegenwart, 1974, S.32; *Gamillscheg, F.*, Kollektives Arbeitsrecht, S.52; zur Forderung nach hinreichender Bestimmtheit von Rechtsbegriffen vgl. *Schachtschneider, K. A.*, Res publica res populi, sub Kap. III; Abschn. 5, S.300 f.

362 Vgl. *Hemmen, W.*, Durchsetzungsfähigkeit, S.74.

363 Vgl. *Schachtschneider, K. A.*, Res publica res populi, sub III., 2.; s. auch sub II., 3.: "Die Logik des Gesetzgebungsstaates fordert, den Gesetzgeber zur größtmöglichen Bestimmtheit seiner Gesetze zu verpflichten, weil die wohlbegründete Funktionenteilung zwischen der Legislative und der Judikative sonst ausgehöhlt würde. Dem widerspricht die Offenheit vieler Gesetzesbegriffe nicht, wenn sie sachgerecht ist. Sie ist mit dem Rechtsstaatsprinzip vereinbar, wenn sie sachgerecht ist."

364 So ist z.B. immer noch unklar, ob das Mächtigkeitserfordernis in der Bundesrepublik, innerhalb eines Bundeslandes, eines Tarifbezirkes, eines Unternehmens oder lediglich eines Betriebes erfüllt sein muß, vgl. dazu *Gamillscheg, F.*, Kollektives Arbeitsrecht, S.52; *Hemmen, W.*, Durchsetzungsfähigkeit, S.75. Das BAG ist aber der Ansicht, eine in einem begrenzten Bereich bestehende Stärke sei nicht ausreichend, in AP Nr. 30 zu § 2 TVG, Bl. 4R.

365 Vgl. *Hemmen, W.*, Durchsetzungsfähigkeit, S.77.

gewerkschaften des Deutschen Gewerkschaftsbundes sind[366], bislang nie in Zweifel gezogen worden war, selbst wenn deren Finanzkraft nach einem Arbeitskampf völlig erschöpft war[367].

Die Bewährung in der tariflichen Praxis, die ebenfalls von der Rechtsprechung ganz unterschiedlich gewertet wird, sagt über eine Mächtigkeit nicht viel aus. Es reicht zum einen nach Ansicht des Bundesarbeitsgerichts für die Feststellung der Mächtigkeit nicht aus, daß die Gewerkschaft bei Abschlüssen von regionalen Tarifverträgen beteiligt gewesen war[368]. Ebenfalls sage ein selbständiger Abschluß von Firmentarifverträgen nach Ansicht desselben Gerichts nichts über eine Durchsetzungsfähigkeit aus[369]. Diese Differenzierung von Tarifverträgen in Verbands- und Firmenebene wird durch das Tarifvertragsgesetz nicht gestattet. Gerade die letztere Form des Abschlusses von Tarifverträgen ist aber die grundsätzlich für kleine, neu gegründete Gewerkschaften einzige Form, um tariflich tätig zu werden. Aus der Rechtsprechung des Bundesarbeitsgerichts folgt also, daß eine neue Gewerkschaft keinerlei Möglichkeit hat, am Abschluß von Tarifverträgen mitzuwirken bzw. einen Firmentarifvertrag abzuschließen, weil sie den Erfordernissen der Mächtigkeit nicht entspricht und also die abgeschlossenen Tarifverträge ungültig sind.

Andererseits hängt die Tariffähigkeit nach Ansicht des Bundesarbeitsgerichts maßgeblich davon ab, daß bereits Tarifverträge abgeschlossen worden sind, mit Hilfe derer die Arbeits- und Wirtschaftsbedingungen der Mitglieder geregelt werden konnten[370]. Tariffähig ist nur, wer bereits Tarifverträge abgeschlossen hat im Vertrauen darauf, daß er sie abschließen durfte[371]. Daß dieses Paradoxon nicht zur Rechtssicherheit beiträgt und auch nicht beitragen kann, liegt auf der Hand. Das Mächtigkeitskriterium ist daher nicht geeignet.

3. Erforderlichkeit des Merkmales der Mächtigkeit

Das Ziel der Mächtigkeitslehre ist es, zwischen den Tarifvertragsparteien eine Parität herzustellen mit der Folge, daß gerechte, also richtige Tarifver-

---

366 Vgl. *Neumann, D.*: Organisation und Aufgaben von Gewerkschaften und Arbeitgeberverbänden in der Bundesrepublik Deutschland; Hannover, 1980, S.7 ff.: Im Jahre 1978 waren 7,7 Mio. Arbeitnehmer in einer der 17 Mitgliedsgewerkschaften des DGB, darunter die IG Metall mit damals 2,7 Mio., organisiert, dagegen im CGB lediglich 250.000.

367 Vgl. *Gamillscheg, F.*, Kollektives Arbeitsrecht, S.52.

368 BAG in AP Nr. 30 zu § 2 TVG, Bl. 4R.

369 BAG Entscheidung vom 25.11.1986, in BAGE 53, 347 (357 f.).

370 BAG Entscheidung vom 10.9.1985, in BAGE 49, 322 (331 f.); Entscheidung vom 25.11.1986, in BAGE 53, 347 (357).

371 Vgl. *Gamillscheg, Franz*: Sozialpolitische Bedeutung und Repräsentativität im deutschen und ausländischen Recht, in: Festschrift für Wilhelm Herschel, 1982, S.99, 101; *Hemmen, W.*, Durchsetzungsfähigkeit, S.78.

träge gemäß der Lehre der materiellen Richtigkeitsgewähr in den Verhandlungen hervorgebracht werden. Es wurde bereits ausgeführt, daß die Lehre von der Richtigkeitsgewähr bei Zugrundelegung des republikanischen Autonomie-, also Freiheitsbegriffes nicht geeignet ist, die Vertragsautonomie der Bürger in einem Staat zu begreifen[372]. Sie ist daher für die Beurteilung der Erforderlichkeit des Merkmales der Mächtigkeit nicht weiter heranzuziehen.

Die Tariffähigkeit könnte aber unter dem Gesichtspunkt der Beschränkung der tarifvertraglichen Geschäftsfähigkeit zum Schutz der Tarifvertragsparteien erforderlich sein. Der Tarifvertrag ist ein privatrechtlicher Vertrag, dessen Inhalt in typisch vertraglicher Form den Inhalt, den Abschluß und die Beendigung von privatrechtlichen Rechtsverhältnissen, eben von Arbeitsverhältnissen, regelt[373]. Zudem enthält er klare schuldrechtliche Abreden der Tarifvertragsparteien als solche, so z.B. die Friedenspflicht[374].

Undifferenziert und verallgemeinernd darf man feststellen, daß der einzelne Arbeitnehmer als nicht organisiertes Individuum grundsätzlich dem Diktat des Arbeitgebers bezüglich der Einzelarbeitsvertragsbedingungen ausgesetzt ist[375]. Dennoch erkennt der Gesetzgeber dem materiell zumeist unterlegenen Arbeitnehmer die Geschäftsfähigkeit beim Arbeitsvertragsabschluß nicht ab. Der Arbeitnehmer kann und darf also völlig auf jeden materiellen Schutz durch eine Gewerkschaft verzichten, er kann dann allerdings auch einer kleinen, recht unbedeutenden oder sogar einer großen, mächtigen Gewerkschaft beitreten.

Die Aufdrängung des Schutzes, wie ihn die Mächtigkeitslehre vorsieht, ist demzufolge offensichtlich unnötig; denn der Arbeitnehmer kann ebenso gut völlig ohne gewerkschaftlichen Schutz und nur auf sich gestellt einen Arbeitsvertrag mit einem großen, übermächtigen Arbeitgeber abschließen, der ihm die Vertragsbedingungen diktiert. Wäre dies vom Gesetzgeber nicht erwünscht gewesen, so hätte er unbedingt die Geschäftsfähigkeit des einzelnen, nicht organisierten Arbeitnehmers auf dem Arbeitsmarkt einschränken oder den Beitritt zu einer Gewerkschaft zur Pflicht machen müssen[376]. Vom Gesetzgeber wird zugelassen, daß ein kleiner Arbeitgeber einer mächtigen Gewerkschaft in Verhandlungen gegenübersteht und sich von ihr gegebenenfalls die

---

372 s. dazu oben sub F. I.

373 s. dazu oben sub E. V.

374 Vgl. *Hueck, Alfred/ Nipperdey, Hans Carl*: Lehrbuch des Arbeitsrechts, 2. Bd./ 1. Halbbd., 7. A., 1966, S.339 f.; *Hemmen, W.*, Durchsetzungsfähigkeit, S.95; *Buchner, Herbert*: Übersicht über das Tarifrecht, in: AR-Blattei (D) Tarifvertrag I B, 1978; sub I 2 b; *Richardi, R.*, Kollektivgewalt und Individualwille, S.178.

375 Vgl. *Mayer-Maly, Th.*, Druck und Recht, S.356 f.; dazu auch oben sub D. I.

376 Vgl. *Grunsky, Wolfgang*: Anmerkungen zu BAG, Beschluß vom 15.3.1977, in: JZ, 1977, S.473.

Bedingungen diktieren lassen muß. Es kommt daher ein Verstoß des Mächtigkeitsprinzips gegen Art.3 Abs.1 GG in Betracht[377].

In der Praxis des Arbeitslebens ist der Arbeitnehmer nicht etwa deswegen unmündig, weil er einem übermächtigen Arbeitgeber nicht bestimmte Arbeitsbedingungen abtrotzen könnte; die Möglichkeit dazu hat er ja durch den Beitritt zu einer großen Gewerkschaft, wodurch automatisch der gültige Tarifvertrag auch auf sein Arbeitsverhältnis Anwendung findet. Der Sache nach wird der Arbeitnehmer durch die großen, mächtigen Gewerkschaften entmündigt, die keine kleineren, schwachen Konkurrenten neben sich dulden wollen, um von der auf dem Arbeitsmarkt verteilten Marktmacht nichts an Konkurrenten abtreten zu müssen. Durch das Industrieverbandsprinzip ist abgesichert, daß in jedem Betrieb, in jedem Industriezweig nach Möglichkeit nur eine Gewerkschaft vertreten ist. Auf diese Weise sind die Einflußmöglichkeiten der Gewerkschaften auf die Arbeitgeber, auf den Arbeitsmarkt insgesamt und auch auf die Politik erheblich größer als bei der Organisation nach dem Berufsverbandsprinzip. Vergleichbare Situationen findet man bei den politischen Parteien[378]. Darum wird die Delegationslehre in aller Schärfe insbesondere von den Gewerkschaften und ihren literarischen Vertretern vehement verfochten: Sie allein garantiert ihnen den Machterhalt, weil die Gewerkschaften quasi staatliche Institutionen darstellen, die als solche dem Gemeinwohl dienen (will heißen: jedenfalls keinem schaden, sondern eher nützen), dasselbe verwirklichen und daher für ihre Mitglieder, diese der Sache nach entmündigend, zwingend und unmittelbar für und gegen diese wirkend, objektives Recht setzen[379].

Als Gegenmeinung und abermals mit Berufung auf die ordnungspolitische Idee, die hinter der Koalitionsfreiheit stehe, wird vorgebracht, die Tariffähigkeit eines schwachen "Beschützers" dürfe nicht zu einem ordnungspolitischen Ärgernis werden[380]. Diese Ansicht geht von durch die Verfassung den Koalitionen auferlegten Aufgaben aus, die von jenen zu erfüllen seien[381]. Indes besteht von verfassungsrechtlicher Seite keine Pflicht zur Erfüllung irgendwelcher Aufgaben innerhalb der Koalitionsfreiheit. Die Freiheit besteht im speziellen Fall des Art.9 Abs.3 GG in der Freiheit zur Wahrung und Förderung der Arbeits- und Wirtschaftsbedingungen seitens der Vereinigungen[382]. Es kann zudem nicht als Ärgernis bezeichnet werden, wenn sich eine kleine, schwache Koalition mit den vom Arbeitgeber angebotenen Arbeitsbe-

---

377 Vgl. *Hottgenroth, R.*, Verhandlungspflicht, S.86.

378 Vgl. *Schachtschneider, K. A.*, Res publica res populi, sub VIII., 5. c); IV., 1. und 3.; IX., 2.; in diesem Sinne auch *Häberle, P.*, Grundrechte, S.67, 72 f.; *Schachtschneider, K. A.*, Imperative Lohnleitlinien, S.500 f., 519; s. auch o. sub C. III.

379 Zur Kritik der Delegationslehre s. auch o. sub. E. IV.

380 Vgl. *Herschel, Wilhelm*: Zur Präzisierung des Koalitionsbegriffes, in: ArbuR, 1978, S.324.

381 Vgl. *Herschel, W.*, Präzisierung, S.324.

382 Vgl. *Hemmen, W.*, Durchsetzungsfähigkeit, S.99.

dingungen als nicht einverstanden erklärt. Es ist für den Arbeitgeber sicherlich höchst aufwendig, mit mehreren recht kleinen Koalitionen zu verhandeln und mit jeder von ihnen einen eigenen Tarifvertrag auszuhandeln. Aus dem Bewußtsein der Umständlichkeit eines solchen Verfahrens heraus hat sich in der Wirtschaft jedoch gerade das "Ein Betrieb - eine Gewerkschaft"-Prinzip durchgesetzt, demzufolge in jedem Betrieb grundsätzlich nur eine Gewerkschaft vertreten sein soll[383]. Dies kann selbstverständlich zu Kompetenzstreitigkeiten führen, so im vorliegenden Fall der kaufmännischen Angestellten in der chemischen Industrie, die dennoch von der IG Chemie-Papier-Keramik vertreten werden, deren Vertretung aber gleichermaßen auch die DAG für sich beansprucht. Es ist nicht einzusehen, warum dieses Prinzip, das zudem ebenfalls nicht geeignet ist, Streitigkeiten zwischen Gewerkschaften aus Gründen der Wahrung des Allgemeinwohles zu vermeiden, sich nicht auch auf kleinere, recht unbedeutende Koalitionen anwenden lassen sollte, ohne es diesen zur gesetzlichen Pflicht machen zu müssen. Die Gesetzgebungsfähigkeit der Menschen, die in den großen wie in den kleinen Koalitionen zusammengefaßt sind, verbietet eine solche Pflicht, und es muß daher davon ausgegangen werden, daß die Vernunftbegabung ein solches rationales Handeln auch von kleinen Vereinigungen erwarten läßt[384].

Die kollektive Vertragsfreiheit soll lediglich die Marktmacht des einzelnen Arbeitnehmers auf dem Arbeitsmarkt verbessern, also durch Kartellierung stärken; insofern besteht kein wesentlicher Unterschied zwischen der allgemeinen Vertragsfreiheit und der Tarifvertragsfreiheit[385].

Es ist allerdings denkbar, daß kleineren, nicht mächtigen Koalitionen erhebliche Nachteile aus größeren Gefahren bei Tarifvertragsverhandlungen drohen könnten als den etablierten Gewerkschaften. Dies soll insbesondere im Fall der sog. tarifdispositiven Schutznormen gelten, die zugunsten der sachgerechten

---

383 Es handelt sich dabei nicht um ein Rechtsprinzip, sondern um einen empirisch ermittelten Grundsatz, an dessen Nichtbefolgung daher keine Rechtsfolgen geknüpft werden dürfen.

384 Schon aus diesem Grund überzeugen die Argumente *Wilhelm Herschels*, Leistungsfähigkeit, S.241, nicht, der eine Gemeinwohlgefährdung durch wettbewerbsähnliche Marktstrukturen und den Konkurrenzkampf zwischen den Gewerkschaften insbesondere durch minimale Beiträge und maximale Forderungen gegenüber der Arbeitgeberseite befürchtet. Es existiert heute bereits ein gewisser Konkurrenzkampf zwischen Gewerkschaften, insbesondere zwischen den Mitgliedsgewerkschaften im DGB und der DAG, aber auch zwischen jenen und den christlichen Gewerkschaften. Es zeigt sich hier im übrigen die Wirkung des Marktes am recht kleinen Mitgliederbestand der christlichen Gewerkschaften, da diese trotz der ihnen gleichermaßen zugestandenen Werbetätigkeit für die Arbeitnehmerschaft generell nicht attraktiv genug sind. Die Auswirkungen einer Tariffähigkeit für alle Gewerkschaften scheinen die mächtigen Gewerkschaften dennoch zu fürchten, anders lassen sich jedenfalls die Anträge von Konkurrenzgewerkschaften auf Aberkennung der Tariffähigkeit der christlichen Gewerkschaften vor den Arbeitsgerichten nicht erklären.

385 Vgl. *Wahl, B.*, Relativität, S.167; *Hemmen, W.*, Durchsetzungsfähigkeit, S.99.

Ausgestaltung von den Tarifpartnern abänderbar sind. Insbesondere hier wird wiederum ein Diktat der Arbeitgeberseite befürchtet[386].

In der Praxis bestätigt sich dies nicht: Ist eine Koalition nicht in der Lage, die Mitglieder nachhaltig und intensiv gegenüber dem Arbeitgeber zu vertreten, und schließt sie demzufolge für die Mitglieder unvorteilhafte Tarifverträge ab, so wird sie kurzfristig Mitglieder verlieren und mittel- und langfristig keine neuen Mitglieder zur Stärkung ihrer faktischen Durchsetzungskraft gewinnen können. Auch für die Gewerkschaften gilt das Prinzip des Wettbewerbes untereinander: So stehen die DAG und die einzelnen Mitgliedsgewerkschaften des DGB miteinander in Konkurrenz um die Vertretung der kaufmännischen Angestellten. Die in Tarifverhandlungen erlangten Ergebnisse dürfen daher aus Sicht einer kleineren Gewerkschaft schon aus wettbewerblichen Erwägungen insgesamt nicht hinter denen der anderen, mächtigen Gewerkschaften zurückstehen; es ist anzunehmen, daß daraus dann eine besondere Motivation zur Durchsetzung der Interessen resultiert.

Es liegt überdies im Interesse der Arbeitgeber, auch kleinere Gewerkschaften an den Tarifvertragsverhandlungen zu beteiligen. Auch wenn es mühselig ist, weitere Verhandlungspartner einzubeziehen, so spricht jedoch dafür, daß kleinere Gewerkschaften flexibler sind als die großen, mächtigen Verbände; zudem dürften kleinere Verbände aus den bereits genannten Erwägungen heraus ihre Ziele umso hartnäckiger gegenüber der Gegenseite vertreten wollen[387]. Es ist nicht im Sinne des Arbeitgebers und seines Verbandes, dies zu forcieren; vielmehr muß es das Ziel sein, den z.B. durch Streik für seinen Betrieb drohenden Schaden abzuwenden. Genau diese Befürchtung ist im übrigen auch das Motiv für die Beteiligung der CGBCE an Verhandlungen und das Angebot der Arbeitgeber gewesen, der CGBCE den Abschluß eines Tarifvertrags gleichen Inhaltes anzubieten wie derjenige, den die Arbeitgeber bereits mit einer etablierten, mächtigen Gewerkschaft abgeschlossen hatten. Gerade durch ein beiderseitiges Aushandeln wird den Arbeitnehmern das Bewußtsein vermittelt, zu gerechten, also richtigen, weil mitbestimmten Bedingungen beschäftigt zu sein (volenti non fit iniuria). Dadurch wird der klassenkämpferische Aspekt völlig in den Hintergrund gedrängt, und dies führt mittelbar zu einer Befriedung im Betrieb, also zu einer Befriedung des Arbeits- und Wirtschaftslebens. Die Arbeitgeber werden also auch die kleineren Arbeitnehmervereinigungen aufgrund dieser Auswirkungen durchaus ernst nehmen; von einem "Diktat der Arbeitsbedingungen" kann in der Regel keine Rede sein. Die Tarifpraxis belegt dies auch durch die praktizierte gemeinsame Verantwortung beider Sozialpartner in der Volkswirtschaft[388].

Nach dieser Erörterung muß man sich nun fragen, wie stark die Autonomie der Tarifvertragspartner, insbesondere also der kleinen, sozial schwachen

---

386 Vgl. *Hemmen, W.*, Durchsetzungsfähigkeit, S.100 m.w.N.

387 Vgl. *Grunsky, W.*, Anmerkungen, S.474; *Hottgenroth, R.*, Verhandlungspflicht, S.85.

388 Vgl. *Gamillscheg, Franz* Koalitionsfreiheit und soziale Selbstverwaltung, 1969, S.53.

Koalitionen gefährdet sein muß, um einen derartig starken Eingriff, wie ihn das Verbot des Abschlusses von gültigen Tarifverträgen darstellt, zu rechtfertigen. Die Zulassungsbeschränkung für bestimmte Berufe ist durchaus vergleichbar mit der Zulassungsbeschränkung für die Teilnahme an der Tarifautonomie[389]. Für die Freiheit der Berufswahl aus Art.12 Abs.1 GG hatte das Bundesverfassungsgericht entschieden, daß ein Eingriff des Gesetzgebers in die Freiheit der Berufswahl nur dann erfolgen dürfe, wenn es sich um die Abwehr nachweisbarer oder höchstwahrscheinlicher Gefahren für ein überragend wichtiges Gemeinschaftsgut handelt und folglich der Schutz dieser Gemeinschaftsgüter dies zwingend erfordere[390]. Dies ist jedoch nachweispflichtig. Die vom Bundesarbeitsgericht genannte Gefahr der Bedrohung des sozialen Friedens bei Unterwerfung der Arbeitnehmer unter das Diktat der Arbeitgeberseite müßte, um den Eingriff mit seinen Folgen zu rechtfertigen, unmittelbar bevorstehen oder doch zumindest in höchstem Maße wahrscheinlich sein. Zudem müssen die mit an Sicherheit grenzender Wahrscheinlichkeit auftretenden Störungen im einzelnen konkret benannt werden.

Die Begründungen des Bundesarbeitsgerichts sind demgegenüber nicht sonderlich ergiebig. Allgemein wird die Feststellung getroffen, daß die Arbeitnehmerseite im Falle eines Ungleichgewichts der Kräfte vom guten Willen der Arbeitgeberseite abhängig sei[391]. Die Folgerung des Bundesarbeitsgerichts lautet dann lapidar, zur sinnvollen Ordnung des Arbeitslebens seien nun einmal nur die Koalitionen in der Lage, die einen entsprechenden Druck auf die Gegenseite ausüben könnten[392]. Noch weiter gefaßt lautete die Begründung, die von der Rechtsordnung den Tarifpartnern zugewiesenen Aufgaben seien für eine Koalition ohne ein bestimmtes Gewicht schlechterdings nicht sinnvoll zu erfüllen[393]. Es fehlen jedoch in der Begründung Angaben über die konkrete Beschaffenheit des herzustellenden Gleichgewichts, die Möglichkeiten der Herstellung des Gleichgewichts ohne staatliches Eingreifen und schließlich die Berücksichtigung des Interesses der Arbeitgeber an einem angemessenen sozialen Ausgleich durch Tarifverträge[394].

In diesem Zusammenhang ist es von Interesse, daß das Bundesarbeitsgericht bereits ein Mal von einer von ihm erhobenen Forderung Abstand nehmen mußte, die seiner Meinung nach für das sinnvolle Funktionieren der Tarifau-

---

389 Die Tarifautonomie ist nach BVerfGE 50, 291 (367) ein Element der Gewährleistung des Art.9 Abs.3 GG.

390 BVerfG Entscheidung vom 11.6.1958, in BVerfGE 7, 377 (S.405).

391 BAG Beschluß vom 9.7.1968, in BAGE 21, 98 (104); Entscheidung vom 15.3.1977, in BAGE 29, 72 (82 f.); Entscheidung vom 14.3.1978, in AP Nr. 30 zu § 2 TVG, Bl. 3 R; Entscheidung vom 16.11.1982, in AP Nr. 32 zu § 2 TVG, Bl. 2; Entscheidung vom 25.11.1986, in BAGE 53, 347 (358).

392 BAG Beschluß vom 9.7.1968, in BAGE 21, 98 (104); Entscheidung vom 15.3.1977, in BAGE 29, 72 (82 f.).

393 BAG Entscheidung vom 23.4.1971, in BAGE 23, 320 (320 f.).

394 Vgl. *Hemmen, W.*, Durchsetzungsfähigkeit, S.109 f.

tonomie unabdingbar von Koalitionen zu erfüllen war: Es handelte sich dabei um die Bereitschaft zum Arbeitskampf, die nach Ansicht des Bundesarbeitsgerichts vorzuliegen hatte, da ein notwendiger Sinnzusammenhang zwischen Koalitionszweck und Bekenntnis zum Arbeitskampf bestehe, andernfalls würde der wirtschaftlich Stärkere, der Arbeitgeber, die Arbeitsbedingungen diktieren[395]. Nach dem Urteil des Bundesverfassungsgericht aus dem Jahre 1964[396], seit dem seitens der Arbeitsrechtsprechung auf die vermeintlich zwingende Forderung nach Arbeitskampfbereitschaft verzichtet wird, traten die vom Bundesarbeitsgericht befürchteten Störungen jedoch nirgendwo und zu keinem Zeitpunkt auf. Die alten Argumente nun für die Begründung der neuen Forderung nach Durchsetzungsfähigkeit einer Koalition zu benutzen, scheint insoweit nicht statthaft[397], zumindest dann nicht, wenn keine differenzierteren Begründungen als die bislang hervorgebrachten gegeben werden. Die Zulassungsbeschränkung für eine Vereinigung zu gewerkschaftlicher Tätigkeit ist stark begründungsbedürftig wie -pflichtig.

Es darf davon ausgegangen werden, daß die Arbeitnehmer entgegen der Meinung des Bundesarbeitsgerichts tatsächlich in der Lage sind, zwischen ihren Interessen und denen der Arbeitgeber zu unterscheiden. Ihre Autonomie versetzt sie in die Lage, tarifpolitisch erfolglose Arbeitnehmervereinigungen als solche zu erkennen und ihnen entweder nicht beizutreten oder sogar aus ihnen auszutreten[398]. Aus der Tariffähigkeit einer jeden Gewerkschaft und nicht nur der sozial mächtigen Arbeitnehmervereinigungen sind daher keine besonderen Nachteile für die Arbeitnehmer zu erwarten[399]. Schon aus diesem Grund ist es nicht einsichtig, warum ein objektiver Maßstab zur Beurteilung der Güte der gewerkschaftlichen Aufgabenerfüllung für die Feststellung der

---

395 BAG Entscheidung vom 19.1.1962, in BAGE 12, 184 (190 ff.); vgl. auch *Reuß, Wilhelm*: Arbeitskampfbereitschaft als Voraussetzung der Tarifhoheit - zum Beschluß des BAG vom 19.1.1962 und zum Urteil des BVerfG vom 6.5.1964, in: RdA, 1964, S.364.

396 BVerGE 18, 18.

397 Das gilt insbesondere unter dem Aspekt, daß die Forderung nach Arbeitskampfbereitschaft vom größten Teil der existierenden Gewerkschaften erfüllt wird, so z.B. auch von der CGBCE. Nach damaliger Rechtsprechung hätten also die meisten der nun wegen mangelnder sozialer Mächtigkeit nicht mehr tariffähigen Gewerkschaften ihre Tariffähigkeit weiter behalten, weil es bei arbeitsgerichtlicher Prüfung der Kriterien für die Tariffähigkeit auf den materiellen Inhalt der Arbeitskampfbereitschaft nicht angekommen wäre. Der Wandel der Rechtsprechung hin zum Kriterium der Durchsetzungsfähigkeit bedeutet faktisch also eine Verschärfung der Zulassungsbeschränkung zur Freiheit des Tarifvertragsabschlusses, vgl. *Hemmen, W.*, Durchsetzungsfähigkeit, S.124.

398 Vgl. *Stahlhacke, Eugen*: Sozialpolitische Bedeutung als Voraussetzung der Tariffähigkeit, in: DB, 1964, S.697; *Hemmen, W.*, Durchsetzungsfähigkeit, S.111.

399 Vgl. *Stahlhacke, E.*, Sozialpolitische Bedeutung, S.697, *ders.*: Die Rechtsprechung des Bundesarbeitsgerichts zum allgemeinen Tarifrecht, in: Das Arbeitsrecht der Gegenwart, 1974, S.31; *Gamillscheg, F.*, Kollektives Arbeitsrecht, S.52; *Hueck, Alfred/ Nipperdey, Hans Carl/ Säcker, Franz Jürgen*: Lehrbuch des Arbeitsrechts, 2. Bd./ 2. Halbbd., 7. A.; 1970, S.1658, *Grunsky, W.*, Anmerkungen, S.473; *Zeuner, A.* Gedanken, S.729.

Gewerkschaftseigenschaft herangezogen werden soll[400], da diese Beurteilung den Arbeitnehmern selbst überlassen werden kann. Lediglich für die Feststellung der Gewerkschaftseigenschaft als Koalition i.S. d. Art.9 Abs.3 GG ist der Zweck der Wahrung und Förderung der Arbeits- und Wirtschaftsbedingungen als conditio sine qua non anzuerkennen. Dies ist jedoch völlig unabhängig von einer etwaigen Durchsetzungsfähigkeit der Gewerkschaft und bezeichnet die Qualität der Tätigkeit einer Koalition, nicht jedoch die Quantität, insbesondere nicht die Intensität.

Es kann damit dem freien Spiel der Kräfte überlassen bleiben, welche Gewerkschaft sich welchem Arbeitgeber gegenüber durchzusetzen in der Lage ist[401]. Somit ist die Einschränkung der Tarifvertragsfreiheit, also die Verweigerung der Geschäftsfähigkeit auf kollektiver, tarifvertraglicher Grundlage durch das Kriterium der Mächtigkeit als nicht erforderlich anzusehen und daher abzulehnen.

4. Angemessenheit des Merkmales der Mächtigkeit

In der letzten Stufe der Prüfungsabfolge zur Beurteilung der Verhältnismäßigkeit einer staatlichen, die äußere Freiheit einschränkenden Regelung muß ermittelt werden, ob der Eingriff nicht übermäßig ist, ob also die Schwere des Eingriffes in einem angemessenen Verhältnis zum angestrebten Erfolg steht.

Der angestrebte Erfolg liegt in der Sicherung der Arbeitnehmergegenmacht zur Übermacht der Arbeitgeber[402]. Durch die Beschränkung der Tariffähigkeit auf die mächtigen Gewerkschaften soll eine Übervorteilung der Arbeitnehmer faktisch ausgeschlossen werden.

Tatsächlich erzeugt die Beschränkung der Tariffähigkeit und damit der Gewerkschaftseigenschaft auf mächtige Koalitionen überhaupt eine Monopolisierung, so daß aus der angestrebten Machtkonzentration in der Folge ein Machtmonopol wird[403], das den konsequenten Wegbereiter der Hervorbringung einer Einheitsgewerkschaft darstellt. Lediglich das Bestehen der Tatsache, daß die mächtigen Gewerkschaften politisch durchaus unterschiedliche Richtungen vertreten und daher in einigen politischen wie tarifpolitischen Fragen in Konkurrenz zueinander stehen, hat es bisher verhindert, daß aus dem Parteienstaat auch ein Gewerkschaftsstaat geworden ist. Zudem werden die ohnedies mächtigen Gewerkschaften, denen es aufgrund der bei ihnen ohne

---

400 Vgl. *Mayer-Maly, Theo*: Druck und Recht im Arbeitsrecht, in: RdA, 1979, S.357.

401 BVerfGE 18, 18 (32 f.).

402 Vgl. *Herschel, W.*, Präzisierung, S.323.

403 Vgl. ArbG Stuttgart, Beschluß vom 4.2.1972, in EzA Nr. 9 zu Art.9 GG, S.66; vgl. *Hueck, A./ Nipperdey, H. C./ Säcker, F. J.*, Lehrbuch, Bd. 2/ 2. Halbbd., S.1658; im Ergebnis auch *Buchner, Herbert*: Die Rechtsprechung des Bundesarbeitsgerichts zum Gewerkschaftsbegriff, in: 25 Jahre Bundesarbeitsgericht, 1979, S.64; *Hottgenroth, R.*, Verhandlungspflicht, S.79 ff.

weiteres vorliegenden Leistungsfähigkeit in der Wahrnehmung der Interessen ihrer Mitglieder leicht fällt, neue Mitglieder hinzu zugewinnen, vor ihnen unliebsamer Konkurrenz von kleineren Gewerkschaften staatlicherseits geschützt[404]. Dabei handelt es sich zwar nur um die Nebenwirkung der Beschränkung der Tariffähigkeit auf mächtige Koalitionen; dies kann aber im Ergebnis wegen der damit verbundenen Monopolisierung nicht das Ziel der Regelung des § 2 Abs.1 TVG sein.

Die Wirkung der Versagung der Tariffähigkeit für kleinere Gewerkschaften läßt sich deutlich an der Zahl der Arbeitnehmer erkennen, die nach entsprechenden Urteilen des Bundesarbeitsgerichts von gültigen Tarifverträgen und deren Schutzwirkung entblößt wurden: Dem Berufsverband Katholischer Hausgehilfinnen wurde mit Entscheidung vom 19.1.1962 ohne Rücksicht auf die Tatsache, daß der Verband bereits einen Tarifvertrag abgeschlossen hatte, die Tariffähigkeit wegen mangelnder Arbeitskampfbereitschaft auf Antrag einer Mitgliedsgewerkschaft des DGB abgesprochen. Im Beschluß vom 14.3.1978 wurde dem Deutschen Arbeitnehmerverband die Tariffähigkeit wegen der für die erforderliche Druckausübung auf den sozialen Gegenspieler nicht ausreichenden Verbandsmacht abgesprochen, der DAV konnte zu diesem Zeitpunkt einen Bestand von 14.302 Mitgliedern aufweisen. Schließlich erkannte das Bundesarbeitsgericht mit Beschluß vom 16.1.1990 der CGBCE die Tariffähigkeit ebenfalls ab; 22.000 Mitglieder seien ebenfalls nicht in der Lage, der ordnungspolitischen Vorstellung des Bundesarbeitsgerichts gemäß hinreichenden Druck auf die Arbeitgeber auszuüben. Die faktische Auswirkung dieser beispielhaft aufgeführten Entscheidungen liegt im Beitritt der durch diese Rechtsprechung verunsicherten Arbeitnehmer zu den wirklich mächtigen Gewerkschaften, die fast ausschließlich unter dem Dach des DGB vereinigt sind und damit eine Monopolstellung innehaben[405]. Gewerkschaften, denen der einzelne Arbeitnehmer unter Umständen eine Mächtigkeit zubilligen würde, von denen er sich aufgrund ihrer Spezialkenntnisse über seine Berufsgruppe usw. auf jeden Fall gut beraten, betreut und vertreten glaubt, deren Tariffähigkeit aber vor dem Bundesarbeitsgericht u.U. keinen Bestand haben könnte, wird der einzelne Arbeitnehmer auf keinen Fall beitreten, um nicht in die Gefahr zu geraten, eines Tages ohne tarifvertraglichen Schutz arbeiten zu müssen. Der Koalitionspluralismus, den das Bundesarbeitsgericht in ständiger Rechtsprechung gegen die großen Gewerkschaften im Interesse der Freiheit des einzelnen Arbeitnehmers verteidigt hatte, als nämlich das Gericht Differenzierungsklauseln in Tarifverträgen für rechtswidrig erklärte[406], wird durch die Rechtsprechung zur Tariffähigkeit nicht nur eingeschränkt, sondern im Verlaufe des dynamischen Prozesses der Signalwirkung von höchstrichterli-

---

404 Vgl. *Hottgenroth, R.*, Verhandlungspflicht, S.84.

405 Vgl. *Buchner, H.*, Rechtsprechung, S.64 f.

406 BAG, Entscheidung des Großen Senates vom 29.11.1967, in BAGE 20, 175.

cher Rechtsprechung auf die einzelnen Rechtssubjekte aller Wahrscheinlichkeit nach vollständig beseitigt werden[407].

Eine weitere Auswirkung der Beschränkung der Tarifvertragsfähigkeit und damit der Berechtigung zum Abschluß von rechtswirksamen Tarifverträgen darf ebenfalls nicht übersehen werden: Die faktische Einengung des Kreises der tariffähigen Gewerkschaften auf diejenigen, die mächtig genug sind, kommt den Auswirkungen eines Verhandlungsanspruches von Gewerkschaften gleich, da jede einzelne von den zum Tarifvertragsschluß zugelassenen Gewerkschaften in der Lage sein muß, den Arbeitgeber durch Ausübung eines bestimmten Druckes an den Verhandlungstisch zu nötigen[408]. Einen rechtlichen Anspruch auf die Aufnahme von Verhandlungen für die Gewerkschaften hatten das Bundesarbeitsgericht und später das Bundesverfassungsgericht aber abgelehnt[409].

Durch die judikative Schöpfung des Kriteriums der Durchsetzungsfähigkeit wird die Rechtssicherheit in unangemessener Weise beeinträchtigt: Eine Gewerkschaft, deren Gewerkschaftseigenschaft bislang noch nicht vor einem Arbeitsgericht geklärt worden ist, die aber in Tarifverhandlungen einzutreten gedenkt und dazu nötigenfalls auch einen Streik durchführen will, muß der Tatsache gewahr sein, daß eine nachträgliche gerichtliche Aberkennung ihrer Eigenschaft als Gewerkschaft unweigerlich den Streik als solchen rechtswidrig macht, auch wenn der Streik erfolgreich im Sinne der Gewerkschaft verlaufen sein sollte. Sie kann dann wegen Durchführung eines rechtswidrigen Streiks von der Gegenseite in Regreß genommen werden. Um dieser Folge vorzubeugen, könnte die Koalition die Feststellung ihrer Gewerkschaftseigenschaft vor dem Arbeitsgericht gemäß § 2 a Abs.1 Nr.3 i.V.m. § 97 ArbGG selbst beantragen, müßte aber den Weg durch die arbeitsgerichtlichen Instanzen in die zeitliche Kalkulation mit einbeziehen; bei den derzeitigen Dauern, die für die Entscheidung durch die Gerichte benötigt werden, dürfte dies aber eine im Verhältnis zu der gebotenen Kürze der Verhandlungen und im Hinblick auf den baldmöglichst abzuschließenden Tarifvertrag unangemessene Beeinträchtigung der gewerkschaftlichen Betätigung und der Mitgliedergewinnung darstellen[410].

Jedenfalls unangemessen ist die durch die Mächtigkeitslehre erzeugte Rechtsunsicherheit bezüglich der Wirksamkeit von Tarifverträgen. Ein von

---

407 Vgl. *Mayer-Maly, Th.*, Druck und Recht im Arbeitsrecht, S.358; *Hottgenroth, R.*, Verhandlungspflicht, S.86 f.

408 Vgl. *Hemmen, W.*, Durchsetzungsfähigkeit, S.123; *Mayer-Maly, Th.*, Druck und Recht im Arbeitsrecht, S.357.

409 BAG Urteil vom 14.7.1981, in BAGE 36, 131 (133 ff.), bestätigt durch BVerfG Beschluß vom 20.10.1982, in AP Nr. 2 zu § 1 TVG - Verhandlungspflicht, Bl. 696, ebenso BAG Urteil vom 19.6.1984, in BAGE 46, 129 (141).

410 Vgl. *Hemmen, W.*, Durchsetzungsfähigkeit, S.124; *Eitel, M.*, Ungleichbehandlung, S.155 ff.

einer Gewerkschaft, deren Mächtigkeit zumindest zweifelhaft ist, bereits abgeschlossener Tarifvertrag bietet für die Mitglieder so lange keine Sicherheit, wie nicht eine Konkurrenzgewerkschaft, in der Regel also eine große, mächtige Gewerkschaft, auf Feststellung der mangelnden Mächtigkeit und damit der Gewerkschaftseigenschaft klagt und diese Klage rechtskräftig für die kleine Gewerkschaft entschieden worden ist. Gleiches gilt für die Arbeitgeber, deren Verhandlungspartner darum vorzugsweise etablierte, mächtige Gewerkschaften sein werden.

Die schwachen Gewerkschaften können aufgrund des im Arbeitsrecht einheitlichen Gewerkschaftsbegriffes die den Gewerkschaften vom Gesetzgeber zugedachten Rechte und Möglichkeiten auf Beteiligung an den verschiedensten rechtlichen Verfahren nicht mehr wahrnehmen[411]. Diese Benachteiligung wirkt sich neben dem Verbot, als nicht mächtige Gewerkschaft Tarifverträge abschließen zu dürfen, zusätzlich attraktivitätsmindernd in Bezug auf hinzu zugewinnende Mitglieder aus. Eine effektive Wahrnehmung der Interessen der Mitglieder ist daher nicht mehr möglich[412]. Faktisch wird die Möglichkeit, als Koalition im verfassungsrechtlichen Sinne tätig zu werden, dadurch der Tätigkeit der arbeitsrechtlichen Koalition gleichgestellt: Eine Koalition im verfassungsrechtlichen Sinne, die aber nicht mächtig und damit keine Koalition im arbeitsrechtlichen Sinne ist, hat keinerlei Entfaltungsmöglichkeit auf dem Lebensgebiet der Arbeits- und Wirtschaftsbedingungen. Das aber sichert gerade Art.9 Abs.3 GG den Arbeitnehmern und Arbeitgebern zu: die aktive Wahrnehmung der Arbeitnehmerinteressen. Eine arbeitsrechtliche Koalition hat sich folglich auf die Tätigkeiten zu beschränken, die nicht Gewerkschaften vorbehalten sind.

Unangemessen benachteiligt sind die Arbeitnehmer durch die gerichtliche Aberkennung der tariflich festgelegten Arbeitsbedingungen, weil sie sofort des tariflichen Schutzes entblößt sind. Sie stehen dann zwar noch unter dem Schutz der einfachen Gesetze, diese legen jedoch lediglich Mindestnormen fest. Ein Tarifvertrag enthält in der Regel für die Arbeitnehmer günstigere Bedingungen, das Gesetz kann und soll nur hilfsweise gelten. Diese gesetzlichen Regelungen sind nur dann sinnvoll, wenn Arbeitnehmer und Arbeitgeber die Möglichkeit haben, zum Besseren hin abzuweichen. Diese Möglichkeit schützt Art.9 Abs.3 GG durch die Erlaubnis, sich zu diesem Zweck zu Koalitionen zusammenzuschließen, sie wird den kleinen Koalitionen durch die Rechtsprechung wieder genommen; die in ihnen vereinigten Arbeitnehmer werden durch die Rechtsprechung gezwungen, u.U. zu den gesetzlichen Mindestarbeitsbedingungen zu arbeiten. Daß die organisierten wie die unorganisierten Arbeitnehmer in den unteren Lohngruppen faktisch gleichbehandelt werden, ist der glückliche Vorteil der Unorganisierten, der den Nachteil, den sie durch die

---

411 Vgl. *Eitel, M.*, Ungleichbehandlung, S.158 ff. (zur Betriebsverfassung), S.166 ff. (zur Personalvertretung), S.173 ff. (zur Unternehmensmitbestimmung), S.180 ff. (zur Prozeßvertretung), S.189 ff. (zur Mitwirkung in öffentlich-rechtlichen Institutionen).

412 Vgl. *Hottgenroth, R.*, Verhandlungspflicht, S.86 f. m.w.N.

Rechtsprechung erleiden mußten, vermutlich gerade wieder ausgleicht. Ein Anspruch für sie besteht aber nicht, so daß sich die Tatsachen ebenso einfach zum erneuten Nachteil für die Unorganisierten verändern können.

5. Verfassungswidrigkeit der Mächtigkeitslehre

Das Grundrecht der Vereinigungs- oder Koalitionsfreiheit aus Art.9 Abs.3 GG ist ein Grundrecht jedermanns, d.h. es steht jedem Menschen zu. Art.9 Abs.3 S.1 GG bestimmt, daß jedermann das Recht hat, Vereinigungen beizutreten oder diese überhaupt zu gründen, sofern die Gründungen der Wahrung und Förderung der Arbeits- und Wirtschaftsbedingungen der in ihnen vereinigten oder zu vereinigenden Menschen dienen.

Nach allgemein anerkannter Ansicht beinhaltet Art.9 Abs.3 GG die Streikfreiheit. Ein Streik ist nach herrschender Meinung lediglich dann nicht rechtswidrig, wenn sein Ziel die Erlangung eines Tarifvertrags, auch eines anderen als des bislang gültigen, beinhaltet. Ein Streik muß nach herrschender Meinung gewerkschaftlich organisiert, jedenfalls aber von der Gewerkschaft verantwortlich übernommen sein. Die Streikfreiheit wird darüber hinaus auch unorganisierten Arbeitnehmern zuerkannt, wenn die vorgenannten Voraussetzungen erfüllt sind. Die Festlegung der Streikfreiheit in Art.9 Abs.3 S.3 GG setzt also die Gewährleistung der Tarifautonomie voraus, ohne die eine Streikfreiheit sinnlos wäre. Nach Ansicht des Bundesverfassungsgerichts ist zudem die Bereitschaft zum Arbeitskampf keine konstitutive Voraussetzung für die Tariffähigkeit einer Gewerkschaft.

Nach ebenfalls allgemein herrschender Meinung ist die Tarifautonomie grundrechtlich durch Art.9 Abs.3 GG garantiert. Diese ist schlicht die Tariffreiheit, also die Freiheit vom Tarifvertragsschluß, aber ebenso auch die Freiheit zum Tarifvertragsschluß.

Der Tarifvertrag stellt nach allgemeiner Anschauung das wichtigste Mittel der Wahrung und Förderung der Arbeits- und Wirtschaftsbedingungen in erster Linie der Arbeitnehmer dar. Dies entspricht dem sozialen Schutzzweck der grundrechtlichen Gewährleistung der Vereinigungsfreiheit in Art.9 Abs.3 GG.

Eine Koalition, der seitens der Arbeitsgerichte die soziale Mächtigkeit abgesprochen wird, die aber dennoch eine Vereinigung von Arbeitnehmern darstellt, die es sich zum Ziel gesetzt hat, die Arbeits- und Wirtschaftsbedingungen der in ihr vereinigten Menschen zu fördern, hat nach Aberkennung der Tariffähigkeit nicht mehr die Möglichkeit, einen Tarifvertrag abzuschließen. Damit fehlt ihr das anerkanntermaßen wichtigste Mittel zur Wahrung und Förderung der Arbeits- und Wirtschaftsbedingungen der in ihr vereinigten Menschen.

Andererseits hat sie aber die grundrechtlich gesicherte Möglichkeit, einen Streik durchzuführen, um einen Tarifvertrag durch arbeitskämpferischen

Druck auf den Arbeitgeber zu erzwingen. Denn der Streik muß auf einen Tarifvertragsabschluß ausgerichtet sein.

Die Versagung der in Art.9 Abs.3 GG gewährleisteten Tarifautonomie aufgrund mangelnder Mächtigkeit verletzt damit das Menschenrecht des Art.9 Abs.3 GG. Sie stellt darüber hinaus ein juristisches Paradoxon dar, weil zwar die Streikfreiheit weiterhin auch für die ohnmächtige Koalition erhalten bleibt, mittels derer sie einen Tarifvertrag erzwingen könnte, andererseits aber die Befugnis zum Abschluß eines Tarifvertrags rechtlich versagt bleibt. Diesem Dilemma kann die Rechtsprechung und mit ihr die Lehre nur dann entgehen, wenn beide endgültig darauf verzichten, die Erlaubnis, Tarifverträge abschließen zu dürfen, vom Nachweis der nicht meßbaren Fähigkeit zur Druckausübung auf den sozialen Gegenspieler abhängig zu machen. Eine solche Mißachtung des Menschenrechts auf Vereinigungsfreiheit ist ein Verstoß gegen Art.9 Abs.3 GG und damit verfassungswidrig.

Zudem ist die Mächtigkeitslehre, wie sich zeigen ließ, auch vertragsdogmatisch nicht durchhaltbar. Sie verstößt gegen das republikanische Autonomieprinzip.

VIII. An den Gewerkschaftsbegriff zu stellende Anforderungen

Für den rechtlichen Begriff der Gewerkschaft können nur die Merkmale konstitutiv sein, die sich aus den Gesetzen ergeben. Art.9 Abs.3 GG setzt die Gründung und den Beitritt zu Arbeitgeber- und Arbeitnehmervereinigungen als Grundrecht voraus und schützt damit insoweit auch diese Vereinigungen selbst. Als rechtliche Eigenschaft erkennt § 2 Abs.1 TVG an, daß diese Vereinigungen kollektive Verträge zur Ordnung der die in den Koalitionen vereinigten Individuen betreffenden Arbeits- und Wirtschaftsbedingungen abschließen dürfen. Diese Zweckbindung ist zuvor bereits in Art.9 Abs.3 GG als Voraussetzung für den grundrechtlichen Schutz der Koalitionsfreiheit kodifiziert worden. Daraus können lediglich folgende Merkmale als den Gewerkschaftsbegriff konstituierend erkannt werden:

Die Gewerkschaft muß das Ziel haben, durch von ihr ergriffene Maßnahmen, die selbstverständlich legal zu sein haben, die in ihr vereinigten Menschen in Bezug auf ihre Abhängigkeit von ihrer Arbeit zu schützen und ihre Interessen zu fördern. Der Wille zur Wahrung und Förderung der Arbeits- und Wirtschaftsbedingungen muß für die Mitglieder erkennbar sein. Auch wenn die Gewerkschaft keine Tarifverträge mit dem sozialen Gegenspieler erreichen will, kann sie dennoch die Arbeits- und Wirtschaftsbedingungen der Mitglieder auf vielfältige andere Arten und Weisen wahren und fördern. Insofern baut die Anforderung in Art.9 Abs.3 GG nicht auf der Existenz eines Tarifvertragssystems auf, und das ist auch der Grund, warum die Tariffähigkeit im Tarifvertragsgesetz niedergelegt ist, durch das die Vertragsfreiheit im Lebensgebiet der Arbeits- und Wirtschaftsbedingungen speziell geregelt wird.

Weil die Koalitionsfreiheit aus Art.9 Abs.3 GG ein Freiheitsgrundrecht ist, hat der Zusammenschluß einer Gewerkschaft freiheitlich, also freiwillig zu erfolgen. Andernfalls handelt es sich nicht um eine Gewerkschaft, sondern um einen Zwangsverband, der aufgrund staatlicher hoheitlicher Tätigkeit, nämlich eines Gesetzes oder einer Verordnung, existiert. Unbestritten ist, daß dieser Verband die Interessen der in ihm vereinigten Menschen als Arbeitnehmer wahren kann, er hat aber weiterhin wie jede staatliche Institution die den Staat bindenden Bestimmungen und Prinzipien zu achten. Das muß aber nicht dem freien Willen der in dem Verband vereinigten Menschen entsprechen. Insofern kann ein solcher Verband keine freien Tarifverträge im Sinne einer echten Autonomie abschließen; diese wären immer vom staatlichen Interesse mitbestimmt. Nur eine Gewerkschaft ist die wirkliche freie Vereinigung, die dem Willen der in ihr vereinigten Menschen entspricht und sich entsprechend diesem gesellschaftlichen Partialinteresse verhalten kann.

Die Gewerkschaft muß aus Gründen des Vertrauensschutzes dem potentiellen wie auch dem jetzigen Mitglied die Möglichkeit geben, jede Abhängigkeit von staatlichen, parteipolitischen oder konfessionellen Institutionen sowie von der Arbeitgeberseite erkennen zu können. Eine latente personelle Unterstützung oder eine Hilfe durch Sachmittel und ähnliches mehr ist so lange tariffähig, wie die Arbeits- und Wirtschaftsbedingungen der in ihr vereinigten Mitglieder in freier und selbstbestimmter Weise gefördert werden können, die Mitglieder also zu den Handlungen zugestimmt haben. Die äußerste Schranke einer Abhängigkeit bleibt also die für die Gewerkschaft nicht mehr frei wahrzunehmende Wahrung und Förderung der Arbeits- und Wirtschaftsbedingungen als in Art.9 Abs.3 GG genannte Voraussetzung.

Auch eine besondere Organisationsform ist für die Gewerkschaft nicht zu fordern, weil sie u.U. nicht dem freien Willen der in ihr vereinigten Arbeitnehmer entspringt. Als Motiv für diese Forderung wird eine gewisse Mächtigkeit der Gewerkschaft bei Organisation auf überbetrieblicher Grundlage genannt; dieses Merkmal allerdings wurde oben bereits als verfassungswidrig abgelehnt. Daher ist die Organisationsgrundlage für die Gewerkschaft frei wählbar. Gleiches gilt für eine dauerhafte, vereinsrechtliche Struktur als eine von vielen Möglichkeiten der rechtlichen Organisationsform einer Gewerkschaft.

Es berührt den Rechtscharakter einer Vereinigung nicht, wenn sie sich nicht den Gesetzen, insbesondere nicht dem Tarif- und Schlichtungsrecht entsprechend verhält. Jede Durchführung eines Vertrags und jedes weiteren Schuldverhältnisses ist im Wege der Klage durchsetzbar. Zu fordern ist daher keine besondere Anerkennung irgendwelcher Rechtsnormen als konstitutives Merkmal einer Gewerkschaft, weil sich diese Anerkennung bereits aus Gesetzen ergibt.

Eine in der Satzung oder auf eine andere Art in den vereinten Willen der Mitglieder einer Gewerkschaft aufgenommene Unwilligkeit zum Tarifvertragsabschluß berührt nicht die grundsätzliche rechtliche Möglichkeit; dennoch einen wirksamen Tarifvertrag zu jedem beliebigen Zeitpunkt abschließen zu können. Entscheidend ist hierfür der Wille der Koalition. Die Koalition bleibt eine Gewerkschaft.

Die Arbeitskampfbereitschaft kann mit gleicher Begründung ebenfalls abgelehnt werden. Zudem ist sie wie die Mächtigkeit nicht geeignet, sog. "richtige" Tarifverträge i.S. eine "materiellen Richtigkeitsgewähr" hervorzubringen. Darüber hinaus ist nicht Richtigkeit, sondern Gerechtigkeit von Tarifverträgen zu fordern; gerecht sind aber Tarifverträge, die formell und materiell gesetzmäßig sind.

G. Zusammenfassung und Ausblick

Aufgrund der Abhängigkeit aller in einem Arbeitsverhältnis stehenden Arbeitnehmer von der Möglichkeit, auf dem Arbeitsmarkt ihre Arbeitskraft als Produktionsfaktor im betriebswirtschaftlichen Sinne gegen Bezahlung anzubieten, ist die Koalitionsfreiheit als Menschenrecht in Art.9 Abs.3 GG festgeschrieben.

Weil die Autonomie der Arbeitnehmer in diesem Lebensbereich geschützt werden muß, ist es ihnen gestattet, zum Zweck der Wahrung und Förderung ihrer Interessen als Arbeitnehmer, primär also ihrer Arbeits- und Wirtschaftsbedingungen, Gewerkschaften zu gründen und sich in diesen nach ihrem Willen zu betätigen. Um mit den Arbeitgebern im Wege der Austauschbeziehungen diese Bedingungen regeln zu können, treten sie mit diesen in Verhandlung, um an deren Ende i.d.R. einen Tarifvertrag abzuschließen.

Dieser Tarifvertrag stellt - wie die Gründung und der Beitritt zu Koalitionen - ebenfalls ein Privileg auf dem Gebiet der Arbeitsmarktbeziehungen dar: Als Mittel zur Regelung vertraglicher Austauschverhältnisse kann er gem. § 2 Abs.1 TVG nur von Gewerkschaften und den Arbeitgeberverbänden sowie einzelnen Arbeitgebern genutzt werden. Nur ein Tarifvertrag kann gem. § 5 TVG vom Bundesminister für Arbeit und Soziales für allgemeinverbindlich erklärt werden. Die spezifische Wirkung des Tarifvertrags entspricht dem freien Willen der beteiligten Tarifvertragsparteien; er gilt für beide Seiten zwingend und erfaßt jedes durch ihn geregelte Arbeitsverhältnis unmittelbar. Andernfalls wäre die Regelung von Arbeits- und Wirtschaftsbedingungen durch Kollektivverträge wirkungslos. Die Regelung des § 2 Abs.1 TVG ist insofern deklaratorisch. Auch durch einen privaten Vertrag lassen sich gesetzliche Wirkungen von durch Übereinstimmung zweier Willen zustandegekommener Rechtsnormen erzeugen; auch die Einhaltung eines Vertrags kann über den Rechtsweg erzwungen werden.

Um derartige Verträge abschließen zu können, muß eine Vereinigung von Arbeitnehmern bestimmte Anforderungen erfüllen. Zu diesen gehört jedoch die von der h.M. und damit auch vom Bundesarbeitsgericht geforderte soziale Mächtigkeit ebensowenig wie die diese stützenden Merkmale. Zu den letzteren zählen die Gegnerreinheit, die Arbeitskampfbereitschaft und die formale Unabhängigkeit vom sozialen Gegenspieler, von Parteien und von religiösen oder weltlichen Organisationen.

Die von Lehre und Praxis für die Mächtigkeit und diese flankierenden Merkmale angeführten Gründe greifen auf die Richtigkeitsgewähr zurück, die einem Tarifvertrag dann immanent sein solle, wenn er durch Verhandlungen zwischen paritätischen Gegnern zustandegekommen ist. Eine Parität als

Voraussetzung zu fordern ist sinnlos, da keine Möglichkeit besteht, diese Parität in irgendeiner Weise zu messen. Zudem sind sich Lehre und Rechtsprechung über die Art der zu fordernden Parität nicht einig. Gleiches gilt analog für die vom Tarifvertrag abweichenden einzelvertraglichen Regelungen: Auch hier läßt sich eine Günstigkeit abweichender Bestimmungen nicht eindeutig festlegen. Die Forderung nach Richtigkeit bedeutet im Ergebnis eine Forderung nach Beachtung des Gemeinwohles und damit einen Gemeinwohlvorbehalt in der Tarifautonomie. Dies stimmt mit dem Begriff der Autonomie im Sinne des Grundgesetzes aber nicht überein. Es gilt der staatliche Eingriffsvorbehalt, aber keine Pflicht der Tarifparteien zur Gemeinwohlbeachtung.

Folglich ist eine soziale Mächtigkeit als Merkmal einer Gewerkschaft weder geeignet noch erforderlich, um die Autonomie der Tarifvertragsparteien zu gewährleisten: Die Abgrenzung vom mächtigen bzw. ohnmächtigen Koalitionen ist eindeutig nicht möglich; der Begriff der Tariffähigkeit ist doppelt relativiert. Der Begriff der Tariffähigkeit ist zu unbestimmt und damit nicht judiziabel. Ein die Güte einer Gewerkschaft bestimmender Maßstab ist nicht erforderlich; denn allein die grundrechtlich garantierte Koalitionsfreiheit reicht aus, um den Schutz der Arbeitnehmer und in der Folge auch den der Arbeitgeber zu gewährleisten.

Die jetzige Rechtspraxis versucht, den status quo zu normieren. Dies ist ihr in Ansätzen bereits gelungen. Damit wird die Struktur der bestehenden Verbände und der Weg der Einigung einschließlich des Streiks festgeschrieben; eine Änderung und damit die Zulassung von neuen oder kleineren Gewerkschaften, hinter denen immerhin zehntausende von Arbeitnehmern stehen, ist dann nicht mehr möglich. Dies bedeutet jedenfalls eine unverhältnismäßige Einschränkung des Grundrechts aus Art.9 Abs.3 GG, der Koalitionsfreiheit. Es mag hinsichtlich einer einheitlichen, standardisierten Regelung und Ordnung des Arbeitslebens politisch wünschenswert sein, mächtige, dem Ordnungsziel verpflichtete Gewerkschaften zu privilegieren und mit der Ordnung und Befriedung des Arbeits- und Wirtschaftslebens zu betrauen. Erreichbar ist diese Ordnung aber nicht durch Verbot oder staatliche Behinderung von kleinen Konkurrenzorganisationen gegenüber den großen Gewerkschaften. Zudem verstößt diese Privilegierung gegen den Wesensgehalt, die politische, materiale Leitentscheidung des speziellen Grundrechts aus Art.9 Abs.3 GG, die Koalitionsfreiheit, insbesondere gegen den im Freiheitsrecht angelegten Koalitionspluralismus. Die Mächtigkeitslehre ist folglich als verfassungswidrig abzulehnen.

Richtig ist es, in Zukunft alle Gewerkschaften, gleichgültig, wie mächtig diese im einzelnen sind, an der Tarifautonomie teilhaben zu lassen. Formell und materiell gesetzmäßige Verträge können nicht organisierte Arbeitnehmer mit ihren Arbeitgebern abschließen; gleiches muß dann erst recht den organisierten Arbeitnehmern und den Arbeitgeberverbänden zugetraut werden dürfen. So ist auch die Regelung des § 2 Abs.1 TVG zu verstehen, der die Koalitionsfreiheit ausgestaltet und konkretisiert.

H. Anhang

I. Rechtsprechungsverzeichnis

1. Bundesverfassungsgericht

Datum	Fundstelle	Band, Seite
18.11.1954	BVerfGE	4, 96
17.1.1957	BVerfGE	6, 55
15.1.1958	BVerfGE	7, 198
11.6.1958	BVerfGE	7, 377
6.10.1959	BVerfGE	10, 118
6.5.1964	BVerfGE	18, 18
30.11.1965	BVerfGE	19, 303
5.8.1966	BVerfGE	20, 162
19.10.1966	BVerfGE	20, 312
26.5.1970	BVerfGE	28, 295
18.7.1972	BVerfGE	33. 303
27.2.1973	BVerfGE	34, 307
18.12.1974	BVerfGE	38, 281
25.2.1975	BVerfGE	39, 1
24.5.1977	BVerfGE	44, 322
1.3.1979	BVerfGE	50, 291
27.3.1979	BVerfGE	51, 77
20.12.1979	BVerfGE	53, 30
20.10.1981	BVerfGE	58, 233
20.10.1982	AP Nr. 2 zu § 1 TVG	
- Verhandlungspflicht		
26.6.1991	NJW, 1991,	S.2549

2. Bundesverwaltungsgericht

Datum	Fundstelle	Band, Seite
3.11.1988	BVerwGE	80, 356

3. *Bundesgerichtshof*

Datum	Fundstelle	Band, Seite
6.10.1964	BGHZ	42, 210
11.7.1968	BGHZ	50, 325

4. *Arbeitsgericht*

a) Bundesarbeitsgericht

Datum	Fundstelle	Band, Seite
28.1.1955	BAGE	1, 291
4.5.1955	BAGE	2, 75
6.7.1956	BAGE	4, 351
19.1.1962	BAGE	12, 184
19.1.1962	BAGE	12, 184
20.12.1963	BAGE	15, 174
29.11.1967	BAGE	20, 175
9.7.1968	BAGE	21, 98
21.10.1969	BAGE	22, 162
21.4.1971	BAGE	23, 292
23.4.1971	BAGE	23, 320
15.3.1977	BAGE	29, 72
14.2.1978	BAGE	30, 50
14.3.1978	AP Nr. 30 zu § 2 TVG	
21.3.1978	BAGE	30, 189
10.6.1980	BAGE	33, 140
14.7.1981	BAGE	36, 131
16.11.1982	AP Nr. 32 zu § 2 TVG	
19.6.1984	AP Nr. 3 zu § 1 TVG	
- Verhandlungspflicht		
12.9.1984	BAGE	46, 322
12.3.1985	BAGE	48, 195
10.9.1985	BAGE	49, 322
25.11.1986	BAGE	53, 347
16.1.1990	BAGE	64, 16
16.1.1990	NZA, 1990,	S.626

b) Landesarbeitsgerichte

Bayern 9.8.1952 Az N 183/ 52/ I-
Düsseldorf 6.11.1974 EzA Nr. 8 zu § 2 TVG
Hamm 16.10.1975 EzA Nr. 10 zu § 2 TVG

c) Arbeitsgericht

Stuttgart 4.2.1972 EzA Nr. 9 zu Art.9 GG

II. Literaturverzeichnis

Adomeit, Klaus: Zur Theorie des Tarifvertrags, in: RdA, 20. Jg., H. 8/ 9, München: Beck, 1967, S.297-305.

— Rechtsquellenfragen im Arbeitsrecht, München: Beck, 1969 (Schriften des Instituts für Wirtschaftsrecht an der Universität Köln, Band 26).

Alexy, Robert: Theorie der Grundrechte; Baden-Baden: Nomos, 1985 (Studien und Materialien zur Verfassungsgerichtsbarkeit, Bd. 28).

Ananiadis, Antonios: Die Auslegung von Tarifverträgen-ein Beitrag zur Auslegungstypologie zwischen Vertrag und Gesetz; Berlin: Duncker & Humblot, 1974 (Schriften zum Sozial- und Arbeitsrecht, Band 17).

Badura, Peter: Die Tarifautonomie im Spannungsverhältnis von Gemeinwohlerfordernissen und kollektiver Interessenwahrung, in: AöR, 104; Tübingen: Mohr, 1979, S.246-264.

— Anmerkung zu ArbGericht Stuttgart Beschluß vom 6.2.1972, in: EzA Nr. zu Nr. 9 zu Art.9 GG, S.73-76.

— Arbeitsgesetzbuch, Koalitionsfreiheit und Tarifautonomie, in: RdA, 27. Jg., H. 3, München: Beck, 1974, S.129-138.

Baumbach, Adolf/ *Duden*, Konrad: Handelsgesetzbuch, 20. A., München: Beck, 1972 (Beck'sche Kurzkommentare, Bd. 9).

Baur, Fritz/ *Esser*, Josef/ *Kübler*, Friedrich/ *Steindorff*, Ernst (Hrg.): Funktionswandel der Privatrechtsinstitutionen. Festschrift für Ludwig Raiser zum 70. Geburtstag; Tübingen: Mohr, 1974.

Belling, Detlev W.: Das Günstigkeitsprinzip im Arbeitsrecht; Berlin: Duncker & Humblot, 1984.

Benda, Ernst: Das Arbeitskampfrecht in der Rechtsordnung der Bundesrepublik Deutschland, in: RdA, 39. Jg., H. 3/ 4, München: Beck, 1986, S.143-146.

Benda, Ernst/ *Maihofer*, Werner/ *Vogel*, Hans-Jochen (Hrg.): Handbuch des Verfassungsrechts der Bundesrepublik Deutschland; Berlin, New York: de Gruyter. 1984.

Berghäuser, Klaus: Koalitionsfreiheit als demokratisches Grundrecht. Eine Normbereichsanalyse unter besonderer Berücksichtigung des Sozialstaatsgebots, zugleich eine Kritik der herrschenden Interpretation des Art.9 Abs.3 GG; Köln: Pahl-Rugenstein, 1980 (Pahl-Rugenstein Hochschulschriften, Gesellschafts- und Naturwissenschaften; Serie: Studien zu Demokratie und Recht, Bd. 47).

Bettermann, Karl August: Die Allgemeinverbindlicherklärung eines Tarifvertrags: Rechtsschutz, Rechtskontrolle und Rechtsnatur, in: RdA, 12. Jg., H. 7/ 8, München, Berlin: Beck, 1959, S.245-256.

Beuthien, Volker: Der Arbeitskampf als Wirtschaftsstörung-Kampfrisiken teilen, aber wie?, Stuttgart: Schäffer, 1990 (Schriftenreihe Der Betrieb).

Biedenkopf, Kurt H.: Grenzen der Tarifautonomie, Karlsruhe: C.F.Müller, 1964.

— Sinn und Grenzen der Vereinbarungsbefugnis der Tarifvertragsparteien, in: Verhandlungen des 46. Deutschen Juristentages, Bd.1, München: Beck, 1966, S.97-167.

Bleckmann, Albert: Staatsrecht II-Die Grundrechte, 3. A., Köln, Berlin, Bonn, München: Heymanns, 1989.

Bobke, Manfred: Rechtsfragen des Warnstreiks, in: BB, 37. Jg., H. 14, Heidelberg: Recht und Wirtschaft, 1982, S.865-872.

Böckenförde, Ernst-Wolfgang: Gesetz und gesetzgebende Gewalt. Von den Anfängen der deutschen Staatsrechtslehre bis zur Höhe des staatsrechtlichen Positivismus; Berlin: Duncker & Humblot, 1958 (Schriften zum Öffentlichen Recht, Band 1).

— Entstehung und Wandel des Rechtsstaatsbegriffs, in: Festschrift für Adolf Arndt zum 65. Geburtstag (Hrg. Horst Ehmke et al.), Frankfurt/ M.: Europäische Verlagsanstalt, 1969, S.53-76.

— Grundrechtstheorie und Grundrechtsinterpretation, in: NJW, 35. Jg., Heft 27, München, Frankfurt/ M.: Beck, 1974, S.1529-1538.

— Die Methoden der Verfassungsinterpretation. Bestandsaufnahme und Kritik, in: NJW, 29. Jg., H. 46, München, Frankfurt/ M.: Beck, 1976, S.2089-2099.

— Mittelbare/ repräsentative Demokratie als eigentliche Form der Demokratie, in: Staatsorganisation und Staatsfunktionen im Wandel. Festschrift für Kurt Eichenberger zum 60. Geburtstag (Hrg. Müller, Georg/ Rhinow, René A./ Schmid, Gerhard/ Wildhaber, Luzius), Basel, Frankfurt/ M.: Helbing & Lichtenhain, 1982, S.301-328.

— Demokratie als Verfassungsprinzip, in: Handwörterbuch des Staatsrechts (Hrg. Isensee, Josef/ Kirchhof, Paul), Bd. I: Grundlagen von Staat und Verfassung; Heidelberg: Müller, 1987, S.887-952.

— Grundrechte als Grundsatznormen. Zur gegenwärtigen Lage der Grundrechtsdogmatik, in: Der Staat, 29. Jg., H. 1, Berlin: Duncker & Humblot, 1990, S.1-31.

Bötticher, Eduard: Die Gemeinsamen Einrichtungen der Tarifvertragsparteien; Heidelberg: Recht und Wirtschaft; 1966 (Abhandlungen zum Arbeits- und Sozialrecht, Bd. 16).

— Waffengleichheit und Gleichbehandlung der Arbeitnehmer im kollektiven Arbeitsrecht, in: ders.: Gleichbehandlung und Waffengleichheit-Überlegungen zum Gleichheitssatz, Heidelberg, Hamburg, Karlsruhe: R.v. Decker, C.F.Müller, 1979, S.31-50.

— Tarifliche Zuschläge für Gewerkschaftsangehörige, in: BB, 20. Jg., Heft 27, Heidelberg: Recht und Wirtschaft, 1965, S.1077-1083.

— Gleichbehandlung und Waffengleichheit-Überlegungen zum Gleichheitssatz, Heidelberg, Hamburg, Karlsruhe: R.v.Decker, C.F.Müller, 1979.

Bogs, Walter: Zur Entwicklung der Rechtsform des Tarifvertrags, in: Festschrift für Julius von Gierke, Berlin: de Gruyter, 1950, S.39-69.

— Autonomie und verbandliche Selbstverwaltung im modernen Arbeits- und Sozialrecht, in: RdA, 9. Jg., H. 1, München, Berlin: Beck, 1956, S.1-9.

Braun, Bernd/ *Jöckel*, Rainer: Ist die Allgemeinverbindlicherklärung nach § 5 TVG verfassungsmäßig?, in: DB, 25. Jg., Düsseldorf: Handelsblatt, 1972, S.1338-1340.

Brötzmann, Ulrich K.: Probleme bei der Auslegung von Tarifvertragsnormen, Frankfurt/ M., Bern, New York, Paris: Lang, 1990 (Europäische Hochschulschriften, Reihe 2: Rechtswissenschaften, Band 945; zugl. Diss. iur. Univ. Gießen, 1989).

Brox, Hans: Grundbegriffe des Arbeitsrechts, 8. A., Stuttgart, Berlin, Köln, Mainz: Kohlhammer, 1987 (Kohlhammer-Studienbücher: Rechtswissenschaft).

— Allgemeines Schuldrecht, 16. A., München: Beck, 1988 (Grundrisse des Rechts).

Brox, Hans/ *Rüthers*, Bernd: Arbeitskampfrecht-ein Handbuch für die Praxis, 2. A., Stuttgart, Berlin, Köln, Mainz: Kohlhammer, 1982.

Buchner, Herbert: Die Rechtsprechung des Bundesarbeitsgerichts zum Gewerkschaftsbegriff, in: 25 Jahre Bundesarbeitsgericht (Hrg. Gamillscheg, Franz/ Hueck, Götz/ Wiedemann, Herbert); München: Beck, 1979, S.55-70.

— Übersicht über das Tarifrecht, in: AR-Blattei (D) Tarifvertrag I B, Stuttgart, Wiesbaden: Forkel, 1978.

Bürger, Karlheinz/ Oehmann, Werner/ Matthes, Hans-Christoph: Koalitionen, in: Handwörterbuch des Arbeitsrechts für die tägliche Praxis, 7. A., Wies baden: Forkel, 1990.

Clausen, Uwe: Der schuldrechtliche Teil des Tarifvertrags; Diss. iur. Univ. Regensburg, 1971.

Däubler, Wolfgang/ Hege, Hans: Tarifvertragsrecht, 2. A., Baden-Baden, Nomos, 1981 (Arbeits- und Sozialrecht, Bd. 10).

— Koalitionsfreiheit, Baden-Baden: Nomos, 1976 (Arbeits- und Sozialrecht, Bd. 9).

Dietz, Rolf/ *Hübner*, Hans: Festschrift für Hans Carl Nipperdey zum 70. Geburtstag; Bd. II; München, Berlin: Beck, 1965.

Dietze, Gottfried: Kant und der Rechtsstaat; Tübingen: Mohr, 1982 (Vorträge und Aufsätze/ Walter-Eucken-Institut, Nr. 83).

Dorndorf, Eberhard: Arbeitskampf als Tarifpolitik und Ultima-ratio-Prinzip, in: ArbuR, 38. Jg., Heft 3, Köln: Bund, 1990, S.65-77.

Dürig, Günter: Art.1, in: Grundgesetz, Bd. 1 (Hrg. Maunz, Theodor/ Dürig, Günter/ Herzog, Roman), München: Beck, 1976.

Dütz, Wilhelm: Soziale Mächtigkeit als Voraussetzung eines einheitlichen Koalitionsbegriffs?, in: ArbuR, 24. Jg., H. 3, Köln: Bund, 1976, S.65-82.

— Anmerkung zu BAG Beschluß vom 15.3.1977, in: EzA Nr. 12 zu § 2 TVG, S.119.

Ehmann, Horst/ *Schnauder*, Franz: Das Lohnrisiko im Arbeitsfrieden und im Arbeitskampf - Von der Betriebs- zur Arbeitskampfrisikolehre, in: JurA, 5. Jg., H. 4, Berlin, New York: de Gruyter, 1983, S.181-185.

— Das Lohnrisiko im Arbeitsfrieden und im Arbeitskampf (Schluß) - Von der Betriebs- zur Arbeitskampfrisikolehre, in: JurA, 5. Jg., H. 5, Berlin, New York: de Gruyter, 1983, S.238-250.

Ehmke, Horst et al.: Festschrift für Adolf Arndt zum 65. Geburtstag; Frankfurt/ M.: Europäische Verlagsanstalt, 1969.

Eitel, Martin: Die Ungleichbehandlung der repräsentativen und nicht repräsentativen Gewerkschaften durch den Staat; Berlin: Duncker & Humblot, 1991 (Schriften zum Sozial- und Arbeitsrecht, Bd. 108).

Fitting, Karl/ *Auffarth*, Fritz/ *Kaiser*, Heinrich: Betriebsverfassungsgesetz, 14. A., München: Vahlen, 1984.

Flume, Werner: Allgemeiner Teil des Bürgerlichen Rechts, Band II - Das Rechtsgeschäft, 3. A., Berlin, Heidelberg, New York: Springer, 1979.

Födisch, Rolf A.: Freiheit und Zwang im geltenden Koalitionsrecht, in: RdA, 8. Jg., Heft 3, München, Berlin: Beck, 1955, S.88-93.

Friauf, Karl Heinrich: Die verfassungsrechtlichen Vorgaben einer gesetzlichen oder tarifvertraglichen Arbeitskampfordnung, in: RdA, 39. Jg., H. 3/ 4; München: Beck, 1986, S.188-195.

Fuchs, Anke: Tarifautonomie, in: Handbuch des Verfassungsrechts der Bundesrepublik Deutschland (Hrg. Benda, Ernst/ Maihofer, Werner/ Vogel, Hans-Jochen), Berlin, New York: de Gruyter, 1984, S.733-764.

Galperin, Hans: Die Stellung der Gewerkschaften im Staatsgefüge (I), in: DB, 23. Jg., H. 7, Düsseldorf: Handelsblatt, 1970, S.298-303.

— Die Stellung der Gewerkschaften im Staatsgefüge (II), in: DB, 23. Jg., H. 8, Düsseldorf: Handelsblatt, 1970, S.346-352.

Gamillscheg, Franz: Arbeitsrecht II-Kollektives Arbeitsrecht, 6. A., München: Beck, 1984 (Prüfe Dein Wissen-Bd. 14).

— Die Grundrechte im Arbeitsrecht, Berlin: Duncker & Humblot, 1989 (Schriften zum Arbeits- und Sozialrecht, Bd. 100).

— Die Differenzierung nach der Gewerkschaftszugehörigkeit, Berlin: Duncker & Humblot, 1966 (Schriften zum Sozial- und Arbeitsrecht, Bd. 1).

— Sozialpolitische Bedeutung und Repräsentativität im deutschen und ausländischen Recht, in: Festschrift für Wilhelm Herschel (Hrg. Hanau, Peter/ Müller, Gerhard/ Wiedemann, Herbert/ Wlotzke, Otfried), München: Beck, 1982, S.99-116.

— Koalitionsfreiheit und soziale Selbstverwaltung, Hannover, 1968 (Schriftenreihe der Landeszentrale für politische Bildung Niedersachsen, Nr. 11).

Gamillscheg, Franz/ Hueck, Götz/ Wiedemann, Herbert (Hrg.): 25 Jahre Bundesarbeitsgericht; München: Beck, 1979.

Geppert, Werner: Rechtliche Probleme des sogenannten allgemeinpolitischen Mandats der Gewerkschaften, Frankfurt/ M., Bern: Lang, 1976 (Europäische Hochschulschriften, Reihe 2: Rechtswissenschaft, Bd.157).

Gerhardt, Michael: Das Koalitionsgesetz. Verfassungsrechtliche Überlegungen zur Neuregelung des Rechts der Gewerkschaften und der Arbeitgeberverbände, Berlin: Duncker & Humblot, 1977 (Schriften zum öffentlichen Recht, Bd. 313).

Germelmann, Claas-Hinrich: Theorie und Geschichte des Streikrechts, Darmstadt: Wissenschaftliche Buchgesellschaft, 1980 (Erträge der Forschung, Bd. 140).

Gierke, Otto von: Deutsches Privatrecht, Bd. 1 - Allgemeiner Teil und Personenrecht; München, Leipzig: Duncker & Humblot, 1936 (unveränderter Nachdruck der 1. A. v. 1895).

— Deutsches Privatrecht, Bd. 3 - Schuldrecht; München, Leipzig: Duncker & Humblot, 1917.

— Die Zukunft des Tarifvertragsrechts, in: Archiv für Sozialwissenschaft und Sozialpolitik, Bd. 42, S.815 ff.

Gitter, Wolfgang/ *Boerner*, Dietmar: Altersgrenzen in Tarifverträgen, in: RdA, 43. Jg., H. 3, München, Frankfurt/ M.: Beck, 1990, S.129-138.

Glückert, Jürgen: Die Arbeitskampfschutzklausel des Art.9 Abs.3 Satz 3 Grundgesetz. Zugleich ein Beitrag zum Thema "Arbeitskampf und Notstandsverfassung", Berlin: Duncker & Humblot, 1973 (Schriften zum Öffentlichen Recht, Band 218).

Goll, Ulrich: Arbeitskampfparität und Tariferfolg. Versuch einer rechtstatsächlichen Fundierung arbeitskampfrechtlicher Fragestellungen unter Berücksichtigung der "collective-bargaining"-Theorien; Berlin: Duncker & Humblot, 1980 (Schriften zum Arbeits- und Sozialrecht, Bd. 50).

Grabitz, Eberhard: Freiheit und Verfassungsrecht. Kritische Untersuchung zur Dogmatik und Theorie der Freiheits rechte; Tübingen: Mohr, 1976.

Grimm, Dieter: Verbände, in: Handbuch des Verfassungsrechts der Bundesrepublik Deutschland (Hrg. Benda, Ernst/ Maihofer, Werner/ Vogel, Hans-Jochen) Berlin, New York: de Gruyter, 1984, S.373-388.

Grunsky, Wolfgang: Anmerkungen zu BAG, Beschluß vom 15.3.1977, in: JZ, 32. Jg., H. 14, Tübingen: Mohr, 1977, S.473-474.

— Arbeitsgerichtsgesetz, 5. A., München: Vahlen, 1987.

Häberle, Peter: Die Menschenwürde als Grundlage der staatlichen Gemeinschaft, in: Handbuch des Staatsrechts (Hrg. Isensee, Josef/ Kirchhof, Paul), Bd. I, Heidelberg: Müller, 1987, S.815-861.

— Die Wesensgehaltsgarantie des Artikel 19 Abs.2 GG. Zugleich ein Beitrag zum institutionellen Verständnis der Grundrechte und zur Lehre vom Gesetzesvorbehalt, 3. A., Heidelberg: Müller, 1983 (Freiburger rechts- und staatswissenschaftliche Abhandlungen, Bd. 21).

— Die verfassungsgebende Gewalt des Volkes im Verfassungsstaat. Eine vergleichende Textstufenanalyse, in: AöR, 112. Bd., Tübingen: Mohr, 1987, S.55-92.

— Grundrechte im Leistungsstaat, in: VVDStRL, H. 30; Berlin, New York: de Gruyter, 1972; S.43-141.

Hagemeier, Christian: Das BAG zur Tariffähigkeit von Arbeitnehmervereinigungen, in: ArbuR, 36. Jg., H. 7, Köln: Bund, 1988, S.193-198.

Hagemeier, Christian/ *Kempen*, Otto Ernst/ *Zachert*, Ulrich/ *Zilius*, Jan: Tarifvertragsgesetz, [TVG], 2. A., Köln: Bund, 1990.

Hanau, Peter: Zum Kernbereich des Koalitionswesens, in: ArbuR, 31. Jg., H. 9, Köln: Bund, 1983, S.257-265

— Eigentum und Tarifautonomie in den Gutachten zu den Verfassungsklagen gegen das Mitbestimmungsgesetz 1976, in: BB, 32. Jg., H. 32, Heidelberg: Recht und Wirtschaft, 1978, S.1593-1597.

Hanau, Peter/ *Müller*, Gerhard/ *Wiedemann*, Herbert/ *Wlotzke*, Otfried: Festschrift für Wilhelm Herschel zum 85. Geburtstag, München: Beck, 1982.

Heimann, Eduard: Die rechtliche Möglichkeit eines staatlichen Eingriffes in die Tarifautonomie der Sozialpartner, in: RdA, 9. Jg., H. 11, München, Berlin: Beck, 1956, S.409-410.

Heinze, Meinhard: Der Warnstreik und die "Neue Beweglichkeit". Zum Verhältnis von Tarifvertragsrecht und Arbeitskampfrecht, in: NJW, 36. Jg., H. 43, Frankfurt/ M., München: Beck, 1983, S.2409-2418.

Hemmen, Wolfgang: Durchsetzungsfähigkeit als Kriterium für den Gewerkschaftsbegriff im Tarifvertragsrecht; Münster, New York: Waxmann, 1988 (Internationale Hochschulschriften, Nr. 5, zugl. Diss. iur. Universität Münster, 1988).

Herschel, Wilhelm: Anmerkungen zu LAG Düsseldorf, Beschluß vom 8.11.1974, in: EzA Nr.9 zu § 2 TVG.

— Leistungsfähigkeit. Eine Voraussetzung arbeitsrechtlicher Koalitionen, in: ArbuR, 24. Jg., H. 8, Köln: Bund, 1976, S.225-242.

— Zur Präzisierung des Koalitionsbegriffes, in: ArbuR, 26. Jg., H. 11, Köln: Bund, 1978, S.321-325.

— Der Typus der arbeitsrechtlichen Koalition, in: JuS, 18. Jg., München, Berlin, Frankfurt/ M.: 1978, S.524-527.

— Arbeitsrecht, 2. A., Heidelberg: Schaeffer, 1980.

— Kernbereichslehre und Kodifikationsprinzip in der Tarifautonomie, in: ArbuR, 29. Jg., H. 9, Köln: Bund, 1981, S.265-269.

Hesse, Konrad: Grundzüge des Verfassungsrechts der Bundesrepublik Deutschland, 14. A., Müller: 1984.

— Grundrechte. Bestand und Bedeutung, in: Handbuch des Verfassungsrechts der Bundesrepublik Deutschland (Hrg. Benda, Ernst/ Maihofer, Werner/ Vogel, Hans Jochen), Berlin, New York: de Gruyter, 1984, S.77-106.

Hessel, Philipp: Die Tariffähigkeit, in: BB, 5. Jg., H. 24, Heidelberg: Recht und Wirtschaft, 1950, S.623-624.

Hinz, Manfred O.: Tarifhoheit und Verfassungsrecht. Eine Untersuchung über die tarifvertragliche Vereinbarungsgewalt, Berlin: Duncker & Humblot, 1971 (Schriften zum Öffentlichen Recht, Bd. 137).

Hönn, Günther: Kompensation gestörter Vertragsparität. Ein Beitrag zum inneren System des Vertragsrechts; München: Beck, 1982 (Schriften des Instituts für Arbeits- und Wirtschaftsrecht der Universität zu Köln, Band 43).

Hofstetter, Karl A.: Tariffähigkeit und Tarifzuständigkeit von Arbeitnehmerorganisationen. Ein Rechtsvergleich zwischen dem deutschen, amerikanischen und schweizerischen kollektiven Arbeitsrecht; Diss. iur. Univ. Zürich, 1986.

Hottgenroth, Ralf: Die Verhandlungspflicht der Tarifvertragsparteien; Baden-Baden: Nomos, 1989 (Universitäts schriften, Recht, Bd. 12).

Hueck, Alfred: Tarifausschlußklauseln und verwandte Klauseln im Tarifvertragsrecht, München, Berlin: Beck, 1966 (Schriften des Instituts für Wirtschaftsrecht der Universität Köln, Bd. 19).

— Die Tariffähigkeit des deutschen Bühnenvereins, in: RdA, 9. Jg., H. 2, München, Berlin: Beck, 1956, S.45-51.

Hueck, Alfred/ *Nipperdey*, Hans Carl: Grundriß des Arbeitsrechts, 4. A., Berlin, Frankfurt/ M.: Vahlen, 1968.

— Lehrbuch des Arbeitsrechts - Bd. 2, 1. Halbbd., 7. A., München, Frankfurt/ M.: Vahlen, 1966.

— Lehrbuch des Arbeitsrechts, 2. Band - Kollektives Arbeitsrecht, 6. A., Berlin, Frankfurt/ M., Vahlen, 1957.

Hueck, Alfred/ *Nipperdey*, Hans Carl/ *Säcker*, Franz Jürgen: Lehrbuch des Arbeitsrechts - Bd. 2, 2. Halbbd., 7. A., München, Frankfurt/ M.: Vahlen, 1970.

Hueck, Alfred/ *Nipperdey*, Hans Carl/ *Tophoven*, Ernst/ *Stahlhakke*, Eugen: Tarifvertragsgesetz [TVG], 4. A., München, Berlin: Beck, 1964.

Ipsen, Jörn: Staatsorganisationsrecht, Frankfurt/ M.: Metzner, 1986 (Juristische Lernbücher, Band 24).

Isensee, Josef: Die Friedenspflicht der Bürger und das Gewaltmonopol des Staates. Zur Legitimation des modernen Staates, in: Staatsorganisation und Staatsfunktionen im Wandel - Festschrift für Kurt Eichenberger zum 60. Geburtstag (Hrg. Müller, Georg/ Rhinow, René A./ Schmid, Gerhard/ Wildhaber, Luzius), Basel, Frankfurt/ M.: Helbing & Lichtenhain, 1982, S.23-40.

— Grundrechte und Demokratie, in: Der Staat, 20. Band, Berlin: Duncker & Humblot, 1981, S.161.

— Verfassung ohne soziale Grundrechte. Ein Wesenszug des Grundgesetzes, in: Der Staat, 19. Bd., H. 3, Berlin: Duncker & Humblot, 1980, S.367-384.

Isensee, Josef/ *Kirchhof*, Paul (Hrg.): Handbuch des Staatsrechts, Bd. I: Grundlagen von Staat und Verfassung; Heidelberg: Müller, 1987.

— Handbuch des Staatsrechts, Bd. VI: Freiheitsrechte; Heidelberg: Müller, 1989.

Jacobi, Erwin: Grundlehren des Arbeitsrechts, Leipzig: Deicher, 1927.

Jahnke, Volker: Tarifautonomie und Mitbestimmung, München: Beck, 1984 (Schriften des Instituts für Arbeits- und Wirtschaftsrecht der Universität zu Köln, Band 45).

Jarass, Hans D.: Tarifverträge und Verfassungsrecht, in: NZA, 7. Jg., H. 13, München, Frankfurt/ M.: Beck, 1990, S.505-510.

— Grundrechte als Wertentscheidungen bzw. objektivrechtliche Prinzipien in der Rechtsprechung des Bundesverfassungsgerichts, in: AöR, Bd. 110, H. 3; Tübingen: Mohr, 1985, S.363-397.

Käppler, Renate: Voraussetzungen und Grenzen tarifdispositiven Richterrechts, Berlin: Duncker & Humblot, 1977 (Schriften zum Sozial- und Arbeitsrecht, Band 28).

Kammerer, Klaus: Koalitionsfreiheit und Arbeitsverhältnis, in: ArbuR, 32. Jg., H. 3, Köln: Bund, 1984, S.72-78.

Kant, Immanuel: Die Metaphysik der Sitten, Bd. VIII der Werkausgabe (Hrg. Wilhelm Weischedel), Frankfurt/ M.: Suhrkamp, 1974.

— Kritik der praktischen Vernunft. Grundlegung zur Metaphysik der Sitten, Bd. VII der Werkausgabe (Hrg. Wilhelm Weischedel) Frankfurt/ M.: Suhrkamp, 1974.

Kaskel, Walter/ *Dersch*, Hermann: Arbeitsrecht, 5. A., Berlin, Göttingen, Heidelberg: Springer, 1957.

Kauffmann, Hermann: Der Einfluß des kollektiven Arbeitsrechts auf das Einzelarbeitsverhältnis, in: NJW, 13. Jg., H. 37, München, Berlin: Beck, 1960, S.1645-1651.

— Nochmals: "Der Einfluß des kollektiven Arbeitsrechts auf das Einzelarbeitsverhältnis", in: NJW, 14. Jg., H. 5, München, Berlin, Frankfurt/ M.: Beck, 1961, S.204-205.

— Normsetzungsbefugnis der Tarifpartner, in: NJW, 19. Jg., H. 37, München, Berlin, Frankfurt/ M.: Beck, 1966, S.1681-1686.

Kemper, Michael: Die Bestimmung des Schutzbereichs der Koalitionsfreiheit (Art.9 Abs.3 GG). Zugleich ein Beitrag zur Lehre von den Einrichtungsgarantien, Heidelberg: Müller, 1989 (Schriften zum Wirtschaftsverfassungs- und Wirtschaftsverwaltungsrecht, Bd. 25; zugl. Diss. iur. Univ. Köln, 1988).

Kirchhof, Paul: Die Identität der Verfassung in ihren unabänderlichen Inhalten, in: Handbuch des Staatsrechts (Hrg. Isensee, Josef/ Kirchhof, Paul), Bd. I, Hei delberg: Müller, 1987, S.775-813.

Kissel, Otto Rudolf: Arbeitsrecht und Staatsvertrag, in: NZA, 7. Jg., H. 14, München, Frankfurt/ M.: Beck, 1990, S.545-552.

Kissel, Otto Rudolf/ *Schick*, Gerd: Methoden der Beilegung kollektiver Interessenstreitigkeiten, in: RdA, 44. Jg., H. 6, München, Frankfurt/ M., 1991, S.322 ff..

Kittner, Michael: Art.9 Abs.3: Koalitionsfreiheit, in: Grundgesetz-Kommentar (Hrg. Rudolf Wassermann); Neuwied, Darmstadt: Luchterhand, 1984, S.815-894.

Klas, Helmut: Die Zulässigkeit der Verfassungsbeschwerde gegen Tarifnormen; Frankfurt/ M.: Rita G. Fischer, 1979 (Zugl. Diss. iur. Univ. Münster, 1978).

Klein, Eckart: Grundrechtliche Schutzpflicht des Staates, in: NJW, 42. Jg., H. 27, Frankfurt/ M.: Beck, 1989, S.1633-1640.

Klein, Hans Hugo: Öffentliche und private Freiheit, in: Der Staat, 10. Band, Berlin: Duncker & Humblot, 1971, S.145-172.

Klein, Harald: Koalitionsfreiheit im pluralistischen Sozialstaat. Eine verfassungsrechtliche Analyse der Rechtsprechung des Bundesarbeitsgerichts; Königstein/ Ts.: Athenäum, 1979 (Schriften zum Arbeitsrecht, Bd.7).

Knebel, Jürgen: Koalitionsfreiheit und Gemeinwohl. Zur verfassungsrechtlichen Zulässigkeit staatlicher Einwirkung auf die tarifautonome Lohngestaltung; Berlin: Duncker & Humblot, 1978 (Schriften zum Öffentlichen Recht, Bd. 345).

Koch, Ursula E.: Angriff auf ein Monopol. Gewerkschaften außerhalb des DGB, Köln: Deutscher Institutsverlag, 1981.

Kriebel, Volkhart: Zentralisation und Dezentralisation im Tarifvertragssystem. Möglichkeit und rechtliche Zulässigkeit einer dezentralen Tarifpolitik; Berlin: Duncker & Humblot, 1984 (Schriften zum Sozial- und Arbeitsrecht, Bd. 74).

Kriele, Martin: Freiheit und Gleichheit, in: Handbuch des Verfassungsrechts der Bundesrepublik Deutschland (Hrg. Benda, Ernst/ Maihofer, Werner/ Vogel, Hans-Jochen), Berlin, New York: de Gruyter, 1984, S.129-168.

Krüger, Herbert: Sinn und Grenzen der Vereinbarungsbefugnis der Tarifvertragsparteien, in: Verhandlungen des 46. Deutschen Juristentages, Bd.1, München: Beck, 1966, S.7-96.

Küchenhoff, Günther: Einwirkung des Verfassungsrechts auf das Arbeitsrecht, in: RdA, 22. Jg., H. 4, München: Beck, 1969, S.97-108.

Küchenhoff, Günther/ *Küchenhoff*, Erich: Allgemeine Staatslehre, 8. A., Stuttgart, Berlin, Köln, Mainz: Kohlhammer, 1977.

Küttner, Wolfdieter: Aufnahmezwang für Gewerkschaften?, in: NJW, 33. Jg., H. 18, München, Frankfurt/ M.: Beck, 1980, S.968-972.

Lampert, Heinz: Die Wirtschafts- und Sozialordnung der Bundesrepublik Deutschland; 10. A., München: Olzog, 1990 (Geschichte und Staat, Bd. 278).

Leibholz, Gerhard: Staat und Verbände, in: RdA, 19. Jg., H. 8/ 9, München, Berlin: Beck, 1966, S.281-289.

Lepa, Manfred: Der Inhalt der Grundrechte; 4. A., Köln: Bundesanzeiger, 1981.

Lerche, Peter: Koalitionsfreiheit und Richterrecht, in: NJW, 38. Jg., H. 40, München, Frankfurt/ M.: Beck, 1987, S.2465 ff..

— Verbeamtung als Verfassungsauftrag? - Gutachten; Bonn: Godesberger Taschenbuch-Verlag, 1973.

Leventis, Georg: Tarifliche Differenzierungsklauseln nach dem Grundgesetz und dem Tarifvertragsgesetz; Berlin: Duncker & Humblot, 1974 (Schriften zum Sozial- und Arbeitsrecht, Bd. 18).

Lieb, Manfred: Arbeitsrecht, 3. A., Heidelberg: C.F. Müller, 1984 (Schwerpunkte, Band 10).

— Rechtsnatur und Mängel der Allgemeinverbindlicherklärung eines Tarifvertrags, in: RdA, 10. Jg., H. 7/ 8, München, Berlin: Beck, 1957, S.260-264.

— Das neue Arbeitskampfsystem. Analyse der Aussperrungsurteile des Bundesarbeitsgerichts, Köln: Greven, 1981 (Schriftenreihe Arbeitsrecht, Band 3).

— Zum gegenwärtigen Stand der Arbeitskampfrisikolehre, in: NZA, 7. Jg., H. 8, München, Frankfurt/ M.: Beck, 1990, S.289-299.

— Warnstreik und kein Ende? Grundsätzliche Überlegungen zur Geltung und zur Reichweite des ultima-ratio-Prinzips, in: ZfA, 21. Jg., H. 3, Köln, Berlin, Bonn, München: Heymann, 1990, S.357-375.

Lindena, Bodo/ *Höhmann*, Helmut: Allgemeinverbindlichkeit und Publizität von Tarifverträgen, in ; ArbGeb, Sonderheft 03/ 1989, Köln: Bachem, 1989, S.1-26.

Löwisch, Manfred: Die Voraussetzungen der Tariffähigkeit, in: ZfA 1. Jg., H. 1, Köln, Berlin, Bonn, München: Heymann, 1970, S.295-318.

— Gewollte Tarifunfähigkeit im modernen Kollektivarbeitsrecht, in: ZfA, 5. Jg., H. 1, Köln, Berlin, Bonn, München: Heymann, 1974, S.29-46.

— Die Ausrichtung der tariflichen Lohnfestsetzung am gesamtwirtschaftlichen Gleichgewicht, in: RdA, 22. Jg., H. 5, München: Beck, 1969, S.129-137.

Maihofer, Werner: Prinzipien freiheitlicher Demokratie, in: Handbuch des Verfassungsrechts der Bundesrepublik Deutschland (Hrg. Benda, Ernst/ Maihofer, Werner/ Vogel, Hans Jochen), Berlin, New York: de Gruyter, 1984, S.173-237.

von Mangoldt, Hermann/ *Klein*, Friedrich/ *Starck*, Christian: Das Bonner Grundgesetz, 3. A., München: Vahlen, 1985.

Martens, Wolfgang: Grundrechte im Leistungsstaat, in: VVDStRL, H. 10, Berlin, New York: de Gruyter, 1972, S.1-42.

Maunz, Theodor/ *Dürig*, Günter/ *Herzog*, Roman: Grundgesetz, München: Beck, 1989.

Maunz, Theodor/ *Zippelius*, Reinhold: Deutsches Staatsrecht, 26. A.; München: Beck, 1985 (Juristische Kurzlehrbücher).

May, Matthias: Die verfassungsmäßige Zulässigkeit der Bindung von Außenseitern durch Tarifverträge. Eine Auseinandersetzung mit der Rechtsprechung des Bundesverfassungsgerichts zur Allgemeinverbindlicherklärung von Tarifverträgen, Frankfurt/ M., Bern, New York, Paris: Lang, 1989 (Europäische Hochschulschriften, Reihe 2, Rechtswissenschaften, Bd. 831).

Mayer, Udo: Lohnrisikoverteilung und Mitbestimmungsrechte bei Fernwirkungen von Arbeitskämpfen, in: BB, 45. Jg., H. 35/ 36, Heidelberg: Recht und Wirtschaft, 1990, S.2482-2488.

Mayer-Maly, Theo: Anmerkung zu BAG, Beschluß vom 9.7.1968, in: AP Nr. 25 zu § 2 TVG, S.220-221.

— Der Verhandlungsanspruch tariffähiger Verbände, in: RdA, 19. Jg., H. 6, München, Berlin: Beck, 1966, S.201-207.

— Druck und Recht im Arbeitsrecht, in: RdA, 32. Jg., H. 6, München: Beck, 1979, S.356-358.

— Der Warnstreik, in: BB, 36. Jg., H. 29, Heidelberg: Recht und Wirtschaft, 1981, S.1774-1780.

Medicus, Dieter: Bürgerliches Recht, 12. A., Köln, Berlin, Bonn, München: Heymann, 1984.

Meik, Frank Andreas: Der Kernbereich der Tarifautonomie, Berlin: Duncker & Humblot, 1987 (Schriften zum Sozial- und Arbeitsrecht, Bd. 86).

Müller, Georg/ *Rhinow*, René A./ *Schmid*, Gerhard/ *Wildhaber*, Luzius: Staatsorganisation und Staatsfunktionen im Wandel. Festschrift für Kurt Eichenberger zum 60. Geburtstag, Basel, Frankfurt/ M.: Helbing & Lichtenhain, 1982.

Müller, Gerhard: Tarifautonomie und gesetzliche Regelung des Arbeitskampfrechts, in: DB, 45. Jg., H. 5; Düsseldorf, Frankfurt/ M.: Handelsblatt, 1992, S.269-274.

— Die Tarifautonomie in der Bundesrepublik Deutschland; Berlin: Duncker & Humblot, 1990 (Soziale Orientierung, Bd. 6).

— Arbeitskampf und Recht. Grundsätze der Tarifvertragsautonomie; Frankfurt/ M., Wiesbaden: Frankfurter Allgemeine/ Gabler, 1987.

— Das Mitbestimmungsurteil des Bundesverfassungsgerichts vom 1. März 1979, in: DB, 32. Jg., Beilage Nr. 5/ 79, Düsseldorf: Handelsblatt, 1979.

— Die Freiheit von parteipolitischen und kirchlichen Bindungen als eine Voraussetzung für die Tariffähigkeit einer Koalition, in: Festschrift für H. C. Nipperdey, Bd. II; München, Berlin: Beck, 1965, S.435-450.

Nautz, Jürgen P.: Die Durchsetzung der Tarifautonomie in Westdeutschland. Das Tarifvertragsgesetz vom 9. April 1949; Frankfurt/ M., Bern, New York: Lang, 1985 (Europäische Hochschulschriften, Reihe 2: Rechtswissenschaft, Bd. 409).

Neumann, D.: Organisation und Aufgaben von Gewerkschaften und Arbeitgeberverbänden in der Bundesrepublik Deutschland; Hannover: Studienkreis Schule und Wirtschaft Niedersachsen, 1980.

Nikisch, Arthur: Arbeitsrecht II. Band: Koalitionsrecht, Arbeitskampfrecht und Tarifvertragsrecht, 2. A., Tübingen: Mohr, 1959.

Nipperdey, Hans Carl: Zur Methode der Bestimmung des Koalitionsbegriffs. Koalition und Arbeitskampf, in: RdA, 17. Jg., H. 10, München, Berlin: Beck, 1964, S.361-362.

Nipperdey, Hans Carl/ *Adomeit*, Klaus: Die Berufsfreiheit als ein Grundelement der sozialen Marktwirtschaft, in: BB, 21. Jg., H. 11; Heidelberg: Recht und Wirtschaft; 1966, S.418-422.

Nörpel, Clemens/ *Gusko*, Kurt: Gewerkschaften und kollektives Arbeitsrecht, Berlin: Allgemeiner Deutscher Gewerkschaftsbund, 1932.

Ossenbühl, Fritz: Die Interpretation der Grundrechte in der Rechtsprechung des Bundesverfassungsgerichts, in: NJW, 29. Jg., H. 46, München, Frankfurt/ M.: Beck, 1976, S.2100-2107.

Ossenbühl, Fritz/ *Richardi*, Reinhard: Neutralität im Arbeitskampf. Zur Neufassung des § 116 AFG, Köln, Berlin, Bonn, München: Heymann, 1987.

Otto, Hansjörg: Die Rechtsprechung des Bundesarbeitsgerichts im Jahre 1975, in: ZfA, 7. Jg., Köln, Berlin, Bonn, München: Heymann, 1976, S.369-377.

Palandt, Otto et al.: Bürgerliches Gesetzbuch, 45. A., München: Beck, 1986 (Beck'sche Kurz-Kommentare, Bd. 7).

Picker, Eduard: Arbeitskampfrecht und Gesamtrechtsordnung. Zur arbeitskampfrechtlichen Neuorientierung des Bundesarbeitsgerichts in der 4. Warnstreikentscheidung, in: DB, 42. Jg., Beilage 16/ 89, Düsseldorf, Frankfurt/ M.: Handelsblatt, 1989, S.1-16.

— Die Regelung der "Arbeits- und Wirtschaftsbedingungen". Vertragsprinzip oder Kampfprinzip?, Köln: Bachem, 1988 (Kleine Reihe/ Walter-Raymond-Stiftung, Heft 44).

— Arbeitskampffreiheit und Kampffreiheitsgrenzen. Zur Funktion des Arbeitskampfs im geltenden Recht, dargestellt am Beispiel des Warnstreiks; Köln: Bachem, 1986 (Kleine Reihe/ Walter-Raymond-Stiftung, H. 39).

— Der Warnstreik und die Funktion des Arbeitskampfes in der Privatrechtsordnung; Köln, Berlin, Bonn, München: Heymanns, 1983.

— Verhandlungsbegleitende Arbeitskämpfe. Ein Epilog zum Warnstreik, in: DB, 38. Jg., Beilage 7/ 85, Düsseldorf, Frankfurt/ M.: Handelsblatt, 1985.

— Die Regelung der "Arbeits- und Wirtschaftsbedingungen". Vertragsprinzip oder Kampfprinzip? - Teil I, in: ZfA, 17. Jg., H. 3, Köln, Berlin, Bonn, München: Heymann, 1986, S.199-339.

Promberger, Günter: Arbeitskampf und Einzelarbeitsvertrag, München: Beck, 1967 (Münchener Universitätsschriften - Reihe der Juristischen Fakultät, Band 3).

Ramm, Thilo: Die Parteien des Tarifvertrags. Kritik und Neubegründung der Lehre vom Tarifvertrag, Stuttgart: Fischer, 1961 (Arbeits- und sozialrechtliche Studien, Heft 7).

— Die Rechtsnatur des Tarifvertrags, in: JZ, 17. Jg., H. 3, Tübingen: Mohr, 1962, S.78-83.

— Koalitionsbegriff und Tariffähigkeit. BVerfGE 18, 18, in: JuS, 6. Jg., H. 6, München, Berlin, Frankfurt/ M., 1966, S.223-230.

Rath, Michael: Die Gewerkschaften als Unternehmer und Koalition, Kiel, 1974, Diss. iur. Universität Kiel.

Reichel, Hans: Tarifvertragsgesetz, 6. A., Frankfurt/ M.: Kommentator, 1989.

— Rechtsfragen zur Tariffähigkeit, in: RdA, 25. Jg., H. 56, München: Beck, 1972, S.143-152.

Rennert, Klaus: Das Reiten im Walde. Bemerkungen zu Art.2 I GG, in: NJW, 42. Jg., H. 51, München, Frankfurt/ M.: Beck, 1989, S.3261-3263.

Ress, Georg (Hrg.): Rechtsfragen der Sozialpartnerschaft; Köln, Berlin, Bonn, München: Heymann, 1987.

Reuß, Wilhelm: Arbeitskampfbereitschaft als Voraussetzung der Tarifhoheit, in: RdA, 17. Jg., H. 10, München, Berlin: Beck, 1964, S.362-368.

— Die Bedeutung der "Mächtigkeit" von Verbänden im kollektiven Arbeitsrecht, in: RdA, 25. Jg., H. 12, München: Beck, 1972, S.4-8.

Reuter, Dieter: Das Verhältnis von Individualautonomie, Betriebsautonomie und Tarifautonomie. Ein Beitrag zum Wandel der Arbeitsrechtsordnung, in: RdA, 44. Jg., H. 4; München, Frankfurt/ M.: Beck, 1991, S.193-203.

— Die Stellung des Arbeitsrechts in der Privatrechtsordnung; Göttingen: Vandenhoeck u. Ruprecht, 1989 (Berichte aus den Sitzungen der Joachim-Jungius-Gesellschaft der Wissenschaften e.V. Hamburg, 7. Jg., H. 2).

Richardi, Reinhard: Kollektivgewalt und Individualwille bei der Gestaltung des Arbeitsverhältnisses, München: Beck, 1968 (Münchener Universitätsschriften - Reihe der Juristischen Fakultät, Bd. 6).

— Kollektivvertragliche Arbeitszeitregelung, in: ZfA, 21. Jg., H. 2, Köln, Berlin, Bonn, München: Heymann, 1990, S.211-243.

— Selbstgestaltung der Arbeitskampfordnung durch Tarifvertrag und Verbandssatzung, in: RdA, 39. Jg., H. 3/ 4, München: Beck, 1986, S.146-159.

— Betriebsratsamt und Gewerkschaft, in: RdA, 25. Jg., H. 12, München, Frankfurt/ M.: Beck, 1972, S.8-16.

— Grundprobleme der kollektiven Koalitionsfreiheit, in: ZfA, 1. Jg., H. 1, Köln, Berlin, Bonn, München: Heymann, 1970, S.85-96.

— Die Stellung des Arbeitskampfes in der gesamtwirtschaftlichen Rechtsordnung, in: RdA, 19. Jg., H. 7, München, Berlin: Beck, 1966, S.241-249.

Ridder, Helmut: Zur verfassungsrechtlichen Stellung der Gewerkschaften im Sozialstaat nach dem Grundgesetz für die Bundesrepublik Deutschland, Stuttgart: Fischer, 1960 (Arbeits- und sozialrechtliche Studien, Heft 2).

Rieth, Horst: Die Steuerung unternehmerischen Handelns durch Tarifvertrag, Freiburg: Hochschulverlag, 1980 (Hochschulsammlung Rechtswissenschaft; Arbeitsrecht Bd. 1, zugl. Diss. iur. Univ. Konstanz 1980).

Rinck, Gerd/ *Schwark*, Eberhard: Wirtschaftsrecht - Wirtschaftsverfassung, Kartellrecht, Wettbewerbsrecht, Wirtschaftsverwaltung, 6. A., Köln, Berlin, Bonn, München: Heymann, 1986.

Rommelspacher, Peter: Schlichtung und Tarifautonomie; Köln, 1979, Diss. iur. Univ. Köln 1979.

Rousseau, Jean Jacques: Vom Gesellschaftsvertrag oder Grundsätze des Staatsrechts; Stuttgart: Reclam, 1988.

Rüfner, Wolfgang: Ansätze zur Sozialpartnerschaft im deutschen Recht, in: Rechtsfragen der Sozialpartnerschaft (Hrg. Georg Ress); Köln, Berlin, Bonn, München: Heymann, 1987, S.65-78.

Rüthers, Bernd: Gesellschaftlicher Wandel. Anpassung oder Widerstand des Rechts?; Königstein/ Ts.: Athenäum, 1981 (Schriften zum Sozial- und Arbeitsrecht, Bd. 12).

— Tarifautonomie im Umbruch ?, 2. A., Köln: Greven, 1977.

— Der Abbau des ultima-ratio-Gebots im Arbeitskampfrecht durch das Bundesarbeitsgericht, in: DB, 43. Jg., H. 2, Düsseldorf, Frankfurt/ M.: Handelsblatt, 1990, S.113-123.

Säcker, Franz Jürgen: Die Tariffähigkeit und die Tarifzuständigkeit, in: AR-Blattei (D) Tarifvertrag II A, Wiesbaden: Forkel, 1970.

— Kollektivgewalt und Inidividualwille bei der Gestaltung des Arbeitsverhältnisses, in: RdA, 22. Jg., H. 10, München, Berlin: Beck, 1969, S.291-302.

— Geschichtliche Entwicklung, Begriff und Rechtsstellung der Berufsverbände, in: AR-Blattei [D] Berufsverbände I, Stuttgart, Wiesbaden: Forkel, 1979.

— Grundprobleme der kollektiven Koalitionsfreiheit. Rechtsquellen- und interpretationstheoretische Bemerkungen zur legislativen und judikativen Konkretisierung des Art.9 Abs.3 GG, Düsseldorf: Handelsblatt, 1969 (Schriftenreihe Der Betrieb).

— Gruppenautonomie und Übermachtskontrolle im Arbeitsrecht, Berlin: Duncker & Humblot, 1972 (Schriften zum Sozial- und Arbeitsrecht, Bd. 8).

— Gruppenparität und Staatsneutralität als verfassungsrechtliche Grundprinzipien des Arbeitskampfrechts. Eine arbeits- und sozialrechtliche Untersuchung zu § 116 des Arbeitsförderungsgesetzes vom 25. Juni 1969, Heidelberg: Recht und Wirtschaft, 1974 (Abhandlungen zum Arbeits- und Wirtschaftsrecht, Bd. 25).

— Die Institutions- und Betätigungsgarantie der Koalitionen im Rahmen der Grundrechtsordnung, in: Das Arbeitsrecht der Gegenwart (Hrg. Gerhard Müller); Bd. 12 (1974), Berlin: Schmidt, 1975, S.17-67.

Säcker, Franz Jürgen/ *Oetker*, Hartmut: Der Einsatz von Beamten auf bestreikten Arbeitsplätzen als Verfassungsproblem, in: AöR, 112. Bd., Tübingen: Mohr, 1987, S.345-389.

Sbresny-Uebach, Barbara: Die Tariffähigkeit und die Tarifzuständigkeit, in: AR-Blattei (D) Tarifvertrag II A, Stuttgart, Wies baden: Forkel, 1987.

Schachtschneider, Karl Albrecht: Manuskript zu "Res publica res populi"; Nürnberg, 1992 (demnächst veröffentlicht als "Res publica res populi"; Berlin, New York: de Gruyter, 1992).

— Streikfreiheit und Streikrecht - Vortrag, gehalten in Nürnberg, 1989 (nicht veröffentlicht).

— Staatsunternehmen und Privatrecht. Kritik der Fiskustheorie, exemplifiziert an § 1 UWG, Berlin, New York: de Gruyter, 1986.

— Das Sozialprinzip. Zu seiner Stellung im Verfassungssystem des Grundgesetzes, Bielefeld: Gieseking, 1974 (Industriegesellschaft und Recht, Bd. 2).

— Die deutsche Staatsrechtslehre in der Wende, bislang nicht veröffentlichte Buchbesprechung des "Handbuch des Staatsrechts, Bd. I", 1992.

— Das Hamburger Oppositionsprinzip. Zum Widerspruch des entwickelten Parteienstaates zur republikanischen Repräsentation, in: Der Staat, 28. Band, Berlin: Duncker & Humblot, 1989, S.173-200.

— Imperative Lohnleitlinien unter dem Grundgesetz, in: Der Staat, 16. Bd., Berlin: Duncker & Humblot, 1977, S.493-520.

— Frei - sozial - fortschrittlich, in: Die Fortentwicklung des Sozialstaates. Symposium zu Ehren von Werner Thieme, Hamburg: nicht veröffentlicht, 1988, S.6-23.

Schaub, Günter: Arbeitsrechts-Handbuch, 6. A., München: Beck, 1987.

Schelp, Günter: Parteifähigkeit der Verbände im arbeitsgerichtlichen Urteilsverfahren, in: ArbuR, 2. Jg., H. 2, Köln: Bund, 1954, S.70-75.

Scheuner, Ulrich: Der Inhalt der Koalitionsfreiheit, in: Koalitions freiheit (Hrg. Weber, Werner/ Scheuner, Ulrich/ Dietz, Rolf), Berlin, Frankfurt/ M.: Vahlen, 1961, S.27-91.

Schlickum, Gunter: Die Tariffähigkeit der Arbeitnehmerorganisationen in der Weimarer Republik, Frankfurt/ M., 1978, Diss. iur. Universität Frankfurt.

Schmid, Hans-Dieter: Grundzüge des Arbeitsrechts, München: Vahlen, 1981 (Lernbücher für Wirtschaft und Recht).

Schmidt, Otto: Die "abstrakte" Tarifnorm, in: RdA, 13. Jg., H. 8/ 9, München, Berlin: Beck, 1960, 288-291.

Schmidt, Walter: Grundrechtstheorie im Wandel der Verfassungsgeschichte, in: JurA, 5. Jg., H. 4, Berlin, New York: de Gruyter, 1983, S.169-180.

Schmidt-Rimpler, Walter: Zum Vertragsproblem, in: Funktionswandel der Privatrechtsinstitutionen. Festschrift für Ludwig Raiser (Hrg. Bauer, Fritz et al.); Tübingen: Mohr, 1974, S.3-21.

— Grundfragen einer Erneuerung des Vertragsrechts, in: AcP, 147. Bd., Tübingen: Mohr, 1941, S.130-197.

Schmitt, Carl: Verfassungsrechtliche Aufsätze aus den Jahren 1924-1954. Materialien zu einer Verfassungslehre, 3. A., Berlin: Duncker & Humblot, 1983.

— Grundrechte und Grundpflichten, in: ders., Verfassungsrechtliche Aufsätze, 3. A., Berlin: Duncker & Humblot, 1983, S.181-231.

— Freiheitsrechte und institutionelle Garantien, in: ders., Verfassungsrechtliche Aufsätze, 3. A., Berlin: Duncker & Humblot, 1983, S.140-173.

Schnorr, Gerhard: Inhalt und Grenzen der Tarifautonomie, in: JR, H. 9, Berlin: de Gruyter, 1966, S.327-334.

— Bundesverfassungsgericht und kollektives Arbeitsrecht, in: RdA, 8. Jg., H. 1, München, Berlin: Beck, 1955, S.3-9.

Scholz, Rupert: Koalitionsfreiheit, in: Handbuch des Staatsrechts [HStR] (Hrg. Isensee, Josef/ Kirchhof, Paul), Bd. VI: Freiheitsrechte, Heidelberg: Müller, 1989, S.1115-1183.

— Art.9, in: Grundgesetz, Band 1 (Hrg. Maunz, Theodor/ Dürig, Günter/ Herzog, Roman), München: Beck, 1989, S.36-195.

— Paritätische Mitbestimmung und Grundgesetz. Verfassungsrechtliche Fragen zur gesetzlichen Einführung der paritätischen Unternehmensmitbestimmung, Berlin: Duncker & Humblot, 1974 (Schriften zum Öffentlichen Recht, Band 257).

— Das Grundrecht der Koalitionsfreiheit, Stuttgart, München, Hannover: Boorberg, 1972

— Die Koalitionsfreiheit als Verfassungsproblem, München: Beck, 1971, (Münchener Universitätsschriften - Reihe der juristischen Fakultät, Bd. 18).

— Neue Verfassung oder Reform des Grundgesetzes? Grundfragen der aktuellen Diskussion, in: ZfA, H. 4, 22. Jg., Köln, Berlin, Bonn, München: Heymann, 1991.

— Verfassungsrechtliche Grundlagen des Arbeitskampfes, in: ZfA, 21. Jg., H. 3., Köln, Berlin, Bonn, München: Heymann, 1990, S.377-406.

— Grundgesetzliche Arbeitsverfassung. Grundlagen und Herausforderungen, in: DB, 40. Jg., H. 23, Düsseldorf, Frankfurt/ M.: Handelsblatt, 1987, S.1192-1198.

— Pressefreiheit und Arbeitsverfassung. Verfassungsprobleme im Tendenzschutz und innere Pressefreiheit; Berlin: Duncker & Humblot, 1978 (Berliner Abhandlungen zum Presserecht, H. 24).

Scholz, Rupert/ *Konzen*, Horst: Die Aussperrung im System von Arbeitsverfassung und kollektivem Arbeitsrecht, Berlin: Duncker & Humblot, 1980 (Schriften zum Sozial- und Arbeitsrecht, Band 49).

Schüren, Peter: Die Legitimation der tariflichen Normsetzung. Untersuchung zur Teilhabe der tarifunterworfenen Gewerkschaftsmitglieder an der tarifpolitischen Willensbildung in Deutschland und in den Vereinigten Staaten von Amerika; München: Beck, 1990 (Schriften des Instituts für Wirtschaftsrecht an der Universität zu Köln, Band 58).

Schulze, Peter R.: Das Günstigkeitsprinzip im Tarifvertragsrecht, Frankfurt/ M., Bern, New York: Lang, 1985 (Europäische Hochschulschriften, Reihe 2: Rechtswissenschaft, Band 418).

Schwerdtfeger, Gunther: Individuelle und kollektive Koalitionsfreiheit. Rechtlicher Ausgestaltung, Betätigungsbereiche, Umfeld; Berlin, New York: Springer, 1981.

Seiter, Hugo: Staatsneutralität im Arbeitskampf. Systematische Darstellung der mit § 116 AFG zusammenhängenden Rechtsfragen auf der Grundlage des Neutralitätsgesetzes von 1986; Tübingen: Mohr, 1986.

— Streikrecht und Aussperrungsrecht; Tübingen: Mohr, 1975.

— Dauerrechtsbeziehungen zwischen Tarifvertragsparteien? Zur Lehre vom gesetzlichen Schuldverhältnis im kollektiven Arbeitsrecht, in: ZfA, 20. Jg., H. 3, Köln, Berlin, Bonn, München: Heymann, 1989, S.283-306.

— Die Rechtsprechung des Bundesverfassungsgerichts zu Artikel 9 Abs.3 GG, in: AöR, 109. Jg., Tübingen: Mohr, 1984, S.87 ff..

— Zur Gestaltung der Arbeitskampfordnung durch den Gesetzgeber, in: RdA, 39. Jg., H. 3/ 4; Mün chen: Beck, 1986, S.165-188.

Sinzheimer, Hugo: Ein Arbeitstarifgesetz, 2. A., Berlin: Duncker & Humblot, 1977 (Nachdruck der 1. A. von 1916).

— Der korporative Arbeitsnormenvertrag. Eine privatrechtliche Untersuchung, 2. A., Berlin: Duncker & Humblot, 1977 (Nachdruck der 1. A. von 1907 - Teil 1 - und 1908 - Teil 2).

Smend, Rudolf: Verfassung und Verfassungsrecht, in: Staatsrechtliche Abhandlungen, 2. A., Berlin: Duncker & Humblot, 1968, S.119 ff..

— Das Recht der freien Meinungsäußerung, in: VVDStRL, H. 4, Berlin, Leipzig: de Gruyter, 1928, S.44-74.

Söllner, Alfred: Grundriß des Arbeitsrechts, 9. A., München: Vahlen, 1987 (Studienreihe Jura).

— Mächtigkeit und Leistungsfähigkeit als typologische Merkmale der arbeitsrechtlichen Gewerkschaften, in: ArbuR, 24.Jg., H. 11, Köln: Bund, 1976, S.321-325.

— Zu Sinn und Grenzen der Vereinbarungsbefugnis der Tarifvertragsparteien, in: ArbuR, 14. Jg., H. 9; Köln: Bund, 1966, S.257-263.

Stahlhacke, Eugen: Sozialpolitische Bedeutung als Voraussetzung der Tariffähigkeit, in: DB, 17. Jg., H. 20, Düsseldorf: Handelsblatt, 1964, S.697-698.

— Die Rechtsprechung des Bundesarbeitsgerichts zum allgemeinen Tarifrecht, in: Das Arbeitsrecht der Gegenwart, Bd. 13 (Hrg. Gerhard Müller), Berlin: Schmidt, 1974, S.21-34.

Starck, Christian: Präambel, Art.1 bis 5, in: Das Bonner Grundgesetz (Hrg.: von Mangold, Hermann/ Klein, Friedrich); 3. A., München: Vahlen, 1985.

Stebut, Dietrich von: Die Entwicklung des arbeitsrechtlichen Schrifttums im Jahre 1976, in: ZfA, 8. Jg., Köln, Berlin, Bonn, München: Heymann, 1977, S.311-322.

Stern, Klaus: Der verfassungsändernde Charakter des Einigungsvertrags, in: DtZ; 1. Jg., H. 9; Frankfurt/ M.: Beck, 1990, S.289-294.

Stern, Klaus/ *Sachs*, M.: Das Staatsrecht der Bundesrepublik Deutschland, Bd. III/ 1: Allgemeine Lehren der Grundrechte; München: Beck, 1988.

Stober, Rolf: Wirtschaftsverwaltungsrecht, Band 1, 5. A., Stuttgart, Köln, Berlin, Mainz: Kohlhammer, 1985 (Kohlhammer-Studienbücher: Rechtswissenschaft).

Struck, Dieter: Die rechtliche Zulässigkeit von Tarifverträgen zugunsten gewerkschaftlicher Vertrauensleute; Frankfurt/ M., Bern: Lang, 1981 (Europäische Hochschulschriften, Reihe 2 - Rechtswissenschaft, Bd. 275; zugl. Diss. iur. Univ. Hamburg).

Tech, Karsten: Günstigkeitsprinzip und Günstigkeitsbeurteilung im Arbeitsrecht, Kiel, 1987 (Diss. iur. Univ. Kiel).

Valerius, Hans: Die Parteien des Tarifvertrags, Köln, 1987; Diss. iur. Univ. Köln, 1968.

Vogt, Dieter: Der "Dritte Weg" der evangelischen Kirchen und die Tarifautonomie; Frankfurt/ M., Bern, New York, Paris: Lang, 1989 (Europäische Hochschulschriften, Reihe 2: Rechtswissenschaft, Bd. 881; zugl. Diss. iur. TH Darmstadt, 1989).

Vossen, Reinhard: Tarifdispositives Richterrecht, Berlin: Duncker & Humblot, 1974 (Schriften zum Sozial- und Arbeitsrecht, Bd. 14).

Waas, Bernd: Der Verhandlungsanspruch tariffähiger Verbände und schuldrechtliche Dauerbeziehungen zwischen den Tarifvertragsparteien, in: ArbuR; 39. Jg., H. 11; Köln: Bund, 1991, S.334-340.

Wahl, Burkhard: Die Relativität des Gewerkschaftsbegriffes. Ein Beitrag zur Einordnung der sozialen Mächtigkeit im kollektiven Arbeitsrecht, Frankfurt/ M., Bern, Cirencester/ U.K.: Lang, 1980 (Europäische Hochschulschriften, Reihe 2: Rechtswissenschaft, Bd. 252).

Waltermann, Raimund: Kollektivvertrag und Grundrechte, in: RdA, 43. Jg., H. 3, München, Frankfurt/ M.: Beck, 1990, S.138-144.

Wank, Rolf: Tarifautonomie oder betriebliche Mitbestimmung? Zur Verteidigung der Zwei-Schranken-Theorie, in: RdA, 44. Jg., H. 4; München, Frankfurt/ M.: Beck, 1991, S.129-139.

Weber, Werner: Innere Pressefreiheit als Verfassungsproblem, Berlin: Duncker & Humblot, 1973 (Berliner Abhandlungen zum Presserecht, Heft 16).

Weber, Werner/ *Scheuner*, Ulrich/ *Dietz*, Rolf: Koalitionsfreiheit, Berlin, Frankfurt/ M.: Vahlen, 1961.

Wiedemann, Herbert: Tariffähigkeit und Unabhängigkeit, in: RdA, 29. Jg., H. 1, München, Frankfurt/ M.: Beck, 1976, S.72-77.

— Unternehmensautonomie und Mitbestimmung, in: RdA, 39. Jg., H. 3/ 4, München: 1986, S.231-241.

Wiedemann, Herbert/ *Stumpf*, Hermann: Tarifvertragsgesetz [TVG], 5. A., München: Beck, 1977.

Zacher, Hans F.: Das soziale Staatsziel, in: Handbuch des Staatsrechts (Hrg. Isensee, Josef/ Kirchhof, Paul), Bd. I, Heidelberg: Müller, 1987, S.1045-1111.

— Zur Vereinbarkeit der Errichtung von Arbeitskammern mit den Grundrechten des Grundgesetzes, in: RdA, 24. Jg., H. 7/ 8, München: Beck, 1971, S.193-200.

Zachert, Ulrich: Die Sicherung und Gestaltung des Normalarbeitsverhältnisses durch Tarifvertrag; Baden-Baden: Nomos, 1989.

— Tarifvertrag - eine problemorientierte Einführung, Köln: Bund, 1979.

— Schwierigkeiten mit dem Arbeitskampf, in: ArbuR, 38. Jg., H. 3, Köln: Bund, 1990, S.77-86.

— Aufhebung der Tarifautonomie durch "freiwillige Regelungen" im Arbeitsvertrag?, in: DB, 43. Jg., H. 19, Düsseldorf, Frankfurt/ M.: Handelsblatt, 1990, S.986-989.

Zapka, Klaus: Politisch-ökonomische Entwicklungs- und Durchsetzungsbedingungen des Tarifvertragssystems. Historisch-systematische Untersuchung zur Verrechtlichung industrieller Arbeitskonflikte; Frank furt/ M., Bern, New York: Lang, 1983 (Europäische Hochschulschriften, Reihe 22: Soziologie, Bd. 74).

Zechlin, Lothar: Beeinträchtigungen der Koalitionsfreiheit durch Subventionsauflagen, in: NJW, 38. Jg., H. 11, München, Frankfurt/ M.: Beck, 1985, S.585-592.

Zeuner, Albrecht: Gedanken zum Verhältnis von Richterrecht und Betätigungsfreiheit der Beteiligten, in: 25 Jahre Bundesarbeitsgericht (Hrg. Gamillscheg, Franz/ Hueck, Götz/ Wiedemann, Herbert), München: Beck, 1979, S.727-744.

— Arbeitskampf und einstweilige Verfügung, in: RdA, 24. Jg., Heft 12, München, Berlin: Beck, 1971, S.1-9.

Zippelius, Reinhold: Geschichte der Staatsideen, 6. A., München: Beck, 1989 (Beck'sche Reihe, Band 72).

Zöllner, Wolfgang: Die Rechtsnatur der Tarifnormen nach deutschem Recht. Zugleich ein Beitrag zur Abgrenzung von Rechtssetzung und Privatautonomie, Wien: Manz, 1966 (Schriftenreihe Rechtswissenschaft und Sozialpolitik, Bd. 1).

— Die Rechtsprechung des Bundesverfassungsgerichts zu Artikel 9 Abs.3 GG, in: AöR, 98. Bd., Tübingen: Mohr, 1973, S.71-102.

— Arbeitsrecht, 2. A., München: Beck, 1979 (Juristische Kurzlehrbücher).

— Die Rechtsnatur der Allgemeinverbindlicherklärung von Tarifverträgen, in: DB, 20. Jg., Düsseldorf: Handelsblatt, 1967, S.334-340.

— Das Wesen der Tarifnormen, in: RdA, 17. Jg., H. 12, München, Berlin: Beck, 1964, S.443-450.

— Anmerkung zu BAG Beschluß vom 9.7.1968, in: SAE, 5. Jg., Düsseldorf, 1969, S.140-141.

Kolibri 360 GmbH
Ferdinand-Jühlke-Straße 7
99095 Erfurt, Deutschland
produktsicherheit@kolibri360.de